Peter Rosegger

Die Älpler

In ihren Wald- und Dorftypen geschildert

Verlag
der
Wissenschaften

Peter Rosegger

Die Älpler

In ihren Wald- und Dorftypen geschildert

ISBN/EAN: 9783957002662

Auflage: 1

Erscheinungsjahr: 2014

Erscheinungsort: Norderstedt, Deutschland

Hergestellt in Europa, USA, Kanada, Australien, Japan
Verlag der Wissenschaften in Hansebooks GmbH, Norderstedt

Cover: Foto ©berggeist007 / pixelio.de

Die Aelpler

in ihren Wald- und Dorftypen geschildert

von

P. K. Rosegger.

Wien. Pest. Leipzig.
A. Hartleben's Verlag.
1886.

Eingang.

Der Städter hat selten Gelegenheit, die Eigen=
thümlichkeiten der Gebirgsbewohner, die
Tiefen des Volkslebens kennen zu lernen;
er sieht zumeist nur den Abschaum desselben. Die
Landleute in der Umgebung der Städte sind des
reinen Volksthums völlig verlustig; wenn auch nicht
„angekränkelt von des Gedankens Blässe", sind sie
doch angesteckt von dem Raffinement, von der Affec=
tation, von der Modesucht und von sehr, sehr vielen
anderen Fehlern der „Gesellschaft", ohne aber deren
Vorzüge zu theilen. Die Bauernschaft in der Um=
gebung der Städte hat just so viel von den gesell=
schaftlichen Formen und Elementen in sich auf=
genommen, als genug ist, die schlichte Natürlichkeit
zu ersticken, jedoch viel zu wenig, um die Bestie in
ihr zu zähmen. Ebenso einseitige Erfahrungen bieten
uns die Landleute, mit denen wir in unseren Kranken=

häusern und Gerichtsfälen bekannt werden. Das sind die aus dem großen Naturganzen ausgestoßenen Eiterbläschen, zumeist Sendlinge des Jähzornes, der Völlerei, der bösen Lust.

Wahrhaftig bösartige Charaktere treten uns ver= hältnißmäßig nur wenige entgegen. Der Gründe zum Falle sind andere. Die Leute verfügen nicht über geistige Waffen, so schlagen sie ihre Feinde eben mit den physischen; sie kennen keine geistigen Genüsse, so klammern sie sich an die leiblichen mit der Energie einer ungezügelten Leidenschaft. Folge: Verbrechen oder das Siechthum.

Allerdings stoßen wir auf unseren Marktplätzen und Straßen auch auf Verschlagenheit, Bosheit und Dummheit der Landleute; aber diese Eigenschaften sind die Ausnahmen und nicht die Regel — und gerade auf Märkten und Straßen tummeln sich dies= mal die Ausnahmen. Es berührt uns ferner der Bauerntrotz unangenehm; wir wollen dem Manne sein Mißtrauen, seinen Eigensinn, seinen Egoismus nicht verzeihen. Aber denken wir einmal nach, was würde aus dem beschränkten und ungewitzigten Arbeiter nur werden, hätte er obige Eigenschaften nicht in dem entsprechenden Maße? Ein Spielzeug wäre er in der Hand eines jeden Narren; unter die Füße getreten würde er von jedem Taugenichts. Trotz, Mißtrauen und Zähigkeit sind des ungeschulten Mannes natürliche Waffen.

Allerdings schreckt uns endlich Rohheit und sinnlicher Uebermuth zurück, wenn wir den Fuß in eine Bauernschänke setzen wollen; Bigotterie und Aberglauben grinsen uns aus allen Dörfern und Dorfkirchen schon von weitem entgegen.

Das beobachten wir; nun glauben wir die Leute zu kennen, und flugs ist das drastische Urtheil fertig: „Elf Ochsen und Ein Bauer sind dreizehn Stück Rindvieh."

Doch, Stadt- und Landleben, Idylle und Weltcultur sind durch eine unüberbrückbare Kluft getrennt; und wenn wir nur obige und ähnliche Factoren des Volkes kennen, so mißkennen wir das Volk auf die gröblichste Weise und haben auch gar keine Ahnung davon, was der Begriff „Volk" heißt und bedeuten soll.

Wir schließen uns hiermit an die Gedanken eines geistvollen Gewährsmannes — Bogumil Golz. Es geht uns, fährt er fort, mit dem Studium des Volkes, wie mit dem Sternenhimmel. Der ist uns das Vertrauteste, das scheinbar Nächste und doch das Geisterfremdeste und Entfernteste. Von jedem Punkte aus bildet das Auge einen scheinbaren Horizont um sich her, der sich nirgends bewahrheiten will. Eine Grenze giebt es im Weltall so wenig, als in der elementaren Natur des Volkes. — Dieses träumende, dämmernde, hinvegetirende, rastlos schaffende und dann wieder in dumpfe Trägheit

versinkende, dieses zwischen Blödsinn und rasender Be=
geisterung jach wechselnde, allen guten und schlimmen
Eigenschaften maß= und rücksichtslos sich hingebende
Volk, das Alles duldet, Alles erzeugt und in einem
Augenblicke thierischer Wuth Alles zerstört und sich
selber zerfleischt — ist die lebendige Fortsetzung
der elementaren Gewalten, ist die menschgewordene
Natur.

Es ist etwas Heiliges, Unbegreifliches, was da
im Volke liegt — ein wandlungsvolles, allgestaltiges
und sich doch ewig gleichbleibendes Wesen, ein
mysteriöser Zug, in dem wir den Weltgeist wohl
spüren, aber nicht verstehen. —

Nichts ist daher so schwer, als die richtige
Beurtheilung des Volkes, besonders der bäuerlichen
Charaktere, die im Abgeschlossenen, in den verlornen
Bergthälern und tiefen Einöden leben. Studiren
kann man sie nicht, man muß sie mit erleben mit
seinem eigenen Fleisch und Blut. Man muß Tag
für Tag, Stunde für Stunde mit den Leuten um=
gehen, um sie ganz zu verstehen.

Nur in der Arbeit und Sorge ist das Volk
liebenswürdig, wahrhaft verständig und groß. Seine
Leiden, sein Herzensglück, sein Gottvertrauen, sein
Ahnen und Hoffen, seine Beständigkeit, seine Schwänke
und seinen Humor muß man erfahren haben.
Nützlich wäre es uns, sich zuweilen in solche Ele=
mente zu versenken. Der rohen Volksnatur thut die

Schule noth; der Gebildete aber soll das Natürliche, selbst das Gemeine kennen lernen, soll bisweilen untertauchen im elementaren Leben; — das lehrt ihn erst ganz, die Welt zu verstehen und sie zu genießen.

Wer sollte es glauben, daß der Mann aus dem Volke ein so großer Lehrmeister ist! Nur er versteht es, sein Leben, ohne zu klagen, in Armuth und Mangel hinzuschleppen; nur der Mann aus dem Volke wird den Ernst des Lebens gewahr, er kennt die Handarbeit, die nimmer ruhen darf, soll er nicht hungern. Er kennt die Entsagung, er weiß, daß die Welt nichts für ihn hat und haben wird, als Arbeit und immer Arbeit, und wenn diese nicht, so Noth und Elend.

Und dennoch ist er lebensfreudig!

Gelehrte Philosophen sagen es; Naturmenschen üben es.

Ein großer, wenn auch roher und ungeläuterter, sittlicher Schatz ist in der Volksnatur aufgespeichert, ein unerschöpflicher Vorrath der Urkraft, die den Ungeschulten in ihrem rohen, den Geschulten in ihrem raffinirten Zustande als Lebensmark dient.

Dem Bauersmanne, insbesondere dem Aelpler, mangelt oft jegliche Erziehung und Schulung, und er wird doch kein Taugenichts. Bildung ist ihm verdächtig, weil sie nur allzu oft nachtheilig auf seinen Stand wirkt. Bildung hat dem Bauernstande

schon so manche Kraft entfremdet. Wer was weiß
und kann, der strebt was „Besseres“ an, als in
Gemeinschaft mit den Rindern das Feld zu düngen,
um mit dem Felde sich und die Rinder zu ernähren.
Der Bauernstand mit seinen Beschwerden, mit der
Mißachtung, die er von so vielen Seiten heute noch
erfährt, trotz der Devise: Alles durch das Volk und
für das Volk! — er wird nur in unbewußter Weise
ertragen; oder vielmehr seine geistige Kurzsichtigkeit
bewahrt den Landmann vor Unzufriedenheit und
Zerfahrenheit.

Daher die fast elementare Abneigung gegen
Schule und Welt.

Doch nicht allein die Unwissenheit, mehr noch die
Heimatsliebe, das Heimweh, der Hang zu den
Traditionen, zum Religiösen und überhaupt zum
Altständigen sind die Hüter der volksthümlichen
Ursprünglichkeit.

Und auf diese der Welt gewöhnlich verborgenen
Factoren wird vorliegendes Buch besonders Rücksicht
haben. Das dem Herkömmlichen geneigte und reli=
giöse Moment vor Allem muß in einer Charak=
teristik des Volkes Beachtung finden.

Das Althergebrachte ist des Landmannes Lebens=
nerv; die Religion ist seine Seele und Seligkeit.
Die Religion, sie sei ihm entweder aus der Vorzeit
überkommen als Erbe der Väter, die in ihren Ur=
wäldern den nordischen Göttern geopfert haben,

oder sie sei aus dem Morgenlande gebracht oder
aus der Stadt des Stuhles Petri aufgeladen worden:
die Religion ist des Landmannes, des Bergsohnes
Hort, sein geistiges Leben und seine — Erholung.
Dem deutschen Landmanne ist es gegeben, daß er
die Sitten der Heiden mit dem Cultus der Christen
vereine; der Landmann verehrt nebst dem Sacramente
seine Hausgötter und opfert ihnen durch alle Zeiten
seines Jahres und Lebens.

Aberglauben nennen wir das Treiben, wenn der
Landmann seine Felder mit Weihwasser und Weih=
rauch besegnet, wenn er böse Gewitter mit Metall=
glöcklein verscheuchen will, wenn er die Osterfeuer
anzündet zur mitternächtigen Stunde, wenn er in
der Christnacht den Bösen beschwört, wenn er zum
Erntefest drei Korngarben verbrennt, wenn er die
Stürme mit Mehl und Früchten füttert, um sie zu
sättigen und zu beruhigen u. s. w.

Aber wer kann sagen, wo der Gottesdienst endet
und der Götzendienst beginnt?

Wer rein und sicher zu blicken vermöchte in den
Urgrund der Seele jener Menschen, die in den
Hochwellen ihrer Felsen, ihr alten Zeiten entkeimtes
Geistesleben gesondert bewahrten, und welche ohne
Literatur und bildende Kunst die Poesie und die
Sitte einzig nur in dem Archive ihres Gemüthes
zu erhalten wußten! Freilich wohl liegt viel Wust
und eitel Ding gehäuft über den Schätzen, und selbst

gefunden und gehoben sind sie nicht rein von Schlacken. Das ist's, was so Viele abschreckt von der Zuneigung und Annäherung.

Auch ich habe vor des Landmannes Hausaltären gekniet, ohne heute noch zu wissen, ob ich Gott oder Göttern gedient; ich habe mich geübt in Glauben und Aberglauben; ich habe mit meinen Landsleuten im Gebirge die Hauptmomente des Lebens und die Feste des Jahres gefeiert, habe mit ihnen gebetet, geschczt, gejauchzt, gestritten, gelitten, gesündigt.

Ich habe den Drang, mich in das Leben des Gebirgsvolkes zu vertiefen, erst zur Zeit empfunden, als ich das durch Genuß und Ueberfeinerung abgestumpfte und flache Wesen der Städte und der sogenannten großen Welt kennen gelernt hatte.

Dann habe ich mich mit Andacht und Ausdauer dem Studium des Alpenvolkes hingegeben, habe mich zu den Menschen der Berge zurückgesehnt, habe mit ihnen gelebt und dann ein Buch geschrieben, das einen großen Titel führt, den es kaum rechtfertigen kann.

Der Titel „Die Aelpler" hat einen so weiten Kreis, daß ihn die Typen und Gestalten, welche hier zu schildern versucht worden sind, nicht auszufüllen vermögen. Doch welche Schrift, die einen solchen Gegenstand behandelt, könnte Anspruch auf Vollständigkeit machen! Das Volk ist wie der Urwald, man kann Büsche und Bäume zeichnen, aber nicht den Urwald; das Volk ist wie das Meer, man kann Quellen und Bäche und Seen bezwingen, aber nicht das Meer.

Dazu kommt noch die Beschränktheit meines Talentes, meiner Erfahrungen. Nur die Gestalten, die mir in meiner Jugend, und auf meinen vielen Kreuz= und Querzügen in den Alpen begegnet sind, habe ich hier zu halten gesucht, und selbst diese nicht alle. Ich habe einen Theil als das „Volksleben in Steiermark" in einen eigenen Band gethan, ich habe die „Sonderlinge" in einen eigenen Band gelegt.

In vorliegendem Buche sind zumeist nur solche Typen aus Wald, Dorf und Alm skizzirt, aus welchen das Volk der Alpen im Großen zusammen= gesetzt ist. Aelpler sind es, so mögen sie „Die Aelpler" heißen.

Allzugroße Aengstlichkeit wird in der Zeichnung dieser Gestalten nicht zu verspüren sein, trotzdem glaube ich, daß die Wahrheit der — Poesie gegen= über nicht zu kurz kommen wird.

Menschen, die in den Städten beisammen wohnen, oder sonst meist auf einem Flecke bleiben, können es kaum ahnen und glauben, wie verschiedenartig oft die Zustände eines und desselben Volkes, ihres eigenen Volkes sind. Das deutsche Volk, wie anders lebt es auf Westphalens rother Erde, und wie anders auf den Sumpfebenen an der Polengrenze! Wie anders am Strande der Ostsee, und wie anders in

den Engthälern der Alpen! Diese Theile, fernab
liegen sie den Stätten des modernen Geistes, dessen
weltentzündende Funken gleichwohl dahinzucken auf
Drahtfäden über die einsamen, abgeschlossenen Schol=
len, es aber schwer vermögen, die alte angestammte
Sitte zu zerschmelzen. Und endlich ist es auch selbst
wiederum die Cultur, welche wahre Urthümlichkeit
eines Volkes aufsucht, schützt und ehrt, oder zum
mindesten aus derselben eine Lehre zieht.

Die Leute im Gebirge stehen dem Himmel näher,
als die auf dem Flachlande. Sie sind oft recht ein=
fältig — und das ist ihre Weisheit; sie sind arm,
und das macht leichten Sinn. Sind sie in Freuden,
so müssen sie schreien vor lauter Lust und jauchzen,
daß es gellt im Walde; sind sie im Elend, so
brechen sie in ein derbes Schelten aus und machen
einen Spaß darüber. Mit dem lieben Gott stehen
sie auf „Du und Du", mit dem Teufel stehen
sie auch auf „Du und Du". So thut sich's am
Besten.

Es ist eine süßfreudige, es ist eine wildfinstere,
es ist eine schreckbar große Welt. Da ist der allzeit
nächtige Wald — laufen Rehe und Hirsche drinnen.
Dort ist der lichte Gletscher — fliegen Adler darüber.
Auf Thalwiesen ist Moorgrund, daß man könnte
versinken in ihn, so lang die Beine sind; auf den
Feldlehnen liegen ganze Steinadern kahl, daß der
Spaten Funken schlägt, als müßte er anstatt Brot

Feuer ausgraben. Vor Kurzem noch nirgends eine Eisenbahn in den Hochgegenden, nirgends ein Telegraph. Steirerwäglein holpern die rauhen Wege bergauf, thalab, und wer auf einem solchen sitzt, der muß Leib und Seele fest beisammen haben, daß sie nicht auseinandergeschüttelt werden.

Im tiefen Thal ducken sich die kleinen Dörfer, auf den Büheln und Lehnen stehen einzeln die Höfe und Hütten und schauen mit ihren in der Sonne funkelnden Fenstern hinaus ins Thal. In der Schlucht rauscht der Wildbach — schwimmen Forellen drinnen. Am jenseitigen Hang schrillt die Kuhschelle, kündet frische Milch an für heute und frische Butter für morgen. Von der Höhe knallt des Jägers Schuß — rinnt ein rothes Brünnlein im grünen Wald.

Aber der Schuß löst das Sandkorn, das Sandkorn ein Steinchen, dieses den Stein, dieser den Kloß, dieser die Scholle — niederfährt krachend die Lawine, sprengt Felsen auseinander, knickt die Bäume im Wald wie Grashalme, verschüttet ganze Thäler, es staut sich der Fluß, es entsteht ein See — und die Verwüstung im Thale hat des Jägers fröhlicher Knall gemacht.

So leicht sind die Gewalten geweckt. Den Leuten wird angst und bang und ihr Herz sucht den ewigen Herrn, der barmherziger und stärker ist als das wilde Gebirg. Vom spitzen Kirchthurm her klingt

ein Glöcklein — der Dolmetsch zwischen Gott und
dem Menschen. Hoch auf grünen Matten klingt ein
anderer Schall, der Dolmetsch für Lust und Lieb',
das Lied der Sennin.

Und über all' das halten die Bergriesen ihre
Hochwacht. „Die Welt ist mit Brettern verschlagen"
sagt der Wäldler; „die Welt ist mit Steinen ver=
mauert" sagt der Hochgebirgler. Wie in einer Festung
leben sie eingeschlossen in ihren Engthälern; mit
Mühe und Plage erjagt sich Jeder sein hart Stücklein
Brot, und wenn er bisweilen richtig etwas Butter
d'rauf streicht — wir wollen es ihm gönnen. Und
so weben und streben da oben die Leute wie überall,
jauchzen und weinen, werben und sterben und werden
wieder geboren. Keiner möchte gern ausbleiben,
Jeder will wieder aufstehen mit einer frischen Seele
und einem neuen Leib.

Doch ist's eine Welt, fix und fertig für sich, und
hoch über den Bergspitzen schwimmen die lichten
Wolken hin und die Sonnen= und Sternenwagen
rollen Tag und Nacht, Jahr und Jahrhundert
vorüber, und Segen wie Unglück schauert nieder
auf die Bewohner der Wälder und der Höhen.

Im Ganzen sind wir Culturkinder und die
Naturmenschen Schicksalsbrüder. Wer da sagt, es
ginge uns besser als ihnen, dem entgegne ich: Es
geht ihnen nicht schlechter als uns.

———

Der Pfarrer im Hochgebirge.

Benedictus verzichtet auf die Weltfreuden und widmet sich dem Priesterstande.

Er thut es freiwillig — aus innerem Antrieb; er hat keine Eltern mehr, hat früh den Undank der Welt erfahren, er hat sich einst eifrig den weltlichen Wissenschaften hingegeben, ohne davon befriedigt worden zu sein, und er meint, die menschliche Seele könne nur Friede und ein Ziel finden im Reiche des Gemüthes. Und im Reiche des Gemüthes fand er die Religion. Mit Eifer studirt er die Theologie und die menschlichen Herzen, und er fühlt sich in diesem Berufe daheim. Da ereignet es sich, als er zum Priester geweiht ist, daß er eine neue Satzung seines Oberhauptes, die ihm widersinnig und schädlich erscheint, in einer offenen Rede beurtheilt. Die Folge davon ist, daß ihn der Oberhirt in eine kleine, bettelarme Seelsorge verbannt,

weit abgelegen im Gebirge unter Köhlern und Holz=
hauern.

Tagelang muß der junge Priester reisen, bis er
in jene rauhen Hochwälder kommt, die nun ihm zur
zweiten Heimat werden sollen.

Das Kirchlein steht in einem dämmerigen Felsen=
thale mitten unter wenigen Hütten. Zwischen dem
Gesteine liegen Matten; aber kein Obstbaum steht
da, keine Art von Laubhölzern kommt hier vor, als
Brombeer= und Erlgesträuch; nur dunkle Nadel=
wälder rahmen das Thal ein, und oben auf den
felsigen Höhen wuchern die Zerben und der Wach=
holder.

Vor einer der Hütten ist ein Gärtlein mit rohem
Steinwall umgeben; das sieht schier so aus wie der
Kirchhof nebenan, aber es ist der Gemüse= und der
Ziergarten des Pfarrhofes.

Einige Kohlhäupter stehen darin und ein ver=
kümmertes Salatbeet liegt da, und an dem Rande
desselben wächst Porst und wilder Rosmarin. Der
Pfarrhof ist nicht mit Rinden eingedeckt, sondern mit
Brettern — dadurch unterscheidet er sich von den
übrigen Hütten.

Als Benedictus, in seinen Mantel gehüllt, mit
dem Stabe in diesem Thale ankommt — mutter=
seelenallein wie ein wandernder Apostel, denkt er,
wie das doch so still und armselig sei in diesen
Wäldern, und wie er nun werde verzichten müssen

auf Alles. War's hier auch so friedlich und rein in
der Gottesluft, so ahnt er doch die Gewalten der
Natur, die in dem Schoße der Felsen und in den
Gemüthern dieser Waldbewohner schlummern. Heim=
weh senkt sich in seine Seele. Wenn doch nur der
alte Pfarrer hier bleiben könnte, auf daß er einen
Menschen hätte von edlerer Lebensanschauung! —
Wenigstens eine Zeit sollte er mein Gefährte sein,
daß er mich bekannt machte mit den Zuständen und
Gebräuchen des Ortes und mit den Eigenschaften
der Bewohner; dann könnte er ja hingehen und
seinen Ruhegehalt genießen — und ich will hier
bleiben mit Gottes Willen. —

So denkt Benedictus. Da sieht er über dem Hange
des Fußweges einen Greis in Lederhose und Loden=
jacke kauern, der Pflanzenstengel aus der Erde rauft.

„He, Alter," ruft Benedictus, „werde ich den
Herrn Pfarrer daheim treffen?"

Der Alte scheint die Frage nicht zu hören, er
blickt nicht auf, sondern faßt die Pflanzenstengel
langsam in ein rothes Tüchlein, das er sich vorn
umgebunden hat.

„Ein wenig ausruhen, Alter!" sagt Benedictus.
„Werde ich Euern Pfarrer daheim treffen?"

Nun blickt der Alte auf. „Wär' ein Wunder,
wenn Ihr ihn jetzt daheim treffen thätet," ant=
wortet er und wischt sich mit dem Aermel den
Schweiß vom Gesichte.

„Wo mag er denn sein?"

„Der Pfarrer? Wurzeln graben thut er," sagt der Alte, bindet sein Tüchlein zu und klettert mühevoll zum Weg nieder. „Ja, ja," sagt er, „unser Pfarrer ist ein rechter Hascher. Oho, jetzt wär' er schier bald über'n Rain gekugelt. Ihr seid zuletzt gar der Herr Benedictus? Grüß' Euch Gott, schön!"

„So seid Ihr wohl der Herr Pfarrer?" ruft der junge Priester.

„'s wird völlig so sein."

„Gott, und was klettert Ihr denn da auf dem Gehänge herum?" fragt Benedictus beinahe erschrocken.

„Süßwurzeln ruf' ich mir aus, die koch' ich mir und das giebt einen kräftigen Thee. Ich trink' den Thee gern zum Abendmahl, und der braucht auch keinen Zucker. So so, und Ihr seid also mein Herr Amtsbruder?"

So lernt Benedictus seinen Vorgänger kennen, aber er schielt den Alten noch immer fast zweifelnd an; trägt denn hier der Pfarrer eine kurze Lederhose und einen grauen Lodenrock? Als ob der Greis die Gedanken des Ankömmlings errathen hätte, sagt er plötzlich: „Um Euer G'wand da ist's schad', Herr Amtsbruder; wenn Ihr's allweg auf dem Leib herumtragt, ist's in neun Wochen hin, und wenn Ihr's daheim in der Stuben laßt, so zerbeißen's Euch die Mäus'."

Dann gehen sie und der Alte erklärt die Gegend: „Da ist halt 's Dorf, das Gwänd, wie man sagt; ein paar Handwerker wohnen da und ein Wirths= haus haben wir auch. Weiter d'rin in der Schlucht ist eine Holzsäge und hinter derselben fängt gleich der Rabenwald an. Der ganze Rabenwald gehört in diese Pfarre heraus, und all' zusammen hat das Gwänd völlig zweihundert Seelen. So Holzleute sind sie, just nicht reich, übrig hat Keiner was, aber vom Nothleiden ist Gott sei Dank auch keine Red'. Die Kohlen führen sie halt so hinaus in die Lacken= hämmer. — Suchst die Geiß, Mirz?" ruft er, sich unterbrechend, einem sehr dürftig gekleideten Mädchen zu. „Da oben im Gebräude brockt sie Brombeerlaub, hätt' Dir sie mit herabgenommen, da bin ich aber mit dem Herrn da 'gangen. Schau, Mirz, das wird Euer neuer Pfarrer!"

Das Mädchen sperrt Mund und Augen auf und sieht den Männern nach.

„Ja, Herr Amtsbruder, und das da neben der Kirche ist der Pfarrhof; wird Euch recht gefallen, er ist just nicht groß, aber passabel bequem. Hab' ihn gerade vor Kurzem übertünchen lassen, weil mir der Wind schon ein wenig durch die Holzwand zogen hat. — Nu, Steffl, bist heut' nit im Holzschlag?"

„Na, heut' nit," antwortet ein Männlein, das auf einer Bank sitzt und mit einer Feile seine Säge schärft.

Der Pfarrer im Hochgebirge.

Endlich kommen sie zum Häuschen, das mit Lehm übertüncht ist. Sie treten ein, gehen aber nicht durch eine Thüre, die in den Hausflur führt, sondern der alte Mann kletterte über eine Leiter in ein dunkles Gelasse hinauf und sagt: „So, Herr Amtsbruder, krabbelt mir nur nach, ich halt' Euch die Hand entgegen; stoßt Euch den Kopf nicht an! So, Herr Amtsbruder!"

Und als sie in der dunklen Dachkammer sind, da ladet der Alte den Benedictus ein, sich's nur ganz bequem zu machen, wie er's zu Hause gewohnt; er sei ja nun eigentlich zu Hause. Aber da auf der leeren Holzbank und am rauhen Brettertischchen giebt's nicht viel bequem zu machen; der junge Priester kann sich kaum entschließen niederzusitzen, obwohl das niedere Stübchen ihn schier nicht aufrecht stehen läßt. Ein starker, fast stechender Geruch ist in der Kammer, und auf einer Wandstelle steht eine Anzahl Flaschen und Töpfe.

„Das ist eigentlich nicht die rechte Wohnstube," bemerkt der Greis, indem er seine Lodenjacke auszieht und sich einen schwarzen talarartigen Mantel überwirft; „ich habe da unten die große Stube einem Köhlerweib abgetreten, das ein krankes Kind hat. Ihren Mann hat vor wenigen Wochen ein Holzbreiling erdrückt und da hat die arme Haut nirgends eine rechte Zuflucht gehabt; die Köhlerhütten sind auch gar so viel kalt und unreinlich, und so hab'

ich sie halt aufgenommen, bis das Kind gesund ist.
Das da heroben ist eigentlich meine Apotheke, sozusagen, da habe ich Wurzeln und Kräuter ange-
sammelt. In den Fläschchen ist Tannenpech, Ameisen-
Oel, Arnicawasser, Rosenbuschbalsam; da in der Lade
hab' ich Harzsalben und Senfpflaster für Beinbrüche
— und was halt die Hausmittel so sind. Mein Gott,
wenn wo ein Unglück geschieht, daß sich die Leutchen
nicht zu helfen wissen, so kommen sie halt zu mir."

Der Pfarrer ruft eine alte Magd und läßt für
seinen neuen Bekannten ein Glas Wein bringen.
„Ei ja, Herr Amtsbruder," sagt er, „wir haben auch
noch ein gutes Gläschen da, dann und wann trinkt
man gern ein Tröpflein; greift nur zu, seht, ich
thu's ja auch gleich; ich weiß zwar nicht, seid Ihr
mein Gast oder bin ich der Eure — — 's geht nun
aus einem Sack."

Aber Benedict nippt nur vom Wein; wie sehr
sich dabei seine Gesichtszüge verziehen, ist in der
Dunkelheit nicht bemerkbar.

Sie reden nun von verschiedenen Dingen, und
nach einiger Zeit sagt der Pfarrer: „Vielleicht gehen
wir vor Abend noch ein wenig herum draußen, Herr
Amtsbruder?"

Und sie gehen in das Freie. Sie gehen hinau
zum kleinen Friedhofe, wo auf dem grünen Rasen
oder auf dem Sandboden hie und da ein verwitter-
tes Holzkreuzlein steckt. Nur eine einzige Stelle ist

da, auf welcher man die kahle Erde sieht. „Da haben
wir den Köhler eingeschoben, den der Holzdreiling
erdrückt hat," bemerkt der Pfarrer. „Sonst geht's
heuer derweil noch rechtschaffen gut ab; aber vor
fünf Jahren ist eine große Sterb' eingetreten; da
sind von Ostern bis zu Martini hinaus vier Er=
wachsene und drei Kinder auf den Gottesacker ge=
bracht worden. Der Kirchhof liegt halt nicht ganz
recht da, und wenn ein großes Wasser ist, so
schwemmt's uns allweg Schutt herab von den
Felsen."

Ein Knabe, barhaupt und barfuß, läuft hinter
der niederen Steinmauer des Kirchhofes vorüber;
diesem ruft der Pfarrer zu: „Hansl, ich ließe Deinen
Vater bitten, wenn er bis morgen früh meine Stiefel
flicken thät; am Abend, wenn ich sie auszieh', werd'
ich sie ihm hinüberschicken."

Das Büblein hat während dieses Auftrages an
seinem Zeigefinger gekaut, dann läuft es, ohne ein
Wort zu entgegnen, davon.

„Ist ein gescheiter Knab' das," sagt der Pfarrer
zu seinem Begleiter, „ist mein Ministrant und das
Läuten verrichtet er auch."

Dann gehen sie in das Kirchlein, das von Stein
ist und ein Schindeldach hat; das Thürmchen ist
aus Brettern zusammengenagelt und an der Mittags=
seite desselben ist eine Sonnenuhr gezeichnet. „Wenn
Schatten ist, wissen wir halt nicht, wie viel's an

der Zeit," sagte der alte Pfarrer, „aber wir halten
Mittag, wenn uns hungert."

Die inneren weißgetünchten Wände des Kirchleins
sind fast leer, nur auf dem Altare befindet sich viel
grobes, theilweise vergoldetes Schnitzwerk und neben
dem hölzernen Tabernakel stehen vier Kerzen. „All'
vier werden sie nur an hohen Festtagen angezündet,"
belehrt der Pfarrer, „wie überhaupt meine oder
Eure Pfarrkinder die hohen Festtage recht schön
abhalten lassen. Der Schuster-Sepp, der Vater von
dem Hansl, spielt gar recht schön die Orgel und
der Köhler-Toni geigt und die Speikgretl singt
dazu. Das ist recht feierlich, Herr Amtsbruder, und
's wird Euch gefallen. Ja, und da steht der Beicht=
stuhl, ist aber nicht viel zu thun b'rinn, die Leut'
kommen nur zu Ostern, und man kann's ihnen
auch nicht vorschreiben, daß sie öfter kommen sollen
— wie halt ihr Bedürfniß ist. Da ist die Kanzel;
ei, da muß ich einen Pfeiler untersetzen, mir scheint,
sie will gar niedergehen. Im Predigen überschrei
ich mich nicht, Herr Amtsbruder, man liest den
Leuten das Evangeli und giebt ihnen darauf ein
paar gute Worte, daß sie recht schön brav und
friedlich miteinander leben, und daß sie ihre Müh'
und Arbeit, ihr Kreuz und Leiden nur schön geduldig
dem lieben Herrgott aufopfern sollen, und daß der
Herr Jesus im Himmel schon Alles lohnen werde.
Das ist genug, und was zu Zeiten mehr zu sagen

ist, das sagt man den Leuten so in der Freundschaft daheim in ihren Hütten, wie's die Verhältnisse
halt verlangen. In der Kirche thät auch nichts
angreifen; da meinen sie, der Pfarrer sagt Alles
nur, weil's so der Brauch ist, und sie schlafen dabei
ein. Bei der Meß' schlafen sie auch. Mein Gott,
man kann's den Leuten nicht verdenken; die ganz'
Wochen müssen sie schwer arbeiten im Holz, und
wenn sie halt einmal zum Sitzen kommen, da gehen
ihnen nachher die Augen zu. Die Bänk' da sind
ohne Lehne — ein wenig ungeschickt — ist mir
g'rad am Jakobitag ein Weiblein so im Einschlafen
auf den Boden hinab gepurzelt, daß   sich den
Kopf rechtschaffen angestoßen hat. — Der Taufstein
ist hinter der Thür — ja, und man soll's nicht
meinen, es ereignet sich oft gar nicht selten, daß
sie mir vom Rabenwald so ein Kindlein heraus=
bringen."

„Also ist die Zahl der Täuflinge größer als
die der Leichen?" fragt Benedictus.

„'s schaut völlig so aus. Sterben will halt
Keiner. Auswandern thun meine Pfarrkinder auch
nicht, aber der Kaiser nimmt viel fort, und da
kommen die Wenigsten zurück, und so bringen mich
die Tausendsappermenter um die Begräbnißgebühr.
Je, meinetwegen mögen sie leben."

„Und wie lange seid Ihr schon in dieser Ge=
meinde?" fragt Benedictus.

Der Pfarrer im Hochgebirge.

„Ja, das ist halt, seitdem die Gemeinde gegründet worden ist, 's mag schon bald seine vierzig Jahr' sein. Nu, da auf der Mauer steht ja die Jahreszahl; schau, 's ist länger, bin schon zweiundfünfzig Jahr im Gwänd. 's wird völlig nicht gut thun, wenn ich in eine Stadt in die Versorgung geh', jetzt in meinen alten Tagen. Aber 's ist halt so, Herr Amtsbruder; im Sommer ging's noch, aber im Winter wollen mich meine Beine halt nimmer recht tragen, wenn's da drin im Rabenwald einmal einen Versehgang giebt. In vier Stunden mag man's schier nicht dermachen bis hinein zu den hintersten Hütten. Und wenn man wo einen Kranken weiß, geht man doch gern.“

„Ist denn eine Schmiede, oder so was in der Nähe?“ bemerkt Benedictus plötzlich, „da hör' ich ja ein Hämmern wie auf Blech.“

„Ah, das Abendglöcklein meint Ihr, ja,   hat ein wenig einen eigenthümlichen Klang, unser Glöcklein. Zersprungen ist's uns vor ein paar Jahren, und da hat der Bindersteffel einen Reif angelegt; 's will seitdem nicht mehr ganz so rein klingen, aber man hört's schon noch im Thale.“

Die beiden Priester treten endlich aus dem Kirchlein. Vor demselben stehen Männer und Weiber beisammen und der Pfarrer stellt sich unter sie und betet laut den „englischen Gruß“.

Es ist schon dunkel geworden, die Felshäupter sind geröthet.

Endlich hört das Glöcklein auf zu schrillen, der Pfarrer schließt das Gebet. Nach demselben geben ihm die Leute die Hand und sagen: „Vergelt's Gott!"

Als sie hierauf ihren Wohnungen zueilen und die Priester gegen den Pfarrhof schreiten, frägt Benedictus: „Und wo ist denn das Schulhaus?"

„Wir haben kein Schulhaus," sagt der Greis, „an den Sonn= und Feiertagen, so zur Nachmittagszeit, kommen die Kinder zu mir in den Pfarrhof und da lehr' ich ihnen halt so nach und nach die Buchstaben lesen und schreiben; das Rechnen haben sie von ihren Eltern, so weit sie's brauchen."

Als sie gegen die Thür kommen, tritt ein Weib heraus und sagt zum Pfarrer: „Ehrwürden, weil der fremd' Herr da kommen ist, zieh' ich ja gern in die Dachkammer hinauf, ja gern; oder ich geh' in meine Hütte hinein. Gott sei Lob und Dank, das Kleine ist schon besser und ich vergeß' Euch's mein Lebtag nicht, Ehrwürden, daß Ihr mir in der Noth so beigestanden seid."

„Gute Frau," redet Benedictus drein, „meinet= wegen soll's bleiben, wie es ist, ich bin frisch und gesund und bringe mich vorläufig überall unter; pflegt Euch und Euer Kind, wie Ihr's verantworten könnt." Und zum Pfarrer sagt er: „Wenn's Euch nicht unangenehm ist, so möcht' ich Euch bitten, daß wir noch ein wenig im Freien bleiben."

„Mir ist's nicht unangenehm, wir wollen uns dort auf die Bank setzen, wenn Euch nur die kühle Nachtluft nicht übel thut. Und morgen werde ich Euch der Gemeinde vorstellen als ihren neuen Herrn Pfarrer — weil's nun schon so sein muß."

Wie der alte und der junge Pfarrer auf der Bank sitzen und sie es hören, wie unten das Bächlein rauscht, und es sehen, wie das Alpenglühen erbleicht und die Sterne zu flimmern beginnen, da faßt Benedictus die Hand des Greises und sagt: „Mein ehrwürdiger Freund, ich kann Euch nicht sagen, wie mir ist. Wohl bin ich bereit, Allem zu entsagen, was ich kenne, was ich lieben gelernt habe in dieser Welt, und ich will auch nicht klagen, daß sie mich all' dem entrückt, in dieses verlorene Thal versetzt haben; aber die Aufgabe, die hier meiner harrt, ist so groß, daß mir bange wird. Ihr seid Eurer Gemeinde nicht blos Pfarrer, Ihr seid ihr Alles, und wahrhaftig, Ihr habt Euch aufgeopfert für Eure Gemeinde. Ich will's ja auch thun, denn unser Vorbild ist der gute Hirt am Kreuze, und ich fühle in mir die Opferfreudigkeit und ich hoffe in späten Tagen auch jene Ruhe und jenen Seelenfrieden zu empfinden, der heute Euer Alter verklärt. Jetzt aber bin ich noch jung und habe nichts erfahren als das Hangen und Verlangen der nach irdischen Freuden strebenden Menschen. Mein ehrwürdiger Freund, ich bin unbekannt mit diesen

Zuständen, Sitten, Charakteren, vollständig fremd
sind mir diese Naturmenschen, die mir so unerreichbar
und heilig erscheinen in ihrer Entsagung. Nun sollte
ich ihr Pfarrer sein und wir können uns gegenseitig
nicht verstehen; ich sollt' Euch ersetzen als Seelsorger,
als Freund und Rathgeber, als Helfer und Walter
überall, der die innersten Tiefen ihrer Herzen
durchforscht hat, der ihre leisesten Wünsche erlauscht
hat, der ihr Zagen und Hoffen, ihr Sinnen und
Sehnen, der all' ihr Weh kennt und empfindet;
ich sollt' das Alles ersetzen — ach, das wär' ja
gar nicht möglich!"

Mit sehr bewegter Stimme hat der junge Priester
gesprochen, der Greis hat ruhig zugehört, und nun
entgegnet er: „Wenn Ihr nur einmal Euere Stadt
vergessen und Euch hier angewöhnen könnt — und
es ist ja gar nicht so uneben hier —, so wird schon
Alles recht werden. Werdet Euch nicht zu zwingen
brauchen, daß Ihr so seid wie ich. Die Leut' werden
schon kommen und werden Euch bitten und fragen
bald um Dies, bald um Das; sie werden Euch ihr
Anliegen schon klagen, und sie werden aufrichtig
gegen Euch sein. Und wenn sie so kommen im Vertrauen, wo sie sich selbst nicht zu rathen und zu helfen
wissen, und man hat ein halbwegs gutes Herz,
dann hat's schon die guten Wege. Bin auch einmal
draußen gewesen in der närrischen Welt, aber ich
hab' den Leuten hier nichts davon erzählt; brauchen's

nicht zu wissen, wie's anderorts zugeht; 's verrennt
sich wohl dann und wann so ein Zeitungsblatt
herein, aber wir verstehen das Zeitungsblatt nicht,
und das Zeitungsblatt versteht uns nicht. Leut',
wie die im Gwänd, muß man bei ihrem alten
Glauben und Gewissen lassen; wie was Neues
dazukommt, werden sie gleich irre. Mir ist allweg
darum zu thun gewesen, daß meine Pfarrkinder
beruhigt und zufrieden sind, und daß sie nicht anfangen zu zweifeln an Dem, was ihr einziger Halt
und Wanderstab ist durch dieses Leben. Wenn die
Zufriedenheit gestört ist, wer giebt Erfüllung? Wenn
sie auch noch so viel hören von den Künsten und
Wissenschaften und Herrlichkeiten der Welt, Holzleute müssen sie dennoch bleiben. Herr Amtsbruder,
Ihr braucht nur ruhig in dem fortzufahren, wie es
ist, und Ihr werdet alleweil was zu essen haben, und
zu Zeiten wohl auch ein gutes Tröpflein."

„Ehrwürdiger Freund," entgegnet Benedictus,
„ein ruhiger und sorgloser Lebensabend in besseren
Verhältnissen und in einem milderen Klima wäre
Euch zu wünschen; aber ich fürchte, Ihr werdet
Euch nach einem solchen Leben im Priesterhause,
wo ihr Eueren Ruhegehalt zu genießen habt, nicht
mehr wohl fühlen."

„Mein, wie gern blieb' ich da, lieber Herr
Amtsbruder, aber wenn's halt nicht geht — wie's
Gott will!"

„Herr Pfarrer! würdet Ihr mir nicht böse sein wenn ich Euch den Antrag machte, Euere alten Tage mit mir in dieser Gemeinde zu verleben und noch fernerhin den Pfarrkindern und mir ein bewährter Rathgeber zu sein?"

Da erhebt sich der Greis, und lebhaft den Arm des jungen Priesters ergreifend, sagt er: „Was wär' mir lieber als d a s, Herr Amtsbruder! Viel thät ich nicht brauchen: all' Tag' meine Suppe und meinen Strohsack, dafür lese ich ja die heilige Mess'; und zu Zeiten ein frisches Tröpflein, das kauf' ich mir schon selber."

Die beiden Priester sprechen noch einige Zeit, bis endlich die alte Magd vom Hause her ruft: „Zum Nachtmahl, Ehrwürden, 's wird ja Alles kalt!"

Gedünstete Erdäpfel stehen auf dem Tisch und ein Glas Wein. Der alte Mann ist ganz glückselig, daß er seinen Gast so außerordentlich bewirthen kann.

Nach dem Essen bringt die Magd ein Packetchen, legt es vor dem Pfarrer auf den Tisch und sagt: „Das schickt der Holzmeister Lipp zum schön' Dank für die Kindstauf." Der Alte öffnet schmunzelnd das Packet: es enthält Tabak, welcher nach der Gewohnheit armer Gebirgsleute ein wenig mit dürrem Buchenlaub gemischt ist. Sofort stopft sich der Greis ein Pfeiflein und sagt schmauchend: „Meine guten Leutchen denken halt allweg auf mich!" Dann wird er sehr verlegen, es fällt ihm ein, daß er eigentlich seinem Gast zuerst ein Pfeiflein hätte anbieten sollen; doch als dieser sagt, er rauche nicht, ist er beruhigt. Benedictus schiebt ihm auch das Weinglas hin und läßt sich ein Schälchen Milch bringen. Da schwelgt denn der alte Pfarrer und lächelt: „So wie heut', ist's mir schon lang nit g'rathen. Ich bring's Euch, Herr Amtsbruder!"

In derselben Nacht schlafen die zwei Priester noch auf hartem Boden; der alte ist es gewohnt und schläft gleich ein; der junge ist noch lange in Gedanken, dann thut er ein Gebet und schläft auch ein.

Am nächsten Tage kommt von weiten Wegen her ein beladener Wagen, der vor dem Pfarrhofe hält. Der alte Herr schlägt die Hände über den Kopf zusammen und ruft: „Du himmlisches Kreuz, der läßt sich ja die ganze Welt nachführen!"

Aber Benedictus selbst legt seinen feinen Anzug ab und kleidet sich in grobes Tuch.

Nach kurzer Zeit ist ein Feiertag im Gwänd — die Einsetzung des neuen Pfarrers. Da ist schier die ganze Gemeinde versammelt; selbst die Bewohner der hinteren Rabenwaldhütten sind heraus gekommen. Am Altare brennen die vier Kerzen, zur Orgel ertönt die Geige und die Speikgretl singt mit heller Stimme ein altes Lied. Selbst das Glöcklein auf dem Thurme hat heute einen Klang, es ist, als

klänge der Holzreif mit zur Verherrlichung des
Festes. Benedictus besteigt die Kanzel und begrüßt
die Gemeinde mit einfachen, herzlichen Worten. Er
sei nun da, sagt er, zum Mitfreuen und zum Mit=
leiden, gemeinsam wolle er Alles tragen mit seinen
Pfarrkindern, und er wolle nicht über ihnen stehen,
sondern neben ihnen, bei ihnen als Mensch. Gemein=
sam wollten sie das kümmerliche Leben fristen und
es sich gegenseitig zu verschönern suchen durch Lieb'
und Vertrauen, und gemeinsam wollten sie die Noth
tragen und das Glück, und gemeinsam wollten sie Gott
verehren in Anstrebung menschlicher Vollkommenheit.
— Benedictus will noch mehr sagen, allein er sieht,
wie einige Zuhörer in den Bänken kämpfen gegen
die Ermüdung, welche die Augenlider so schwer
belastet.

Nach dem Gottesdienste läßt der neue Pfarrer
die Aeltesten der Gemeinde in den Pfarrhof kommen,
und als sie da beisammen sind, begrüßt er sie und
sagt: sie möchten sich nun aussprechen, in welcher
Beziehung sie vorderhand einen Wunsch hätten. Der
alte Herr findet nothwendig, zu erklären: „Der
Herr Pfarrer will Euch in der Pfarre was stiften,
je was herrichten lassen, und Ihr sollt nun sagen,
was Euch am liebsten wär'."

Da schauen die Holzknechte einander an und
machen halb lachende und halb verzagte Gesichter
und wissen nichts zu sagen. Was sie wollen? —

— Ja, gefragt ist das leicht, aber geantwortet! — Es fiel ihnen nichts ein.

Endlich räuspert sich Einer und macht viele Vorbereitung zum Reden. „Ja, wär' schon recht," sagt er hernach, „und da — beim Freydhof, mein' ich halt, wenn was angewendet werden thät', daß das Wasser nicht alleweil so herabschießen kunnt'."

Benedictus sieht den alten Pfarrer befremdet an. Also nichts fürs Leben haben diese Menschen zu wünschen, nichts vermissen sie? — Den Todten geben sie ihre Stimme. „Wenn Euch zuvörderst das am Herzen liegt, liebe Freunde," sagt Benedictus, „so wird Abhilfe getroffen werden, daß das Wasser, welches bisweilen von den Felsen kommt, einen anderen Ausweg hat und nicht über die Gräber rinnt."

Plötzlich ruft ein Männlein: „Wenn sich der Wohlthäter denn schon einmal was kosten lassen will, so soll er an unsere Kirchenbänk' Lehnen machen lassen, daß man sich am Sonntag doch ein wenig ausrasten kann."

Benedictus lächelt, reicht Jedem die Hand und sagt, daß sie glücklich in ihre Waldhütten kommen möchten. Und als sie fort sind, sagt er zum Greise: „Jetzt bin ich auch fünfzig Jahre im Gwänd gewesen, jetzt kenne ich diese Menschen." — — —

Ein Jahr später ist hinter dem Friedhofe ein tiefer Graben und die Kirchenbänke haben breite, feste Lehnen und bequeme Fußgestelle.

3*

Der Pfarrhof hat nun drei trauliche Zimmer. Im ersten dieser Zimmer wohnt der Pfarrer Benedictus und schlägt, wenn er zu Hause und nicht in einer der Waldhütten auf Besuch ist, gern im Pfarrbuche nach, ob Alles in der Ordnung im Verzeichniß seiner Schäflein. Im zweiten Zimmer wohnt der alte Herr und bereitet heilsame Getränke aus Alpenkräutern und Beinbruchpflaster aus frischem Harze. Im dritten Zimmer endlich kommen die zwei Priester drei= oder viermal täglich zusammen zur gesegneten Gottesgab', und da kommt auch manchmal die umsichtige und heitere Wirthschafterin zur Thür herein und bringt regelmäßig in einer goldig funkelnden Flasche ein gutes Tröpflein mit.

Gott gesegne es ihnen!

Der Dorfgeistliche.

Unsere papierblinden Politiker und Socialisten in den Städten können sich nicht genug wundern darüber, daß sich das Bauernvolk immer und immer noch vom Clerus so willig am Gängelbande führen läßt.

Wer das Bauernvolk nur erst einmal kennen lernen wollte, wer auch nur ein Jahr lang das Verhältniß beobachten wollte, in welchem es zu seiner Geistlichkeit steht, sei es in der Kirche, in der Schule, im Leben und Hause, dem würde das Ding bald klar sein; wer auch nur einen Sonntagnachmittag den Pfarrer und den Bauer beim Glase Wein belauschen könnte — ungesehen natürlich —, der würde nicht mehr fragen, wieso es komme, daß der Clerus den Bauer in seiner Macht hat. Und er würde sich darüber nicht mehr wundern.

Seit Alters her hat der Bauer auf seiner Scholle
und in seiner conservativen Gesinnung keinen so
thatkräftigen und beständigen Bundesgenossen als
die Geistlichkeit. Politische Parteien, sociale Bewe=
gungen ändern sich mit jedem Jahrzehnt, wer auf sie
baut, er baut auf Sand. Den Parteien ist nicht um
Erhaltung des Bauernstandes zu thun, sondern viel=
mehr um Ausbeutung desselben für ihre Zwecke
und zum Vortheile anderer Stände. Der Clerus
hält es freilich nicht mit dem Bauer diesem zulieb,
sondern sich selbst zulieb, denn der Bauernstand ist
sein Hort und natürlicher Bundesgenosse. Jeder
andere Stand verliert direct oder indirect durch die
Erstarkung des Bauernstandes, nur der Clerus
gewinnt durch sie. Daher wird dieser stets für den
Bauernstand sein, und der Bauer weiß die
größere Intelligenz, die ihm hier zur Seite steht,
zumeist auch zu würdigen.

Daß der Priester Gottesgnaden auszutheilen
hat, daß er an den wichtigsten Wendepunkten und
in den zu Herzen gehenden Lagen des Lebens dem
Pfarrkinde beisteht, daß diesem der Ehebund, das
Kind, die Früchte des Feldes, der Viehstand vom
Priester gesegnet und gewissermaßen die Freude und
das Glück besiegelt wird, kommt bei dem Bauer
natürlich auch reichlich in Betracht. Indeß noch
mehr Gewicht legt er auf das Praktische. Es mag
dem Bauer wohl gesagt worden sein, was sein

Pfarrer da predigt, das sei stark schief und hinfällig
und mit dem Menschenverstand nicht vereinbar.
Mag ja sein, der Bauer untersucht es nicht, das
mögen die „Herren" ausmachen, die Zeit haben
zum Spintisiren, er ist Bauer und schaut auf sein
Feld und auf sein Vieh, das Andere kümmert ihn
nicht viel. Und sagt Ihr ihm etwas von der „Ver=
dummung, von der Knechtung in der Finsterniß,
vom „Rahm, den die geistlichen Herren abschöpfen"
u. s. w., da schüttelt der Bauer den Kopf. „Gar zu
gescheit werden ist auch nichts nutz," meint er, „die
Ganzgescheiten wollen nicht Bauern bleiben, sondern
verlassen ihren Stand. Die Schule, sie mag gut
gemeint sein, will uns auch nicht taugen, so lange
sie uns Sachen lehrt, die der Bauer nicht braucht,
und solche nicht lehrt, die er für seine Wirthschaft
nöthig hätte. Daß es dem Pfarrer ein wenig besser
geht als uns Bauern, ist ihm wohl vergunnt, er
hat viel studiren müssen und der Weg bis zum
Pfarrer hinauf ist auch nicht mit Rosen bestreut.
Dem Caplan geht's schon gar nicht besser als uns,
und ist er froh, wenn man ihm manchmal ein
Guldenstückel schenkt, daß er sich Sonntags ein
Tröpfel kaufen kann."

Also damit kommt man beim Bauer nicht auf.
So viele Scherze er sich auch selber gegen den
Pfarrer, seine Eigenschaften und Fehler erlaubt,
im Grunde ist er ihm doch tief geneigt und ehrt

ihn nicht allein ob seiner geistlichen, sondern auch
ob seiner geistigen Eigenschaften. Dazu kommt noch,
daß heutzutage die meisten Landgeistlichen selbst
dem Bauernstande entstammen. Der Pfarrer kennt
alle Neigungen, Leidenschaften und Schwächen des
Bauers, alle Sitten und Herkömmlichkeiten, er
spricht mit ihm in seiner Mundart, in denselben
Gedankenwendungen wie der Bauer, er kennt die
Wirthschaft in Feld Wald und Wiese, weil er
vielleicht selbst einst als Bauernjunge gearbeitet hat
und weil er auch jetzt als Pfarrer seinen Acker,
Weidegrund, Viehstand u. s. w. zu versorgen hat.
Der Pfarrer ist selbst Bauer und theilt mit seiner
Pfarre den Segen oder das Mißgeschick der Gegend,
der Jahre, der politischen Zeitrichtungen. Außerdem
umgibt den Pfarrer doch der Nimbus seines Standes,
seiner Stellung, seiner Bildung, und es ist daher
für den Bauer immer eine Ehre und hebt ihn in
den Augen seiner Nachbarn, wenn der Pfarrer mit
ihm viel und freundlich verkehrt.

Man muß es nur wissen, wie das zugeht, wenn
der Pfarrer am Sonntage im Gasthause inmitten
seiner Bauern sitzt. Wer etwa glaubt, der Pfarrer
führe religiöse oder erbauliche Gespräche, oder nehme
sonst im Wirthshaus eine bevormundende Stellung
ein, der irrt sehr und verkennt das Verhältniß ganz
und gar. Gemüthlich und heiter, theilnehmend für
Alles und klug ist sein Gehaben: hier lobt er den

Vorzug von Einem, dort nützt er eine kleine
Schwäche; seine Anerkennung thut Jedem wohl, sein
leiser, häufig mit einem landläufigen Witz verbundener
Tadel thut nicht weh. Für Jeden hat er einen
passenden Gruß, eine schickſame Anrede; wer hand=
küſſen will, es iſt ihm auch nicht verwehrt — und
bei dieſem leutſeligen Verkehr weiß er doch die
Würde zu bewahren, iſt luſtig, ohne ſich zu weit in
die Ungebundenheit der Geſellſchaft einzulaſſen, und
weiß ſich zu rechter Zeit zurückzuziehen. Mancher
Pfarrer oder Caplan weiß recht gut, daß er für
die katholiſche Kirche wirkt, wenn er mit ſeinen
Pfarrkindern Tag für Tag munter kegelt oder
karten ſpielt; die Hauptſache iſt, mit ihnen ſtets auf
vertraulichem Fuße zu bleiben.

Politiſiren wird der Pfarrer in einer größeren
Geſellſchaft ſelten, außer bisweilen auf der Kanzel.
Kommt ein politiſches Thema an den Tiſch, ſo weiß
ihm der Pfarrer durch eine ironiſche, ſatiriſche Be=
merkung zu entgegnen; er zieht es vor, gegneriſche
Anſichten geradeswegs mit einem bäuerlichen Witz
lächerlich zu machen, als ſich darüber in einen
Meinungsaustauſch einzulaſſen. Zeitungen wird er,
wenn er im Wirthshauſe einigen Einfluß hat, nur
mit geringen Ausnahmen dulden. Selbſt clericale
Blätter, ſofern ſie polemiſcher Natur ſind, weiß er
fernzuhalten, ſie könnten den Bauer doch immer=
hin beunruhigen, zum Nachdenken veranlaſſen,

und er braucht von den Welthändeln nichts zu
wissen. Ist aber im Dorfe eine gegnerische Zei=
tung, eine gegnerische Richtung thätig, dann
her mit den clericalen Blättern und ihrer Streit=
macht. Nicht zu leugnen ist, daß die clericalen Zeit=
schriften weit volksthümlicher und packender ge=
schrieben sind als andere, für ein gemischteres
Publicum berechnete Journale. Natürlich, ihre Mit=
arbeiter sind Geistliche, zumeist Söhne des Land=
volkes oder mindestens, wie gesagt, mit der Denk=
weise des Landvolkes vertraut.

Stets weiß sich der Pfarrer den Schein biederber
Ehrlichkeit zu bewahren. Auf einer offenbaren Lüge
wird man ihn selten ertappen. Die Leidenschaftlich=
keit, besonders im Streiten, kommt zwar manchmal
ziemlich verhängnißvoll zum Ausbruch, zumeist aber
weiß er sie geschickt zu verdecken, und so erscheint er
dem Bauer als Vorbild eines starken, ebenmäßigen
Charakters.

Es giebt Ausnahmen, und mancher Priester ist
in seiner Gemeinde gar nicht gut angeschrieben;
aber das muß ich wohl sagen, einer der ehren=
werthesten und verläßlichsten Männer in der Ge=
meinde bleibt im Ganzen der Pfarrer immerhin. So
ein dem Bauernstande entsprossener Landgeistlicher
bleibt mitunter doch zu urwüchsig und zu gerad=
michelig, um Jesuit zu sein. Und diese Offenheit
erwirbt ihm das Vertrauen seines Sprengels. Denn

mit den Lockkünsten der „Herren", der Aufgeklärten
und Parteireiter hat der Bauer schon schlimme Er=
fahrungen gemacht. Der Wanderprediger kommt als
Fremder her, er traut ihm nicht; den Zeitungs=
schreiber bekommt er gar nicht zu Gesicht, ist gewiß
ein verwindirter Herrenknecht, er traut ihm nicht.
Der Schullehrer mag wohl ein Ehrenmann sein, ist
aber von der neuen Zeit gesandt, er traut ihm nicht.
Der Professor, der Advocat, der Doctor, der Eisen=
bahner, der Fabrikant, der Händler, Jeder hat seine
eigenen Ziele und seinen eigenen Sack. „Halten wir
es immerhin mit unserem Pfarrer, der schon seit
zehn, zwanzig Jahren mit uns ist."

Nur bei Wahlbewegungen legt mancher Land=
geistliche seine Würde ab, springt sozusagen aus der
Kutte und macht den Bauern einen Tanz vor, daß
sie nur so dreinschauen. Ist er so glücklich, für seine
Wahlmänner praktische Gründe zu finden, die den
Bauern einleuchten, so hat er sie, aber blos dem ge=
Mann zuliebe und „für's Seelenheil" verthun sie
ihre Stimmen nicht.

Daß sich die Geistlichen hinter die Weiber stecken,
wenn sie bei den starrköpfigen Männern was durch=
setzen wollen, das kommt vor, aber nicht so oft, als
angenommen wird. Man weiß zu gut, daß die
Bäuerin mit „bei so was versteh' ih nix, däs woaß
ih nit. Muaß da Herr Hochwürd'n scha mit mein
Mon selba red'n" — ablehnen würde, und daß bei

einem starrköpfigen Manne auch das Weib nichts
ausrichtet.

Ein Beweis, wie der Bauer seinen Pfarrer nur
von der praktischen Seite nimmt, ist seine Empfind=
lichkeit gegen zu hohe Taxen bei Messen, Hoch=
zeiten, Kindstaufen und Begräbnissen. Ein guter
geistlicher Rechenmeister, er mag sonst der tüchtigste
Seelsorger sein, kann es ganz gründlich mit seinem
Sprengel verderben; sie entziehen ihm, wo es geht,
die Kundschaft, und begegnen seinem sonstigen
Gehaben mit Vorsicht.

Der schlichte, uneigennützige Charakter ist es auch
beim Priester in der Bauernschaft, der die Herzen
gewinnt und sich einen großen Anhang verschafft.
Da kommen sie in wichtigen, wenn auch weltlichen
Dingen zum Pfarrer um Rath, und ist er schon
nicht in Allem praktisch, so findet doch seine Herzens=
güte stets das rechte Wort und er wird immer mehr
und mehr der wahre Freund seiner Gemeinde.
Mancher ist vierzig Jahre und länger im Sprengel,
hat eine Generation begraben, eine getauft und eine
getraut, und wenn er nun sein weißes Haupt in den
Sarg legt, so trauert eine große Familie um den
väterlichen Freund. Praktische Volksmänner, die auf
dem Lande was Rechtes durchsetzen wollen, werden
es nicht hinter des Pfarrers Rücken zu thun trach=
ten, oder etwa gar versuchen, denselben in der Ach=
tung der Leute herabzusetzen. Damit käme er schlecht

an; sondern sie werden sich, soweit es geht, mit dem Pfarrer verbinden. In rein praktischen Dingen läßt der Pfarrer, soweit es sein persönliches Einsehen gestattet, ja doch manchmal mit sich handeln; daß man ihn aber auch in dogmatischen Sachen für die Vernunft gewinnen wollte — das möge man bleiben lassen. Ich wiederhole nochmals, der Bauer läßt sich im Allgemeinen auch nur so lange von den katholischen Grundsätzen leiten, als er dieselben mit seinem materiellen Vortheil vereinbar findet. Also bliebe die religiöse Richtung ziemlich bei Seite liegen und das innige Verhältniß des Bauers zu seinem Pfarrer hätte eine rein nur gesellschaftliche Bedeutung.

Dieses natürliche Verhältniß zwischen Landvolk und Priester wird, wie man weiß, von oben herab durch einen einheitlichen Plan und Druck noch befestigt. Es giebt auf der Welt kein besser organisirtes Heer, als das des katholischen Clerus; ja es giebt keines, das ihm an Vollkommenheit der Eintheilung, der Zucht und Ordnung in seinem Sinne auch nur nahe käme. Man merkt es dieser in der Geschichte einzig dastehenden Burg an, daß der Menschen Klugheit länger als ein Jahrtausend an ihr gebaut hat.

Wenn dieser gewaltigen Institution auch jener auf sittliche Vollkommenheit gerichtete Idealismus innewohnte, den man in religiösen Körperschaften zu suchen pflegt, ich glaube, sie wäre allzu berückend,

fie riffe die Beften der ganzen Welt an fich. Sehnt
fich doch fo mancher im Parteigetriebe und Haß
müde Gehetzte, im Schwanken der gefetzlichen Ord=
nung haltlos Gewordene nach einem feften, fichern
Hort für des Leibes Wohlfahrt und für des
Geiftes Frieden. Allein die Kirche ift in manchem
Sinne mehr für die weltliche Herrfchaft geplant, als
zur Veredlung der geiftigen Eigenfchaften, zur Ver=
göttlichung der menfchlichen Seele. Die Kirche ift in
mancher Beziehung ein eminent weltliches Werk, und
als an ein folches klammert fich der Bauer mit der
inftinctiven Kraft eines Untergehenden. Vielleicht
wäre dem Clerus das Bürgerthum lieber als der
Bauernftand; vielleicht wäre dem Bauer der Schul=
lehrer für die Länge gefünder als der Pfarrer —
Muthmaßungen find geftattet —, aber wie die Dinge
heute ftehen, kann der Priefter den Bauer, und um=
gekehrt, nicht entbehren.

Man könnte gegen diefes Verhältniß vielleicht
nichts einzuwenden haben, wenn die beiden hier
fcheinbar zufammengehörigen Genoffen im Grunde
nicht doch zweien ganz verfchiedenen Herren dienten.

Der Schulmeister von ehedem.

Er ist ein schlanker, hagerer Mann, in seinen spärlichen Locken liegen Silberhaare. Er trägt einen pechschwarzen feinen Rock nach städtischer Mode.

Zuvörderst interessirt uns die Geschichte von diesem Rocke.

Der Herr Dechant besaß ihn und trug ihn acht Jahre. Das Schicksal verfolgte den Mann, der Rock wurde ihm zu eng, und er gab ihn dem Schulmeister von Althöfen. Dem Schulmeister von Althöfen aber war er nicht zu eng.

Die weiten braunen Beinkleider und die aschgrauen Stiefel hätten auch ihre Geschichte; es liegen in der Truhe unterschiedliche Urkunden darüber vor, und der Schulmeister seufzet: „Beinkleider und Stiefel vergehen, die Conti aber werden nicht vergehen."

Nun zur Geschichte des Mannes selbst.

Er war, glauben wir, das neunte Kind des Lehrers von St. Nikolaus, studirte vier Classen im Seminar oder Gymnasium, alsdann dort blieb er stecken, denn sein Vater hatte noch für jüngere Kinder zu sorgen und konnte ihm nicht weiterhelfen. Da aber Gott Niemanden verläßt, bekam der Jüngling eine Stelle im Schulfache und blieb siebenundzwanzig Jahre Unterlehrer. Wir finden den Mann erst wieder, als er zum Schulmeister emporstieg.

Nun hat er für sein Lebtag einen eigenen Herd; aber er geht doch lieber zum Dorfwirth in die Kost, weil auf den eigenen Herd in Regentagen Tropfen herabsickern

Nach den Einrichtungen, wie sie viele Jahre in unseren Ländern herrschten, ist der Mann eine wichtige Person; er ist Meßner, Regenschori, Musiklehrer, Gemeindeschreiber, zu Zeiten auch Ministrant und nebenbei Schulmeister.

Die Gemeinde Althöfen hat ein Kleines über dreihundert Seelen — die im Kirchenbuche stehen; die Leiber davon kriechen in der Gegend umher in allen Thälern und auf allen Bergen. Der Schulmeister kennt Jeden und weiß auch, wo Jeder seine Hütte hat, so sehr diese auch oft entlegen und verborgen ist hoch oben auf dem Berge oder weit hinter den Wäldern.

Größere Pfarreien haben ihren Unterlehrer, ihren „Kirchenwaschel", ihren Gemeindeschreiber, ihren

Pfarrknecht; all' dergleichen macht dem Schulmeister
in Althöfen keinen Wettstreit.

Und dennoch giebt es Stunden, in welchen sich
der Schulmeister nicht zufrieden fühlt; in manch'
unbewachter Nacht träumt er sich zu einem gesunden
Bauernknecht hinauf, der sorgenlos sein Tagewerk
verrichtet und dann ruhig essen und trinken und
schlafen kann. — Es ist gut, daß in solchen Stun=
den der Wind durch die Fugen den alten träumen=
den Schwelger wach bläst, sonst verduselte er gar
die goldene Morgenstunde, in welcher er die Gebet=
glocke zu läuten hat. Mit dieser Verrichtung ist ver=
bunden das Kirchenaufsperren, das Vorbereiten zur
Messe, das Stiefelputzen für den Herrn Pfarrer, die
Messe selbst und endlich die Knoblauchsuppe. Nach
dieser johlt und poltert es schon in der Schulstube,
aber da kommt ein Häusler — gar demüthig klopft
er an und gar sittsam knittert er an seiner Hutkrempe;
— er thät' halt schön vom Herzen bitten, daß ihm
der Herr Schulmeister wollt' einen Brief aufsetzen —
dem Natz, der beim Militär ist, möcht' er halt ein=
mal nachschreiben; der Bub' hätt' wieder geschrieben
um ein paar Kreuzer Geld, es sei halt so viel zum
Hungerleiden bei den Soldaten. Ja, und Papier
hätt' er weiter auch keins bei sich — möcht' wohl
schön bitten — thät's schon fleißig zahlen! — Der
Schulmeister macht nicht viel Worte, schreibt gleich
den Brief, nimmt aber nichts dafür und auch nichts

für's Papier; das wär' leicht doch nicht schön,
wenn sich der Schulmeister so was zahlen ließe!

Endlich kann's an die Schule gehen — doch
weh', da brüllt des Wurzenpeter's Bub' mit einem
blutenden Kopf; die Jungen haben gebalgt und ihn
zur Ofenecke gestoßen. Der Schulmeister macht nicht
viele Worte, nimmt den Kleinen mit in sein Stübchen
und schlägt ihm ein Essigtuch um die Stirne. Er
fragt nicht, wer's gethan hat — leugnete es doch
Jeder und drehte ihm eine Nase. Der Alte kennt
das. So geht's ruhig an die Schule. Den Kleineren
hilft er buchstabiren: b=i=bi, b=u=bu und b=e=be.
Hernach: N=i=l Nil, p=f=e=r=d pferd, Nilpferd; B=e=t
Bet, t=e=l tel, Bettel, s=a=c=k sack, Bettelsack. Und so
fort. Mit den Größeren nimmt er den Katechismus
durch, den sie auswendig lernen müssen, oder, wenn
es Samstag ist, läßt er das Evangelium des nächst=
folgenden Sonntags lesen. Plötzlich schreit ein
Bauer zum Fenster herein: „Schulmeister, die
Kirchenuhr steht; das wär' eine schöne G'schicht,
wenn's heut nicht Mittag werden thät!"

Eilt denn der Mann auf den Thurm und zieht
die Uhr auf und ölt die eisernen Räder ein und
bringt so die Zeit wieder in Gang. Derweil ist in
der Schulstube Kirchtag, denn wenn die Katz nicht
daheim — wie das Sprichwort schon geht.

Endlich schlägt es Elf — da wird noch das
„Einmaleins gebetet" und die Schule ist aus. Der

Schulmeister läutet die Mittagsglocke und geht dann zum Wirth, wo ihm schon die dicke „Frau" mit eingestemmten Armen entgegenkommt: „Ja, was ist denn das heut' für eine Unordnung, Schulmeister? Glaubt Er, wir gehen zu Tische, wann's Ihm gefällt? Wer nicht kommt zu rechter Zeit, der muß warten, was übrig bleibt! Und übrig blieben ist heut' nichts!"

Der Alte neigt nur den Kopf, als sei er schon zufrieden; er weiß, daß die mindeste Einsprache seine Lage nur verschlimmern würde. Er schleicht in die Küche hinaus, mit der Köchin ist er gut an — die theilt ihm schon einen Löffel warme Suppe und schenkt ihm einige Brocken dazu: ei ja, die Köchin ist ein rechtschaffen gut's Leutl.

Noch sitzt er mit dem Suppentopf im Winkel über der Hühnersteige, da schreit d'rin im Gastzimmer ein Bauernknecht: „Kreuz und Hollerstaud'n, wo ist denn heut' der Schulmeister? Zum Versehenläuten ist's!" Der Alte hört's und eilt pflichteifrigst aus seinem Verstecke hervor, und bald darauf klingt vom Thurme das Versehglöcklein, und fast zur selben Zeit ist der Schulmeister auch schon in der Sacristei und legt dem Pfarrer den Chorrock und das Ciborium über und zündet am Altar die Kerzen an und kniet nieder, daß er zugleich auch den Segen erhalte. Ist sodann der Versehbote mit dem Pfarrer davon, so kann's wieder an die Arbeit gehen.

4 *

Der Lehrer ruft die Kinder zusammen, die indeß mit ihrem mitgebrachten Mittagsbrote fertig geworden sind. Wenn sie etwa nicht zur Hand, sucht er sie im Walde oder wo sie schon ihre Extraspielplätze haben, und endlich beginnt die Nachmittagsschule. Diese ist dem Schreiben und Rechnen gewidmet. Im Schreiben geht's so übel nicht; da hat Jeder sein Vorblatt mit Sprüchen: „Fang' an mit Gott in allen Dingen, so wird die Arbeit Dir gelingen!" oder: „Morgenstunde trägt Gold im Munde" und „Die Säue fressen die Eicheln gern!" Beim Rechnen, da hat Jeder seine fünf Finger zur Hand. Fragt der Schulmeister: „Franzl, wenn Du drei Aepfel hast und die Mutter giebt Dir auch drei dazu, wie viel Aepfel hast hernach?" „Meine Mutter macht immer Aepfelkuchen!" antwortet der Kleine. Dieses unschuldige Kindeswort vom Aepfelkuchen bringt dem alten Manne tief in die Seele. „Franzl," sagt er dann, „wenn Du einmal einen Aepfelkuchen mitbringen willst, so wollen wir damit eine Bruchrechnung anstellen."

Er kann es nicht verwinden, zeitweilig solche Anspielungen zu machen, da sie gewissermaßen nicht ohne Folgen bleiben. Es ist schon dann und wann ein Kuchen, oder ein Schinken, oder ein Schock Eier mit in die Schule gekommen und der Ueberbringer hat es nicht ohne Selbstgefühl ausgerichtet: „Das schenket meine Mutter dem Herrn Schulmeister!"

Das Rechnen wird durch den Pfarrer unterbrochen, der, vom Versehgange zurückgekehrt, in die Schule tritt. Die Kinder erheben sich und sagen den christlichen Gruß; der Schulmeister zieht sich in einen Winkel zurück.

Endlich ist die Schule aus, die Kinder trollen sich lustig davon, nur ein oder der andere Knabe bleibt und holt seine Geige oder seine Pfeife hervor und nun beginnt der Musikunterricht. Jeden Sonntag ist „musikalisch" auf dem Chore und da muß zur Orgel doch wohl auch eine Geige und eine Pfeife sein.

Dem Schulmeister hängt überhaupt in solch festlichen Stunden der Himmel voll Geigen, nur „derlängen" kann er keine.

Nach dem Musikunterricht kommt endlich Feierabend? Warum nicht gar! Nun kommt erst das wichtigste Geschäft. Aber das ist ein heikel Ding und der Schulmeister zieht sich damit in sein Stübchen und sperrt die Thür ab. Auch das Fenster deckt er zu mit dem Sacktuch; — es ist besser, wenn's Niemand sieht. Hierauf thut er eine Oblatenrolle hervor und beginnt Hostien auszustempeln. Dabei obliegt er frommen Betrachtungen über das Geheimniß des Gottmenschen in Brotgestalt — und stempelt und stempelt.

Da klopft es an der Thür. Der Alte verhält sich mäuschenstill, aber es hilft nichts, man hat ihn stempeln gehört. Schnell räumt er auf und

öffnet die Thür; er sei — er habe — Nägel habe
er in die Wand geschlagen, Nägel.

Zwei Bauern haben ihm einen Vagabunden ge=
bracht. „Müssen halt wieder dem Herrn Schulmeister
zu Gnaden fallen, einen Spitzbuben haben wir da.
Wir wissen es aber nicht einmal, ob er ein Spitz=
bub' ist; er schleicht nur so herum in der Gegend,
und da haben wir ihn angehalten. Er hat so einen
Brief bei sich, aber wir haben ihn nicht gelesen —
heißt das, weil wir nicht lesen können, und da
hätten wir den Herrn Schulmeister halt bitten
mögen —"

Der Schulmeister liest den Passirschein, findet
Alles in der Ordnung, und so wird der „Stromer"
wieder auf freien Fuß gesetzt.

Dergleichen Unterbrechungen kommen vor, wenn
der gute Mann im verschlossenen Stübchen Oblaten
stempelt.

Endlich kommt die Avestunde; der Schulmeister
zieht am Glockenstrick, sperrt die Kirche zu, thut
noch einen Gang um den Kirchhof und verrichtet
dabei sein Abendgebet. Dann zieht er sich zurück in
sein Kämmerlein. Und nun kommt wieder die holde
Zeit des Traumes von dem Bauernknecht, der
sorgenlos sein Tagewerk verrichtet und dann ruhig
essen, trinken und schlafen kann.

Nicht zu selten geschieht es, daß er mitten in
der Nacht geweckt wird: „Steh' der Schulmeister

doch auf, um Gotteswillen, unsere Kuh ist im Kalben und es geht nicht vor sich und wir wissen uns nicht zu helfen!" —

So geht's, wenn man ein öffentlicher Charakter ist.

So geht's durch's Jahr. Im Sommer zur Heu= mahd oder zur Kornernte ist eine „g'nöthige" Zeit, da schickt der Bauer sein Kind nicht in die Schule, diese wird zugesperrt — es sind die großen Vacanzen.

Was macht denn der Schulmeister in den Va= canzen? Der ist gar nicht daheim, der hat sich für die Kirche jemand Anderen bestellt, irgend einen alten Krüppel oder Halbcretin, der für ein paar Groschen das Läuten mit Freuden verrichtet. Der Schulmeister wandert mit einer Holztrage auf dem Rücken in der Gegend umher, von einer Hütte zur anderen, um für den Meßnerdienst, oft auch anstatt des Schulgeldes milde Gaben von Feldfrüchten ein= zusammeln. Hier bekommt er zwölf Korngarben, ist die Wirthschaft größer, so kriegt er vierundzwanzig und ist der Bauer gut bei Laune, so heißt's: „Nur auffassen, Schulmeister, was Er tragen mag, heuer haben wir ein gutes Jahr gehabt!" Und der Alte ladet auf, so viel sich auf der Trage nur halten will, und sagt: „Vergelt's Gott, Bauer, Gott wird Euch segnen!" und wankt davon. Schier zu= sammenbrechen will er oft unter der Last, und er kann gar nicht rasten und niedersitzen — wer hälfe ihm denn hernach auf? Nur wo ein Strunk oder ein

Stein emporragt da ist's geschickt für ihn zum Aus=
ruhen. Da wischt er sich wohl die klebenden Haare aus
der Stirne, aber er macht ein heiteres Gesicht —
jetzt hat er was bekommen und das läßt er aus=
dreschen und verkauft Stroh und Korn, jedes be=
sonders, und zuletzt, hofft er, wird er gar noch ein
reicher Mann!

So kommt er endlich nach Hause und ladet ab
und geht wieder davon, bis er alle Hütten, wie sie
weitläufig zerstreut herumliegen, abgegangen hat.

Da findet er wohl auch seine Kleinen in ihren
häuslichen Beschäftigungen, sie sind ganz frisch auf
und sie arbeiten doppelt rührig und geschäftig,
wenn's der Schulmeister sieht, um ihm zu zeigen,
daß sie auf diesem Felde daheim und hier mehr
verstehen als der Schulmeister!

Und sind die Feldarbeiten vorüber, so kommen
die Kinder wieder nach und nach in die Schule —
aber wie Manches ist im Laufe der Zeit anders
geworden, die Kenntnisse haben sich verrückt, Buch=
staben haben ihre Namen verwechselt und dreimal
drei ist nicht mehr neun.

Der Schulmeister hat keine Rüge dafür und auch
kein Lob; ruhig fängt er wieder von vorn an. —

So lebt er in seiner armen, kleinen, entlegenen
Pfarre.

„Gesund, Gott sei Dank,“ sagt er, „bin ich, und
das ist das Best'.“

Die Jahre vergehen, die Schulkinder werden groß und schicken wieder andere Schulkinder. Aber einmal ist ein Tag, da kommen sie früher nach Hause als gewöhnlich: „Der Schulmeister ist heut' nicht recht beieinander, und da ist die Schul' früher aus geworden."

Und am Abende zur Avestunde wird nicht geläutet. Aber kurze Zeit darauf klingen alle Glocken mitten im Werktag. Der Schulmeister läutet sie nicht — er ruht endlich aus.

Wer ihm einen Grabstein setzen wollte — ich wüßte dafür eine Denkschrift. Grabt in den Stein einen Glockenstrick und einen Bettelsack und unten hin die Worte: „Hier ruht ein Volkslehrer der alten Schule." So war's. So ist's nicht mehr. Heute erfreut sich ein braver Dorfschullehrer derselben Achtung wie der Herr Pfarrer, und in einer Gemeinde, welcher die Erde höher steht als der Himmel, vielleicht einer noch größeren. Unter den neuen gibt es mehr bedeutende Männer als unter den alten, aber weniger Originale.

Der Kirchenwaschel.

'S ist eine wahre Plackerei, aber sein muß doch auch wer dazu! — das sagt er selbst, der Kirchenwaschel, der angestellt ist, um in Ermangelung des Schulmeisters den Meßner= dienst zu besorgen und für die Dorfkirche den Haus= knecht zu machen. Ei freilich muß auch wer sein dazu, aber warum just er?

Daß er ein wenig stottert, schielt, einen Höcker oder Säbelbeine hat, ist immer noch kein Grund dafür; wohl ist er in seinem Thun und Handeln nicht ganz der Schnellste, sein Schritt, sagt man, gehe nach dem Tacte der Thurmuhr.

Warum also just er?

Je nu, weil die Gemeinde sagt: Im Kopf hat er's nicht, im Ellbogen braucht er's nicht und im Sitzleder bleibt's ihm nicht! — So geheimnißvoll dieser Ausspruch ist, so kann doch vermuthet werden, daß damit das Gehirn gemeint ist kurz, unser Mann wurde Kirchenwaschel.

Eigentlich unser Mann ist stolz darauf, und mit Recht, denn er und der liebe Gott sind nun die zwei Ersten in der Gemeinde.

Das sieht man täglich gleich zur frühesten Morgenstunde, denn —

Wie der Mann heißt, wollt Ihr wissen?

Ja, wenn Ihr immer solche Fragen thut, so komm' ich nicht in's Erzählen, ich meine doch keinen Bestimmten, sondern alle Kirchenwaschel zusammen; wozu immer Namen, Namen, wenn man Thaten erzählen kann!

Der Kirchenwaschel hat auf dem Dachboden im Schulhause oder in der Heukammer eines nahen Bauernhofes sein Daheim. Im Ehestand lebt er nicht, er gehört zur „Bruderschaft" und hat sich vorgenommen, als Jüngling zu sterben. Schon vor fünfzig Jahren hat er sich das geschworen und stark ist er bisher geblieben; allen Anzeichen nach wird er seinem Vorsatze treu bleiben.

Schlaf hat der Kirchenwaschel wenig. Der Schlag der ersten Tagesstunde weckt ihn gewöhnlich aus dem Schlummer, und dann schläft er nicht mehr ein. Wohl bleibt er noch eine Weile unter der warmen Decke und macht feste, eiserne Vorsätze für den Tag. Sind diese fertig, so richtet er sich auf und verrichtet sein Morgengebet; er verkehrt in dem-

selben weniger mit dem lieben Gott als mit den
vierzehn Nothhelfern, gegen diese ist er aber sehr
energisch. Auf gutem Fuß steht er mit dem heiligen
Leonhard, diesem weiht er die Kerzenstümpfchen, die
am Hochaltare übrig bleiben, und zündet sie ihm
an den Sonn= und Feiertagen auch an. Dafür läßt
Leonhard den Schöpsen, welchen sein Verehrer bei
einem Großbauern auf dem Futter hat, jahraus
jahrein kerngesund sein. Und der Schöps und die
Wolle, die auf dem Schöpsen wächst, ist völlig das
Einzige, was der Kirchenwaschel sein Eigen nennt.
Und für dieses bittet er den heiligen Leonhard um
Schutz, wenn er des Morgens auf seinem Stroh=
lager sitzt.

Dann steigt er mit feierlichem Ernst aus dem
Bett und beginnt sich anzuziehen, ein Werk, das
er mit Ausdauer, mit unerschütterlicher Beharr=
lichkeit fortsetzt, bis dasselbe gelungen ist.

Um fünf Uhr endlich, wenn er mit Gott und der
Kleidung fertig ist, hängt er sich an den Strick.
Die Morgenglocke klingt; der Waschel ist Herold des
goldenen Tages, mit eherner Zunge ruft er's
hinaus, daß Gottes Morgen da ist und daß bald
die Sonne aufgehen wird über Gute und Böse!

Ist Sonntag und hat der Waschel etwa gar
unterlassen, am Vorabende die Kirche auszukehren
und die Papierblumen an die Altarleuchter zu
knüpfen, so ist er jetzt in großer Bedrängniß. Auf

das Frühstück, Du mein Gott, verzichtet er gern, aber wer giebt ihm die Zeit zurück!

Freilich wohl fegt jetzt der Besen und fegt und fegt, aber zum Aufspritzen blieb keine Zeit mehr, Millionen und Millionen unendlich kleiner Planeten fliegen im Gotteshaus herum, die Größe und Allmacht des Schöpfers verkündend. Denn Recht hat das Kirchenlied:

> Hier liegt vor Deiner Majestät
> Im Staub die Christenschaar!

Erdreich läge nun genug am Altare, aber die Blumen können nicht wachsen in so kurzer Zeit, und so bleibt heute der Tabernakel ohne sonderlichen Schmuck. Es schlägt acht Uhr. Alte Weiblein humpeln zur Thüre herein und gehen an ihre Plätze und entfalten ihre Rosenkränze und bringen ihre Lippen ins Klappern und legen die runzeligen Hände zusammen und auseinander und wieder zusammen wie einen Blasebalg und beten sehr.

Wenn der Waschel mit dem Besen vorüber kommt, so schlagen sie ihre Augen zu Boden.

Endlich ist er mit dem Vorbereiten in der Kirche und in der Sacristei fertig, ja es ist sogar die Glut für den Weihrauch gemacht und am Altare sind zwei Kerzen angezündet. Da der Pfarrer noch nicht da ist, setzt sich der Waschel in einen Stuhl und beginnt laut einen Rosenkranz zu beten. Die

Sonntagssonne strahlt zu den Fenstern herein und ihre Strahlen bilden breite Streifen von den Fenstern durch die Kirche.

Jüngere Weiber kommen zur Thüre herein und besprengen sich am Weihbrunnengefäß und gehen auf ihre Plätze. Auch die Mannsstühle füllen sich mit älteren Männern zuerst; die jüngeren und die Burschen bleiben während des Rosenkranzes gern draußen auf dem Kirchplatze stehen, verfolgen das in die Kirche tretende Weibervolk mit Blicken und Bemerkungen und machen Tauschgeschäfte in Tabaks= pfeifen. Sie haben kurze, künstlich geschnitzte Pinz= gauerpfeifchen mit durchbrochenen Thurmdeckeln aus Messing; sie haben lange, mit Stahl, Packfong oder Silber beschlagene Buchenpfeifen, sie haben dicke, mit breiten Deckeln und langen Röhren. Und was der Waschel drin auch anrufen mag in den kläglichsten Tönen, und wie erbarmenerregend er auch bitten mag für die armen Seelen im Fege= feuer, die Burschen bleiben verstockt, sie denken nur an Eines: die silberbeschlagenen Pfeifen stehen höher als die von Packfong und die Pinzgauer kommen aus der Mode.

Da geht der Pfarrer über den Kirchhof. Wohl rücken da die Burschen ihre Hüte und Einige machen sogar Versuche zum Handküssen; aber der Pfarrer eilt schnell vorüber, er greift nicht einmal grüßend an sein Sammtkäppchen, er ist ungehalten. Da stehen

sie in der Sonne und treiben Schacher, und drin
ist der Rosenkranz!

Die Burschen schleichen sofort in die Kirche und
einige gar hinab hinter die Kirchhofmauer zu einem
Kartenspielchen. Trotz Glockenklang und Orgelton
drinnen sticht das Trumpf-Aß doch immer den König!

Mit der Ankunft des Pfarrers in der Sacristei
wälzt sich ein Heer von Geschäften auf den armen
Waschel heran. Sie mögen braten, die Seelen im
Fegefeuer, jetzt hat er nicht die Zeit, daß er sie
herausbete, der Pfarrer will den Chorrock und die
Stola umgeworfen und das Birret auf dem Kopf
haben, die Glocken wollen geläutet sein und an der
Orgel steht kein Blasbalgzieher. Und der arme
Waschel hat nur zwei, sage zwei lumpige Hände!

Doch siehe, die Glocken klingen, die Orgel schallt
und der Pfarrer steht gehegt und gepflegt auf der
Kanzel.

Unter allgemeinem Aufstand wird das Evangelium gelesen. Dann beginnt die Predigt; die Männer
horchen zu, die Weiber weinen oder schlafen, die
Mädchen sehen ein wenig nach, wie das seidene
Halstuch steht und ob dasselbe nicht Blicke auf sich
ziehe. Der Kirchenwaschel aber steht am Taufbecken
und macht Ohren, Augen und Mund auf, daß er
keines der Worte Gottes überhöre.

Nach der Predigt verkündet der Pfarrer den
Wochenplan für die Kirche, und wer die Messen

zahlt und wofür, und wann ein gebotener Fasttag ist. Wenn die Zeiten gute sind, so verkündet er gar ein Brautpaar und oft ein so unverhofftes, daß die ganze Gemeinde in den Stühlen darüber in Aufregung geräth und sich alle Blicke nach den gewöhnlichen Plätzen der Verkündeten wenden.

Aber die Brautleute sind nicht da und — der Waschel zündet schon die Lichter am heiligen Leonhard an.

Das Hochamt rückt heran; der Pfarrer will für dasselbe die Alba, die Manipel, den Meßrock und Das und Jenes.

Mit Geschicklichkeit hat ihn der Waschel angekleidet, darauf hat er Weihrauch angemacht und den Opferwein besorgt; das Wasser zu demselben will er auch noch holen, aber jener Pfarrer war nachsichtig und sagte: „Wozu den weiten Weg zum Brunnen hinab? Schone Deine alten Füß', Waschel — der liebe Gott nimmt den guten Willen für's Werk."

Das Amt hat begonnen und der Kirchenwaschel kommt nun aus der Sacristei, aber wie? Nicht mehr als der buckelige, säbelbeinige Kirchenwaschel, sondern als Gottes Diener, als Cherub eigentlich, im weißrothen Chorrock! Da kniet er vor dem Altare und webelt mit dem Kohlengefäß und läßt den Weihrauch aufsteigen und neigt sich und betet für seinen Schöps!

Und nach dem ersten Segen kommt er mit der langen Stange und zündet alle Kerzen an, die am Altare, an den Bildern und an den Wänden herum angebracht sind. Majestätisch schreitet er durch die Kirche.

Ein oder das andere Weiblein, an dem der An= zünder mit der Stange vorüberkommt, flüstert ihm schüchtern die Bitte um Licht zu und hält ihren Wachsstock hin; aber der Waschel zögert: Du Licht, Du alte Rumpel! Bist Du denn schon heilig ge= sprochen, und stehst Du schon auf der Wand? Aber doch, er hat Nachsicht und reicht dem Weiblein Licht.

Endlich brennt Alles und der Kirchenwaschel zieht sich in die Sacristei zurück. Aber bald kommt er, und zwar wieder mit einer langen Stange, an welcher sich diesmal kein Licht, sondern ein Holz= trühlein oder ein Klingelbeutelchen befindet. Mit diesem geht er nicht mehr zu den Heiligen, die auf der Mauer stehen, sondern zu den sündigen Menschen, die in den Stühlen sitzen. Da blickt er wohl Jedem fest und fragend ins Gesicht: Nu, giebst Du was? Oder wird's? — Und wenn die Münze in das Trühelchen kollert, so sagt er „Vergelt's Gott"! — und geht weiter, muß oft an mehreren Stühlen vorüber, ohne daß auch nur ein einziger Heller fällt. Da bleibt er wohl gar stehen und brummt etwas. Besonders den Jüngeren, die überhaupt gottlos sind — die Mädchen wie die Burschen —, vermag er nichts abzugewinnen. Es ist ein Jammer, was die Leute heutzutage schlecht werden!

Endlich von seiner beschwerlichen Wanderung in die Sacristei zurückgekehrt, überzählt der Waschel den Ertrag seiner Sammlung. Jetzt glotzt er eine Münze an und kehrt sie um und glotzt sie wieder an und brummt und hebt die Hand mit derselben langsam und schleudert die Münze in den Winkel. Es ist erbärmlich — ein messing'ner Hosenknopf war's!

Unter solchen Freuden und Leiden geht das Hochamt zu Ende; wieder Weihrauch zum Segen und dann Auslöschen aller Kerzen. Die beim Leonhard läßt der Waschel am längsten brennen, dann aber sagt er: „Jetzt kann ich Dir nimmer helfen, die Kirche wird zugesperrt, aber vergelt's Gott, Du schaust so schön auf mein' Schöpsen!"

Und wenn die Leute schon längst draußen sind, sich um den Obstkrämer herumdrängen oder ins Wirthshaus gehen, waltet der Waschel noch in der Kirche. Dann läutet er die Mittagsglocke, sperrt zu und geht endlich zum Essen.

Und das ist nur ein einziger Tag! Wer möchte erst die wichtigen Ämter aufzählen, die der Kirchenwaschel durch all' die Feste des Jahres bekleidet!

Stellt er zur Weihnacht nicht die Krippe, zu Ostern nicht das heilige Grab auf? Wer wickelt

zur Fastenzeit all' die Crucifixe in blaue Tücher,
wer krönt in den Rosenmonaten Altäre und Bilder
mit Blumen und Kränzen, und wer zieht zu Frohn=
leichnam die Fahnen auf und hängt den Himmel
(Baldachin) auf vier Stangen — und zu Pfingsten,
wer sendet den heiligen Geist aus der Dachstuhl=
kammer hernieder und läßt ihn schweben an der
Schnur über den Häuptern der Gläubigen?

Der Kirchenwaschel ist's!

Und wenn die Gemeinde gar einmal eine Wall=
fahrt nach Maria=Zell macht, wer geht voran und
trägt die Fahne?

Ich brauche die Frage wohl nicht mehr zu be=
antworten.

Und wofür thut der Mann alles das?

Niemand leistet ihm Entgelt, nur daß — wenn
er einst in die Grube rollt — die Glocken unent=
geltlich läuten und der Pfarrer umsonst seinen
Segen nachspricht.

Es ist ein reines Ehrenamt, und sein muß doch
auch wer dazu — endlich jenseits ist Vergeltung,
denn der liebe Gott zahlt seinen Hausknecht und
die Heiligen verlassen ihren Kirchenwaschel nicht!

Seine Gestrengen!

Ist einmal eine Zeit gewesen, da es vier Gottheiten gab. Da war: Gott Vater, Gott Sohn, Gott heiliger Geist und der „Herr Verwalter". Bei dem Kreuzzeichen wurde demnach das vierte Kreuz wohl sinnig unten am Bauch gemacht. Die vierte göttliche Person war die strengste und die gefürchtetste. Bei den Ersteren war zuweilen durch Gebet was zu erlangen, bei der Letzteren ging's nicht ohne handgreifliche Opfer.

Der Herr Verwalter war mächtig, wie Einer; sein Wille geschah im ganzen Gau. Da war in der Gerichtsstube eine Bank, die diente nicht allein zum Sitzen! Die vier letzten Dinge sind Manchem nicht so schrecklich vorgekommen, als die einfache Bank mit ihren vier kernfesten Füßen. Der Herr Verwalter war allweise; was er sagte, that oder befahl, war recht und unfehlbar; und wenn er sagte:

„Die Sonne ſcheint in der Nacht und am Tage der
Mond" — ſo verſetzten die Bauern höchſtens klein=
laut: „Schau, bei unſerem Aufwachſen iſt's juſt um=
gekehrt geweſen." Und wenn er ſagte: „Zwei Gulden
ſteuert Ihr für die Wieſe und zwei Gulden für den
Acker, alſo zuſammen neun Gulden!" und er deutete
mit dem Stock dazu, ſo glaubten es die Bauern
und murmelten: „Wohl ſo, wohl ſo, geſtrenger Herr
Gnaden, zweimal zwei iſt neun."

Eine der göttlichen Eigenſchaften fehlte dem
Herrn Verwalter, und der Mangel derſelben hat
ihn zu Grunde gerichtet: ewig war er nicht. Heute
iſt das Schloß verfallen, oder es hantirt der
Gemeindevorſtand, ein Bauer, in des geſtrengen
Verwalters Kanzlei, und in des Herrn Verwalters
zerzauſter Perrücke niſten die Mäuſe. Und ein
luſtiges Schreiberlein ſitzt in der Kammer und
ſchreibt ein boshaftes Capitel über den hochgebornen,
hochwichtigen und hochgeſtrengen Herrn Verwalter.
Dereinſtmalen iſt mit biegſamen Gänſefedern ge=
ſchrieben worden und haben ſich, wenn eine friſche,
fette Gans ankam, der Herr Verwalter und ſein
Secretarius die Arbeit ſo getheilt: der Secretarius
verſchrieb die Federn an den Steuerexecutions=
und Gantbögen der Bauern; der Herr Verwalter
verzehrte die Gans.

Unſer heutiges Schreiberlein aber ſchreibt das
Capitel mit einer Feder, die aus ähnlichem Stoffe

gemacht und juſt ſo ſpitzig iſt, wie voreinſtmalen der
Degen des allergnädigſten Herrn Grafen.

Nun wird der Herr Verwalter allerunterthänigſt
beſchrieben. Von oben fange ich an; da ſehe ich die
Pelzhaube, oder den breitkrämpigen Hut. Das Ge=
ſicht iſt ſtets glatt raſirt; wenn zumeiſt auch Strenge
auf demſelben ruht, ſo kann es doch zuweilen — hat
auch ſeine Zeit — recht gemüthlich lächeln. Und auf
der hochwohlgebornen Naſenſpitze liegt ein ſtändiges
Alpenglühen. Der Blick iſt, wie ſich's gebührt,
immer gerade aus, denn das Wenden des Hauptes
nach rechts oder links iſt der ſteifſtehenden Hemd=
tragenſpitzen wegen nicht gut möglich. Dann kommt
die mächtige, ſchwarze Cravatte. Sie iſt ihm das,
was dem Pfarrer ein Collare, dem Fürſten ein
Ordensſtern — das Zeichen ſeiner Würde. Der
lange ſchwarze Rock iſt ſtreng zugeknöpft von oben
bis unten. Dieſer — ein ehrenvoller, dicker, feſter
Rock — iſt ſein Panzer und Schild. Nur rückwärts
— aber das weiß ja kein Menſch — durch die
liefſinnigen Taſchen wäre ihm beizukommen — das
iſt die Achillesferſe. Weiter unten iſt das graue,
enge Beinkleid, ſind die hohen rothen Stiefel, und
noch weiter unter iſt der grundfeſte Erdboden. Halt,
jetzt hätte ich ſchier den Stock vergeſſen, ſo ſehr er ſich
bemerkbar macht durch ſeinen goldenen Knopf, durch
ſeine ſchöne, braune Quaſte — o Gott, wie und in
welcher Weiſe hätte ſich dieſer Verwaltersſtock ſeiner

Tage nicht schon bemerkbar gemacht — es ist ein zu schweren Dingen auserlesener Stock, es ist ein erhabener Stock!

So schreitet der Herr Verwalter einher, und seine körperliche Haltung ist eine so vorzügliche, daß der Neid von ihm sagt: „Daher geht er, wie wenn er einen Prügel hätt' g'schluckt."

Nu, ein Kriecher ist er allerdings nicht, das überläßt er den Bauern, denen ist der Rücken krumm dazu gewachsen.

Im Amtshause steht sein Thron und Richterstuhl.

Ein Bauer ist vorgeladen um die neunte Stunde zum Steuerzahlen. Punkt Glockenschlag schleicht er über die Treppe hinauf, denn so hohe Herren haben Alles gern pünktlich. Er guckt nun im Vorsaale zu jeder Thür und weiß halt zum Donner hinein nicht, welche zum Herrn Verwalter seiner Kanzlei führt. Thät' wohl darüber stehen an den Tafeln, aber bei seinem Aufwachsen hat Eins halt kein Lesen gelernt. Er will nicht unbescheidentlich anklopfen an einer unrechten Thür; da beißt es, da kraut sich das Bäuerlein den Kopf. Endlich hebt es doch an, mit dem kleinsten, geschmeidigsten Finger zu klöpfeln. Kein „Herein". — Es klöpfelt an der zweiten Thür und hält den Athem an. Alles still. Da huscht es zur dritten und nimmt schon einen stärkeren Finger. Lautlos, wie ausgestorben. Das Bäuerlein eilt zur fünften, zur sechsten Thür, wird immer kühner in der Auswahl der Finger, pocht endlich mit der Faust, da donnert von innen plötzlich ein gewaltiges: „Wer?!"

Wie vom Blitze gestreift fährt das Bäuerlein in sich zusammen. Nur gut, daß es noch nicht d'rin ist, denn es hat sich anläßlich des plötzlichen Schrecks von seiner irdischen Wesenheit ein Ton losgerungen, der für einen Ausdruck des schuldigen Respects vor Seiner Gestrengen durchaus nicht hätte gelten können.

Indeß, der Würfel ist gefallen; das Männlein legt zitternd seine Hand an die Thürklinke. Da wird die schon von innen aufgerissen, und im Schlafrock, ohne die Perrücke und mit eingeseiften Wangen steht er da, der Herr Verwalter.

„Was ist mir das für ein kreuzverfluchtes Ge= polter?"

Das Bäuerlein, das die Seife für puren Wuth= schaum hält, stottert: „Gestrengen, 's ist halt g'rad so eine zuwidere Sach' — vorgeladen wäre ich."

„Und weiß Er die Amtsstunden und die Kanzlei nicht?"

„Halt ja, halt ja, Gestrengen; neun geschlagen, mein' ich, hätt's wohl schon."

„Acht hat's geschlagen, Er ungeschliffener Bengel!"

„'s mag wohl sein, Gestrengen, daß es acht geschlagen —"

„Marsch!"

Das Bäuerlein kollert förmlich die Stiege hinab.
Der Uhrzeiger steht fast auf halb zehn, aber das
Männlein ist überzeigt: Acht hat's geschlagen. Unten
im Vorhause, wo an den Wänden allerhand Kund=
machungen und Licitationsankündigungen prangen,
setzt es sich auf eine Bank und bleibt sitzen drei
Stunden, und weil hierauf Seine Gestrengen bei
Tische und beim Mittagsschläfchen ist, so bleibt das
Bäuerlein sitzen noch drei Stunden. Es möchte
wohl in die Taverne gehen und einen Löffel Suppe
essen, aber es könnt' leicht mittlerweile vorgerufen
werden. Um vier Uhr endlich kommt der gute
Mann d'ran.

Ein erkleckliches Mittagsmahl scheint den Herrn
Verwalter etwas gnädiger gestimmt zu haben.
Freundlich streicht er das von dem Bauer hingelegte
Steuergeld ein, schiebt seine Brille auf die Stirn,
blättert in Papieren und bedeutet in fast liebens=
würdigem Tone, daß das Geld just um die Hälfte
zu wenig sei, und daß der Bauer längstens in vier=
undzwanzig Stunden das Fehlende zu bringen habe,
widrigenfalls in weiteren vierundzwanzig Stunden
unnachsichtliche Execution erfolgen müßte.

Da beißt es gewaltig und das Bäuerlein kraut
sich rathlos den Kopf.

„Wenn ich halt dennoch dürft' bitten, in vier,
fünf Tagen wollt' ich schon schauen, bis selbhin
thät' ich auch das feist' Lämmel bringen, von dem

mein Weib allweg sagt, 's wär Schad für den
Hirschenwirth, 's müßt's der Herr Verwalter
kriegen."

„Jessas, das ist ja der Waldsimmerl!" schreit
jetzt Seine Gestrengen auf, „ei, jetzt kenn' ich Euch
erst. Je, wie gehts, wie gehts? — Ei freilich hat's
Zeit, ei freilich!"

Trippelt halt hernach der Waldsimmerl vergnügt
nach Hause und freut sich des guten Ansehens, das
er beim Verwalter genießt.

Sein Weib daheim weiß auch was Neues zu er=
zählen: „Ein Amtsbote ist dagewesen. Der Verwalter
läßt oben auf dem Hochboden ein Jagdhaus bauen,
und da wär's zum Roboten."

Es ist das Heu noch nicht eingeheimst, denn der
Waldsimmerl war in der letzten Woche bei einem
Gartenbau für das Schloß in der Arbeit gewesen.
Nun steht das Korn reif auf dem Felde und der
Bauer muß fort, muß in den Wald hinaus und
eine ganze Woche Holz aushacken für das neue
Jagdhaus Seiner Gestrengen.

Mittlerweile schickt sein Weib das feist' Lämmel
ins Schloß.

„Was heißt das?" fährt der Verwalter auf.
„Ihr Bettelbauern wollt mir vielleicht gar ein Nacht=
mahl schenken?"

„Weiß nichts, bin halt geschickt mit dem Lämmel,"
stottert der Bote.

Seine Gestrengen kräuselt mit den Fingern in der weichen Wolle des Thieres. „Armes Vieh, hetzen und schlagen wird dich der rohe Bauer und zuletzt läßt er dich gar noch Hunger leiden. Erbarmst mir, du gutes, unschuldiges Thier, und 's ist besser, du bleibst in meinem Haus." Und zum Boten: „In der Küche wird's ausbezahlt!"

„Nehm' nichts, nehm' nichts!" lächelt der Bote schlau, „darf nichts nehmen." Giebt das feist' Lämmel in der Küche ab und eilt nach Hause.

Aber kaum ist die Woche um und der Waldsimmerl kehrt von der Robot heim, ist der Executionssoldat da. Ein brauner, wilder, mürrischer „Slovak", der nicht einmal deutsch kann, der aber Anspruch macht auf Tisch und Herberge so lange, bis der Waldsimmerl die fällige Steuer bis auf den letzten Kreuzer gezahlt hat. Das arme Lämmlein, es wird wohl seine Schuldigkeit gethan haben, aber mit all' seinem Fette war es nicht im Stande, die Strenge des Herrn Verwalters zu lindern, und noch kaute dieser an dem letzten Bissen des saftigen „Lämmernen", als er einem Beamten den Befehl gab: „Dem Waldsimmerl schick' Er einen Executionsmann; hat er in acht Tagen nicht gezahlt, so schick' Er ihm zwei; hat er ihn 14 Tagen nicht gezahlt, so laß' Er ihn pfänden."

Der Bauer sieht's voraus, was kommen soll; er hat das an sich und seinen Nachbarn erfahren.

Eilends verschleudert er Fahrnisse, deckt den Steuer-
rest, ist frei von der „slovakischen" Belagerung.

Und nun hat der Waldsimmerl Zeit, das Heu
einzubringen, so weit es noch nicht verfault ist; das
Korn zu ernten, wenn es nicht ausgefallen ist; den
Flachs zu sammeln, den die Jäger nicht in den
Boden gestampft haben; und das Kraut zu fechsen,
das der Hase übrig gelassen hat. Da giebt es oft
nicht mehr viel zu thun, und wollte sich der Bauer
darob beschweren, so wird ihm gesagt: „Wenn Dir's
nicht recht, so geh'; wirst abgestiftet. Grund und
Boden gehört der Herrschaft!"

So verläuft die Geschichte.

Aber in Einem ist der Herr Verwalter recht
passabel commod gewesen; mit der Schul' hat er keine
so Geschichten gemacht, wie man's heutigentags erlebt, und hat der Bauer seine Kinder nicht freiwillig
gern in die Schule geschickt, so ist deswegen auch
keine Feindschaft gewesen.

In der Kirche hat's der Herr Verwalter besser
gehabt als die drei übrigen göttlichen Personen.
Da hat er zur Winterszeit auf dem Sacristeiboden
seinen geheizten Ofen gehabt. Und der Pfarrer hat
warten müssen an Sonn= und Feiertagen, bis der
Herr Verwalter sammt Familie da war. Und dann
hat Seine Gestrengen stolz herabgeblickt auf die
Gemeinde, die eigentlich seine Dienerschaft war.
Und gegen den Altar hin hat er eine Miene ge-

macht, als wollte er sagen: „Schön, Herrgott, daß Du Deine Schuldigkeit thust. Ich könnt' Dich absetzen! Grund und Boden gehört der Herr=schaft!"

Da hat man gemeint, der Vierte steht über Allem. Aber es war in Seiner Gestrengen ein heim=liches Grauen bei dem Gedanken an die „Herrschaft", denn — es läßt sich nicht mehr verhehlen — er selbst war die Herrschaft nicht.

Seine freiherrliche Gnaden oder gar Seine Durchlaucht! Das war ein herzerschütternder Begriff für den Herrn Verwalter. Die Cassen= und Wirth=schaftsbücher sind eben auch, wie alles Irdische, Un=vollkommenheiten und Irrthümern unterworfen, und es ist wohl nicht Wunder zu nehmen, wenn der Herr Verwalter bei dem alljährlichen, jedoch un=regelmäßigen Besuche der Herrschaft ähnliches Fehl durch Triumphbogen, weißgekleidete Blumenmädchen und ergebenste Bücklinge in eigener Person zu schlichten suchte. Da sahen die Unterthanen, daß es denn doch nicht so war, „als ob der Herr Verwalter einen Prügel hätt' g'schluckt".

Die Leute freuten sich einerseits, wenn die „Herr=schaft", der Graf oder der Fürst, kam, weil's da Spectakel gab, weil der Graf oder der Fürst herab=lassend war, auf „meine Lieben" sprach und die Blumenmädchen abtätschelte, und weil sie eben auch sahen, mit welcher Feinheit der Herr Verwalter

„Buckerl" machen konnte. Andererseits aber zitterte
der Landmann in solchen Tagen für seine Ernte;
denn große Festjagd gab's und der Bauer mußte
selbst mithelfen, seine Saat, sein Winterbrot zu zer=
treten.

Weiter ist vom Herrn Verwalter nichts mehr
verlautet; heute ist er ein alter, griesgrämiger
Mann und sitzt in irgend einem Winkel des Landes
in Pension. Heute sagt kein Mensch mehr „Ge=
strengen" zu ihm, wie finster er auch dreinstarren
mag, und das erste beste Bauernbüblein schreit es
dem fehlbar gewordenen Rechenmeister ins halb=
taube Ohr: „Zweimal zwei ist vier, und die Herren,
die sind wir, und die Beamten sind unsere Rechts=
halter — guten Tag, Herr Verwalter!"

Der Richter.

Jede Gemeinde hat ihren Gemeindevorstand oder — wie auch die Bauern gern sagen — ihren Bürgermeister. Der Bauer ist doch Staatsbürger, warum soll er keinen Bürgermeister haben! Zwar ist das ein Staatsbürger, der dem Staate weitaus mehr leistet, als was ihm von diesem geleistet wird, daher mag man ihm den Luxus, seinen Gemeindevorstand „Bürgermeister" zu heißen, reichlich gönnen.

Nun hat der Bauer nebst seinem Bürgermeister mitunter auch noch einen Richter. Eine große Landgemeinde wird in mehrere Untergemeinden oder „Viertel" eingetheilt. So giebt es Gemeinden, die mehr als vier Viertel haben und doch nur Ein Ganzes ausmachen. Ein jedes dieser Viertel besitzt seinen Richter, der kleine innere Angelegenheiten zu schlichten hat, dem vom Mittelpunkte, dem Bürgermeister=

amte aus, die Adressen an die „Viertel" zugeschickt
werden, und der seine Leute zu finden weiß. Seit
ich vor Jahren „den Richter" beschrieben, hat sich
mit ihm doch Einiges geändert; Einiges auch habe
ich von diesem Richterstande nachträglich erfahren,
und das soll hier nachgetragen werden.

Es sind von Amtswegen just keine großen Auf=
gaben, die einem solchen Richter obliegen; er braucht
nicht lesen und schreiben zu können, obwohl man
doch mit Vorliebe solche wählt, die sich derlei
Kenntnisse, wenigstens zum nöthigsten Theile, er=
worben haben.

Von Gewissenswegen jedoch hat der Richter
überwiegend größere Obliegenheiten. Er hat darauf
zu sehen, daß sich in seiner Gemeinde keine Spitz=
buben umtreiben, oder in dieselbe etwa gar un=
christliche Leute einwandern, die wegen Nichtbefolgung
der Kirchengebote den Einheimischen ein Aergerniß
geben könnten; auch obliegt ihm die Keuschheits=
commission und er hat es dem Pfarrer zuzutragen,
wenn irgendwo etwas Verdächtiges vorfällt, wie er
in seiner Gemeinde ja auch sonst gerne den Adjuncten
des Pfarramtes macht. Derlei wird weiter unten
mit schönen Beispielen erhärtet.

In den meisten Fällen hat der Richter die be=
sonderen Obliegenheiten, für die der Gemeinde ge=
hörigen Aecker, Wiesen und Weiden, die verpachtet
sind, den Zins einzubringen, was oft eine „Roß=

arbeit" ist, wie der Notherhag behauptet. Von diesem
Zinse hat er Steuern zu decken, und wird er vom
Executionsmann gezwickt, so zwickt er die Pächter.
Der Pächter schreit „Auweh"! und zahlt oder wird
abgetrennt. Ferner hat der Richter die Dorfwege zu
besorgen, und so oft Einem auf dem Gemeindewege
eine Korn= oder Heufuhr oder sonst was umkippt,
verflucht und vermaledeit er den Richter, und wenn
dem Richter selber etwas umkippt, so muß er sich
auslachen lassen — das ist auch seines Amtes.
Das Armen= und Bettelwesen hat er ebenfalls zum
Theile über, und so ist das Richteramt eine Würde,
die nur ein Breitschulteriger und Dickhäutiger zu
tragen vermag.

Damit sie auf Einen nicht gar zu hart drückt,
so geht sie in manchen Gegenden alljährlich auf
einen Anderen über, und zwar nur auf einen wirk=
lichen, feststständigen Bauern; die Kleinhäusler wären
dafür zu nichtig und auch viel zu dumm. Auf dem
Dorf ist's, wie anderswo auch, der Reichste ist der
Gescheiteste.

An den steierischen Abhängen des Wechsels, in
der Gegend, die das „Jackelland" genannt ist, wird
die Richterwahl mit besonderen Sitten ausgeübt.
Am Erchtag in der Faistwoche (letzte Faschingswoche)
ist in selbiger Gegend das „Richtersetzen". An diesem
Tage — bald nach der Mittagszeit — kommen die
Aeltesten, will sagen Wohlgesetztesten des Dorfes,

der Gemeinde hoher Rath, zusammen im Hause des Richters und setzen sich um den Tisch. Jetzt hebt ein Essen an — ein schweres Essen! — Das Wahrzeichen eines solchen Richtermahles ist das dritte Gericht, selbes besteht aus einer gewaltigen Schüssel mit Sauerkraut, in welchem ein stattlich Stück „Schweinernes" liegt. Es ist, als ob sie mit dieser steierischen „Nationalspeise" neuerdings steierische Volkskraft und Festhalten an alte Sitten in sich aufnehmen wollten. Es ist wie ein Rütlischwur mit dem Löffel. Einen von denen, die da löffeln, man weiß noch nicht welchen, aber Einen trifft's, das Richteramt, das heute zu vergeben ist.

In dem Augenblicke, als das Kraut aufgetragen wird, tritt der alte Richter zur Thür ein. Er ist im Ostertagrock, welcher bis über die Knie hinabgeht; in der einen Hand hat er den langen Richterstab, als das Zeichen der Würde, in der anderen trägt er einen Zinnteller, auf welchem ein Krug steht oder ein Trinkglas, das mit frischem Wasser gefüllt ist. Aus dem Gefäße ragt der grüne Zweig eines Rosmarinstammes. Der Rosmarin ist in unserem Volke das Symbol der Reinheit — bei der Jugend Jungfräulichkeit, bei dem Alter Reinheit des Charakters und des Rechtssinnes.

Nun hält er eine Ansprache:

„Ehrenwerthe Männer! Meine Zeit ist aus. Ich habe mit Gottes Hilfe das Richteramt auf mich genommen, ich gebe es mit Gottes Willen zurück in Eure Hände. Ich habe es geführt nach bestem Wissen und Gewissen; wenn ich aber Einem Unrecht gethan habe, sei es einem Mann oder einem Weib oder einem Kind, sei es einem Reichen oder einem Armen — vor Gott sind wir Alle gleich — und vor Gott bitte ich um Verzeihung. Sei es, daß ich mein Amt zu Eurer Zufriedenheit erfüllt habe, so gebt die Ehr' Gott dem Herrn, den ich jetzo mit Euch bitten will, daß er auch meinen Nachfolger erleuchte und führe in der Gerechtigkeit und Treue, und daß selbiger handle ohne Ansehen der Person und des Standes, es sei sein eigener Vortheil oder sein Schaden, daß er allzeit allein nur vor Augen habe die heiligen Gebote Gottes und die Gesetze unseres Kaisers und Herrn, unseres geliebten Landes und zum Wohle unserer Gemeinde. Ich gebe mit diesem Stabe das Richteramt zurück, und ich weise diesen Rosmarin= zweig meinem Nachfolger als Zeichen des reinen Sinnes. Gott walt' es!"

Er stellt das Gefäß auf den Tisch und setzt sich zu den Uebrigen. Nun beginnt die Wahl des neuen Richters.

Selten weigert sich Einer, die ihn treffende Wahl anzunehmen, er sagt einfach ein paar passende Worte und setzt sich hierauf an den Ehrenplatz des Tisches, in den Winkel unter dem Hausaltare, den sie ihm mit vielen Artigkeiten einräumen.

Das Mahl wird fortgesetzt. Vor dem Hause versammeln sich viele Dorfleute, die schon begierig sind,
wer ihr „Oberer" geworden. In manchen Gegenden
des Landes betheiligen sich bei dem Richtersetzen
auch Kinder; sie laufen herbei in hellen Schaaren.
Einer der Knaben pocht mit dem Stock an das
Bretterthor des Hofes, in welchem der alte Richter
wohnt, dreimal pocht er daran. Hernach eilt er zu
den Nachbarhäusern der Aeltesten und pocht auch
dort an die Thore; das Haus, in welchem der neue
Richter wohnt, spart er sich bis zuletzt, dort pocht
er wieder dreimal an und wirft endlich den Stock
über die Einfriedung in den Hof. Soll dieses Pochen
eine Mahnung sein der Jugend an das Alter, an
die Männer der Würde, nicht nur ihrer alten Art
und Sitte zu gedenken, sondern auch die Rechte des
nachfolgenden Geschlechtes zu achten?!

Der Stock wird im Hofe des neuen Richters
zumeist über dem Einfahrtsthor aufgehängt, wo er
im nächsten Jahre von den Knaben leicht wieder
gefunden werden kann.

Dieses Pochen an die Hofthore mag altgermani-
schen Ursprunges sein, obwohl nicht Alles, was in
unserem Volke bei derlei Festen und Anlässen als
Brauch und Sitte getrieben wird, in die altgerma-
nische Welt zurückgeführt werden kann. Manches
entsteht fast aus Zufall und hat den Charakter des
Spieles, an das man sich bei nächstem Anlasse wieder

erinnert, um es neuerdings zu üben, bis es ein= gebürgert ist als Volkssitte.

Ob derlei Sitten aus dem Alterthume stammen, ob sie später entstanden, selten genug denken die Ausübenden an die Bedeutung, die derlei Gebräuche ursprünglich hatten, oder die man ihnen unterschoben. So artet auch das Pochen und Stockwerfen der Jugend beim Richtersetzen meist zu einem wilden Gejohle aus, so wie das Richtermahl zu einem Faschingsgelage mit allen schlimmen Zusätzen, zu welchem allzu oft auch die liebe Jugend beigezogen wird. Soll der Knabe auf diese Rechte an die Thore gepocht haben? Das Gelage dauert bis tief in die Nacht hinein und geschieht es zuweilen, daß der neue Richter beim Nachhausegehen unter der Bürde seiner Würde wankt und taumelt.

So geschah es im Dorfe N., daß in einer Nacht nach dem Richtersetzen der neue Richter auf der Straße liegend aufgefunden wurde. Als er in seiner halben Betäubung das Nahen von Vorübergehenden wahrnahm, lallte er im Gefühle seiner neuen Macht: „Da liegt ein Besoffener! Steckt ihn in den Arrest, den Kerl!"

Ich führe hier einen Besseren vor. In Steinbach haben sie in diesem Jahre den Graben=Natzel zum Richter ernannt. Der Graben=Natzel ist ein Ehren= mann; gleich bei der Wahl hat er gesagt: „'s thut mich freuen, Nachbarn, daß Ihr auf mich das Ver=

trauen jetzt, und ich will's halt probiren, aber das
sag' ich, Ihr müßt jetzt essen, wie Ihr Euch ein=
brockt habt, und ich geh' nicht, bis drei Jahr
aus sind. Nehmt's Euch zusamm', daß eine Ordnung
ist, sonst mach' ich Euch ein Spectakel!"

Deswegen unterscheidet er sich doch nicht von
den Anderen; er trägt seine braune Knielederhose
und seine blauen Strümpfe und sein Lodenjöpplein
wie jeder Andere. Wenn sein Weib auch sagt:
„Alter, aber jetzt mußt Dir wohl fleißig die Hosen
flicken lassen, es kommen alleweil Leute her!" so ent=
gegnet er: „Das mußt Du schon besser wissen, aber
ich mein', sie kommen nicht der Hosen wegen."

Ein sehr wahres, vernünftiges Wort! sie kommen
nicht der Hosen wegen. Da kommen Nachbarn, die
sind im Streit wegen einer Grenzscheide, oder einer
Schuld, oder gar wegen Schlägereien. Sie setzen sich
zusammen zum Tisch, oder wenn diesen die Bäuerin
als Nudelbrett benützt, um die Speckknödeln zu
machen, so setzen sie sich zusammen auf den Herd.
Und der Richter setzt sich auf den Herd und legt
zuweilen eine glühende Kohle in sein Pfeiflein und
bläst eifrig den Rauch heraus, und siehe, so mitten
im Rauche bildet sich das Urtheil und der Ausgleich,
und noch bevor das Pfeiflein ausgebrannt ist,
reichen sich die Parteien die Hände und sind einig.
Dann legt ihnen der Richter einen Laib Brot vor:
„Schneidt's Euch ab einen braven Kloß, bei der

balketen Nederei kommen Einem frei die Schaben in den Magen."

Nicht ganz so gemüthlich endet der folgende Fall:

Bringt ein Bauer einen Jungen, der blaue Flecken im Gesicht und Blut in seinen zerzausten Haaren hat und dem die Hände mit einem Strick gebunden sind.

„Sei so gut, Natzl, jetzt was ist zu machen mit dem Halbpelzer da, dem Knecht hat er das Geld gestohlen!"

„Schön, schön!" brummt der Richter, „hat er's gestanden?"

„Und was ich ihn schon geschlagen hab' mit dem Haustiel, und was ich ihn schon treten hab'! Auf den Boden hab' ich ihn geworfen und auf ihn ge= sprungen bin ich und der Knecht hat ihn beutelt, daß schon Alles hat gestaubt — aber er gesteht's nicht und er sagt's nicht, wo er das Geld hat."

Der Junge steht da und schaut seinen Ankläger an und dann den Richter — er will was sagen, doch er bringt kein Wort hervor.

Aber der Richter stellt sich mit geballten Fäusten vor den Jungen und mit einer fürchterlichen Stimme schreit er: „Höllsaggera, jetzt auf der Stell' sag', wo das Geld ist, oder ich schlag' Dich nieder wie einen Ochsen, Du Kreuzsikramentskerl, Du vermaledeiter!"

Da stürzt der Angeklagte auf seine Knie: „Ich — ich sag's schon — unter dem Brunntrog wird's halt sein, oder im Stall wo."

„Was ist das für ein Herumreden, du Himmel=
herrgott's — !"

„Ja, ich sag's schon, unter der Bodenstiegen
wird's halt sein."

Der Junge schluchzt und faltet bittend die Hände,
aber der Richter ist gar streng in seinem Amt, er
läßt den Dieb auf eine Bank legen. Das arme,
vielfarbige Beinkleid ist unschuldig an dem, was da
zu sühnen ist, darum muß es herab, und der Richter
kommt nun mit dem Birkenstock, und der Richter ist
nicht träge.

Da geht der bestohlene Knecht zur Thür herein:
„Hätt' ein Wort mit dem Richter zu reden."

„Siehst denn nicht, daß er g'rad in der Arbeit
ist," sagt der Bauer.

Aber endlich ist er fertig, wirft dem Jungen das
Beinkleid zu und ruft dem Knecht entgegen: „Was
weißt denn Du wieder für Geschichten?"

„Ja, ich hab' sagen wollen, mein Geld habe ich
wieder gefunden; ich hab's in der Hosentasche ge=
habt und da hab' ich früher nicht geschaut."

Da stürzt der Bauer auf den Jungen, der in
dumpfer Ergebung die Schicksalsschläge hinge=
nommen hat:

„Was lügst denn nachher? Ich bin im Stand
und beutel Dich noch einmal!"

Aber der Richter sagt: „Wirst 's Maul halten,
Du Flegelbauer! Der Bursche bleibt bei mir da!"

Unterwegs nach Hause sagt der Bauer zum Knecht: „Ja, ja, ist ein scharfer Mann, unser Richter, bringt die Wahrheit gleich heraus." —

Dem Richter liegt auch die Ueberwachung des Bettelwesens ob, und wer kein „Heimischer" ist und keinen Paß hat, der muß hinaus. Das ist nun eine schwere Aufgabe, denn eben nur die Paßlosen machen dem Richter ihre Visite nicht, sondern schmuggeln sich in Häuser ein, deren schriftunkundige Besitzer leicht zu betrügen sind. Manche halten es gar mit den Bettlern oder es begiebt sich Anderes, was verboten ist in ihren Häusern. Somit werden Streifzüge nöthig, die durch die Gemeinde in der Gemeinde stattfinden müssen, und zwar so, daß diese dadurch von ihr selber förmlich überrumpelt wird.

Es geht lange ruhig hin, es kommt Verdächtiges vor, es wird über Diebstahl und Bettel geklagt, der Richter schweigt dazu, aber er trägt was im Kopf. Noch eine Zeit läßt er's hingehen, da plötzlich einmal mitten in der Nacht sagt er zu seinem Weib: „Alte, heut' kommst allein an, ich geh' bettlerstrafen." Steht auf, zieht sich dicht an — man kann's nicht wissen, auf welche Art man mit der Welt in Berührung kommt —, nimmt einen derben Stock und geht zum nächsten Haus: „He, Nachbar, die Polizei ist da, gleich aufmachen!" und er poltert heftig an der Thür, so daß der Bauer drin aufspringt und denkt: „Heiland, jetzt ist das ganze Haus von der

Polizei umringen!“ Er öffnet die Thür und da steht
nur der einzige Richter mit seinem Stock. Er will
diesem gleich die Hand reichen: „Kumah (willkommen)
Natzl!“ Aber der sagt streng: „Führ' mich im Haus
und Stall herum, will wissen, ob Du keinen Land-
streicher oder sonst nichts Uebles unter Dach hast,
mach'!“ Und der Aufgestörte führt den Richter mit
Licht umher, und wenn Alles untersucht ist, so sagt
dieser: „Ist in der Ordnung und jetzt zieh' Dich
an, mußt mit mir zum Nachbar!“

Somit sind zwei zum „Bettlerstrafen“ und beim
Nachbar untersuchen sie wieder Haus und Hof und
nehmen ebenfalls den Bauer mit. So wächst die
Polizei an und wird immer mächtiger; so zieht die
Rotte in der Nacht durch das Thal und öffnet alle
Thüren und Thore und hält Gericht. Kein Flüchtiger
kann entlaufen, weil sie unvorhergesehen ins Haus
fällt, und jeder Vagabund, der aufgestöbert wird,
muß mit und kommt vorläufig in den Gemeindearrest. Aber der Richter hat nur im Sommer und
Herbst einen Gemeindearrest, im Winter wohnen
in demselben die Schafe.

Aber, so wie der Richter für die Sicherheit sorgt,
so sorgt er auch für die Armen.

Da humpelt ein Greis in die Stube: „Ja,
Richter, mit mir ist's Matthäi am letzten, mag mein
Brot nimmer graben! Zwei Zähne hätt' ich noch,
aber nichts zu beißen, und ich hab' auch keinen

Heimgang; jetzt, was ist zu machen? Ist gar kein Mittel für mich?"

Da stopft der Richter sein Pfeiflein und schlägt sich mit Stahl und Stein Feuer. „Armenhaus," sagt er, „das weißt so, Armenhaus haben wir kein's, aber wenn Du in die Einleg gehen willst!"

Und der Alte geht in die „Einleg". Er gehört in die Gemeinde und diese muß ihn versorgen. Der Richter selbst ist nicht verpflichtet, den Einleger zu verpflegen; dieser fängt beim Nächsten an und bleibt dort in der Kost und Pflege bis Ende der Woche. Am Samstag nimmt er seinen Stock und sein Bündel — so mühselig er ist, bei Gott, er trägt es leicht — und wandert zum Nachbar. Kommt ihm Freund- lichkeit entgegen oder Rohheit, er bleibt eine Woche im Hause und schafft was er kann, und genießt Kost und Pflege, und am Samstag sagt er wieder sein „Vergelt's Gott"! und zieht weiter.

Das ist das Los eines Jeden im Thale, der es nicht zum Hausbesitzer oder zu einem kleinen Er- sparniß gebracht hat; in seinen alten Tagen wird er ein Wandersmann, ein Bettelmann — das ist sein Ruhestand.

Der Richter ist auch der Wächter der Sittlichkeit. Um die Kinder schert er sich wenig, aber die Er- wachsenen! Trotz der nächtlichen Streifzüge geschieht in manchen Häusern etwas Ungeheuerliches, und zwar von Seite Solcher, die zu dem Ungeheuerlichen

gar nicht berechtigt sind. Es bliebe oft länger ver=
borgen, aber des Richters Kennerauge kundschaftet
es Sonntags auf dem Kirchweg aus. Er läßt sofort
den betreffenden Bauer zu sich kommen, und wenn
er da ist, nimmt er, der Richter, wieder sein Pfeif=
chen zwischen die Zähne und schlägt Feuer mit Stein
und Stahl und sagt: „Bauer, was ich Dir sagen
hab' wollen, schau einmal Deine Weidmagd an!"

„Meine Weidmagd, und wegen was, möcht' ich
wissen!"

„Schau sie nur an und dann — sie ist eine von
drüben, sie gehört nicht zu uns und sie muß aus
der Gemeinde. Du weißt, wir dulden kein unehelich's
Kind,   ist wegen der Einlegerschaft später. Schau
sie nur an, Deine Weidmagd, und dann schau, daß
Du sie weiterbringst, in vier Wochen darf ich sie
nicht mehr sehen. So, das hab' ich Dir sagen wollen."

Der Andere schüttelt ungläubig den Kopf. „Ja, das
wird doch nicht wahr sein, das wär' schon aus der Weis'!"

Dann geht er heim, läßt die Weidmagd rufen
und schaut sie an. Allerdings!

„Barbara," meint er dann, „'s wird wohl nicht
sein, aber ich sag' nur, schau, der Richter hat mir
heut' was erzählt."

Da wird die Barbara roth im Gesicht und
schluchzt endlich gar in die Schürze: „Wahr mag's
auch sein, Bauer, aber ich bitt' Dich gar schön, thu'
mich nicht verstoßen!"

„Schau, schau, Barbara, das hätt' ich mir nicht
von Dir gedacht; und wer? wenn man fragen darf!"

„Halt ein guter Bekannter von mir und auch —
halt auch von Dir und vom Richter."

„Nützt nichts, mußt fort! Pack' zusamm' Deine
Fetzen, sonst werf' ich sie vor die Thür! So ein
liederliches Volk da übereinander. Da hast Deine
paar Gulden und jetzt marsch!"

Da tritt der Sohn des Richters herein: „Mag
der Vater und der Richter sagen was er will, die
Sach' ist so, daß ich auch was dreinzureden hab'
und die Barbara bleibt da!"

So wird dem Richter Opposition gemacht, und
wer ist die Opposition im Reich? Sein eigener
Sohn! —

Ich will nichts Näheres verrathen, ich will auch
nicht weiter mehr erzählen, denn ich stehe im Hoch=
sommer, da ich im Dorfe lebe und diese Erfahrungen
niederschreibe, beziehungsweise unter der Hut des
hochehrsamen und gestrengen Richters. Der Mann
— wenn auch Republikaner — könnte zufällig was
halten auf strenge Censur, und der Jahreszeit nach
zu schließen wäre auch der Gemeindearrest noch
leer.

Die Hausfrau.

Die Gebirgsbäuerin erfreut sich schon seit Langem einer Errungenschaft, welcher heute von der Frauenwelt der Städte gern zugestrebt wird: der Emancipation.

Auf welchem Wege die Bäuerin diese errungen hat?

Zu Anfang ist ein kleines Dirndl gewesen, vielleicht gar recht arm und eine Waise noch dazu. Nicht ein einzig Paar Schuhe hat es zertreten, weil es keins gehabt hat. In Holzschuhen ist es herumgeklöppert zur Winterszeit, in denselben Holzschuhen, in welchen im Sommer die lieben Mäuslein genistet, in denselben Holzschuhen, die allzeit warm halten und die auch noch im bodenlosen Zustande Wärme geben aus dem Ofen.

Das Dirndl dient in einem Hofe und weiß zwischen dem steinharten Sinn und den Launen des

Dienstgebers und des Gesindes behende durchzu=
schlüpfen wie ein Kätzchen — trotz der Holzklöppen.
— Es hat irgendwo einen vergrabenen Schatz.

Wenn ich nicht einmal geguckt hätte, so könnt'
ich's nicht wissen, aber — im Lodenjöpplein, so in
der Gegend des rothen Busentuches herum, hat sie
einen Silberthaler eingenäht. Das ist ihr Pathen=
geschenk. Kein Mensch weiß was davon, und man
hält sie allgemein für eine arme Magd. Unsäglich
wohl thut es ihr, daß sie im Geheimen ihre ersparte
Sach' hat.

Auf den „lieben Gesund" hält sie am meisten,
und wenn ihr was aufgedeckt ist, so schaut sie recht=
schaffen zum Essen, denn — wenn sie auch eine
Magd ist — so muß sie's doch mit ihrer Kraft zum
Weidbuben bringen, sie geht ja mit ihm in den
Wald, in die Holzarbeit, sie muß hacken und sägen
von der Morgenfrüh bis in den späten Abendthau.
Sie darf dem Weidbuben nichts nachgeben, sei's im
Holzschneiden oder Fingerhäckeln, oder im Aesthacken
oder im Ringen; und wenn die Bäume fallen und
wenn sich der Weidbub' zuweilen ein wenig auf
das Moos niederläßt — die Magd muß auf ihren
zwei Füßen stehen. So weit muß sie's bringen.

Jede bringt's aber doch nicht so weit; da ist
zuweilen Eine, die denkt sich: Schau, wenn sich die
abgerindeten Bäume so bequem hinlegen aufs
Moos und der Weidbub' auch, so muß sich Eins

doch frei denken, der lieb' Herrgott hat den weichen
Erdboden deswegen erschaffen. Und sie bleibt nicht
stehen.

Aber sitzen kann sie bleiben, dasselbe ist das
Gefährliche! Denn wenn ein junger Bauer auf
Freiersfüßen herumgeht und er sieht ein Dirndl
beim Weidbuben auf dem Moos sitzen, so hat er
auf dem Platze nichts verloren und nichts vergessen.
Wenn er das Mädchen aber flink dreinhauen sieht
mit der Axt, daß die Splitter sausen, so tritt der
Freiersmann wohl ein wenig hin zu ihm und sagt:
„Die Bäum' sind 'leicht von hartem Holz?"

„Ja, wenn sie von Butter wären, thät' ich sie mit
den Zähnen abbeißen," sagt das Mädchen und schaut
gar nicht auf und sieht den Blumenstrauß nicht, der
auf seinem Hute florirt.

Der Freier geht nicht weiter, ja er tritt noch
näher zu ihr hin und — im grünen Wald unter
freiem Himmel   macht er ihr kurz und g'rad
heraus den Heiratsantrag.

Einen Heiratsantrag hört die junge Holzhauerin
nicht alle Tage, aber trotzdem läßt sie jetzt die Axt
nicht ruhen, und wegen so einem Heiratsantrag
bleibt sie dem Baum keinen Streich schuldig.

„Lang' hab' ich simulirt bei mir selber, ob ich
in den Eh'stand treten soll oder nicht," meint der
Bursche, „'s ist wohl auch der Hauswirthschaft
wegen. Ein ganzes Jahr hab' ich meine Leibelknöpf

abzählt: Soll ich? Soll ich nicht? Aber der Donner, wie ich halt zum untersten komm', heißt's alleweil: Ich soll. Schau, und deswegen hab' ich mich auf die Füß' gemacht und bin zu Dir gangen, weil Du mir anstehst."

Jetzt erst läßt sie ab vom Hacken, stützt sich auf den Axtstiel und schaut den Werber an.

„Bedank' mich schön für die Ehr'," sagt sie, „wenn Du aber meinst, Du nimmst mich, weil ich eine arme Waise bin, mit der Du nachher machen kannst, was Du willst, die Du in Deinem Haus, der Hauswirthschaft wegen, wie einen Waschhadern brauchen kannst; und wenn Du mich heiraten willst, daß Du eine Dienstmagd weniger zu verzahlen brauchst — so sag' ich wohl gleich, Du bist in diesem Wald auf eine Irrwurzen gestiegen und zu der Unrechten kommen. Gleichwohl schaust Du aus, als ob Du's ehrlich meinen thätest, und so weis' ich Dir mein Begehr. Wenn ich Deine ehelich' Haus= wirthin werden soll, so mußt mir Haus und Hof, wie's liegt und steht, schwarz auf Weiß verschreiben lassen. Mit dem Löffel bin ich nicht zufrieden, möcht' auch die Suppen dazu haben; und was thät's mir helfen, wenn Du mir den Kasten verschriebest und den Schlüssel selber in der Tasche behieltest? Wenn Du mir den Finger herhaltest, so greif' ich um die ganze Hand, und ich kann mich estimiren, so hoch ich will; wenn ich mich nicht anbringe, so behalt'

ich mich selber. Und das sag' ich auch im Voraus,
wenn wir Eins werden, so bin ich die reiche
Bäuerin, wie Du der reiche Bauer, und trifft uns
was immer, so steht Dir das Recht nicht zu, mir's
vorzuwerfen, daß Du mich als eine Waise aufge=
hoben hast. — Ich thu' auch meine Pflicht und ich
verdien' mir mein Stückel Brot im Hof wie im
Walde; nicht daß Du 'leicht meinst, mein Mundwerk
allein wär' gut zur Hauswirthin. -- Wenn's Dir
so nicht gefällt, Bauer, so gehen wir jetzt in Freund=
schaft wieder auseinander."

Sie bleiben in Freundschaft beisammen. Der
Ehevertrag wird aufgesetzt und jetzt ist die reiche
Bäuerin fertig. Dann am ersten Abend nach der
Hochzeit, wenn sie Beide im Bauernstübel zusammen=
kommen, sagt sie leise: „Heimlichkeit mag ich keine
vor Dir haben," und häkelt das Jöpplein auf und
gar schämig nestelt sie den eingenähten Silberthaler
hervor.

Der junge Bauer wickelt ihn auf und dreht ihn
in der Hand eine Weile umher und guckt ihn an
von allen Seiten und meint hernach), er lasse ein
Löchlein stechen in's Geldstück, und wenn seiner
Tage — wie's denn schon einmal so närrisch ein=
gerichtet ist auf dieser Welt — so ein Büblein
anrückte, das noch nichts gesorgt und nichts gethan
hat, und dennoch meint, es sei im reichen Bauern=
hof daheim und könne durch sein Geschrei das

ganze Hauswesen drunter und drüber bringen —
so möge dereinst diesem Büblein der Silberthaler
um den Hals gehängt werden.

Die junge Bäuerin ist nun eingesetzt in ihr Besitz-
thum. Draußen auf dem Felde, im Walde, auf der
Wiese und noch weiter draußen im Dorfe, auf dem
Markt, auf der Straße, wenn es Handel und Wandel
giebt, schafft der Bauer; innerhalb des Angerzaunes
aber, der das Gehöfte umgiebt, ist das Reich der
Bäuerin. Von ihrem feurigen Thron, dem Herde aus,
regiert sie Küche und Keller; Speisekasten und Stube
ist ihr unterthan ein= für allemal; im Stall und in
der Scheune hat sie oft auch das gewichtigste Wort.
Da kommt eines Abends der Bauer heim, er
schmunzelt, er bringt eine bauchige Brieftasche mit,
er hat draußen auf der Straße ein paar Ochsen verkauft.

„Ein paar Ochsen verkauft?“ sagt sie und stemmt
die kernigen Arme in die Seite, „den einen kannst
meinetwegen forttreiben, der andere gehört mein.“
Der Handel geht wieder zurück. Wenn der Bauer
etwas kaufen oder verkaufen will, so hat er die
Bäuerin zu fragen. Da erstreckt sich ihr Wille weit
hinaus über die Grenze des Gutes.

Der Nachbar und der Handwerker und der Herr
Pfarrer weiß gar wohl, an wen er sich zu wenden
hat, wenn er mit dem Bauer was ausrichten will,
und es ist hierin schon manches Wörtlein heimlich

gesprochen worden mit der Bäuerin hinter der Thür.
Das Gesinde kennt den Vortheil auch.

Aber die Ehre weiß die Bäuerin zu wahren in
Rath und That, und was von ihr ausgeht, das ist
vielleicht nicht immer zum Vortheil des Hofes, aber
gewiß zu seiner Ehre.

Der Bäuerin kommt insonderheit die Wahl des
weiblichen Dienstpersonales zu, sowie die Bestim-
mung ihres Lohnes und der Aufgütung (Extra-
geschenke), ferner die Wahl der Kost und die An-
ordnung an den Festtagen. Die Bäuerin ist zum
frühesten Morgen oft die Erste aus dem Bette und
die Letzte in dasselbe. Bis der Bauer aus dem Neste
kriecht, hat sie ihm an demselben Morgen schon
längst die Schuhe geschmiert und die schadhaften
Beinkleider ausgeflickt; hat ihm, wenn nöthig, die
Stube geheizt, die Suppe gekocht. Da ist sie ganz
Dienerin; aber sie nimmt zu den Schuhen das Fett,
welches ihr ansteht, sie bessert sein Beinkleid aus
nach ihrem Geschmack, und das sagt sie auch gern:
sie heizt den Ofen von ihrem Holze und kocht die
Suppe von ihren Mitteln. Das ist ein leichtes
Bedienen.

Und so geht's den ganzen Tag. Was der
Bauer heimbringt, das bewahrt und benützt sie
daheim. Und wenn's darauf ankommt, so zieht sie
wieder die Holzschuhe an, oder geht gar barfuß mit
ihm hinaus zur Feldarbeit oder in den Wald; so

ist sie's ja gewohnt worden einst als arme Waise, und sie weiß sich in Alles zu schicken.

Nie kommt ihr ein zärtlich' Liebeswörtlein über die Lippen, da beißt sie schon gut zusammen, denn, wozu braucht er's zu wissen, er thäte sie zuletzt noch auslachen. Daß sich ein bäuerliches Ehepaar vor Leuten geküßt, hab' ich meiner Tage nicht gesehen. Zanken, ja, das können sie alle Beide, und das ist ein gutes Zeichen; eine rechte Hausfrau zankt den ganzen Tag mit ihrem Manne, und etwa gar im Bette noch, daß ihr der Platz zu enge.

Von außen sieht sich's kühl und frostig an, von innen aber — nein, ins Herz hineinblicken, das laß' ich Euch nicht, da leuchtet, nicht zu klein und nicht zu groß, ein stilles Flämmlein fort und fort. — Daß sie allweg heilig zusammenhalten, wie sie's dem Priester versprochen, das versteht sich von selbst.

Und es kommt eine Zeit, da rücken sie wirklich an. Zu Anfang — mein' ich — das Büblein, welches den Silberthaler bekommt, dann flugs das Zweite und Dritte nach — und die Wiege kommt sobald nicht wieder zur Ruhe.

Jetzt erst kommt das Weib — die Frau — zur wahren Bedeutung. Sie nimmt — o, diese verrückte Sache kennt man im Bauernhofe gar nicht — keine Amme ins Haus; selbst wacht sie bei ihren lieben Kindlein Tag und Nacht und nährt sie. Jetzt fehlt der Bäuerin nichts mehr, jetzt denkt sie an keinen

guten Bissen mehr, jetzt hat sie keinen Schlaf, jetzt
leidet sie keine Hitze und Kälte, jetzt hat sie keinen
Zahnschmerz und kein Kopfweh, jetzt ist sie nicht
mehr die arme Waise und nicht mehr die reiche
Bäuerin, jetzt ist sie Mutter. Sie kocht dem Kinde
selbst das Mus, sie näht ihm selbst das Kleidchen,
und wenn das Kind zum Bewußtsein gekommen ist,
so erzählt sie ihm Märchen von Gott und den Enge=
lein. Dann wird sie Erzieherin und Lehrerin. Dann
meint sie, es wäre das Beste für jedes Kind, es
wäre eine arme Waise, damit es leiden lernte, da=
mit es stark werde unter derben Händen, damit es
seine in Fleiß und Schweiß erstrebte Sach' fest zu=
sammenzuhalten wisse, und damit es so der Herr=
schaft über einen großen Bauernhof einst werth sei.
Und wie sie denn schon einmal rechtschaffen ist, sucht
sie ihre Kinder nach diesem Sinne zu erziehen.
Freilich wohl wird sie dann eine strenge Mutter
geheißen, aber das ist ihr ein Lob.

Planmäßige, unermüdliche Arbeit innerhalb des
Wirkungskreises und strenge Zucht. Auf diesem Wege,
meine Leserinnen, hat die Gebirgsbäuerin ihre
Selbstständigkeit errungen.

Da giebt es auf Erden irgendwo ein Land und
in demselben eine Stadt und in dieser ein Haus, in
welchem die Hausfrau den ganzen Tag nichts thut,
als sich nach der Modezeitung anziehen und aus=
ziehen und ein wenig naschen dazu. Das ist dieselbe

Frau, die keine Muttermilch hat für ihr armes
Kindlein, die das kleine Wesen einer wildfremden
Person zur Pflege überantwortet, und welche meint,
sie habe ihre Mutterpflicht gethan, wenn sie dem
armen Wurm ein seidenes Pölsterchen stopfen läßt.

Wenn dieses Haus auch einen stattlichen Eingang und breite, lichte Treppen hat, es ist kein Glück
darin. Ich gehe an ihm vorüber und suche zu meinem
Gespons eine arme Waise im Walde, die dem Weidbuben nichts nachgiebt und stets auf ihren zwei
Füßen steht, wenn er im Moose liegt.

Die Buchtdirn.

arum der liebe Herrgott gerade arme Leute so häufig mit reichem Kindersegen über= schüttet? — Das Darum liegt nicht allzu ferne, nur bezieht es sich blos auf das Mittel und nicht auf den Zweck.

Wenn ein Taglöhner im Gebirge mit zwölf Gulden Monatserwerb dreizehn unmündige Kinder hat, so ist dieses Zahlenverhältniß ein hinkendes, und man meint, der Volksglaube habe Recht, das dreizehnte müsse sterben — an Hunger. Es kommt aber doch vor, daß Keines stirbt, daß Alle rothe Backen haben und groß und kräftig wachsen. Wo eine sorgsame Mutter waltet und die wohlthätige Frau Natur Pathe gestanden, da thut der Taglohn des Vaters oft gar nicht viel zur Sache.

Anders ist es, wenn in dem armen Hause sich noch der Leichtsinn zu einem Familienmitgliede

zählt, oder wenn eine Krankheit oder ein anderes
Unglück als Gast einkehrt. Solche Hausgenossen
drücken auf die holden Kinderstirnen den Kuß des
Elendes, und mit diesem Kainszeichen müssen die
Armen hinaus in die Welt und sie werden geflohen
oder verachtet, und sie finden keine Heimstätten,
außer in den Zuchthäusern oder Siechenanstalten.
Nicht die Entbehrung ist der Fluch der Armuth,
sondern die Verwahrlosung der Kinder. Freilich
wohl wachsen sie auf „wie die Bäume im Wald",
aber dann gehören sie auch in den Wald und nicht
in die Menschengesellschaft.

Für die Burschen ist's noch ein Glück, wenn sie
zu den Soldaten kommen, obwohl sie in der Regel
das durchaus nicht wollen, denn mit dem Gehorsam
und mit der Ordnung stehen sie auf bösem Fuße.
An Bauernhöfe verdingen sich solch' verwahrloste
Jungen nur ungern; auch das fruchtbare Flachland
sagt ihnen selten zu, oder das Heideland, auf welchem
sie sich durch Fleiß und Arbeit kleine Bauerngüter
erwerben könnten. Sie suchen das Gebirge, werden
Holzhauer, Köhler, Wurzelgräber und verlegen sich
auf das Wildern. Könige des Waldes zu sein ist
ihr schönster Traum, und wenn sie lesen könnten,
die Geschicht von dem bayerischen Hiesel hätte für
sie den meisten Reiz.

Die Töchter armer Leute des Berglandes haben
ein gleichwohl nicht viel günstigeres Schicksal, das

sich aber dann und wann zum Besseren wendet. Kommt eine reiche Bäuerin in die dunkle Hütte des Taglöhners, theilt unter die Kinder, die sich furchtsam in die Winkel flüchten wollten, Semmeln oder Kreuzer aus und sagt zu Einem oder dem Andern: „Bist aber sauber, Du. Gehst mit?" Und zu der Mutter: „Wie viel hast denn nachher?"

„Liebe Zeit, fünfe hab' ich halt noch daheim."

„Willst mir ein Dirndl lassen? Etwa dasselb' schwarzäugig beim Ofenwinkel? Ich zieh' Dir's auf und bei mir hat's Ein's gut."

„Da thät' sich die Hofbäuerin wohl einen Staffel in den Himmel bauen. Geh', Agerl, küss' geschwind der Frau Mahm die Hand. Dir ist jetzt Dein schwarzes Stückl Brot in den Honigtopf gefallen."

Und so wird's abgemacht. Für das Agerl hat gleichwohl die schönste Zeit des Menschenlebens ein Ende: es muß Vater und Mutter und Geschwister verlassen, zieht fort von der Heimatshütte und zu dem reichen Bauernhof mit den schönen Rindern und Schafen und Pferden mit dem zahlreichen Gesinde, wird dort Fußschämel, Waschhadern, Aschenbrödl — die Zuchtdirn.

Mali, die Tochter des Hauses, ist vielleicht im gleichen Alter mit dem Agerl, allein sie mag nicht recht Gemeinschaft haben mit dem „Bettelkind", so treuherzig sich dieses auch an sie anschließen will.

Aber es ist ihr doch recht, daß das Mädchen ins
Haus gekommen, nun braucht sie nicht mehr die
Hühner zu hüten, daß sie der Geier nicht holt, das
Agerl thut's; nun hat sie Jemanden, dem sie die
abgetragenen und aus der Mode gekommenen Kleider
schenken kann, damit sie neue bekommt.

Das Agerl wird größer. Da sagt der Altknecht:
„Ein so großes Mensch da und Hühner halten, 's
ist eine Schand'! Treib' die Schafe auf die Heid',
treib' die Küh' in den Wald, und trag' dabei Holz
zusamm' und brock' Schwämm', daß Du was
ausrichtest, ist gescheiter!"

Nach bestem Wissen und Können folgt das
Mädchen der Weisung; und nun muß es den ganzen
Tag über auf der Heide bleiben oder im Walde,
und es bekommt nur ein Stück Brot mit. Blos ein
Stück Brot, das macht der kleinen Halterin kein
Herzeleid, sie weiß ja frische Quellen, und neben
dem Wässerlein wächst Waldkresse — das ist ein
gesundes Mittagsmahl. Angstvolle Stunden sind's,
wenn in den Hochsommertagen ein Gewitter naht;
da fürchtet das Agerl so sehr, es könne der Blitz
einschlagen und sie tödten mitsammt der Heerde.
Oft gehen Gerüchte umher, es sei ein Bär, oder ein
Wolf, oder gar ein Wildschwein in der Gegend; —
was unsere Hirtin in solchen Zeiten leidet, ist nicht
zu beschreiben. Aber getreu hält sie aus bei ihren
Schutzbefohlenen, die ihre besten Freunde sind. Am

späten Abend zurückgekehrt in den Hof und zu den
Menschen, ist ihr nicht viel wohler als draußen
in den Gefahren des Waldes. Jedes schafft und
befiehlt ihr mit harten Worten. In der Küche soll
sie das Geschirr abreiben, in den Ställen die Streu
zurecht fassen, in der Stube den Boden scheuern, vom
Brunnen die Wasserkübel holen, oben soll sie sein
und unten soll sie sein. Und wenn in der Wirthschaft
irgendwo was schief geht, was ungeschickt gemacht,
was zerbrochen wird — das Agerl hat's gethan
— an Allem ist das Agerl Schuld, die Zuchtdirn.

Und wenn der Knecht auf den Bauer einen Zorn
hat, etwa wegen zu magerer Kost, wegen zu langer
Arbeit und zu kurzen Feierabenden, so schilt er die
Zuchtdirn. Wenn sich die Magd mit der Bäuerin
zerschlägt wegen heimlicher Wäsche oder geradehin
wegen des Liebsten, so schilt sie die Zuchtdirn; und
wenn der Stallbub' die Ochsen schlägt und er dafür
vom Bauer eine Rüge bekommt, so schlägt er nicht
mehr die Ochsen, aber die Zuchtdirn. Da geht das
Mädchen wohl hin zur Bäuerin und sagt weinend:
„Mutter, die Leut' geh'n all' so viel los auf mich!"

Und die Bäuerin entgegnet: „Haben schon
recht, das ist Dir gesund, mußt auch was gewohnt
werden!"

Und die Mali will gar nicht mehr reden mit der
Zuchtschwester, sondern blickt sie über die Achsel an
und brummt: „Bist ein Patsch, und das sieht man

gleich, wo Du her bist. Wär'st blieben in Deinem Hungerleidkotter und hätt'st Birnstingel kloben!"

Aber schau, so sehr können sie das Agerl doch nicht niederhalten, daß es nicht nach und nach aufwüchse schlank und frisch, daß es nicht glatte Flachshaare und blühende Wangen bekäme, daß sich an ihm nicht nach und nach das Busentuch wölbte über zwei sanfte Hügelchen. Und so merkwürdig hat sich nun die Zeit gewendet: der Knecht mag einen noch so großen Zorn haben auf den Bauer, so schilt er nicht mehr die Zuchtdirn; der Stallbub' mag noch so rauflustig sein gegen die Ochsen und gegen die Menschen, so schlägt er nicht mehr die Zuchtdirn. Im Gegentheile, er wird gegen dieselbe zartsinnig, liebevoll.

Aber je mehr das Agerl in der Achtung der Knechte steigt, desto mehr sinkt es in jener der Mägde, der Bäuerin und der Tochter des Hauses.

Die Bäuerin hat gar gemerkt, daß Fremde lieber dem Agerl nachblicken als der Mali! Ist nicht die Mali die Tochter des Hauses? Hat nicht die Mali die feinen, glatten Hände und hat nicht die Mali wohlriechende Nelkenöltröpfchen im Haare? Trägt ferner die Mali nicht das neue Sammtjöpplein und die goldene Kette um den blühweißen Hals? — "Du Agerl!" schreit die Bäuerin einmal, "trag' Deinen geflickten Kittel und geh' barfuß, heuer kriegst kein Gewand und keine Schuh', das sag' ich Dir!

Und kämm' mir am Sonntag das Haar nicht alle=
weil so glatt, bind' das braun' Tüchel um den Kopf
und zieh' Dir's sittsam über die Augen herab, und
duck' Dich schön zu Boden und versteck' Dich in der
Kirchen ins hinterste Winkel, daß Dich Niemand
sieht; 's mag Dich so kein Mensch anschauen, bist
gar nit so sauber, wie Du meinst. — Hoffart! Das
ging' mir noch ab bei der Dirn! Da soll sie lieber
wieder den Bettelsack auf den Buckel nehmen und
um ein Häusel weiter gehen. Schau!"

Und das Agerl befolgt die strengen Worte der
Bäuerin auf das Gewissenhafteste. Ein kurzes, dunkel=
rothes Kittelchen und ein braunes Lodenjöpplein
trägt es; und daß es das Kopftüchelchen über die
Augen herabzieht, thut ihm sogar sehr wohl, denn
wenn ihm die Burschen oft so in die Augen geguckt
hatten, das war immer ein Stich im Herzen. Bar=
fuß geht es die ganze Woche, ob auf steinigem
Grunde, ob über die Nesselheide.

Wenn des Nachbars kleines Büblein, das auch
keine Schuhe hat, in dem Gestrüppe und Gesteine
der Heide nicht weiter kommt und zuletzt gar laut
zu weinen anhebt, so eilt das Agerl herbei, bückt
sich zu ihm nieder und sagt: „So, jetzt knartz (klet=
tere) mir da aufs Genick und reck' die Füßl auf
beiden Seiten vor, und halt' Dich gut an meinen
Kopf; aber gieb Fried', sonst laß' ich Dich fallen!"
Und so trägt das Mädchen den Kleinen über die

Hindernisse hinweg. Indeß, das Büblein ist zum Dank dafür oft recht unartig; wenn es sich gerade einmal fest und sicher an das Agerl geschlungen und geklammert hat, hebt es mit den Füßen lang= sam an zu krabbeln und zu zappeln, so daß das Mädchen kichernd schreit: „Du vertrackter Bub', Du kitzelst mich ja! Ich schmeiß' Dich weg!" Aber es thät's doch nicht, selbst wenn es könnte.

Mit den Burschen wird das Agerl nach und nach anbandeln — das fürchtet die Bäuerin am meisten, sie hat das Mädel ja auf dem Gewissen. Holzapfel= essig gießt sie auf die Haken und Bänder der Thür, welche in Agerl's Schlafkammer führt; und jetzt soll nur Einer kommen in der Nacht! Sobald er die Thür nur anrührt, schreien und winseln es die rostenden Angeln aus, daß das ganze Haus davon erwacht. Das will sie doch sehen, die Bäuerin, ob man so einem jungen Volke nicht genugsam wer= den kann!

Wohl ist auch die Mali schön und hat ein süßes Blut, doch die ist gescheiter, die bewahrt sich schon selbst. Und sie wird ja ohnehin bald einen Mann haben, sie kann sich einen aussuchen, sie ist eine reiche Bauerstochter.

Und es kommen die Freier. Freundlich grüßen sie das Agerl, das in seinem einfachen Kittelchen in Haus und Hof emsig seinen Arbeiten obliegt, und sie sagen zur Bäuerin: „Dein Töchterl, gelt?"

„Beileib' nit, beileib' nit!" entgegnet die Bäuerin
schnell. „Na, das wär' nit übel, wenn ich so einen
Patschen da zur Tochter hätt'! Eine Zuchtdirn. Kann
sich ja gar nicht schicken, und so einfältig ist sie; —
zu Tod' thät ich' mich schämen mit so einem Kind. Ein
Bettlerbalg ist's und ich hab's aus Barmherzigkeit
ins Haus genommen, vor — Mali, wie lang' ist's
schon, daß wir die Bettelbirn ins Haus bracht haben?"

Nein, wahrhaftig, verrückte Leut' sind diese Freier;
sie hören gar nicht, was die Mali antwortet, sie
sehen in einemfort nur dem Agerl zu und lächeln,
und stellen gar Worte an die Zuchtdirn.

Diese sagt nur „ja" oder „nein" und blickt
unverwandt auf die Arbeit und wird glutroth im
Gesichte.

Die Freier gehen wieder davon.

Mali und ihre Mutter können es gar nicht be=
greifen, und Letztere sagt: „Ich bitt' Dich, liebes
Kind, so sei doch recht freundlich, wenn fremde Leute
kommen, und halt' Dich sauber!"

Das Agerl darf aber nun nie mehr zu Hause
arbeiten; es muß mit dem alten Knecht in den Wald,
muß Bäume umhauen und absägen helfen, oder es
muß auf dem Felde die ausgeackerten Steine weg=
schleppen — Arbeiten, die sonst von kräftigen Männern
verrichtet werden.

Zu Weihnachten aber bekommt die junge Magd
keinen Jahrlohn, denn sie ist eigentlich und jetzt auf

einmal „ein Kind vom Hause". Sie bekäme Plätze
mit besserer Pflege und mit Jahrlohn; sie darf aber
nicht fort, die Hofbäuerin hat sie auferzogen; und
sie will auch nicht fort, sie will dankbar sein für die
Wohlthat, und sie harrt aus in Fleiß und Auf-
merksamkeit und in geduldiger Ergebung.

An Sonntagen auf dem Kirchwege suchen sich
Burschen zu ihr zu gesellen, wollen sie ins Wirthshaus mitnehmen und ihr Wein und Kaffee zahlen.

„Dank gar schön! Wir haben schon daheim was,"
entgegnet das Mägdlein und eilt davon.

Und die Mali ist noch immer ledig, und die
Freier fragen noch immer, auf das Agerl deutend:
„Ist das Dein Töchterl, Hofbäuerin?"

Das wird der Hofbäuerin endlich zu toll und sie
meint, das müsse anders werden. Sie nimmt Baumöl und bestreicht damit die Haken und Bänder der
Thür, welche zu Agerl's Schlafkammer führt, sowie
sie dieselben einst mit Essig begossen hat. Nun werden sie kommen, die Knechte in bloßen Strümpfen,
die Burschen der Nachbarschaft, die Thüre wird sie
nicht mehr verrathen; in einigen Monaten werden
die Freier nicht mehr nach der Zuchtdirn fragen.

Aber das Agerl schiebt an jedem Abend für-
sorglich den Holzriegel vor die Thür

Da kommen eines Tages der junge Hochriegler
und sein Pathe ins Haus. Sie fragen zuerst, ob
keine Kalbe zu verkaufen, sie gingen im Viehhandel

um. Später, so beim Pfeifenstopfen, läßt der junge Hochriegler das Wort fallen: „Ist das Agerl nicht daheim?"

„Die Dirn ist im Holz."

„Ich mein', wir suchen sie ein wenig auf, Göd," sagt er zum Pathen, und sie gehen dem Walde zu.

Die Bäuerin schaut nur so. Ja, was wollen denn die mit der Dirn?

Sie erfährt es bald, denn es geht schnell: Das Agerl wird Hochrieglerin — könnte jetzt seine Zieh=mutter über die Achsel ansehen, denn der Hochriegler=hof ist das größte und wohlbestellteste Bauerngut in der ganzen Gegend.

Bei der Hochzeit geht die Hofbäuerin immer Arm in Arm mit der jungen Braut und sagt: „Nein, aber die Freud', die ich hab'! Den heutigen Tag vergeß' ich mein Lebtag nit. Dein Glück geht mir zu Herzen, Agerl, und wenn Du meine leibliche Tochter wär'st, lieber kunnt' ich Dich nicht haben, das kann ich wohl sagen. Allweg ist's meine größte Sorg' gewesen, daß Du bei mir was gelernt hast und brav blieben bist. Und das kann ich mir nit verhalten," fährt sie lispelnd fort, „wenn ich Dich dem Hochriegler nicht alleweil so angelobt hätt', Du wärst heute nicht die vornehm' Bäuerin."

Und zu Hause schlägt die Hofbäuerin vor Un=muth drei Töpfe zusammen und brummt in sich hinein: „Sein Lebtag, da kann man wohl sagen, da

hat eine blinde Henn' ein Weizenkorn gefunden.
(Eine Ungerechtigkeit ist jetzt auf der Welt — 's ist
eine Schand' und ein Spott!" —

Nicht alle Ziehmütter sind so bösartig, und
beiweitem nicht alle Ziehtöchter heiraten reiche
Bauernsöhne. Viele dieser verwaisten Kinder verkommen und verkümmern körperlich und geistig aus
Mangel an Pflege, oder unter der Wucht der Arbeit,
welche ihnen über ihre Kräfte auferlegt wird. Den
leiblich Ausgebildeten wird nach ihrem zwanzigsten
Jahre regelmäßig das Schürzenband zu kurz, es
mag Baumöl an die Thürangel kommen oder Holzapfelessig.

Das ledige Kind.

Es sollte nicht sein, aber es ist. Und wenn sich der Prediger zehnmal auf den Kopf stellt — es ist.

Der Poldel hat einen Buben 'kriegt. Der Bub' ist als „lediges Kind" in das Pfarrbuch eingetragen worden. Der Poldel ist Strohknecht beim Pimperklangbauer; die Traudel ist Schafmagd beim Haberveit und das Ganze ist dem Anscheine nach wieder eine immoralische Geschichte.

Der Traudel geht es nicht besser wie dem Poldel, sie hat auch einen Buben 'kriegt. Aber sie muß das kleinwinzige Hänsel auf dem dürren Laub in der Scheune liegen lassen und muß die Schafe pflegen. Der Haberveit hat sie aufgenommen für seine Schafe und nicht für ihren Hänsel, der im Laufe des Dienstjahres angerückt kam, und es hatte doch kein Mensch nach ihm geschickt.

Der Poldel geht nun einmal am Haberveithofe vorüber; — da hört er weinen in der Laubschenne und das junge, schwache Stimmchen ist schon ganz heiser geworden.

Geht der Poldel in den Schafstall: „Du, Traudel, gieb mir den Buben, ich laß' ihn nicht verderben und versterben." Da keift die Traudel: „Was hebst denn Du an mit dem Kind, Du bist ein Unschlachtig, Du steckst es 'leicht in den Hosensack?"

Thut das Weib so übertriebene Reden, so muß der Mann nie eine Antwort geben. Der Poldel hebt das Büblein und trägt es auf den Armen, daß es schier lieblich ist, und trägt es dem Pimperklang=bauern zu.

„Poldel?!" sagt der Bauer.

Der Poldel weiß gleich, was der Bauer meint. „Du hast vor drei Wochen ein Kindlein kriegt, mein lieber Bauer Pimperklang; schau, ich hab auch so ein Glück gehabt. Der himmlische Vater ist manch=mal so viel freigebig. Mir ist's auch recht, ich behalte mein Kind bei mir; jetzt Bauer, willst mich mitsammt dem Hänsel, so bleiben wir; willst mich nicht, so gehen wir um ein Hänsel weiter."

Dem Bauer geht das Gesicht in die Länge; er kann den fleißigen Strohknecht nicht lassen; Stroh streuen in den Stall, Stroh schneiden für die Krippe, das ist für seinen großen Viehstand eine g'nöthige Arbeit.

„Mein lieber Bauer Pimperklang," sagt der
Poldel „ich verlang' es nicht, daß Du mein Hänsel
in die Wiegen zu Deinem Fritzel legest; ich thu'
mein Büberl in eine leere Krippen und will
schon selber die Kindsmagd sein und will Dich nur
bitten um die Milch, und will ich desweg mein Geschäft mit Gewissen betreiben, wie eh vor Zeit und
will Dir die Halbscheid vom Jahrlohn nachlassen."

Der Handel wär' nicht dumm, denkt sich der
Bauer; „kannst Deinen Balg bei Dir behalten,
Poldel," sagt er.

Von auswendig ist der Poldel nicht schön. Nicht
Gott hat ihm seine verkrüppelten Beine zugetheilt,
aber seine Mutter, die ihn verwahrlost. Das darf
beim Hänsel nicht sein; keinen Groschen werd' ich
ihm einstmalen vermachen mögen, aber seine gesunden
Glieder soll er haben und seinen braven Hausverstand,
so viel auf frischem Stroh zu haben ist.

So denkt sich der Poldel, gönnt sich Tag und
Nacht keine Ruh', thut seine Arbeit und pflegt das
Büblein. Und am Sonntage ist er mit dem Kinde
draußen unter dem Kirschbaume, daß der Kleine
die grünen Blätter und die weißen Blüthen und
die liebe warme Sonne soll sehen können. Das
Nachbarsvolk allmitsammt, das zur und von der
Kirche geht, kichert und spöttelt über den Poldel;
aber dieser schaukelt sein Büblein, und wenn ihn
das Hänsel zuweilen holdselig anlächelt, so ist er

in einer Glückseligkeit und sein Herz ist viel heller
wie die Sonne und viel größer wie das Himmel=
reich.

Die Traudel ist einmal gekommen: „Du, gieb
mir den Buben!"

„Geh, Du ließest ihn doch wieder liegen im
nassen Laub. Du bist keine rechte Mutter. Schau, er
will gar nicht zu Dir — schau!"

„Der Töpp!" rief die Traudel und lief davon.

Sie kam nicht mehr, sie schlug sich mit anderem
Männervolk herum und über's Jahr war's in der
Laubschenke wieder lebendig.

— Lege das Buch nicht aus der Hand, mein
Freund. Der Poldel ist ein braver Mann. Zwanzig
Jahre bleibt er nun beim Pimperklangbauern, ist
genügsam mit kargem Lohn, erfüllt rechtschaffen seine
Dienstespflicht und lebt für sein Kind. Kleine
Kinder, kleines Kreuz; große Kinder, großes Kreuz
— das erfährt auch der Poldel. Des Bauers Fritzel
ist ein wilder, böser Bub', der oft schlimm mit dem
Hänsel spielt; blaue Flecken giebt's genug. Setzt sich
das Hänsel aber zuweilen zur Wehr', so ist's gleich
aus und das ganze Haus fällt her über den „Balg"
und über seinen sanftmüthigen Vater, den Poldel.

Den „Druck" kann der Poldel lesen. So sitzt er
denn oft bei seinem Söhnlein in der Strohkammer
und erklärt ihm aus einem alten „Traumbüchel" die
Buchstaben. „Das Traumbüchel selber, mein Bübel,

das verlohnt's nicht, aber die Buchstaben sind doch
gut; mit denselben Buchstaben können tausend brave
Sachen geschrieben und gelesen werden."

Das hat der Poldel davon, weil er sieht, der
Pfarrer und der Amtmann und der Richter und die
gescheitesten und vornehmsten Leute, die er kennt,
verstehen zu lesen, und bei keinem Einzigen hat er
noch ein Traumbuch gesehen. Der Pimperklangbauer
weiß den Hänsel wohl zu brauchen. Nur wenige
Stunden der Nacht liegt der Junge im Bett, er
kauert sich zusammen, denn zu Füßen sticht das Stroh
hervor und die aus verschiedenen Bestandtheilen
zusammengeflickte Decke ist auch so kurz und schmal.
Durch die Bretterfugen pfeift der Wind — draußen
rauschen die Tannen.

Kaum hat er sich etwas erwärmt, pocht es von
der Bauernstube herauf. Freilich wohl hört der
Bub' das Pochen, aber die Augen wollen nicht aufgehen; und wenn sie nicht aufgehen wollen, denkt
er sich, so mögen sie halt zubleiben, und er verkriecht
sich tiefer in sein Stroh. Aber da pocht es zum
zweitenmale und bedeutend stärker, und der Bauer
in der Stube schreit: „Na, Bub', magst heut' nicht
mehr auf, wart', ich will Dir den Weg gleich zeigen,
herab!" — Jetzt, denkt sich der Hänsel, jetzt kommt er
mit der Birkenlisl (Ruthe aus Birkenreisern geflochten
zum Züchtigen der Kinder.) Eilig springt er im
bloßen Hemdchen aus dem Bett und schlüft in die

steife Lodenhose; — wenn man einmal in der Hose steckt, denkt er sich), dann geht's nicht mehr so gefährlich um, wegen der Birkenlisl.

Wie nun der Bauer und die Lisl gar bei der Bodenthür hereinschauen, schreit er schnell: „Ich komm' schon, bin schon da!" und seine Augen sind helllicht offen — Gott sei Dank!

Der Bub' ist noch nicht ganz fertig mit dem Anziehen, aber der Alte brummt schon wieder: „Heut' mag er mehr nicht weiter, jetzt schaust mir aber, daß Du hinauskommst, die Schaf' röhren schon; die Schuh' mach' Dir auf der Weid zusamm'."

Mein, die Schaf' hätt' er schon röhren lassen, und hätt' noch früher mit den Dienstleuten einen Löffel Suppe gegessen, aber die Birkenlisl — die ist so grob und die versteht gar keinen Spaß!

So eilt er hinaus zum Stall, jagt die Schafe hin auf die Heide und dort knüpft er erst seine Schuhe zusammen, daß er die Riemen nicht abtrete. Dann setzt er sich hin auf den frischen thauigen Rasen und schaut den Morgenstern an — der ist auch ein Halter und die anderen kleinen Sterne um ihn sind seine Schafe — ei, hat aber Der hundert= tausend weiße Schafe und Lämmer! Ob der auch keine Morgensuppe bekommen hat? 's mag wohl sein, weil er so bleich wird. Gar die Schafe verliert er und jetzt geht er selbst auch noch fort . die Sonne kommt. Was singen die tausend Vöglein lieb auf

den Lärchenzweigen! Die haben es so gut, so gut
— die können schlafen in den Federn so lang' es
sie freut, und sind sie wach, so können sie fliegen
und überall ist der Tisch gedeckt für sie — 's ist
ein Elend, wenn man ein armer Mensch ist, ein
Halterbub'!

Die Blümlein, die da stehen! Soll der Bub
daraus einen Kranz flechten? Wozu? Für Lämmer
— die haben das Zeug lieber im Magen als auf
dem Kopfe. Für sich? Kindereien, das thun nur die
dummen Mädchen; den Buben steht das Vögel=
fangen an.

Der Hänsel steigt auf einen Steinhaufen, klettert
an Rainen und sucht Himbeeren und Johannisbeeren
— der Herrgott hat sie wachsen lassen für ihn zum
Morgenbrot.

Wie er satt ist, legt er sich hin in der Sonne
und sieht den Schafen und Lämmern zu, sie grasen
so geschäftig und lustig, sie laufen einander vor,
schnappen sich einander die fettesten Blätter vor der
Nase weg, die stärkeren stoßen die schwächeren seit=
wärts, die kleinen müssen warten, was übrig bleibt
          nicht viel besser als bei dem Menschen.

„Wenn ich doch einmal größer wäre," sagt der
Hänsel zu sich selbst, „größer größer, daß ich
nicht immer schafhalten dürfte!"

Gegen die Mittagszeit hin, wie unten im Hause
schon der blaue Rauch aufsteigt, ist es heiß geworden

in der Sonne und die Schafe laufen. Der Hänsel
treibt sie in den Hof, sperrt sie in den Stall, aber
wie er in die Stube zum Tisch geht, haben die
Anderen schon wieder gegessen und für ihn ist nichts
übrig geblieben, als ein Schälchen Suppe und ein
halber Knödel; das hat ihm die Bäuerin vorgesetzt.

Kaum beginnt er zu essen, so schreit der Bauer
schon wieder: „Kreuzschlapperment, wo ist denn der
Bub'?"

„Aber mein," sagt die Bäuerin, „so wirst ihm
doch zum Essen Zeit lassen, Du hast gar alleweil
eine Drängerei, zu was brauchst ihn denn schon
wieder?"

„Lüftig (eilig) schöbertreten muß er gehen,
kommt gar schon der Regen!"

Wie der Bub' das hört, wirft er ohnehin schnell
den Löffel weg und lauft hinab gegen die Wiese.
Da sind die Schoberstangen schon gesteckt und die
Knechte und die Mägde schieben das Heu zusammen
und der Großknecht faßt es mit seiner Gabel um
die Stange. Lustig springt der Bub' auf den Haufen
und lauft um die Stange und tritt das Heu zu=
sammen, daß der Schober fest wird und nicht feuchten
kann. Oft kommt der Kleine völlig unter die Bauschen
und Haufen, und die Halme stechen ihn beim Knie,
wo die Hose ein Loch hat, aber wacker kämpft sich
der Junge empor und wickelt zuletzt das Heu um die
Stange, daß der Schober eine Spitze kriegt zum

Ableiten des Regens. Zuletzt streift er auf die Stange den Heukranz und nun ist er hoch oben und fertig. Aber weh', der Bub' zittert und hält sich fest an die Stange — das wackelt so fürchterlich! „Was hast denn, Bub'!" schreit der Großknecht.

„Auweh, der Schober fällt um, auweh!"

Aber siehe, jetzt giebt ein Knecht dem Schober einen Stoß und das Büblein purzelt herab und verstaucht sich fast die Hand in dem festen Boden.

Und so geht es fort auf der Wiese, und der Hänsel betet im Geheimen ein Vaterunser, daß der Regen komme, und daß er wieder bald zum Schafhalter werden möge.

Der Regen kommt nicht, aber die Sonne sinkt und die Schatten werden immer länger; das Heu wird feucht und der Großknecht sagt: „Lassen wir's heut' gut sein." Dann kommt die Kathel vom Haus herab und bringt einen Hafen Milch und einen großen Laib Brot und Löffel, darauf setzen sich Alle hin auf den grünen Rasen, der Großknecht schneidet das Brot auf, die Kathel schüttet die Milch in eine Schüssel und dann nehmen Alle ihre Holz- oder Beinlöffel und beginnen zu essen.

Auch der Hänsel will einen Löffel nehmen, aber da sagt der Großknecht: „Bub', Du wirst nicht Zeit haben zum Milchessen, nimm Dir ein Stück Brot und geh' schafaustreiben!"

Völlig betrübt nimmt das Büblein sein Brot und geht, um die Schafe auszutreiben. Am Brunnen trinkt es Wasser und denkt sich: Jetzt muß es schon wieder gut sein bis zum Nachtmahl. —

Aber am Abend, wenn die Schafe schon im Stall sind, muß der Bub' erst die Ochsen weiden, die den Tag über am Pflug waren. In der Schlucht rauscht das Wasser so schaurig und das Büblein fürchtet sich vor Geistern. Ueberall, an Zäunen und Rainen stehen schwarze Riesen, Funken schweben umher und vom Himmel fallen die Sterne. Das Büblein hält sich fest an seine Ochsen, es will vergehen vor Angst. Der Großknecht freilich der macht sich nichts aus den Gespenstern und Ungeheuern, der meint, die schwarzen Riesen an den Zäunen und Rainen seien nichts als Bäume, die glühenden Funken hält er für Johanniswürmchen und die fallenden Gestirne für Schnuppen.

Zu solchem Unglauben kommt es, bis der Mensch groß wird.

Auch für unser Büblein wird einst diese Zeit kommen. Heute weidet es noch die Ochsen und sehnt sich ins Haus. Und wenn ihm endlich das Abend= brot vorgesetzt wird, so rührt er davon nichts mehr an, er ist zu ermüdet, sucht bald sein Bett unter den Dachbrettern auf, dort kriecht er hinein und kauert sich zusammen und schlummert einige Stunden bis zum nächsten Tag mit seinen neuen Freuden.

Der Poldel sieht und hört das Alles, wie sie
mit seinem Kinde umspringen, aber er sagt nichts,
darf nichts sagen. Das Herz thut ihm weh.

Der Fritzel aber, der Haussohn! der läuft in
allen Weiten herum, zerreißt seine Kleider, kommt
einmal in die Strohkammer und zersetzt dem Hänsel
das Traumbüchel. Der Hänsel wächst auf; er hat
gerade Beine und anstatt des Höckers eine schöne,
hohe Brust. Er ist ein wenig rauh und derb, aber
ein netter Bursche. Der Poldel ist nicht mehr jung.
Und nun machen sie es umgekehrt. Der Hänsel ist
Strohknecht beim Pimperklangbauer und pflegt seinen
Vater. Es mag am Werktag oder Feiertag, in der
Kirche oder in der Taverne beim Weingläschen sein,
allweg sind sie beisammen, der Junge und der Alte.
Der Alte geht am Stock gar sehr gebückt einher,
aber er hat seine Freude an dem „Buben“, und er
lebt in dem Buben, und er geht hoch aufrecht und
ist wieder jung und guckt mitunter nach hübschen
Mädchen um — in seinem Sohne.

Der Hänsel und der Fritzel haben nie ein gutes
Zusammensehen; wie auch? Der Fritzel ist ein reicher
Großbauernsohn und der Hänsel ein armes uneheliches Dienstbotenkind, und der Fritzel braucht nichts
zu arbeiten, nichts zu lernen und der Hänsel muß
sorgen und haschen, daß er seinen Bissen Brot findet.

Das dumme Weibervolk freilich, das versteht so
was nicht und das blinzelt in der That lieber nach

dem Hänsel, als nach dem Fritzel. Es wird weiter
nichts daraus, denn es kommt noch zu rechter Zeit der
Kaiser dazwischen. Alljährlich schüttelt und rüttelt
der Kaiser einmal an dem Stamm seines Volkes
und wie reife Aepfel fallen ihm die frischen Burschen
in den Schoß.

Aber vor Jahren, als die Militärdienstzeit
noch um mehrere Ellen länger war als heute, gab
es des Jahres mehr frische Burschen, als der
Kaiser neue Soldaten brauchte, und so entschied
zwischen den Tauglichen die Losung. Das Geschick
muß es dem alten, mühseligen Poldel gut meinen;
der Hänsel geht frei aus; der Fritzel aber zieht
Nummer zwei, da ist sein Bleiben so viel als sicher.

Einen Tag nach dieser Entscheidung geht der
Pimperklangbauer zur Assentirungscommission. Er
hat seinen breiten Ledergurt umgebunden und er
schlägt mit der flachen Hand trotzig auf den Leder=
gurt; da klimpert es drin.

Noch einen Tag später erhält der Hänsel die Vor=
ladung zur Assentirung. Der alte Poldel erschrickt;
der Hänsel jauchzt auf und tröstet seinen Vater.
Frischen Muthes zieht er mit den Rekruten von
dannen. Es kehren die meisten wieder, es kommt
auch der Fritzel zurück. Aber der Hänsel ist geblieben.

Da weint der alte Strohknecht recht zum Erbar=
men. Jetzt ist ihm sein Kind, seine Stütze genommen
und er ist alt und arm. Wohl sagt der Bauer:

„Poldel, Du bleibst bei mir, so lang' Du magst; ein Löffel Suppe für Dich wird allfort gekocht sein."

Ja wohl, der Alte bleibt, so lange er mag, aber das ist nicht lang'. Der Fritzel ist, was sie in der Gegend sagen, „ein Knopf", der vergällt ihm das Gnadenbrot. So wankt der Poldel wegshin und klopft an die Thür des Armenhauses.

Und wie es dem Häusel geht beim Militär? Kein Mensch frägt darnach. Nur der alte Poldel hegt still die Liebe zum Kind in seinem blutenden Herzen.

Der Halbpelzer.

Der Halbpelzer oder Halbtrottel ist von Natur aus meist gutmüthig. Fühlt er die Verach=
tung, die ihm wird, so kann er auch boshaft sein. Bleibt er trotzdem harmlos, so ist er nicht blos dumm, sondern auch herzensgut, wie es der Bursche war, der mir aus der Reihe verschiedener Halbpelzer in Erinnerung lebt.

Das ist ein kleiner dicker Knirps mit einem großen Kopfe, der Kopf sitzt tief und fest zwischen den hohen, breiten Schultern; hinter der rechten Achsel erhebt sich ein Höcker. Wie er die Hände schon gern nieder=
hängen läßt, wenn nichts anzugreifen ist — hängen sie ihm schier bis zu den Knieen hinab. Die kurzen dünnen Füßlein sind so bestellt, daß vorn die Zehen stets zusammenstehen, als hätten sie sich allerweg was Heimliches zu erzählen. Gott erbarm', sie hätten sich zu erzählen, wie sie verfroren sind, und es sind

ihrer an den beiden Füßen nicht so viele, daß sie die
Zahl der Wochen ausmachten, seit welchen sie schon
in keinen Schühlein gesteckt.

Dieser Junge — Adaml mag er heißen, und er
ist der Armseligsten Einer noch nicht — torkelt in
dem Kieselhofe unter den Füßen der Knechte und
Mägde umher, und wer ihn braucht, der giebt ihm
nur einen Schupfer mit dem Stiefel, und wem er
was nicht recht ausrichten kann, von dem bekommt
er die Fußtritte.

In jedem größeren Bauernhofe muß so ein Schuh-
hadern sein, an dem sich Jeder abwischen kann. Der
Adaml ist recht zum „Schuldaustragen", oder wer
im Hofe hätte sonst so breite Schultern und einen
solchen Höcker wie der Adaml?

Der Kieselhofbauer hat den Jungen als kleines
Kind einem Bettelweibe abgenommen und ihn zu
erziehen und zu behandeln versprochen, wie sein eigen
Kind.

„Streng mag der Bauer schon sein auf den
Buben," hatte das Bettelweib gesagt, „der darf wohl
einen Rippler gewohnt werden auf der Welt, nur
seine geraden Glieder laß' mir der Bauer nicht verderben!"

Der Bauer schenkte dem Weibe einen Laib Brot
und behielt also den Knaben. Und die geraden
Glieder? Jeder Großknecht dürfte Gott danken, wenn
er ein solch' umfangreiches Haupt, so knorrige Arme

und einen so kräftigen Rücken hätte, als der Adaml.
Dieser Rücken war aber die Jahre her auch wacker
erprobt worden, denn der Kieselhofbauer hatte ja
eine gute Erziehung versprochen.

Da ist in dem Hofe eine Stallmagd. Sie ist noch
nicht alt, aber streng in ihren Pflichten, und darf
sich schon getrauen, zu Zeiten mit dem Bauer ein
Wörtlein über die Dienstbotenordnung hinaus zu
reden. Sie nimmt den armen Jungen oft in Schutz.

„Was geht denn Dich der Halbpelzer an, Afra?"
frägt sie der Bauer einmal.

„Was mich der Bub' angeht? Bauer, das hab'
ich Dir lang' schon sagen wollen, mit diesem Kinde
hast Du Dir kein' Staffel in den Himmel baut.
Schau Dir den Adaml einmal an, hast Du Dein
Lebtag schon ein solches Krüppelg'spiel gesehen?
Wie der Adaml jetzt dasteht, ist er sich zu Allem zu
wenig, kann seinem Brot nicht nachkommen. Ich
kann das nicht ansehen, Bauer, und in einem Haus,
wo sie arme Leut' so unter die Füße treten, mag
ich nicht bleiben! Halt' mir's nicht für 'übel,
Bauer!" —

Wenn der Adaml bei Tisch so unter den stäm=
migen Knechten kauert, so lugt nur sein Kopf herauf
über den Rand; er sieht nie in die Schüssel hinein,
sein Löffel kommt schier immer mit der lauteren
Suppe zurück, nur in den seltensten Fällen liegt eine
Brotschnitte d'rin. Nicht viel günstiger geht's bei

9*

den Knödeln und beim Sterz, und so kommt's, daß
der Adaml nach dem Essen oft rechtschaffen gern ein
Stückel schwarzes Brot verkiefelt. Da nimmt ihn
denn die Afra mit in den Stall und giebt ihm ein
Schälchen Milch und der Junge blickt ihr dafür
treuherzig in die Augen und sagt: „Dank Dir Gott,
Kuhmensch, jetzt hab' ich gessen, jetzt mag ich schon
wieder arbeiten."

Er hat eine rauhe, lallende, ja, wenn er in Erre=
gung ist, eine fast bellende Stimme; die anderen
Leute verstehen ihn kaum und höhnen ihn aus; Afra
versteht ihn und ist zu ihm liebevoll wie eine
Schwester. Sie besorgt ihm die Wäsche, bessert ihm
die Kleider aus, und wenn der Reif des Herbstes
kommt und es ist der Schuster noch nicht im Hause
gewesen, so schenkt sie dem Adaml ein Paar alte
Schuhe. Trotzdem hat er an seinen verfrornen Füßen
oft arg zu leiden und er wimmert die Nächte hin=
durch, bis wieder die Afra kommt und ihm kaltes
Kraut oder labende Rübenblätter auf die Frostballen
legt. Es verlachen ihn die Anderen, weil er „Weibs=
schuhe" trage — er ist in Allem der Spott des Ge=
findes.

Nach solchen Erfahrungen beginnt der Junge
seiner Umgebung die Fäuste zu ballen und die Zähne
zu fletschen; aber Alle höhnen solcher Rache und
drücken ihn mit Spott und Arbeitsüberladungen
womöglich noch tiefer zu Boden.

Ein schönes großes Auge hat der Adaml gehabt, aber das beginnt sich nun immer mehr und mehr hinter den langen dunkeln Brauen zu verbergen. Nur wenn er im Stalle bei Afra sitzt und ihr von seinem Leiden klagt, treten die hellen Augensterne wieder hervor, und je leiser er seine Worte spricht, desto deutlicher und verständlicher sind sie zu hören.

Da kommt aber eine Zeit, wo den Burschen auch Afra nicht mehr versteht. Er war ihr einigemale mit runden glatten Kieselsteinen gekommen, wie sie unten im Thalgrunde in Unzahl liegen, und hatte diese in verschiedenen Figuren auf ihre Kleidertruhe gelegt. Und einmal brachte er auch einen Strauß bunter, silberigschillernder Nußhäherfedern und legte ihn auf das Hauptpolster ihres Bettes. Da fragte ihn Afra, was sie denn mit diesen Dingen sollte? Darüber wurde er roth im Gesichte und schleuderte die Steine in die Stallstreu und zerzauste den Federstrauß, daß die Fetzchen flogen. Von diesem Tage an kam er lange nicht mehr in den Stall, und Afra mußte ihn endlich bitten, daß er ihr wieder die Kleider zum Ausbessern gäbe.

Einmal, an einem Sonntag, steht der Adaml unten am Bache und sieht den Forellen zu, die auf dem braunsandigen Grunde des klaren Wassers langsam hin= und herschwimmen. Und als der Fischer mit seiner langen Schnurstange des Weges kommt, hält er vor diesem die Hände zusammen und bittet

ihn um die Erlaubniß, eine solche Forelle heraus=
fangen zu dürfen. Da ihn der Mann nach längerem
Fragen versteht und ihm die Erlaubniß ertheilt,
wirft der Bursche eilends den Rock und den alten
dicken, fast formlosen Filzhut weg, daß die dichten,
borstigen Haare emporstehen, streift die groben Hemd=
ärmel auf und legt sich auf den Bauch hin an des
Baches Rand. In wenigen Minuten schwänzelt ein
weißbauchiges Fischlein in seiner Faust und Adaml
johlt vor Lust. Der Fischer lächelt und schenkt dem
Burschen die Beute. Dieser thut behende Wasser in
den tiefen Hut, das Fischlein hinein und eilt so dem
Hofe und dem Kuhstalle zu. Noch ist das Wasser
nicht ganz versickert, noch plätschert und zappelt das
Thier im Hute und wirft sich von einer Seite auf
die andere und die Flossen fächeln und die rothen
Sternchen glühen auf dem glatten Leibe — als der
Adaml damit vor der Stallmagd steht und röchelnd
vor Laufen dieser den alten Filz mitsammt dem
Inhalt hinhält.

„Was hast denn, Adaml, was thust denn, was
willst denn?" lacht Afra, „jetzt bringt mir der Kin=
disch gar einen halbtodten Fisch daher!"

Der Bursche aber grinst mit leuchtenden Augen
und gurgelt: „Den mußt Du braten und essen, weil
Du brav bist auf mich —"

Dann geht er davon und es zittern ihm seine
Füße und es zittert ihm sein Herz.

Der Halbpelzer.

Einmal sitzt Afra im Stalle auf der Kleidertruhe und neben ihr der Zimmerer-Nantl. Sie reden leise miteinander und die längste Zeit gar nicht — sie legen einander ihre Arme um die Nacken.

Der Adaml sieht es durch die Thürfuge und als darauf der Nantl von der Magd zärtlichen Abschied nimmt und heraustritt, klettert ihm der Zwerg behende wie ein Eichhörnchen auf den Nacken und beginnt ihn zu würgen und erhebt ein kreischendes Zetergeschrei. Als die Leute herbeieilen, rutscht der Bursche auf den Boden und es ist kein Wort von ihm herauszubringen. Der Nantl hatte ihm einen Schlag versetzt und war davongeflohen.

Nach diesem Tag bittet Afra den Halbpelzer nicht mehr, daß er ihr seine Kleider zum Ausbessern gäbe. Der Adaml weicht ihr auch aus; nur von der Ferne oder unbeachtet, wenn er sie sehen kann, bleibt er stehen wie ein Baumstrunk und starrt auf sie hin.

Das ist zur Winterszeit. Und als hernach der Frühsommer kommt, stellt der Kieselhofbauer die Afra mit einer Heerde von Kühen hinauf auf seine neu angekaufte Alm. Auch der Adaml als Halter zieht mit, und das zu seiner größten Freude.

Als die beiden Menschen einige Zeit in der Einsamkeit auf lichten Höhen sind, steht der verkrüppelte Bursche einmal einen ganzen Abend am Herde und sieht die Magd an und spricht kein Wort. Und als sie die Suppe auf den Tisch setzt und ihn zum Essen

ruft, steht er am Herde, und als sie das Gruß=Maria
sagt, steht er am Herde, und als sie endlich zu
ihrem Bette geht und die Schuhriemen zu lösen
beginnt, steht er noch immer am Herde.

„Nach und nach wirst ein ganzer Narr, Adaml,
das seh' ich wohl," sagt Afra endlich.

Da wendet er seinen Körper, was er immer thun
muß, wenn er den Kopf wenden will, und dann
stolpert er über ein paar Milchkübel an ihr Bett.

„Wie mich der Herrgott erschaffen hat, so bin
ich!" ruft er. „So lang' mich die Leut' niedertreten,
kann ich nicht gerad stehen, und so lang' mich die
Leut' für einen Narren halten, werd' ich nicht gescheit.
Ein Mensch bin ich doch! Das ist ja meine
Pein, daß ich ein Mensch bin."

„Adaml, Du mußt eine warme Suppe essen und
in Dein Bett gehen. Du weißt, ich hab' nie was
gegen Dich gehabt."

„Jetzt haben sie mich verkrüppelt," fährt er fort
in einer Weise, wie man sie in dem blödsinnigen
Burschen kaum vermuthet hätte, „haben mir kein
gut Wort gegeben und nichts gelehrt, und ich kann
völlig die Zung' nicht heben, Nachdenken thu' ich
oft und ich kenn's, es geht nicht recht mit
mir zu."

„Das hab ich nicht gemeint, Adaml, Du bist
ganz vernünftig, und wohl Manchen könnt's taugen,
wenn er Deine Gutheit hätt'. Wer Dich quält und

wer Dir Feind ist, der steht neun Klafter tiefer wie Du." So sagt sie.

„Nachher — nachher magst mich 'leicht!" schreit er auf.

Er will ihr um den Hals fallen, aber Afra entgegnet: „Wegen dem, daß Du nicht gar so sauber gewachsen bist, wie oft mancher Bursch, thät' ich Dich gar nicht verschmähen."

„So willst meine Dirn sein?" ruft er.

„Will Dich wie meinen Bruder halten, aber sonst — schau, ich hab' halt schon den Nantl, dem hab' ich's versprochen."

Der Adaml steht da und legt die rechte Hand in das verworrene Haar. Er drückt seine Augenbrauen zusammen, sein Kopf will noch tiefer zwischen die Schultern schliefen. Endlich murmelt er: „Hätt's nit verlangt, daß Du mir das Letzt' gesagt hast, hätt' zufrieden sein müssen mit einem Kopfbeutler, daß es nichts ist. Hab' nur gemeint, ich müßt' Dich einmal fragen, weil ich anheben möcht'. Jetzt, weil ich weiß, wie's ist, will ich's anders einrichten, gute Nacht, ich geh' in mein Bett!"

Er wackelt hinaus, legt sich auf sein Stroh.

Es ist eine traurige Sach'. . . .

Der Zimmerer-Nantl ist ein hübscher, lustiger, lockerer Mann, aber — „laß' mir doch das gottverbannte Wildschützenleben!" hatte ihn Afra zu tausendmal gebeten. So oft er hinauf in die Hütte

kam, hatte er unter dem langschößigen Lodenrock
sein zerlegtes Gewehr bei sich; dann und wann
klopfte er gar in der Nacht an und keuchte mit
einem gewichtigen Rehbock über dem Rücken zur
niederen Thür herein.

So ist er auch jetzt da, mitten in der Mondnacht
und sie sitzen zusammen neben dem Herd. — Da
hören sie draußen Hundegebell und bald darauf
Männerstimmen. Ja freilich, die Jäger sind es und
sie poltern schon an der Hüttenthür. Unter dem
Herde ist die Nische für eine Hühnersteige, dort
hinein verkriecht sich der Rantl, und die Afra wirft
Geäste und Reisig darüber, wie es für das Herd=
feuer bereitet ist. Dann schleppt sie das Wild und
das Gewehr in die Milchkammer und beginnt laut
zu zanken, daß auch in der Nacht noch keine Ruhe
sei und was die Polterer da draußen denn wollten?

„Hat uns lang' genug genarrt," rufen die Jäger,
in die Hütte stürmend, „aber heut' kommt er uns
nicht aus. Wir haben den Schuß gehört, den Wil=
derer über die Höh' laufen gesehen und seine Spur
führt zu dieser Hütte. Wenn Du uns den Wilddieb
verleugnest, Brentlerin, so geht's nicht gut her!"

„Mein, verleugnen — ja, ich —" Afra bringt
kein Wort hervor. Zitternd bläst sie in der Ofen=
glut einen Span an. In der Angst, daß die
Männer die Herdnische durchsuchen könnten, deutet
sie gegen die Thür der Milchkammer.

Und als die Jäger mit gespanntem Hahn und der Fackel in die Milchkammer treten, kauert neben dem todten Rehbock, die Büchse in der Hand, ein höckeriger, zwerghafter Bursche mit funkelnden Augen und verstörten Haaren — der Adaml.

Die Männer stutzen einen Augenblick über diese erbärmliche Gestalt, dann fallen sie darüber her, entwinden ihm das Gewehr und binden mit einem Riemen seine Hände so fest aneinander, daß sie dunkelblau anlaufen.

Der Bursche schweigt, er läßt mit sich machen, was sie wollen, nur einen Blick thut er nach Afra, einen Blick — nicht zu sagen.

Die Magd ahnt wohl, was das heißen solle; ihr zulieb will er den Wilderer retten, sich selbst opfern; sie erwartet, daß der Nantl aus seinem Versteck hervorkriechen und den unschuldigen Jungen befreien werde. Aber sie laden dem armen Burschen den Rehbock auf seinen Höcker und führen ihn da= von mit Fluchen, mit Stößen und Schlägen, und der Nantl kriecht nicht hervor.

Als es endlich wieder still ist in der Hütte und draußen, steckt der Mann seinen Kopf durch das Reisig und flüstert: „Tausend Sapper, aber jetzt wär' ich bald ankommen!"

Da schreit die Afra: „Hörst, Nantl, Du bist ein Lump, daß Du den Adaml, der's so gut mit Dir gemeint hat, so kannst fortschleppen lassen. Wenn

Du nicht augenblicks nachläufst und Dich selber an=
giebst, so bist bei mir nimmer daheim!"

Das kann der Zimmerer=Nantl schier nicht be=
greifen, wie Eins wegen eines solchen Krüppels so
ein Aufhebens machen mag. Er schaut die Magd
groß an, und als diese die Thür weit aufmacht,
huscht er hinaus und davon.

Da ist es still, da verlischt der Span in der
Hütte, da strahlt das Mondlicht zu dem Fensterchen
herein und legt eine weiße Tafel auf den Lehm=
boden. Die Afra liegt aber schlaflos auf ihrem
Lager und weint.

Es vergehen Tage, der Nantl kommt nicht und
der Adaml auch nicht. Da will die Brentlerin länger
nicht mehr warten, sie schließt die Hütte zu, sie geht
hinab zum Kieselhofbauer und sie fährt mit diesem
hinaus zum Gericht. Sie dürfen den Adaml be=
suchen in seiner dunkeln Klause, aber ihn nicht mit
heimnehmen, so lange der nun neu angeklagte Wild=
dieb, der Nantl, nicht eingebracht ist.

„Man meint, er hätte genug zu tragen an seinem
Buckel," sagt der Kieselhofbauer, „und jetzt nimmt er
noch die Sünden Anderer auf sich!"

Es vergehen wieder Tage, in welchen die Afra
weint und über den falschen, niederträchtigen Zimmerer
flucht. Endlich überraschen diesen die Förstergehilfen
in einer halbverfallenen Köhlerklause und bald her=
nach steigt der Adaml hinauf zur Alpenhütte. Sein

Kopf sitzt schier noch tiefer zwischen den Schultern als ehedem.

„Er ist einfältig gewesen und jetzt haben sie ihn doch noch eingefangen," sagt der Adaml.

„Du bist einfältig gewesen," antwortet die Brentlerin, „er ist schlecht. Du bist der Mensch, den Eins nicht verachten soll."

„Nachher, nachher magst mich 'leicht?" schreit der Bursche.

Dabei schüttelt er seinen Höcker und der Kopf sitzt ihm noch immer so tief zwischen den Schultern — nah' am Herzen.

Der Cretin.

Es ist gerade nicht possirlich, von den armen Wesen zu sprechen, und dem Aesthetiker zulieb will ich die Leutchen nicht allzu gewissenhaft beschreiben. Wir finden die Cretins durch die ganze Alpenkette mit Ausnahme weniger Gegenden bis nach Savoyen hinein.

Es sind verkrüppelte Zwerge mit kurzen, nach einwärts gerichteten Füßen und langen Händen; sie haben dicke Hälse und große Köpfe mit struppigem Haar, die Stirn ist niedrig, die grauen, oft schielenden Augen glotzen matt und ausdruckslos vor sich hin. Die Nase ist platt und der Mund hat stets etwas zu lachen. Im Allgemeinen ist die Menschheit durch den vollständigen Gebrauch ihrer Sinne verteufelt ernsthaft geworden, nur der Seelenstumpfe und Gedankenlose lebt noch in Arkadien und freundlich lächelt und grinst er zu Allem, was er sieht.

Dem Dummen gefällt die Welt noch . und der lachende Cretin wäre also gar nicht zu bedauern? Doch immer lächelt er nicht. Ich will von den Qualen, die ihm seine körperliche Beschaffenheit verursacht, noch die ihm von seiner zumeist rohen und oft boshaften Umgebung zugefügt werden, nicht sprechen. Aber auf die Gewalt der Leidenschaften will ich hinweisen, welche in diesen sonst so ohnmächtigen Menschen stecken kann. Ich kannte einen Cretin, dem ein ganzes Haus unterthan war; er war der Bruder des Hausbesitzers und mußte bei dem Gute versorgt werden. Niemand wagte, ihn irgendwie zu reizen, zu meistern, man fürchtete seinen Zorn, dem er mit der Stallgabel oder mit der Holzaxt wesentlichen Ausdruck zu geben verstand. Er war verschmitzt und erfinderisch in seiner Rache, er war gefürchtet in der ganzen Gegend.

Einen Anderen kannte ich, vor dem ging kein Weib sicher. Er verstand sonst kaum Hand und Fuß zu rühren, den Kopf ließ er hängen wie ein Gelähmter. Er kauerte stets an dem Kobel des Kettenhundes, starrte im Halbschlaf vor sich auf die Erde hin und der Hund beleckte ihm sein fahles Gesicht. Er war zu keiner Arbeit fähig und sonst zu keiner körperlichen Bewegung zu bringen; kam aber eine Frauensperson in die Nähe, da traten ihm die Augen hervor, grunzend sprang er auf und das Weib hatte Mühe, ihm zu entkommen. — Es giebt keine unter

den sieben Hauptsünden, deren ein Cretin nicht
fähig wäre.

Anders steht es natürlich mit den Tugenden,
zu deren Uebung eben schon Seelenbildung und
Geistesanlagen nöthig sind. Trotzdem finden wir
bei den Halbcretins schöne Beispiele von Eltern=
und Geschwisterliebe, von Freundschaft und Treue,
von Friedfertigkeit und Geduld. Vor wenigen Jahren
erst war es, daß in einer Kaserne von Graz ein häß=
licher, arg verkrüppelter Knirps erschien, der sich mit
seiner schweren, lallenden Zunge kaum verständlich
machen konnte. Endlich brachte man es doch von
ihm heraus, er war da, um den Johann Filzmoser
von dem Soldatenleben zu befreien. Alles lachte
laut und der Filzmoser rief dem Trottel zu: „Ja,
wesweg willst denn just mich auslösen, Lutz, mich
hast doch nie leiden mögen?"

„Ich Dich freilich nit, Du Büffel," war die
gröhlende Antwort, „aber die Mirzel. Und Du mußt
heim zu ihr."

Viel häufiger als die „Ganzen" sind die „Halb=
narren", die Halbcretins. Diese leiden gewöhnlich
nur an körperlichen Gebrechen, als Verkrüpplung der
Glieder, Schwerhörigkeit, Schwachsinn, doch ent=
behren sie durchaus nicht des Denkvermögens. Solche
Menschen, gleichwohl einigermaßen stumpfsinnig und
nicht weltläufig, sind oft mit einem gewissen Kunst=
instincte begabt. Es giebt z. B. Schnitzer und Mechaniker

unter ihnen, die ihr Geschäft mit großer Fertigkeit und mit Erfolg betreiben. In einem Seitenthale der Mürz steht ein Bauernhaus, in welchem es zugeht wie in einer großen Fabrik; in allen Enden und Ecken treiben Räder und Rädchen, klappern Hämmer, bewegen sich Balken und Möbel wie durch unsichtbare Hand. Die Dreschmaschine und die Kornmühle, und die Butterrühre und die Wanduhr, und die Brotaufschneide und selbst die Wiege treibt ein Wässerchen, das draußen vorüberfließt. In der schaukelnden Wiege liegt ein blauäugig Büblein, das wird allen Ansehens nach gewiß gescheiter wie sein Vater, aber so findig wird es sicher nicht.

Wer seinen Vater nur des Weges trotten, oder ihn im Wirthshaus stumpfsinnig vor sich hinstieren sieht, der nennt ihn einen Halbtrottel; wer ihn näher kennt, mit ihm arbeitet oder andere Geschäfte hat, der heißt ihn ein „Kreuzköpfel, das seine Sach' unter dem Hütel hat". Das Kreuzköpfel hat den ganzen Mechanismus, wie er in seinem Hause spielt und surrt, aus sich selber erfunden und dargestellt.

Eine andere Species der Halbcretins sind die Rechenmeister, die Zahlen- und Kalendertrotteln. Diese haben oft ein fast unglaublich scheinendes Zahlen-, Orts- und Namengedächtniß. Sie wissen alle Heiligen des Kirchenkalenders und ihr Datum. Sie wissen fast niemals den Grund eines Geschehl-

nisses, aber sie wissen die Zeit und den Ort des=
selben ein= für allemal.

Häufig treibt man mit den Halbcretins allerlei
Schabernack und die armen Geschöpfe lassen sich
den Muthwillen der Rohen gefallen, sie apportiren
wie ein Hund, sie stehen auf dem Kopf, sie machen
mit der Zehe das Kreuzzeichen, sie verstopfen sich
mit der Zunge die Nüster u. s. w. Sie erwerben sich
in ihren „Künsten" oft eine große Fertigkeit, so daß
sie dieselben auch gern den Fremden vormachen und
damit Kreuzer erwerben.

Ich kannte einen Halbtrottel, der das „Messe=
lesen" verstand, überall, wo er hinkam, seine Messe
las, und zwar in den Bewegungen und Geberden
ganz genau wie der Priester am Altare. Manche
glaubten an diese „Messe" und gaben dem Halb=
narren Kleingeld.

Der Uebergang von den cretinartigen Menschen
zu jenen mit gesunder Vernunft ist ein allmählicher,
und das Aeußere trügt hier oft arg; nicht Jeder,
der die Kappe trägt, ist ein Narr. Hingegen weist der
durchaus uncultivirte Dorf= oder Waldbewohner,
troß seines ausgebildeten gesunden Körpers, oft den
Stempel des Cretinismus auf der Stirn.

Den Kreuzmartin hielten sie im Dorfe für einen
Halbnarren seines Betragens wegen in der Unglücks=
stunde. Eines Tages brach nämlich im Hause des
Kreuzmartin, das abseits vom Dorfe auf einem

Hügel stand, Feuer aus. Die Flammen brachen zum Dach hervor; der Martin schrie gegen das Dorf hinab, was er schreien konnte: „Helfet, Nachbarn! Steht mir bei, Ihr lieben Nachbarn, mein Haus brennt mir nieder! Kommt mir zu Hilfe, um Jesu Christiwillen, Ihr meine Pfarrgenossen, meine Brüder!"

Vergebens schrie er. Die Leute standen auf der Dorfgasse und betrachteten von weitem das brennende Haus, an dem, wie sie meinten, nichts mehr zu retten war. Und als der Martin sah, sein Bitten sei vergebens, da schlug seine Stimmung um. „Verflucht und vermaledeit sollt Ihr sein, allmiteinand!" rief er. „Der Teufel soll Euch holen hinab in die untersten Höllen!"

Seitdem sagt man im Dorfe, der Martin sei ein Narr. Ich halte den inständigen Hilferuf und den plötzlichen Zornausbruch des Mannes für menschlich.

Wir haben uns von dem eigentlichen Gegenstand ein wenig entfernt. Aber der vernünftige Mensch mag nun wohl fragen: Ja, was ist die Ursache des Cretinismus, warum kommt dieser gerade in den Alpen vor, wie groß ist die Zahl der Unglücklichen, und wie könnte die Erscheinung verhütet oder gemildert werden?

Die Hauptursache der cretinischen Anlage dürfte wohl die Kälte und Feuchtigkeit des Bodens sein.

10*

Die Kälte und Feuchtigkeit des Bodens hängt nicht allein von der Lage, den Höhen und Vertiefungen des Gebirges ab, sondern auch von der Formation desselben. Die derben und festen Gebirgsarten, wie z. B. die quarzig-krystallinischen Urgebirg- und Grauwackenformationen, sind nicht geeignet, die Feuchtigkeit in sich zu saugen, wie dies etwa bei der Kalkformation der Fall ist. Und in der That finden wir in den Gegenden des Urgebirges und der Grauwackenbildung die meisten cretinischen Anlagen vorkommen.

Die ungünstigen örtlichen Verhältnisse sind es jedoch nicht allein, welche die cretinische Anlage begründen und nähren. Der Keim derselben wird häufig schon von den Eltern auf die Kinder übertragen und durch Verwahrlosung der Kleinen begünstigt. Schlechte Nahrung, dumpfige Wohnung, unzweckmäßige, ungenügende Kleidung, Unreinlichkeit, üble Behandlung und allerlei abergläubische Mißbräuche sind es, die den Keim des Cretinismus sich entwickeln helfen. Kaum sieben Jahre alt, wird das Kind barfuß hinausgeschickt auf die einsame Weide zum lieben Vieh, mit dem es nun jahrelang umgeht. Dazu kommt der Mangel an Unterricht, an jeder geistigen Anregung. Da dürfen uns die häufigen Blödlinge in den Alpengegenden nicht Wunder nehmen. Indeß ist die Zahl der wirklichen Cretins doch nicht sehr groß; in Steiermark z. B.

werden gegenwärtig etwa dreihundert solcher Indivi=
duen gezählt und ist in den letzten Jahren sogar
eine wesentliche Abnahme der Erscheinung nach=
weisbar.

Zur Verhütung oder wenigstens Milderung des
Cretinismus wären uns verschiedene Mittel an die
Hand gegeben. Vor Allem ein wachsames Auge auf
die Gehirnleiden der Kinder; Gehirnkrankheiten
können ja in jedem Lande und unter allen Verhält=
nissen cretinartige Folgen nach sich ziehen. Der
wirkliche Cretin muß auf humane Weise versorgt,
der Halbcretin möglichst unterrichtet und an=
gemessen beschäftigt werden. Es kommen An=
stalten auf, in welchen die armen Wesen verpflegt
und möglichst unterrichtet werden, aber der Landmann
giebt seine Cretins nicht gern aus dem Hause, denn
es herrscht der Glaube, daß der Trottel ein Haus=
segen sei und den Gottessegen in die Wirthschaft
bringe. Dieser Glaube schützt die armen Geschöpfe
vor mancher Mißhandlung. Die an und für sich
schöne Idee der Erziehungsinstitute für Cretinkinder
ist vielleicht deshalb nicht unbedingt zu empfehlen,
weil, wie schon unter den Erwachsenen bekanntlich
ein Narr zehn macht, der Umgang cretinischer Kinder
mit= und untereinander mehr schaden als nützen
müßte.

Ein Mittel, um das Uebel schon in seinem Keime
auszurotten, wäre Kreuzung der Ehen zwischen den

Gebirgs=, Thal= und Hügelbewohnern. Bisher hat
der Militarismus viel zur Erhaltung des Cretinismus
beigetragen. Die körperlich und geistig gesunden
Männer wurden dem Lande entzogen und zuweilen
als Kanonenfutter verwendet; die Krüppel und Blöden
blieben daheim mit der Obliegenheit, ihre Gattung
fortzupflanzen.

Diese Art von Zuchtwahl wird aber der Natur
nicht recht sein.

Der Einleger.

„Ih bin, ih bin da Reamt auf da Welt,
Ih hab' ih hab' ta Feld und ta Geld,
.ta Hütterl, ta Kammerl, ta Fensterl g'hört
Ih bin, ih bin auf der Weit im Onartier."

Karl Morre („'s Nullerl").

Ich habe die guten Eigenschaften — deren die Bauersleute besitzen — stets mit Vorliebe dargestellt, aber ich darf auch ihre Schatten= seiten nicht vergessen. Diese sind so finster, daß ein wenig Aufklärung nicht schaden kann. Wenn wir von Armuth hören, so denken wir zumeist an die städtische, die uns vor der Nase herum huscht und wimmert und klagt und darbt. Sie ist in der That furchtbar, denn gräßlich ist's, zwischen Palästen und reichen Prassern hungern und verkümmern zu müssen. An jene tiefe Armuth da draußen auf dem Lande, an jene willig oder verbitterten Gemüthes ihrem Ende

entgegenbarbenden Märtyrer des Volkes, an die bäuer=
lichen Dienstboten hat in unserer Zeit der Humanität
bisher kein Mensch gedacht. Ei doch, man hat die
kräftigen Bursche zu Soldaten herangezogen, um sie
vielleicht als Krüppel wieder zurückzuschicken. Man
hat ihnen Dienstbotenbücheln drucken lassen, in
welchen ihre Pflichten weit stärker betont werden,
als ihre Rechte; ein Paragraph ist, der unterwirft
den Dienstboten schier ganz dem Willen des Dienst=
gebers; mildernde Nachsätze folgen, sind aber dreh=
bar wie ein „damischer Hiesel". Man hat auch viel
Klage in den Zeitungen gelesen über die Dienst=
botenmisère, aber immer war von den armen Dienst=
gebern die Rede, von den armen Haus= und Hof=
besitzern, von den großen Ansprüchen, Anmaßungen,
Liederlichkeiten der Dienstboten. „Bei solchen Zu=
ständen bin ich lieber Knecht als Bauer!" hat mancher
Hausbesitzer ausgerufen, habe jedoch nichts davon
gehört, daß einer mit seinem Knecht wirklich ge=
tauscht hätte. Die Dienstboten aber haben stillge=
schwiegen, und wenn in unserer Zeit ein Stand nicht
öffentlich jammert, so ist es der der bäuerlichen
Dienstboten. Denen muß es doch wirklich sehr gut
ergehen!

Indeß jammern diese Leute nicht aus dem ein=
fachen Grunde, weil sie keine Stimme haben, die
man im Lande hören könnte, Manche auch darum
nicht, weil ihnen um die Gurgel ein Strick liegt,

der zu jeder Zeit erforderlichenfalls enggezogen werden kann.

Der Dienstbote ist das Kind armer Leute oder auch das Kind eines Bauers, der einen der Söhne — seinen Nachfolger in der Wirthschaft — bevorzugt und die übrigen Kinder so sehr benachtheilt, daß sie oft heimatlos werden und in fremden Häusern ihr Brot, durch Rohheiten der Dienstgeber versalzen, kümmerlich verdienen müssen. Die Gerechtigkeit drückt zu Gunsten der Steuerzahler ein Auge zu.

Der Dienstbote hat in seinen besten Jahren allerlei Absichten. Er will entweder den Bauerndienst verlassen, in eine Fabrik oder in die Stadt gehen; oder er will eine gute Heirat machen und so zur Selbstständigkeit kommen. Andere hoffen vom Lottospiel Verbesserung ihrer Lage, ohne zu ahnen, wie hoch ihre Dummheit besteuert wird. Wieder Andere verlassen den Jahresdienst, verlegen sich auf die Taglöhnerei, weil diese sie momentan selbstständiger macht, versuchen dies und das. Selten gelingt es Einem, eine bessere Existenz zu finden, die Meisten bleiben Dienstboten Jahr für Jahr, bis sie alt und untauglich werden zur Arbeit.

Und was nun?

Gewöhnlich sucht der betagte Dienstbote seine sich steigernde Unzulänglichkeit so lange als möglich zu verbergen, denn er weiß, wenn er sein Brot nicht mehr verdienen kann, was seiner wartet. Größere

Gemeinden haben etwas wie ein Armenhaus. Sie nennen es Spital. Seine Insassen sind Sieche und Lahme, Krüppel, Cretins und Preßhafte aller Art. Ein gar unsauberer verachteter Ort voll Hader und Elend. Und da soll der alte Dienstbote nun hinein. Ist Mancher noch froh, wenn ein solches Spital gar nicht existirt, wenn er als Bettler ziehen kann in der freien Luft von Haus zu Haus. Da ist es nun bis heute in solchen Gemeinden, die kein Spital haben, eingerichtet, daß der alte unfähige Dienstbote der Reihe nach von einem Hof zum anderen wandert, so daß er jährlich etwa ein= oder zweimal um die Runde kommt.

Das ist also der Einleger (oder die Einlegerin). Er schleppt sein Buckelkörblein mit sich, in welchem er all' sein Hab und Gut hat und wird ihm an seiner Station ein Winkel angewiesen etwa in der Vorkammer, im Stall, auch im Strohschoppen, wo er das Körbel hinstellen und sich einheimsen darf.

In einem Hofe bleibt er acht, vierzehn Tage oder auch länger, je nach der Größe des Gutes. Da soll er nun verköstigt und verpflegt werden. Man nützt ihn wohl aus, so gut man kann; es giebt im Hause immerhin Arbeiten, die auch ein müh= seliger Mensch verrichten kann, als etwa Streu hacken, Mist kraueu, Kukuruz schälen, Rüben kränteln und dergleichen. Mitunter auch viel unangenehmere Verrichtungen. Der Einleger thut's, es ist ganz

selbstverständlich; ja er selbst, der Greis mit schnee=
weißen Haaren, kommt nur selten zum Bewußtsein,
daß seine armselige Existenz ein Unrecht ist, von
Anderen begangen. Vom Essen wird ihm das Schlech=
teste im schlechtesten Geschirr gereicht. Mißrathene
verkochte Nocken mit ranzigem Fett, die Niemand
essen will, für den Einleger ist es gut genug. Er
torkelt damit in seinen Winkel — denn zu Tisch
läßt man so einen alten Menschen nicht gern, der Un=
sauberkeit wegen — und ißt seine Sach' freilich
wohl zumeist mit Appetit. Ist auch gut, wenn er
einen eigenen Löffel besitzt, denn Löffel, mit denen
der Einleger gegessen, will kein Anderer mehr ge=
brauchen. Die Anderen essen viermal des Tages;
den Einleger vergessen sie gern. Hat er jedoch ein=
mal einen Trog voll vor sich, dann ist's kein Wun=
der, wenn er bisweilen das rechte Maß nicht wahr=
nimmt und es unter Wimmern auf seinem Stroh
hart büßen muß.

Daß es mit der Reinlichkeit nicht am feinsten
bestellt ist, wird wohl selbstverständlich sein.
Bart und Haar lassen sie ihm wachsen, so lang
es will; Kamm, Seife, Bad — ach Gott, das ist
dem Hausbesitzer oft fremd, der Einleger darf gar
nicht daran denken. Und er denkt auch nicht daran.
Wenn sein Gewand nur nicht gar zu viel Löcher
hat, nach Anderem frägt er nicht. Das Hausgesinde
weiß wohl, es ist auf demselben Weg, Einleger zu

werden, und doch hat es zumeist Spott und Ver=
achtung für das arme Geschöpf und nicht selten auch
— körperliche Mißhandlung. Daß der Einleger dem=
nach herb, verbittert und bissig wird und voll von
Unarten und zuwideren Eigenschaften, es liegt auf
der Hand. Wohl selten, daß eine gute Seele dem
Nothleidenden heimlich einen Bissen zusteckt, heim=
lich ein liebreiches Wort sagt. — So verroht Ar=
muth und immerwährende Dienstbarkeit die Herzen.
Es ist wohl ein Jammer, Ihr lieben Weltleute!
Ihr lebt in aller äußeren Behaglichkeit, oft im Ueber=
fluß, in Uebermuth. Und diese Armen da draußen
— Euere Brüder, die für Euch das Brot aus dem
Boden gegraben — sind in ihrem tiefen, bitteren
Elend so ganz verlassen!

Humor haben die Meisten, denn sonst müßten
sie ja zu Grunde gehen trotz der Abhärtung an Leib
und Seele. Auch die Religion ist ihre Stütze, und
bei Manchen die Schlauheit und Verschmitztheit, in
welchen die Noth ja die beste Lehrmeisterin ist.

Im Mürzthal war ein Einleger, der nachgerade
zu den liebenswürdigen Menschen gehörte und bei
Allen gern gesehen wurde, die ihm — nichts schenken
mußten. Der krump' Serafin war er geheißen. In
Häusern, wo sie ihn schlecht behandelten, sprach er
tage= und wochenlang kein Wort, verkroch sich ganz
in sich selbst wie ein Igel, der nur die Borsten
hervorkehrt. Wo er aber ein wenig Beachtung und

Theilnahme fand, da sprang aus dem Alten der Schalk hervor und er ließ seine launigen Sprüche und Einfälle los, mit denen er wie vollgepfropft war.

So oft er etwas in seinen Bettelsack zu schieben hatte, band er ihn allemal rasch und sorgfältig wieder zu und sagte: „Daß es nit wieder heraus= fliegt! Es will nichts drinnen bleiben, als das schwarzbraun' Elend." — Wenn er irgend von einem reichen Schlemmer hörte, meinte er: „Ist halt gut eingerichtet auf der Welt; jeder Mensch hat sein Geschäftel, der Eine thut prassen, der Andere thut fasten. Aber lieber," setzte er dann mitunter bei, „lieber ist's mir doch, ich möcht's und hab's nit, als wann ich's hätt' und möcht's nit." Von einem Geizigen sagte er gerne: „Der macht sich auch seine Höllfahrt sauer." Und dem krumpen Serafin mag's wohl manchmal eingefallen sein, was uns das „Nullerl" singt: „Wer den Leuten 's Brot anbaut, den hungern sie jetzt aus. Ist doch die Welt a Narrenhaus."

Einer der ärmsten Einleger lebte zur Zeit meiner Jugend in der Semmeringgegend. Er war ein herab= gekommener Hausbesitzer gewesen, der beim Eisen= bahnbau sein Grundstück an die Gesellschaft ver= kauft hatte. Es wurde ihm zweifach überzahlt und das machte seinen Kopf wirbelig; bei so vielem Geld, glaubte er, brauche er sein Lebtag nicht mehr zu arbeiten, saß in den Wirthshäusern um, pachtete

Jagden und trieb allerhand noble Passionen. In
wenigen Jahren war sein Geld glücklich dahin und
er hatte noch dazu das Unglück, daß er sich durch
unvorsichtiges Gebahren mit Pulver eines Tages
das Augenlicht vernichtete. Obgleich sonst noch nicht
mühselig, mußte er nun in die Einlege. Da hielten
sie ihm natürlich überall seine Vergangenheit vor,
und ihm, der ein besseres Leben gewohnt gewesen,
that die Rohheit doppelt weh. Sonst vermag der
Einleger wenigstens so viel, daß er durchgehen kann,
wenn es ihm irgendwo gar zu arg wird, daß er
in einem christlicheren Nachbarhause seine Zuflucht
suchen oder im grünen Walde wohnen und sich von
Beeren nähren oder wenigstens ruhig hungern und
frieren kann, ohne Schimpf und Rohheit leiden zu
müssen. Unser armer Blinder konnte jedoch nicht
fort, mußte aushalten; und ein boshafter Racker
war, der behielt den Einleger allemal länger, als
es seine Pflicht gebot, im Hause, um ihm den Hoch=
muth recht fühlen zu lassen und ihn mit hämischen
Anspielungen und herber Behandlung peinigen zu
können. So seufzte der arme Mann wohl oft: „Wann
ich nur mein Augenlicht wieder kunnt finden!“ Da
traf er in einem schlimmen Bauernhof einmal mit
einem anderen Einleger zusammen, der sich vor den
Mißhandlungen der Leute auch nicht zu schützen
wußte, weil er lahme Füße hatte. „Wann ich nur
laufen kunnt!“ sagte dieser, „ich wollt’ mir sonst

gar nichts wünschen." Die beiden verbanden sich nun so, daß der Blinde den Lahmen auf den Buckel nahm und mit ihm davongieng. Jetzt war Beiden geholfen, der Blinde hatte das Augenlicht gefunden und der Lahme konnte laufen. Beide waren nun im Stande, ihren — „Wohlthätern" zu entkommen.

Am besten daran sind immer noch die schlauen und schalkhaften Philosophen, die an der Leute Eitelkeiten und Schwächen anmuthig zu pochen wissen.

Da lebt heute noch Einer, der in der Veitscher, Turnauer und Aflenzer Gegend umsteigt, obwohl er ein über und über verbogener Krüppel ist. Er könnte ja als Einleger in seiner Gemeinde sitzen bleiben, aber beim Betteln, sagt er, stehe er sich besser. Er bettelt aber nicht so kurzer Hand, sondern weiß der Sache Schick zu geben. Kommt er in ein Bauernhaus, so bringt er für die Küche einen Arm voll Brennholz mit, oder ein Sträußel Tannenreisig für Stubenbesen, oder ein paar Pilze, oder ein Körblein mit Waldbeeren, mit denen er der Bäuerin oder den Kindern ein Geschenk macht. Jetzt muß ihm die Hausfrau „Vergelt's Gott' sagen, aber sie giebt ihm auch was zu essen. Selbstverständlich läßt er keine Spur in der Schüssel, so daß er sie hoch aufheben und sagen kann: „Bäuerin, rath' einmal, was ist da drinnen g'west?"

Ob er etwan zu wenig gehabt? „Das nit, schon gar nit, gut ist's g'west und genug ist's g'west.

Vergelt's Gott fleißig dafür! — Nur" — setzt er
zaghaft bei, „daß ich noch ein Anliegen hätt'!
Bäuerin, gelt, ein Faderl Zwirn schenkst mir. Vom
Leibel da ist mir ein Knopf ausgesprungen, muß
ihn wieder einhängen, den Saggra!"

Sie reicht ihm den Zwirnknäuel hin, und wie
er fertig ist mit dem Knopf, steckt er den Knäuel
so in Gedanken vertieft in seinen Sack. Die Bäuerin
schielt etwas mißvergnügt hin auf diesen Vorgang.
Und der Bettler weiß es wohl, sie ist eine Zange
und nicht leicht etwas aus ihr herauszukriegen.
Nun wendet er sich zu ihr und sagt mit allen
Geberden der Behaglichkeit: „Jetzt wohl, jetzt. Für
heut' brauch' ich nichts mehr, für heut'. Aber für
morgen möcht' ich mir halt gern ein warm Süppel
kochen, und jetzt — denk' Dir's — jetzt ist mir das
Salz ausgegangen."

„Uh narrisch!" sagt die Bäuerin, froh, so leichten
Kaufes davonzukommen, „das darfst ja nur sagen."
Und giebt ihm Salz.

„Ah, jetzt wohl, jetzt wohl," macht der Bettel=
mann, „jetzt hätt' ich Alles auf eine gute Suppen.
J hätt' ein Salz, ich hätt' ein Wasser   Grad
ein Stäuberl Mehl kunnt noch gut sein dazu. Geld,
Du kreuzbrave, liebe Bäuerin, Du wirst mir nit
gern einen Löffel voll schenken wollen?"

Das läßt ihm die kreuzbrave Bäuerin nicht umsonst
gesagt haben und giebt ihm Mehl.

„Uh, gelt's Gott!" ruft der Bettler und hält sein Mehlsäcklein auf, „uh, gar zwei — drei Löffelvoll giebst mir! Und noch einen drauf. All's zu gut thust Du mir's meinen, all's zu gut. Vergelt's Gott, schön!"

Wie er nachher im Begriff ist, seinen Buckelkorb sich auf den Rücken zu schwingen, hält er plötzlich still und sagt: „Schau Du, jetzt fallt mir g'rad was ein. Du Bäurin, Du wirst mir's gewiß sagen können: Soll zu einem guten Süppel nicht ein Stückl Schmalz sein? Ja? Schau Du, mir ist so was fürgangen. — Aber das ist! das ist! Jetzt weiß ich nit, wo ich ein Schmalz werd' hernehmen. Du verhöllte Sau! — Muß viel sein? Nit viel, meinst? G'rad' so ein nußgroß Patzerl meinst?"

Was bleibt der Bäuerin übrig? Sie knirscht insgeheim, aber weil er gar so schön betteln kann! Sie schenkt ihm auch noch zur Suppe das Schmalz.

„Tausend vergelt's Gott!" ruft er entzückt aus, „bis in den Himmel hinauf vergelt's Gott! Und oben bleiben im Himmel, alleweil oben bleiben! Und eine Freud' wird er haben, der lieb' Herrgott, über so eine kreuzbrave, mndlsaubere Bäurin!"

Hierauf schleift er zum Nachbarhaus und dort macht er's ähnlich. Der Mann leidet keine Noth, trotz seiner verkrüppelten Glieder. Sein Humor, der schlaue Geselle, nährt ihn.

So hat auch die Armuth ihre Philosophie, ihren Halt und ihr Glück.

Aber hier sind nur Ausnahmen geschildert; die Regel zu beschreiben widert mich an. Es ist wohl wahr, die Armuth und das Elend ist der richtige Dung für den Humor, weshalb es da unten auch viel mehr Ergebung und innere Ueberlegenheit und Seelenheiterkeit giebt, als da oben. Aber wenn zum Unglück, das man tragen muß, auch noch das Un= recht kommt, und man sieht, diese schlimmen Ge= nossen wollen Einen für's ganze Leben nimmer ver= lassen, so ist es auf die Länge doch schwer, bei Humor zu bleiben. Und bei naturrohen, sittlich unentwickelt gebliebenen Gemüthern ist es doch gar kein Wunder, wenn sie in ihrem Alter und körper= lichen Unbehagen launisch, zänkisch, tückisch, klatsch= haft, hinterlistig und sogar diebisch werden. Nun glaubt der Bauer, solchen Fehlern und Lastern ge= genüber nicht verpflichtet zu sein. Er ist's aber doch. Der Dienstbote ist eben auch ein Product seiner Verhältnisse, seiner ganzen Umgebung, von der schul= losen Kindheit an, bis zum hilflosen Greisenalter.

Und wenn man genau nachsieht, dem braven Dienstboten und geduldigen Einleger wird es nicht viel besser als dem Nichtsnutz, in der Einlege für sich giebt es keine Abstufung mehr. — Als ein solches Leben, lieber im Arrest! Das Wort kann man öfters hören.

Jetzt frage ich nur, wer sich noch wundern kann, wenn Niemand mehr bei den Bauern Dienstbote sein, sondern Alles in die Fabriken und Städte will? Sie kommen freilich auch von dort noch recht= zeitig zurück zum Einlegerelend und noch dazu mit einer ganz anderen Zerrissenheit des Herzens, als wenn sie nichts denn die Einfachheit des Landlebens kennen gelernt hätten.

In manchen Gemeinden wird jährlich einigemale gewöhnlich zu den Quatemberzeiten, in der Kirche für die Pfarrarmen abgesammelt. Da gehen die Leute im Gänsemarsch um den Hochaltar und werfen Münzen auf einen Teller. Blos einen Pfennig giebt Keiner, weil wir keinen haben; die übrigen Scheidemünzen sind alle vertreten, sogar die alten Groschen von anno 1836, die seit fünfundzwanzig Jahren nichts mehr gelten. Wenn nun aber gar ein reicher Bauer einen ganzen Gulden auf den Teller wirft, so glaubt er mit einem schwedischen Sturmbock die Himmelsthür eingerannt zu haben. Die Pfarrarmen freuen sich auf die Vertheilung wie ein Kind; aber wenn einmal zufällig ein größerer Betrag ist, so kriegen sie ihn gar nicht auf die Hand. In Gegenden, wo Gewerkschaften oder Cava= liere die Bauernhöfe zusammenkaufen, um sie abzu= stiften, wird an die Gemeinde oder einzelne noch bestehenbleibende Bauernhöfe gewöhnlich Baargeld gezahlt, damit die Einleger, die der abgestifteten

Bauernhäuser verlustig geworden, dafür entschädigt
und versorgt werden sollen. Ich kann nur das
sagen: Die Armen werden nicht immer der Absicht
des Einzahlers gemäß verpflegt. Mancher alte Ein=
leger simulirt Tag und Nacht: Wo denn's Geld
hinkommt, das für die Armen gegeben wird!
Wackelt so ein alter Hascher wohl einmal zum Dorf=
richter, bittet unterthänigst, ob nicht doch ein wenig
was abfallen möcht' für ihn auf ein Paar Winter=
schuh', auf eine warme Bettdecken oder — was die
Genußsüchtigsten sind — auf etliche Pfeifen Tabak!
— Ganz umsonst bittet freilich selten Einer, wenn
was da ist, aber ich hab's auch schon gehört, daß
der Gemeindevorstand dem Bittsteller mit dem
Stecken gedroht hat oder gar mit dem Ausruf er=
schreckt: „Das Bettelvolk, derschießen sollt' man's!"

Wieder mein Humorist, der krump' Serafin war's,
der dem fluchenden Bauer auf solche Red' einmal
geantwortet: „Wahr ist's, Herr Gemeindevorstand,
wahr ist's. Derschießen, das wär' für uns das
Allerbeste!" —

Das sind nur wenige Streiflichter ins Leben
der Armen auf der Bauernschaft.

Ich gebe zu, daß es viele Ausnahmen giebt,
Gemeinden, die ihre unglücklichen, altersschwachen
Mitglieder nicht verkommen lassen, Hausväter, die
den Einleger mit Güte und Fürsorge behandeln
wie einen Hausgenossen. Manchmal denkt doch auch

einer der Reichen an das Sprichwort, daß an keinem
Hause der Geldsack hundert Jahre lang vor der
Thür hänge, wie an keiner Familie so lange der
Bettelsack. Aber selten, selten denken sie daran. Da giebt
es Protzen auf dem Lande, die ihr Geld im Wirthshaus
und Kartenspiel wie Spreu über die Tische werfen,
jeden Anlaß bei den Haaren herbeiziehen, um
prunken und flunkern zu können, die aber grob
werden wie eine Lodenriffel, wenn einmal von der
Verbesserung ihres Gemeindearmenwesens oder
gar von der Gründung eines Versorgungshauses
mit geregelter und gewissenhafter Verwaltung die
Rede ist. Wenn man so einen Ehrenmann dann
sprechen hört, ja da fehlt keinem Einleger etwas,
oder er ist selber daran schuld, wenn's ihm schlecht
ergeht.

„Nur probiren!" sagt der Jammerer Hans. —
Das ist der zumeist ungehört verhallende Klage=
und Anklageruf von Tausenden, die in unserem
schönen, gesegneten Lande in unverdienter Noth
sind und keinen Fürsprecher haben dort oben, wo
die Gesetze gemacht werden.

Ein tüchtiger, braver Arbeiter, den der Bauer
und der Staat ausnützt — und in seinen alten
Tagen wartet auf ihn dieses Elend. — Soll das
so bleiben?

Andere Bettelleute.

Das Weiblein besitzt irgendwo ein Häusel, das sagt es selbst, nur weiß kein Mensch wo, kein Mensch hat es noch gesehen.

Da kommt es so ungefähr zweimal des Jahres herangetorkelt; es hat ein kurzes Lodenjopplein an und ein grauleinenes Kittelchen, das aber schon recht abgeflickt ist, so daß man eigentlich gar nicht mehr sagen kann: es ist ein graues Leinenkittelchen, sondern: es ist ein zusammengenadelter Hadern=sack. Die Schuhe, welche es vor Jahren von einem reichen Bauer geschenkt bekommen, „weil es mit demselbigen Bauer halt alleweil auf gutem Fuße lebt", sind sorgsam mit Stroh umwunden, daß sie nicht so sehr Schaden nehmen auf den steinigen Pfaden dieses Lebens.

Die Strümpfe — lassen wir die Strümpfe aus dem Spiele.

Eine geradezu wunderbare Kopfbedeckung trägt das Weibel. Es ist ein brauner Hut mit einer nur kleinen runden Vertiefung, aber mit fabelhaft breiten, etwas abwärts laufenden Krempen, deren untere Fütterung in strahlenförmige Falten gelegt ist, so daß das Ding an einen ungeheuern Blätter= pilz erinnert, zu dem das Weiblein nur der Strunk ist. Dieser Hut deckt nun gar Vieles zu, er deckt das kleine Gesicht mit dem scharfen Kinn und dem breiten, eingefallenen, zahnlosen Mund, er deckt die spitzige Nase, er deckt die mannigfaltigsten, scharf schattirten Faltenzeichnungen an den Wangen und an der Stirne, er deckt die zwei kleinen grauen, aber sehr lebhaften Aeuglein und er deckt das schleierartige Geflechte der weißen Härchen, das an beiden Seiten des Gesichtchens locker niedergeht. Oh, das ist ein trefflicher Hut! — Und er deckt auch das Körblein zu, das braune Körblein, welches das Weib auf dem Rücken trägt, mit all' seinem Hab und Gut — sorglich verwahrt.

Man sieht überall die Sorgsamkeit und den Fleiß und die Klugheit; das ist ein musterhaftes Bettelweib. Ein wenig gebückt ist es und einen Stock hält es in der braunen, knochigen Hand — aber das ist nicht der Bettelstab, sie sagt es selbst, sie ist keine Bettlerin, sie hat ein Häusel und geht nur ein wenig „sammeln" zu den guten Leuten herum, die sie ja sonst auch zu Zeiten „heimsuchen"

muß. Den Stock hat sie nur, weil ihre Beine schon
ein bißchen wackelig werden — mein Gott, den
alten Leuten geht's halt schon so.

Noch bevor das Weibel zu einem Bauernhof
kommt, liest es im Walde oder am Gehege Klaub=
holz auf und schleppt so einen Arm voll davon
mit ins Haus. Es kann damit völlig nicht zur
schmalen Thür hinein, und während es noch ringt
mit dem Eingange, sagt es: „Gelobt sei Jesu Christi,
da trag' ich Euch ein' Hand voll Brennholz daher;
seid doch alleweil rechtschaffen gesund miteinander?"

Sie legt das Klaubholz ab, setzt den Korb auf
den Herd und hascht freundschaftlich nach der Hand
der Bäuerin. „Kennt's doch das Weiberl noch,"
piept es unter dem Hute hervorlugend, „bin ja
dasselb' spaßig' Weiberl, ich; sind ja zusamm' auf=
gewachsen im Bauerndienst; bin auch schon etliche=
mal bei Euch dagewesen, habt's wohl ein groß=
mächtiges Haus da und ein' Grund dazu; Unser=
eine thät' sich ihre Finger all' zehn abschlecken,
wenn sie so einen Grund hätt'! Habt's wohl recht
verrath'n, beim Heiraten, Bäuerin; Unsereins muß
mühselig herumhatsch'n unter fremden Leuten und
der Herrgott hat das Stückl Brot halt auch nicht
auf der Haselnußstauden wachsen lassen. Und da
muß Eins halt so daherhumpeln und ein wenig
sammeln gehen. Zum Donner hinein aber, Ihr
schaut's ja gar rechtschaffen gut aus!"

Die Bäuerin ist auch just nicht unfreundlich mit dem Weibel, sie hilft ihm reden von Einem und dem Andern, und endlich geht sie um eine Schaufel Mehl oder um ein Bröckel Schmalz und betheilt das Weibel.

Dieses sagt vieltausend vergelt's Gott, lobt das feine Mehl oder bewundert das reine, frische Schmalz, und läßt einfließen, daß man wohl drei Pfarreien abgehen könne, bis man eine Bäuerin finde, die sich so auf das Schmalzbereiten verstehe.

Die Bäuerin sagt: „Wie Gott will!" möcht aber doch das Weibel überzeugen, daß sie in Erhaltung der Butter, des Selchfleisches u. s. w. nicht geringere Geschicklichkeit besitze. Sie bringt sofort auch von diesen Dingen Proben, und das Weiblein zollt stets seine unumwundenste Anerkennung.

Nun geht es aber an seinen Korb, nimmt Hüllen und Hüllen heraus, zieht nett geglättete Kleidungs= stücke und einige zierlich in Lappen geschlagene Päckchen hervor und hebt endlich einen braunen Topf heraus, in welchen das Schmalz kommt. Dann sagt es: „Gelt Bäuerin, Du hast kein böses Aug' auf mich, wenn ich noch ein Eichtl raste da in Deinem Hause?" Hierauf wickelt das Weibel vorsichtig ein Päckchen auseinander und in demselben befindet sich eine kurze, zierlich geschnitzte Tabakspfeife und eine braune Schweinsblase mit Tabak. Da wird nun gestopft und Feuer geschlagen und — das Bettelweibel raucht.

Es raucht täglich seine drei Pfeifchen und es kann's gar nicht mehr lassen. Es sitzt da auf dem niederen Stuhl, den Ellbogen auf das Knie gestützt wie ein Mann; den Hut hat es an den Korb gelehnt und um den Kopf hat es ein Tüchlein geschlagen. Es hat sich ganz häuslich niedergelassen und plaudert und schwätzt nun, daß schier oft das Pfeifel ausgeht. Es weiß alle Vorfälle und Ereignisse der Gegend, die entweder vor vielen Jahren oder erst vor wenigen Tagen geschehen sind; ja es weiß mehr noch, es sagt der Bäuerin in allem freundschaftlichen Vertrauen, was geschehen wird. Der wird sein Haus verkaufen, Die wird heiraten, ein Anderer sterben, eine ledige Nachbarstochter wird gar noch ein Wieglein brauchen in kürzester Frist!

„Geh'!" sagt die Bäuerin mit ungläubiger Miene, aber da läßt das Weibel Rauchwolken steigen, ganz wunderliche Rauchwolken — das ist Entgegnung und Behauptung genug, das ist Besiegelung seiner Aussage. Im Falle die Bäuerin nicht anwesend, erzählt das Weiblein derlei sich selbst oder dem Korb und wackelt dabei mit dem Kopf.

Zuletzt sucht es gar seine Nähgeräthe hervor und beginnt an den schadhaften Stellen der Kleider zu schaffen. Bis dann die Bäuerin am Herde Feuer macht und das Abendmahl kocht, ist die Alte noch immer da; es ist ihr so bequemlich und warm geworden, und da hat sie auf das Fortgehen ver-

gessen. Die Bäuerin will daran auch nicht ge=
mahnen, die arme Haut mag ausruhen; es wird
ihr eine warme Milchsuppe angetragen.

Aber das Weibel sagt: „Vergelt's Gott, g'rad
zum Betteln bin ich noch nicht und ich koch' mir
schon selber was.“ Und es bittet sich ein Geräthe
aus, sucht wieder die Vorrathskammer im Korbe
hervor und kocht sich richtig eine ganz tadellose
Schmalzspeise, wovon es der Bäuerin einen Theil
zukommen läßt. Auch den Löffel hat es selbst bei
sich, es ist gar delicat und säuberlich mit Allem und
thäte ja nicht mit jedem beliebigen Löffel aus jedem
beliebigen Geschirr essen — die Leut' haben so un=
gewaschene Mäuler, meint es. Wie das Weiblein
nun im behaglichen Essen ist, sagt es zu sich: „So
wohl, so wohl, mit dem Essen muß man sich er=
halten; viele alte Weiber erhalten sich zwar mit dem
Spinnen.“

Und wenn es gar noch über die Nacht im Hause
bleibt, so hat es wieder seinen eigenen Strohsack
und seine eigene Bettdecke bei sich; alles im Korb.
Das Weibel hat, wie es erzählt, ein einzigmal
in einem fremden Bettzeug gelegen; hätt' es aber
durch die ganze Nacht ein Aug' zugemacht? Keine
Menschenmöglichkeit!

So liebenswürdig und verträglich das Bettel=
weib sonst ist, aber ein einzig' Arg hat es, es weiß
selbst nicht, warum — mit Kindern kann es sich

nicht begleichen. Es mag sie noch so zärteln und
hätscheln wollen, Alles umsonst; die größeren laufen
davon oder verkriechen sich hinter die Mütter; die
kleineren aber, die noch nicht laufen können, heben
einen höllischen Lärm an. Eines aber bleibt wohl
wahr, und die Mütter sagen es, scharfe Augen
haben solche Menschen, die selbst keine Kinder haben,
und mit diesen bösen Augen schauen sie den Kleinen
manches Uebel an den Leib — weiß Gott! Manches
dieser Weiblein fühlt sich durch den Umstand ge-
kränkt, und es entschädigt sich anderweitig. Da findet
sich auf all' den Wegen und Stegen des Hausirens
wohl ein verwaistes Hündchen oder Kätzchen; das
wird adoptirt und im Korb findet sich auch noch ein
weiches, geborgenes Bettchen, und nun kann man
sagen: das Weibel steht auch nicht mehr allein in
der Welt.

So hilft sich der Mensch, der es in seinem Leben
zu nichts hat bringen können, da er nun arm und
einsam ist, der nicht einmal ein eigen Dach hat für
den müden Leib — so hilft er sich in seinen alten
Tagen. Wo er gute, barmherzige Menschen weiß,
die vergißt er nicht, denen hinkt er zu. Er legt sich
die Sache so gut er kann. Er spielt noch als schwacher
Greis mit dem gewaltigen Schicksal und lächelt.
Er meint gar, er besitze was; er glaubt nicht, daß
er Bettler ist; er trägt ja keuchend an seinem Eigenthum, an seinem Korb, und er sagt auch noch im

Scherz zu den Leuten, er habe ein Häuschen; er sagt das so oft, daß er schier selbst daran glaubt, und nun glaubt er so lange daran, bis es wahr ist. Sie bauen ihm ein Häuschen, er legt sich hinein; der Korb, ja freilich, der muß heraußen stehen bleiben, und der Bettelstab — — ach, es war ja nur ein Stock für die schwachen Beine! — Steckt ihn auf den Hügel!

Hat ja auch seinen Ehrentag, der Bettelmann. Wir kommen dazu.

Da war einmal ein Bäuerlein — es ist aber noch nicht so lange her, daß man es wie ein altes Volksmärchen „es war einmal" einleiten müßte. Allein es war doch einmal, denn heute ist es nicht mehr, und das ist ja die Geschichte.

So lange das Bäuerlein war, mußte es in den langen Abenden seinem Weibe zum Spinnen und Hemdenflicken das Spanlicht halten. Da seufzte es oft dabei und sagte: „Arbeiten, das wollte ich gern den ganzen Tag, aber am Abend, wenn andere Leut' Ruh' und Rast halten, noch spanleuchten müssen, das verdrießt mich. Ich wollt' mir sonst gar nichts wünschen, als daß wir ein Kerzenlicht kunnten brennen und ich dabei meine Ruh' hätte." — Das war das Eine. Jetzt hätte der Alte aber richtig auch noch einen zweiten Wunsch gehabt, und der war freilich viel unbescheidener als der erste. Zu Fuß war er schon schwach. „Aber," meinte er, „nach dem

Fahren in einem fürnehmen Wagen gelüstet's mich
gar nicht. Auch das Reiten wollt' ich gern' den
hohen Herren überlassen — ich wüßt' mir was weit
Besseres. Einen Tragsessel, und daß mich zwei
Männer thäten tragen, wohin ich wollt'. Das wär'
Eins, das!"

Es ist ihm groß schlecht ergangen, aber seine
Wünsche haben sich erfüllt. Es kam eine Zeit, da
ruhte er sich aus auf der Bank und neben ihm
brannte ein Kerzenlicht; dann kamen zwei Männer
mit einer Trage und auf dieser trugen sie ihn hin=
aus zum Kirchhof.

O ja, auch die Bergbauern lassen sich gut ge=
schehen, wenn sie einmal gestorben sind, und da
genießen sie ein Ansehen und eine Ehre, wie viel=
leicht ihr Lebtag niemals.

Einer, um den sich kein Mensch je gekümmert
hat, wenn er draußen stand am Zaunpfahl,
oder am Feld die Steine hervorgrub, oder von
Haus zu Haus wankte und um einen Bissen
Brot bat, oder wenn er krank auf dem Stroh
lag in der verfallenden Scheune — der ist jetzt
der Mittelpunkt eines ganzen Tages, der Mittel=
punkt von dreißig oder vierzig Menschen, die seinet=
wegen die Arbeit eingestellt haben und ihm ihr
Gebet schenken und das letzte Geleite geben zu
seinem tiefen Grabe, in welchem er just so gut und
reich und angesehen ist, wie die stillen Nachbarn

rings um ihn. O armes Menschenleben, welches auf
dieser Welt nur einen einzigen Ehrentag hat—den
Begräbnißtag!

Und wohl ihm! Wenn wir die Leute betrachten,
die Armen und die Reichen — Jeder hat nicht das
Glück, mit Ehren begraben zu werden.

Sagt ihm das, dem Bettelmann, als letzten
Trost, bevor er stirbt. Vor wenigen Tagen kam er
müd' und matt ins Haus, bat nicht mehr um ein
Stück Brot, um ein Tröpfel Suppe wie sonst, sondern nur, daß er abrasten dürfe unter dem Dach.
Man hat gemeint, ein Mensch wäre es doch auch,
und hat ihn in ein Bett gethan. Einen elend krum-
men Fuß hatte er, kein Mensch wußte wovon, keiner
fragte darnach. Der Bettler ist seit undenklichen
Zeiten in der Gegend und gehört eben zu den Arm-
seligkeiten der Welt. Weiter ist's nichts.

Jetzt aber scheint sich der Alte einmal einen guten
Tag anthun zu wollen. Er stirbt.

Liegt im Bett und stirbt.

Schon seit einer halben Stunde kriecht ein Bub'
unter Bett, Tisch und Bänken herum und läutet das
geweihte Margarethenglöcklein. Das hat einen recht
freundlichen Klang, aber dem Teufel, sagt man,
zerreiße dieser Klang die Ohren und so weit das
Margarethenglöcklein hinklinge, könne der böse Feind
nicht nahen, der sonst bei solchen Gelegenheiten gern
unter Bett und Tisch herumschleicht, um etwa

nach der ausfahrenden Seele des Sterbenden zu
fahnden.

Die Anwesenden zünden ein Kerzenlicht an, auch
wenn die helle Sonne zum Fenster hereinscheint;
solches wird ja zumeist mit einem Lappen verhangen,
so sehr sich das brechende Auge oft auch noch sehnen
mag nach dem lieben Lichte dieser Welt. Dann
beten sie Sterbegebete, stets darauf achtend, wann
der Sterbende seinen letzten Athemzug thut. Denn
so lange er lebt, muß man den Menschen noch
quälen mit Stoßseufzern und Zusprüchen, in denen
immer wieder von der Gefahr vor Teufel und Ver=
dammniß die Rede ist, und ihn ängstigen mit allen
gräulichen Ceremonien des Todes. Erst wenn er
dahin ist, fängt die Liebe an. Das Sterbegebet wird
unterbrochen und die Wärterin verkündet: „Er hat's
überstanden."

Nun kommt der Bub' mit dem Glöcklein und
geht läutend dreimal um die Leiche herum.

Dann sagt die Wärterin: „Jetzt wollen wir
unserem Mitbruder die Augen zudrücken, daß er
schlafen kann, und mit heiligem Gotteswasser waschen
und das Gewand anlegen zur Auferstehung am
jüngsten Tag. Der Herr sei ihm gnädig!"

Sie schneiden seinen Bart, sie kämmen sein fahles
Haar. Dann bringen sie Dem, der in seinen schlech=
ten Lappen so oft gezittert hat vor Frost, ein
Sonntagskleid; die Hose ist vielleicht vom Knecht,

das Hemd und der Rock vom Hausvater, die Zipfel=
mütze vom Stallbuben. 's ist nur schade, daß er von
diesem schönen Gewand nichts mehr weiß. Am jüng=
sten Tage aber, wenn er von den Todten aufersteht
und ihn der Richter frägt: „Bettelmann, von wem
hast Du den guten schwarzen Rock?" — „Vom
Bergbauer, Herr, in dessen Haus ich gestorben bin."
— „Und die schöne Zwilchhose?" — „Von des
Bergbauern Knecht, Herr." — „Und die roth=
gestreifte Zipfelmütze mit dem großen Boschen
(Quaste)?" — „Vom Stallbuben, Herr." — Da
kommt's dann auf, und sehr zu rechter Zeit, daß
die Bergbauernleute gar wohlthätig gewesen sind.
— Es ist gut, wenn man Einen vorausschicken kann,
der den Herrgott umstimmt . . .

Nach dem Waschen hat die Wärterin das Wasser=
gefäß hinausgetragen und auf dem Steinhaufen zu
Scherben zerschlagen — ein „Bedeutnuß, daß es der
Todte zum letztenmal gebraucht hat". Vor Zeiten
sollen solche Scherben von Hexen gesammelt worden
sein, die damit allerlei Spuk zu treiben wußten.

Dem Verstorbenen werden noch etliche Palm=
wutzel (Blüthenkätzchen der Weide, die am Palm=
sonntag geweiht wurden) in den Sack gesteckt, dann
legen sie ihn auf eine lange Bank zur Bahre und
bedecken ihn mit einer weißen Leinwand, dem
„Ueberdon". Diese Leinwand durfte von der Lein=
wandrolle ja nicht abgeschnitten, sie mußte abge=

riſſen werden; das Knattern verſcheucht die böſen
Geiſter. Die zugedeckte Leiche überſpannt man her=
nach mit einem Faden, der mit drei aus Wachs=
kerzen gebildeten Kreuzchen befeſtigt wird. Das iſt
das Siegel Gottes. Das Licht, welches beim Ver=
ſcheiden gebrannt, darf nun nicht mehr auslöſchen;
es wird an das Haupt des Todten geſtellt, neben
Crucifix und Weihwaſſerkeſſel und muß brennen bis
zum Begräbniſſe. „Das ewige Licht leuchte ihm!“
— Tiefere Seelenſtimmungen drückt der Bauer ſelten
durch Worte aus, viel lieber durch Zeichen, und die
Todtenklage ſpricht er durch Ceremonien.

An jedem Abende während der Bahrzeit kommen
Nachbarsleute, um die Nacht über bei dem Todten
zu wachen, zu beten, zu ſingen, auch wohl zu eſſen
und zu trinken. Denn, wo Eins „auf Erden liegt“,
da darf man nicht ſchlafen. Während ein Todter im
Hauſe iſt, werden in demſelben und auf den dazu
gehörigen Grundſtücken keine knechtlichen Arbeiten
verrichtet und geht jeden Tag eine Perſon in die
Kirche, um eine Meſſe zu hören.

Dann kommt der Tag der Beſtattung. — ’s iſt
der Bettelmann geweſen — aber denn doch auch
ein chriſtlicher Mitbruder, und wer weiß, ob man
ſeine Fürbitte bei Gott nicht einmal zu brauchen
hat! So kommen die Nachbarsleute herbei, um ihm
die letzte Lieb’ und Ehr’ zu erweiſen. Sie legen ihn
in einen Sarg aus weißem Tannenholz; ein Häuf=

lein Sägespäne ist sein Kopfkissen. Die wachsweißen Finger sind über der Brust ineinandergeschlungen. Das Haupt es ist nichts mehr als ein lebloses Bild von Einem, den sie einst den Bettelmann ge=heißen, aber man will ihm noch allerlei andenken, anfühlen: eine süße Ruh', den Frieden, aber auch noch ein Nachdämmern von Leid und Weh', von genossenem Gut und Dankbarkeit, etwas auch von Anklage und Verzeihung u. s. w.

Das ist allzu spät. Das hat früher gestritten, getragen, geweint — vielleicht verzagt — Ihr habt es allein gelassen.

Der Dorfarzt erscheint, um zu sehen, ob der Mann denn auch wirklich todt sei. Zum Glücke: Ja.

Da kannte ich eine arme Greisin und hörte eines Tages, daß sie gestorben sei. Mir war leid, daß ich ihr nicht öfter, wenn sie mir begegnet war, eine Gabe gereicht hatte, ich hätte das Versäumte so gerne gutgemacht. Nach einiger Zeit stellte es sich heraus, daß sie noch lebe und gesund sei. Ich ging nicht hin, um ihr einen Liebesdienst zu erweisen — sie wird mir schon einmal begegnen, dachte ich mir. Sie ist mir aber nicht mehr begegnet, sie ist bald darauf wirklich, und zwar in großer Armuth ge=storben.

So sind wir. Der Mitmensch erschüttert unser Herz, wenn er stirbt, aber wenn er wieder aufersteht, findet er die alte Starrheit, wie sie zuvor war.

12*

Also der Dorfarzt sagt: „Der steht nicht mehr
auf!" und sie fahren in ihrem Liebesdienste fort.
Sie legen dem Todten Heiligenbildchen, Rosen=
kranzschnüre und Blumen in den Sarg, dann sagen
sie noch: „Behüt' Dich Gott, Mitbruder, beim jüng=
sten Gericht sehen wir uns wieder!" und nageln
den Deckel zu. Auf den Deckel ist ein schwarzes
Kreuz gemalt, das seine beiden Querbalken um=
armend über die Seitenwände des Sarges hinab=
legt. Das Kreuz läßt ihn nicht los, den alten Mann,
aber jetzt bedeutet es kein Leid mehr, jetzt bedeutet
es Schutz und Hut und Liebe.

Nachdem sie sich mit einem ausgiebigen Imbiß
gestärkt haben, heben sie den Sarg auf die Thür=
schwelle und der Vorbeter sagt: „Gelobt sei Jesus
Christus, daher kommen wir nimmer!" und hernach
tragen sie ihn — ihrer Zwei und Zwei — auf
Bahrstangen der Kirche zu. Es ist ein weiter Weg
dahin. Es ist der Brauch, daß man den Todten
genau auf demselben Wege dahinträgt, den er im
Leben mit Vorliebe zu seiner Pfarrkirche gewandelt
war. Aber wer weiß das bei einem Bettelmann?
Der ist wohl stets den Weg gegangen, an welchem
die meisten Häuser stehen; so tragen sie ihn heute
an den Häusern vorbei und kein Kettenhund rast
mehr, wie sonst. da der zerlumpte Mann genaht
war, und keine Stimme zetert mehr über das lästige
Bettelvolk — aber in mancher Brust wird ein Ge=

wissen wach und hebt an gar leise, aber ernst zu
mahnen, bis eine Thräne über die Wange rinnt.

Seht, so kommt auch der Aermste und Ver=
lassenste zu seiner Thräne.

Vornehmerer Bauern Leichen werden auf Wagen
oder Schlitten befördert, und erweisen ihnen Ochsen
oder Pferde die Ehre. Da trägt sich's aber manch=
mal zu, daß die Thiere das Gefährte nicht weiter=
zuziehen vermögen — denn der todte Mensch ist
etwas Anderes als eine Fuhr Holz oder Korn. Da
muß sich ein unschuldiges Kind auf den Wagen
neben den Sarg setzen — dann geht's leichter.

Beim Bettelmann ist des schweren Gewichtes
wegen keine Klage. Glücklich kommen sie zur Kirche,
die sie mit einer Glocke begrüßt. Eine ist heute
genug. „Weiß Gott, wer die Eine zahlt!" meint
der dicke Meßner. Der Priester kommt und spricht
ein ziemlich stilles Gebet. Das Grab ist nahe an
der Kirchhofsmauer, an der dieser Mann einst gerne
gelehnt, die Krücke an der Seite, den Hut in der Hand.
Das Grab ist eng und tief. Mancher macht einen
langen Hals und schaut hinab. — Hoch oben im
Kirchthurmfenster sitzt ein vorwitziger Junge. Der
hat früher am aufgeworfenen Grab ein halbver=
modertes Stück von einem alten Sarge gefunden,
in welchem ein Astloch ist. Durch dieses Astloch guckt
er jetzt vom Kirchthurme herab, als sie den Bettel=
mann mit Stricken ins Grab hinablassen. „Von

Rechtswegen“ soll er jetzt durch das Loch die Engel
und die Teufel sehen, die am Grabe um den Platz
raufen, und sehen, welcher Theil den Sieg davon=
trägt — aber sein Auge hat leider schon ein ver=
hülltes Geheimniß geschaut, seither ist es verblendet
und sieht jetzt durch das Astloch nichts als die
etlichen Bauersleute, die herumstehen, nach der letzten
Einsegnung noch Erde und Weihwasser hinabschüt=
ten, sich dann langsam seitabdrehen und ihre Hüte
aufsetzen.

Der Todtengräber beginnt mit dem „Unter=
machen“, er schiebt ein Brett aus, an dem sich der
ausgehobene Erdhaufen gestaut hatte und die Wucht
rollt dumpf und schwer hinab, so daß das Grab in
einem Augenblick mehr als zur Hälfte gefüllt ist.
In einer halben Stunde ist der Boden wieder gleich
und anstatt des Bettelmannes ist ein leichter brauner
Erdhügel da, der in wenigen Wochen grün sein
wird. Denn die Natur beginnt allsogleich mit der
Urständ nach ihrer Weise. Der Todte wird ver=
wandelt und betheiligt sich am Leben in einer neuen
Form. Und so auch seine Zipfelmütze.

Aber die Natur ist es auch, die das Menschen=
herz so geartet hat, daß ihm mit solcher Auferstehung
nicht gedient ist. Sie wird daher wohl ihre Wege
finden, um dieses Herz zu befriedigen. Hätte ich nur
das Astloch vom Jungen auf dem Kirchthurme, ich
würde Vieles sehen und Euch erzählen können!

Der Fuhrknecht und der Postmeister.

Es war in der guten alten Zeit, die Fuhr=
leute beherrschten die Welt und die Wirths=
häuser. Heute beherrschen sie von beiden
nur mehr — die Winkel.

Da fahren sie durch das Land mit ihren schweren,
wiehernden Rossen, mit ihren ächzenden, knarrenden,
hochgespeicherten Wägen, sie haben kurze Lederhosen
und hohe Juchtenstiefel; im Winter tragen sie lange
Pelze, im Sommer blaue Kittel, im Winter fluchen
sie und im Sommer auch.

Wenn er so dasteht, der Fuhrknecht, hochge=
rötheten Antlizes, die Peitsche in der Hand, und
wenn er schreit und den Riemen knallen läßt, so ist
Einem zu Muthe, als ob man sehr nichtig wäre. —
Sie fahren Korn herein, sie fahren Eisen hinaus
sie kennen

Jeden Wirth und jeden Wein
Und jedes Wirthes Töchterlein!

Einst schon gar.

Auf dem Lande waren sie so höflich wie in der Stadt, und in der Stadt so grob wie auf dem Lande. Daheim waren sie überall, heute in den ungarischen Pußten, in einigen Wochen in den salz= burgischen Bergen; dann auf dem steinreichen Karst und bald darauf wieder in den mährischen Ebenen.

Der Fuhrmann sagte „Du" zu jedem Wagner und zu jedem Schmied im ganzen Lande, zu jedem wandernden Dirnblein, das er auf den Wagen sitzen läßt. Zum Theile ist es auch heute noch so, da er nur mehr die buckeligen Straßen seiner Bergwinkel beherrscht.

Der Fuhrmann lebt in inniger Brüderlichkeit mit all' seinen Collegen. Die Pferde sind nicht immer von demselben Geiste beseelt, sie thun sich beim Aus= weichen gegenseitig gern allerhand Feindseligkeiten an und kommen dadurch in manche Verwirrung mit ihren Strängen und Halftern; zuletzt verhäkeln sich in solchen Momenten gar die Räder verschiedener Wagen ineinander. Da bleiben freilich die Fuhr= knechte nicht müßig, sie schreien und fluchen und balgen sich durch, weil Jeder dem Andern die Schuld an der Verwirrung zuschreibt.

Auf bestem Fuße steht der Fuhrmann mit seinen Rossen; der Trog vor dem Wirthshause muß so pünktlich und wohlbereitet dastehen wie der Tisch drinnen. Seine Pferde sind sein Stolz; seine Ge=

spräche drehen sich nur um diese, außer der Pferde=
welt giebt es für ihn eigentlich nicht mehr viel.
Gern läßt er seinen Pferden heimlich was Beson=
deres beikommen, das die Thiere gar frisch, lebendig
und übermüthig macht; er mischt ihnen täglich ein
ganz klein wenig von einem weißen Pulverchen
unter das Futter, und das thut die vortheilhafte
Wirkung. Dieses Pulver ist Arsenik.

Das Fuhrwesen ist einträglich; wird auch viel
durch die Gurgel geschwemmt, so bleibt dennoch viel
übrig. Der alte Fuhrknecht baut sich ein Haus,
richtet sich ein Handelsgeschäft ein und seine Pferde
und Räder bewegen sich auf vielen Straßen.

Mancher der Fuhrleute wird auch Aristokrat; er
wird Postillon — das Postwesen ist die Aristokratie
der Fuhrmannswelt.

Das ist dann freilich wieder was Anderes; da
ist die glänzende Kutsche, da ist die Uniform, da ist
das Posthorn. Der Postillon hat keine Gemeinschaft
mehr mit den staubigen Knechten im blauen Kittel
— er verkehrt mit Herren, mit Grafen, mit feinen
Frauen, er bekommt die Thaler und Zwanziger
funkelnagelneu aus erster Hand! Er hat auch schon
ein glattes, städtisches Benehmen eigen; er versteht
den Ausdruck „Euer Gnaden" bereits zu gebrauchen,
wenn er zeitweilig auch aus der Rolle fällt. Und
sein Beruf ist ein unsäglich wichtiger; er ist die
Lebensader der Länder und Völker, durch ihn gehen

alle großen Weltereigniſſe, und manch' ſtillminnig=
lich Liebesbrieflein, das ſich nicht in den großen
Sack unter die Welthändel getraut, nimmt der
Poſtillon noch ganz beſonders in ſeinen Schutz,
verbirgt es ſorglich in ſeiner Brieftaſche und die
holde Adreſſatin ſoll es mit einem Schmatz los=
kaufen. Nachtragsporto!

Dieſen Söhnen der Straße reiht ſich noch eine
dritte Geſtalt an. Sie iſt in lebhaftem Verkehr mit
allen Weſen der Straße, aber ſie iſt erhaben über
Alles — über ihr iſt nichts mehr, unter ihr iſt
Nichtigkeit.

Der Poſtmeiſter.

Er iſt die Macht, er kann ſein, wie er will, kann
ſich geben, wie er iſt, braucht das „Euer Gnaden“
nicht zu ſagen, kann in den Taſchen klimpern, kann
wohlwollend lächeln, kann fluchen und wettern, wie
er will. Und wenn er fluchen und wettern will, ſo
hat er dafür ein feineres Feld wie der Fuhrmann,
er thut's nicht mit den Pferden, er thut's mit den
Poſtknechten, mit den Reiſenden. Er iſt frei, ſein
Haus fällt nicht zuſammen.

Er iſt immer glatt raſirt und trägt ſein grünes
Käppchen; er hat auch ſchon graue Haare. Die
Hände auf dem Rücken, ſpaziert er durch ſein Haus=
weſen, und wenn der Poſtwagen herangeraſſelt
kommt und die geräderten Reiſenden aus dem Kaſten
hervorkrabbeln, ſo ſteht er wohl an der Thüre und

wirft durch die halb zugedrückten Augen einen Blick auf die armen Schlucker, die nun in fein Haus torkeln und um das tägliche Brot bitten. — Da giebt es unter den Reisenden gar Leute, die anzüglich werden, denen die Selchsuppe und die paar Härchen drin nicht recht find, denen das Rindfleisch zu wenig gesotten, der Braten zu sehr verbrannt ist; Leute, denen das Eßzeug nicht blank, die Bettwäsche nicht genug rein — unleibliche Gesellen, mit denen übrigens kurzen Proceß zu machen das Dienstpersonal bevollmächtigt ist.

Der Postmeister selbst will sich mit solchen Leuten den Humor nicht verderben, er geht in seine Gemächer, pflegt der Ruhe. Am andern Morgen heimst er Geld ein.

So geht es. Und da erzählt eines Tages ein Reisender: „Da draußen bauen sie jetzt eine Eisenbahn."

Der Postmeister lacht auf; er hat das schon früher einmal gehört — eine Eisenbahn mit Dampfwagen wollen sie machen, die armseligen Leute da; ei, das wird aber was Rechtes werden — nicht zehn Klafter kommen sie weiter, auf solchem Boden nicht. Die Gelehrtheit zieht keine Wagen, dazu muß man Rosse haben!

Jetzt kommen die Leute gar zwischen den Bergen herein und ziehen Schnüre durch das Thal und stecken Stangen und Zeichen auf, kaufen Landstreifen an

und hauen Baumreihen um, sprengen Felsen und
schlagen gewaltige Brücken über Wässer und Ab=
gründe. Dann am Abend, wenn sie in das Post=
haus kommen, sind sie gar fein, lassen sich wohl
bedienen und scherzen mit den Weibsleuten. Was
wollen diese Leute in der Gegend? Sie bauen die
Eisenbahn. Da kommen viele Hunderte fremder
Arbeiter in Zwilchröcken und mit gebräunten Gesich=
tern und diese schaufeln und schieben und hämmern.

Auf der Straße ziehen die Fuhrleute, rasselt der
Postwagen, knallen die Peitschen, schreien die Knechte
wie vor und eh' und der Postmeister lacht ver=
schmitzt: „Laßt sie nur, das wird ein babylonischer
Thurm!"

Da kommt ein schöner Morgen; da braust die
Dampfmaschine durch das Thal, da ziehen lange
Reihen von riesigen Wagen, da pfeift die Loco=
motive, da riecht Steinkohlenrauch — das Thal hat
ein fremdes Aussehen.

Im Posthause wird gekocht und geschmort; da
bleibt mitten im Sommer der Postwagen aus, wie
bei Schneeverwehungen, und er kommt nicht. —
Auch gut, so werden das Bereitete die Fuhrleute
essen. Aber siehe, diese wollen heute keinen Braten;
nur ein Stück Rindfleisch verlangen sie; ihre Wagen
sind leer, sie haben sich wenig verdient.

Der Postmeister lacht noch immer. — „Nun
haben es diese Gescheiten so weit gebracht, daß der

Schwarze sie und alle ihre Frachten zieht und schiebt; wird aber nicht lang' dauern, so werfen sie um!"

So ist's anders geworden; aber „umgeworfen" haben sie nicht. Mancher behauptet heute noch, das Eisenbahnwesen könne nicht andauern, und er harret noch immer auf den Postwagen und auf die knarrenden Fuhrwerke. Andere sind vernünftig geworden und weiden auf den grünenden Landstraßen ihre Schafe.

Und dennoch, wenn Ihr heute fragt, wo im Ort das beste Wirthshaus ist, so antwortet man: Auf der „Post." Der Ruf ist geblieben, ja er ist sogar gestiegen, seitdem man nicht mehr von der Post-kutsche ins Haus geworfen wird, sondern es nach freier Wahl betreten kann.

Der Arsenikesser.

Auf einer meiner Studentenfahrten war es, daß ich bei einem Bauer in Grabenbach bei Köflach einkehrte. Bei jenem Bauer diente ein alter Bekannter von mir, ein junger Knecht aus meiner Heimat, mit dem ich in die Schule gegangen war.

Er war in diesem Hause Pferdeknecht und lud mich ein, die Nacht über in seinem Stalle zu schlafen. Ich hatte noch selten so muntere und wohlgepflegte Pferde gesehen, als meine Schlafgenossen hier waren, und ich theilte das dem Knecht Urban mit, als wir nebeneinander im finsteren Stalle saßen und Tabak rauchten.

„Meine Rößlein meinst?" entgegnete er darauf, „und was glaubst, daß ich thue, daß die Rößlein so flink und sauber werden? Ich will Dir's sagen: Hüttenrauch füttere ich ihnen."

„Arsenik!" versetzte ich. „Bist Du auch so Einer?"

„Das will ich meinen! Und es ist mir lieb, daß wir davon zu Red' kommen," sagte er, „Du thust studiren und verstehst was."

„Bei den Pferden verstehe ich gar nichts."

„Bei den Pferden, das glaub' ich schon, daß Du nichts verstehst," sagte er nicht ohne Selbstgefälligkeit, „da muß Einer von Kleinheit auf dabei sein; das ist nicht so wie etwan bei den Ochsen oder Schafen! Ein Roßknecht muß seinen Kopf haben, ja das glaub' ich! Sollst nur einmal ins Bibergestüt hineinschauen, da möchtest Dich verwundern. So ein Polaker-Hengst, wie sie dort stehen, dagegen ist Dir Unsereiner gerade ein dummes Vieh. — Was meinst," fuhr der junge Knecht fort, „was ist mein Fuchs da für eine Rasse?"

„Der hat Hitze! Kann spanisches Vollblut sein," antwortete ich.

„Ein gemeiner Ennsthaler is'r's," belehrte er, „und wie alt wirst Du ihn schätzen?"

„Mag ein Zehnjähriger sein."

„Der Fuchs da?"

„Der Fuchs da."

„Mein Lieber!" sagte der Pferdeknecht, „der Fuchs da ist seit einundzwanzig Jahren ein Roß. — Das kommt davon, weil er Hüttenrauch kriegt."

Ich gab es schweigend zu, denn ich wußte es, daß man in manchen Gegenden Pferden, die recht

glatt und feurig werden ſollten, pulveriſirten
Arſenik in's Futter miſcht. Mein Burſche aber blies
ſeine Pfeifenglut an, daß ich ſein friſches Geſicht
roſenroth beleuchtet ſah, dann fuhr er lauernd fort:
„Für die Leut', heißt es, wäre der Hüttenrauch
auch geſund."

„Das iſt gewiß! Einer, der Arſenik ißt, braucht
weiter keine Medicin mehr."

„Nicht ſo," entgegnete der Knecht, „ſo meine
ich's nicht. Wer ein haſelnußgroßes Stück frißt, na
bei dem glaub' ich's wohl, daß ihm kein Zahn
mehr weh thut. Herentgegen, ein ſtecknadelkopfgroßes
Körndl, ſagt man, ſoll nicht ſchlecht thun, ſoll flink
und munter machen, auch die Leut', und daß man
ſein wird und lang' jung bleibt. — Was ſagſt
denn Du dazu, Student?"

„Fein willſt werden, Urban?" fragte ich, „biſt ja
ſein."

„Stark möchte ich werden," ſagte er, „für's
Bergſteigen ſoll der Hüttenrauch ſo viel gut ſein."

„Was haſt denn Du bei Deinem Fuhrwerk auf
ebener Straße ſo viel bergzuſteigen?"

„Eine gute Kraft hat Einer alleweil zu brauchen,"
war ſeine Entgegnung.

„Das wohl, eine gute Kraft, das wohl."

„Und Kuraſch'."

„Auch Kuraſch' zum Raufen im Wirthshaus."

„Und Jungheit, viel Jungheit," ſagte der Urban.

„Ist's leicht der Weiberleut' wegen?" fragte ich.

„Laugn's nit!" versetzte er und blies seine Glut an.

„Und willst Dich auch auf spanisches Vollblut hinausspielen?"

„Das nicht," sagte er, „mein Schatz ist eine Italienerin. Und möchte ich gerade wissen, ob man's denn probiren dürft' mit dem Hüttenrauch?"

Ich rieth ihm nicht dazu. Aber er zählte mir Beispiele auf von Bauernknechten und Bergmanns= leuten und Schmieden, die schon seit Jahren Arsenik äßen und sich dabei gar wohl befänden. Dann zündete er die Stalllaterne an und suchte eine Papierbüte hervor, in welcher weiße Stückchen ent= halten waren.

„Das ist der Zucker," sagte er.

„Ja, das ist Arsenik," rief ich, „ist genug, daß Du damit alle Grabenbachleute ins Himmelreich schicken kannst."

„So gut möchte ich es ihnen doch nicht meinen," sagte der Urban, „aber ich probir's. Probiren thu' ich's. Bin ich hin, so grabt's mich ein."

Er nahm ein Körnlein zwischen die Finger und führte es in den Mund und zerbiß es und ver= schluckte es und schnalzte mit der Zunge.

„Wie schmeckt's?" war meine Frage.

„Nicht übel. Just wie eine alte Schafkäsrinde," war sein Bescheid.

„Vielleicht ist's eine!" bemerkte ich.

„Ist nur ums Kosten," sagte er und hielt mir
die Düte hin. Auf das ließ ich mich nicht ein;
jedoch that ich ein Uebriges, ich untersuchte die
weißen Stücke nach meinen im Institute erworbenen
chemischen Kenntnissen; in der That, es war Arsenik.

„Gar nicht einmal übel wird mir," sagte der
Urban, sich stemmig vor mir aufrichtend, seine Beine
ausspreizend, seine sehnigen Arme — er war in
Hemdärmeln — in die Seiten stemmend, „eher ist's,
als wenn ich eine Maß Wein getrunken hätte.
Morgen nehm' ich wieder ein Körndl; ich freue
mich schon d'rauf. — Mußt es aber nicht weiter sagen,
alter Kamerad, sonst giebt mir der Jäger Thomas
keinen Zucker mehr. Und ich bin der Angesetzte."

„Von einem Jäger hast ihn? Und wozu braucht
ihn denn der?"

„Zum Schrotgießen, sagt er, damit die Kugeln
rund werden. Aber jetzt wett' ich was d'rauf, daß
auch der Thomas nascht." —

Seit diesem Gespräche in jenem Pferdestall sind
viele Jahre vorbei. Den Urban sah ich erst vor
Kurzem wieder, er ist in Prebing ein tüchtiger Pferde-
meister. Ich bin seither ein gesetzter Mann geworden; er ist ein junger Bursche geblieben und sieht
aus wie das Leben. Wir sprachen wieder von der
Sache, denn ich hatte Interesse, der Sitte näher auf
den Grund zu kommen.

Ob er noch Zucker naſche? fragte ich ihn.

„Naſchen? das nicht,“ antwortete er, „aber Erbſen eſſen.“

Ißt dieſer Menſch täglich ein erbſengroßes Stück Arſenik.

„Jedem,“ ſagte er, „Jedem möchte ich's nicht rathen! Meine Kellnerin iſt b'raufgangen. Weil die Weibsleut' halt früher alt werden als die Männer, mußt wiſſen, ſo hat ſie gemeint, ſie nehm' um das mehr Hüttenrauch. Iſt zu viel angekommen, hat ihr das Leben gekoſtet. Mir thut's alleweil noch leid um ſie. Recht leid thut's mir, hölliſch leid um die Dirn.“

Ich habe Arſenikeſſer gefunden in der Gegend um Eiſenerz, in Judenburg und bei Köflach und Voitſchberg. Im Sulmthale ſoll dieſes Gewürz beſonders im Schwunge ſein und ſollen die Leute den Arſenik aus Krain beziehen. Anfangs wird das Gift, die arſenige Säure, entweder in kleinen, lauteren Stücken, oder mit Getränke, oder als Pulver auf Brot oder Speck geſtreut, etwa alle Wochen einmal, oder von zwei zu zwei Tagen in ſehr geringen Doſen genommen, allmählich ſteigert man das Quantum bis zu 10, ſelbſt bis zu 20 Gran, nimmt es mitunter ſogar täglich, und die Leute ſchwören darauf, daß es ſtark und munter mache, das jugendliche Ausſehen und den Glanz des Auges erhalte.

Der Bräutigam fragt die Verlobte, ob ſie Hüttenrauch eſſe; ſie verneint es ſtets, weil ſie wohl weiß,

daß ein ſolch' künſtliches Auffriſchen ihrer Reize
ihren wirklichen Werth nicht ſteigern würde.

So wird der Genuß des „Hüttenrauches" ſtets
geheim gehalten und es geht der Glaube, daß der-
ſelbe ein Laſter ſei. Daher genießt Einer, an dem
man dieſes Laſter vermuthet, auf dem Dorfe keine
große Ehre, und Thatſache iſt auch, daß bei der
Beichte das Arſenikeſſen ſcharf getadelt und ſtrenge
verboten wird, was freilich wieder ein Grund mehr
iſt, nach dem Ding zu langen.

Manches Bauernmädchen verſucht das Gift
auch, um damit eine ſüße Sünde zu tödten, bevor
ſie laut und lebendig wird; ein Beginnen, das nur
allzu wirkſam iſt und oft ſchon das Leben der
Eſſerin ſelbſt raſch und mit heißen Peinen abge-
ſchnitten hat.

Im Pölßgraben (Oberſteier) hatte es vor Jahren
ein Hammerſchmied verſucht, Arſenik in Pfeifen wie
Tabak zu rauchen. Er wurde wahnſinnig und iſt
bald darauf geſtorben. Häufig miſcht man das Gift
unter Wein oder Bier, doch ſtets nur ein winziges
Körnlein. Wem nun aber der Genuß des Arſenik
nicht gefährlich wird, dem kann der Abbruch des-
ſelben tödtlich werden. Wer einmal begonnen hat,
Arſenik zu eſſen, der darf — heißt es — nicht mehr
aufhören, denn ſobald die einmal daran gewöhnte
Natur das Mittel entbehren muß, hebt ſie an zu
welken, zu ſinken und es iſt keine Rettung.

So ſoll es vorkommen, daß eiferſüchtige Dirnen ihrem Liebſten täglich Arſenik beizubringen wiſſen. Manche iſt der That fähig, ohne daß der Geliebte es merkt. Bleibt der Burſche bei ihr, ſo kommt das Gift ihm und ihr zu ſtatten; verläßt er ſie aber und hält es mit einer Andern, dann entbehrt er eben das Elixir, welkt hin und ſtirbt. So geht der Glaube.

Eine ähnliche Geſchichte wird im Paltenthale er= zählt. Dort ſoll vor etwa zwanzig Jahren ein häß= lich geſtalteter Holzſchlager ein junges Mädchen in der Weiſe an ſich gekettet haben, daß er ihr täglich etwas Arſenik beizubringen wußte, und als ſie ſich ihm nicht willfährig zeigte, ſie mit der Einſtellung der Giftration bedrohte. Sie wußte in ihrer Un= erfahrenheit Arſenik nicht zu bekommen und weil ſie im Wahne war, bei der plötzlichen Entziehung und Entbehrung des Hüttenrauchgenuſſes ſterben zu müſſen fiel ſie dem Wichte anheim.

Später, als er ihrer ſatt war, geſtand er aber, daß es nicht Arſenik geweſen ſei, was er ihr als ſolchen gegeben, ſondern gelber — Schwefel.

Bei der Naturforſcherverſammlung in Graz im Jahre 1875 iſt die Sache vom Arſenikeſſen in Steier= mark zur Sprache gekommen. Man ließ ein paar berüchtigte Arſenikeſſer aus der Gegend von Stainz und Ligiſt holen, verhörte und unterſuchte ſie und conſtatirte an ihnen, daß ſie durch den Genuß des

Giftes einen Schaden an ihrer Gesundheit nicht
genommen hatten.

Im Gegentheile, sie sahen recht aufgeweckt aus.
Als Grund des Arsenikgenusses gaben sie an, daß
sie demselben gegen Ansteckungsgefahr und Ver-
dauungsbeschwerden fröhnten. Der andere Grund,
durch Arsenikessen im Liebesleben stark zu werden
oder stark zu bleiben, wird in der Regel verschwie-
gen. Die in medicinischen Kreisen herrschende Ansicht, daß der Arsenikgenuß impotent mache, fand bei
dem Naturforschertage in Graz ihre Widerlegung,
indem die Aerzte, welche sich im Volk mit Arsenik-
studien beschäftigt hatten, gerade das Gegentheil zu
bestätigen wußten.

Jedenfalls gehört eine sehr kräftige Natur dazu,
dieses Elixir zu vertragen und gewiß ist, daß die
Herren Naturforscher etwas stark in Erstaunen gesetzt wurden, als die beiden Landleute vor ihren
Augen das scharfe Gift mit Behagen verzehrten.

Gekauft wird von Bauersleuten der Arsenik unter
dem Vorwande, denselben zur Vertilgung von Ratten
zu benöthigen. Trotzdem ist es nicht leicht, das Gift
zu bekommen; häufig wird es durch Hausirer col-
portirt. Die meisten Giftmorde auf dem Lande werden
mit Arsenik verübt; bisweilen auch geschieht es, daß
Einer, der dieses Gift im Interesse seiner Gesundheit und Jugendlichkeit nimmt, aus Unvorsichtigkeit
damit ums Leben kommt.

Wie viel übrigens ein Mensch unter Umständen von diesem Gifte vertragen kann, bewies der Director eines Salzburger Arsenikwerkes, welcher in seinem 17. Jahre mit 3 Gran arseniger Säure anfing und bis zu 23 Gran stieg. Er erreichte ein hohes Alter.

Den Arsenikesser soll man an dem scharfen und bisweilen glasartigen Glanze der Augen erkennen. Er soll ferner durch eine nervöse Aufgewecktheit und sinnliche Reizbarkeit auffallen. Selbst in seinen älteren Tagen will man an dem Arsenikesser eine gewisse Jugendlichkeit bemerken, die jedoch fast plötzlich aufhört und einer überaus rapiden Hinfälligkeit Platz macht.

Mediciuen sollen bei einem Giftesser gar nicht angreifen, und so hat Mancher sich dadurch geholfen, daß er zuletzt absichtlich so viel seines Gewürzes zu sich nahm, daß es mit einemmale aus wurde.

Wenn die Sitte des Arsenikessens in Steiermark also auch nicht abgeleugnet werden kann, so bin ich doch der Ansicht, daß sie seltener geübt wird, als man etwa annehmen mag. Der Mensch hat instinctiv ein zu großes Entsetzen vor dem Gifte, als daß er einiger, noch dazu angezweifelter Promessen wegen sich demselben auf Gnade und Ungnade hingäbe. Schließlich ist die Sache mit dem Arsenikessen doch nichts Anderes, als ein Ueberrest vom mittelalterlichen Gesundheitselixir des Teufels. Man trank es, wurde jung und nach einiger Zeit vom Teufel geholt.

Die Komödiespieler.

Vieles ist von der „Kreuzschule" und dem Passionsspiele der Oberammergauer erzählt worden. Schlichte Bauersleute haben sich der dramatischen Kunst ergeben, und zwar nicht aus Gewinnsucht, Ehrgeiz, Passion zu ungebundenem Leben, oder wie die Triebfedern heißen mögen, die heutzutage so viele Unberufene dem Theater zuführen; auch nicht der Liebe zu dieser Kunst willen, die Liebe allein wäre hier zu wenig; wie viele Dilettanten giebt es, und ihre schöpferische Kraft ist nichtig! Die Bauern zu Oberammergau haben ihr Pfund von anderswo. Ihr Spiel ist ein religiöses Ge= dächtniß= und Dankopfer, sie spielen das Leiden und Sterben des Heilandes so gläubig, wie der Priester die Messe liest.

Wäre hier die Darstellung nicht merkwürdig, so wäre es zum mindesten der Darsteller. Dieser ist so

fromm und echt, daß er ganz und gar in seiner
Rolle aufgeht, so sehr darin aufgeht, daß er viel=
leicht auch außer dem Proscenium in seiner Rolle
zu wandeln scheint und zum mindesten von den
Fremden als Petrus, Johannes oder gar als
Christus angestaunt wird.

Selbstverständlich stehen die berühmten Volks=
spiele an der Ammer nicht vereinzelt da, aber diese
wuchsen als edler, hoher Stamm hervor aus dem
Gestrüppe des spiellustigen, zu dramatischen Dar=
stellungen stets geneigten, an kirchliches Gepränge
gewöhnten Volkes der Alpen. Im Mittelalter haben
sich's auch die Klöster angelegen sein lassen, diese
Neigung des Volkes zu cultiviren und haben ihm
biblische Stoffe zurecht gemacht zur dramatischen
Darstellung, und die Leute sagten: „A guati Komödie
is ma liaba, wir a Predi." Aber die profane
Menge hat die kirchlichen Dramen allmählich umge=
dichtet, daß oft noch tollere Ungeheuer daraus geworden
sind, und so haben die Priester diesen Cult nicht
mehr unterstützt, sondern unterdrückt. Daher ist im
Ganzen die Zeit der Bauerntheater vorbei, gleich=
wohl in den versteckten Bergdörfern von den
Gletscherwässern der Schweiz bis zu den klaren
Waldbächen der Steiermark hin manchmal noch ein
wenig Komödie gespielt wird.

Es sind viele Hindernisse da. Erstens sind die
Spiele beschränkt auf eine gewisse Jahreszeit. Im

Advent, in der Fastenzeit bis zum weißen Sonntage kann zur Darstellung aus der heiligen Geschichte keine Licenz ertheilt werden, weil die heiligen Geschichten allemal in unheilige auszuarten pflegen. Ferner verbietet sich's zu Zeiten, da die Scheunen voll Heu oder Stroh sind, von selbst, da ja die Schauspielhäuser fehlen. Erst im Frühjahre, wenn Garben und Heu dahin sind und zwischen den Bretterfugen die Sonne zur einen Seite hinein=, zur andern herausschimmert, kommt die Zeit zum Komödienspielen. Die lustige, die erbauliche, die gräuliche Zeit!

Jetzt sind seltene Gäste da. Grafen und Könige mit funkelnden Zackenkronen und blutrothen Mänteln gehören noch zu den Gewöhnlichen, es müßte denn einmal ein Wütherich dabei sein, wie der Etzel, der da sengen, brennen, köpfen und spießen läßt, was beim Thalwirth an Lämmern, Schweinen oder Geflügel zu haben ist. Da aber häufig schon die echten Fürsten kein Geld mehr haben, so kann man's den unechten nicht für übel halten, wenn sie „pumpen" oder beim Wirth am Freitisch sitzen. Der Wirth hat von ihnen ja doch seinen Gewinn.

Mehr Aufsehen im Dorfe, als die Könige, machen jedoch der „bayerische Hiesel", die „Genovefa" mit ihrem „Schmerzenreich" und der schauderliche „Golo", der „Hans Wurst", die „Adam und Eva",

der „Lucifer" und gar der „Gottvater". Auch
diese Herrschaften haben zumeist Freitisch).

Die seltenen Gäste sind aber nicht weit her.
Wer steckt dahinter? Das erzählt uns der Dorf=
dichter:

> „Da Nochtwochta spielt in Erzengel mit Minath,
> In Lucifar, den mocht mei Weib so gnat,
> Nau, und ih spiel in Gottvoda;
> In Tod dabei, den gibt da Voda.
> Vau voarischen Hiasl spielt 'n Rauba
> Da Herr Notar Zwick wollta sauba."

Der Erzengel Michael trägt aber verwunderlicher=
weise einen Schnurrbart, daher vor dem Beginne
die Ansprache: Man möge Nachsicht haben, denn
der Schnauzbart gehöre nicht dazu, aber man wolle
bedenken, so ein Ding wachse nicht so rasch, als es
weggeschnitten sei. Am leichtesten zu besetzen sind die
Rollen des Adam und der Eva; Leute, die gerne in
den Apfel beißen, finden sich immer.

Das Mysteriöse der heiligen Schauspiele ist heute
schier verschwunden, hingegen kommt in denselben
viel spaßhaftes Element vor. Der Fremde würde
Manches für eine Parodie auf die Bibel halten
können.

Von einer köstlichen Naivetät sind die in diesen
Volksspielen vorkommenden Anachronismen. Das
„Krippelg'spiel" ist die dramatische Darstellung der
Geburt Christi. Hier sind z. B. Maria und Josef in
steierischer oder tirolischer Tracht, die Hirten von

Bethlehem reden im steierischen Dialekt, die heiligen Engel singen Almjodler, die heiligen drei Könige schmauchen gemüthlich aus kurzrohrigen Pfeifen ihr Kraut.

„Willt Du auch Tubak han?" frägt der Schwarze unter ihnen leutselig den heiligen Josef.

„Bedank' mich," sagt dieser, „ich nit Tubak rauchen kann."

Im „Passionsspiel" kommt Judas der Erzschelm zur Thür herein und redet so die Pharisäer singend an: „Gelobt sei Jesu Christ, ihr lieben Herren!"

„In Ewigkeit, Judas, was ist Dein Begehren?"

„Ich will Euch verrathen den Herrn Jesum Christ, der für uns am Kreuz gestorben ist."

Nach dem Tode Jesu kommt der heilige Gabriel zum Gottvater und erwähnt, daß eben Christus gekreuzigt worden wäre. Gottvater springt von seinem Throne auf. Da fragt der Engel verwundert: „Ja, ist dem Herrn das etwas Neu's?"

„Hol' mich der Teufel!" ruft Jener, „wenn ich ein Sterbenswörtlein davon weiß!"

In einem tirolischen Passionsspiele kommt folgende Stelle vor: „Longinus mit der Lanzen sticht Jesum in die Wangen, daß er laut aufschreit: Gelobt sei die heilige Dreifaltigkeit!"

Das sind der Proben nur etliche von dieser Art Volksdichtung. Doch wird derlei heute mehr und mehr gestrichen, es ist aber schade d'rum, denn was

übrig bleibt, ist oft fades, inhaltloses Wort=
geklingel, das die Schauspieler nur durch Extem=
poriren mit allerlei Spaß und Spott zu beleben
wissen. Das Würdigste und Ergreifendste ist immer=
hin das Passionsspiel, welches sich textlich an die
Evangelisten schließt. Dieses Passionsspiel bleibt dem
Darsteller stets ein heiliger Gegenstand, den er mit
frommer Seele erfaßt, ihn vergeistigt und sich in
ihm thatsächlich oft hoch über sich selbst zu heben
vermag. Da wird die Dorfscheune zum Oel= und
Calvarienberg und die Darstellerinnen der Maria,
der Magdalena sind nicht mehr blöde Bauern=
mädchen, sie sind Schwärmerinnen und Hellsehe=
rinnen und zeigen eine wunderbar ergreifende
Frauenhaftigkeit. Christus, zum Ecce homo aus=
gestellt voll Ergebung, und dann vor den Richtern
und dann an's Kreuz geschlagen der blasse, edel=
geformte Leib, der sein dunkelgelocktes Haupt gegen
Himmel hebt: „Vater, in Deine Hände lege ich
meinen Geist!" — und zur Brust neigt: „Es ist
vollbracht!" — wer sähe es diesem Christus an, daß
er vorgestern Abends als übermüthiger Bauern=
bursche im Wirthshause der Liebsten wegen einen
artigen Raufhandel gehabt hat! — Man sieht hier,
was edlere Begeisterung aus dem rohen Menschen
machen kann.

Die Ausstattung ist auch bei den Passionsspielen
einfach genug; doch ließ sich eine Gemeinde dafür

immerhin gern etwas kosten. Es lebte der Glaube, daß in Gegenden, wo des Jahres wenigstens ein= mal das „Leiden=Christi=G'spiel" aufgeführt wird, die bösen Wetter den Feldfrüchten nicht Schaden thun mögen.

Ferner beliebt sind das „Schäferg'spiel", „der bayerische Hiesel", der „ägyptische Josef" u. s. w. Die Künstler dazu finden sich stets. Sie leben zer= streut in der Gegend ihrem Berufe und versammeln sich alljährlich ein paarmal zu Proben. In Jahres= zeiten, da die Arbeit nicht bringend ist, thun sie sich zusammen und bilden eine kleine Wandertruppe für die nächstliegenden Dörfer. Sie setzen dabei gewöhn= lich auch „ihre Sach' zu", denn die Einnahmen („der Zuschauer giebt, was guter Will', hat er wenig nicht, so geb' er viel") decken die Auslagen nicht. Selbst der Liebling des Publicums, der Lustig= macher, trägt einen fadenscheinigen Rock.

Wo eine lustige Gesellschaft beisammen ist, da wird gern etwas Dramatisches hervorgeholt oder improvisirt. Viele der althergebrachten Gesellschafts= spiele haben dramatische Form; die meisten derselben beschäftigen sich mit religiösen Dingen. Wer das „Bischofeinweihen", das „Lazarusbegraben" einmal mitangesehen, oder gar eine „Faschingspredigt" gehört hat, der könnte glauben, diese Leute seien die boshaftesten Antichristen, welche Bibel und kirchliche Ceremonie mit Hohn und Spott bedecken. Aber das fiele dem Darsteller nicht im Entferntesten ein; er, dessen ganzes geistiges Leben fast nur in den kirch=lichen Erscheinungen wurzelt, kennt eben für seine künstlerischen Bedürfnisse kaum eine andere Form, als diese religiösen Gegenstände.

In den Oberammergauer Spielen steht das dramatische Künstlerthum des Bauers in schöner Vollendung, sonst nirgends mehr. Die tirolischen Passionsspiele halten mit jenen keinen Vergleich aus. Derlei sinkt heutzutage in den Grund. Der Geist der Zeit, oder besser, „der Herren eigener Geist", der Alles gleich machen will, wie der Tod, duldet keine solche Abnormitäten mehr. Die Leute, theils gedrückt durch die wirthschaftlichen Zustände, theils aufgeregt oder zerstreut durch allerlei Neuerungen, theils von ihrer Priesterschaft im Zaume gehalten, haben keine rechte Freude mehr am Fabuliren und Spielen. Das Fabuliren überläßt man den „Großvater=leuten", die beim Ofen sitzen, das Spielen den Kin=dern. Die wirklich Thatkräftigen setzen sich — wollen sie ein Vergnügen haben — ins Wirthshaus zum Kartenspiel oder poltern auf den Kegelbahnen, oder verlangweilen sich den Sonntag in irgend einem Winkel, wo sie die Beine von sich strecken und gähnen.

Und führen ein paar „Conservative" doch in irgend einer Scheune ihr „Komödieg'spiel" auf, so werden sie von Denen, die abwesend bleiben, ver=

spottet, von den Anwesenden heimlich bekichert oder hell ausgelacht.

„Die aber spotten und lachen, können es selber nicht besser machen!" sang zu Wensgau einmal der „Narr" auf der Bühne; da riefen sie ihm zu, er solle den Mund halten, heutzutag' brauche man zum Belehren keinen Gemeindenarren mehr, es sei sich Jeder selber genug.

Aus diesem Wensgau wäre überhaupt in unserer Sache Manches zu erzählen. Es existirte dort nämlich eine wunderbare Abart des „Parabeisg'spiel". Das Wensgauer Parabeisg'spiel, mit welchem sich eine fröhliche Dorfgeschichte verbindet, soll hier dargethan werden.

Wensgau ist in einem Hochthale der Alpen gelegen. Die Bauern von Wensgau tragen silberne Knöpfe an den Westen und silberne Schließen an den Hüten. Und die Bäuerinnen von Wensgau tragen noch immer Goldhauben und Sammtjoppen und Taffetschürzen und noch andere sehr werthvolle Dinge. Die Aba trägt heimlich gar ein goldenes Ringlein am Finger.

Wer ist die Aba, weshalb trägt sie das Ringlein? Und von wem? Und seit wann? Ja, lieber Leser, das ist eben die Geschichte vom Parabeisg'spiel.

Da vom Paradiese die Rede sein soll, so bringt es schon die Sache mit sich, daß wir mit dem Gott

vater beginnen. Und der Gottvater zu Wensgau
war der Großbauer Kirchrigler. Er war als Dorf=
richter grau geworden. Wohl hatte der Kirchrigler
erst seinen fünfzehnten Geburtstag gefeiert, und den=
noch hatte er nicht allein schon einen Sohn, der
beim Militär war, sondern bereits eine erwachsene
Tochter. Der Kirchrigler war vor mehr denn sechzig
Jahren am 29. Februar geboren. Aber der Kirch=
rigler behauptet, er hätte von Natur aus noch nicht
graue Haare, doch das Richteramt sei so voll Sorge
und Kummer, das hätte ihm kein gutes Haar auf
dem Kopfe gelassen. Der Kirchrigler war das Haupt
der Gemeinde. Der Pfarrer war nur ihre rechte
Hand, der Schulmeister ihre linke, der Erzengel=
baber ihr rechter Fuß und der Luciferschneider ihr
linker. Die absonderlichen Namen kamen vom
Paradeisg'spiel, welches seit undenklichen Zeiten in
Wensgau aufgeführt wurde und wobei der Baber
den Erzengel Michael und der Schneider den Lucifer
gab. Der Baber kam bei dieser Namensaneignung
vortheilhaft weg; denn eigentlich hatte er den Namen
Esel=Baber bekommen, weil er, da er schwach zu Fuß
war, stets auf einem Esel zu seinen Clienten ritt.
Hingegen trug der Schneider außer seinem schwarzen
Bühnennamen den wohlklingenden Titel: „Himmel=
schneider". Dieser Titel kam lediglich von seinem
Ehrenamte, denn der Schneider war Kirchenpropst
zu Wensgau und hatte als solcher die Meßgewän=

der, Fahnen, Altartücher und den „Himmel“ (Bal=
dachin) in gutem Stande zu halten, respective in
guten Stand zu setzen. Zwar schaffte er nebst solchen
göttlichen Dingen wohl auch Beinkleider und Joppen
für gebrechliche Menschenkinder, doch war er zu
obigem Titel eines himmlischen Hofschneiders wohl
berechtigt, und der Lucifer lief nur so neben mit her
und ergriff blos einmal des Jahres vollständigen
Besitz von dem Schneider, nämlich zur Zeit des
„Paradeisg'spiels“.

Dieses Paradeisg'spiel war sehr alten Ursprunges.
Es ging die Sage, unsere ersten Voreltern Adam
und Eva seien nach ihrer Vertreibung aus dem Para=
diese in dieses Thal von Wensgau her versetzt wor=
den, hätten hier gelebt und alljährlich zur Erinne=
rung an das Paradies ein Spiel aufgeführt, in
welchem die Erschaffung der Welt, die Empörung
der hoffärtigen Engel, der Paradiesgarten und der
Sündenfall dargestellt wurden.

Und so sei dies Paradeisg'spiel hier entstanden
und im Gebrauche geblieben bis auf den heutigen Tag.

Die Aufführung fand gewöhnlich zur Winters=
zeit, am zweiten Weihnachtstage statt, da hatten die
Mitwirkenden Zeit, sich gebührend vorzubereiten und
die Leute der Umgebung sich in Wensgau zu ver=
sammeln.

Der Kirchrigler gab seit vierzig Jahren den Gott=
vater und hatte sich so lange her weiße Locken ange=

klebt, bis ihm endlich selbst welche wuchsen. Mit solchen Rollen ging es freilich; der Gottvater und der Teufel sind nie zu alt und nie zu jung; der Erzengel Michael hilft sich zur Noth mit Schminke; ganz anders aber steht's mit den Hauptpersonen, mit Adam und Eva. Eine und dieselbe Eva taugt nur für ein oder zwei Jahre, dann ist sie verheiratet und ein= für allemal keine Eva mehr. Es ist noch nicht vorgekommen in Wengan, daß eine Eva ledig geblieben wäre; es liegt auch in der Natur der Sache — Eva im Paradeisg'spiel kann nur die Schönste sein.

Jedes Jahr eine neue Eva, ein neuer Adam; das brachte die Direction, und diese war der Lucifer= schneider, oft in eine große Verlegenheit.

Für dieses Jahr, von dem die Geschichte erzählt wird, hatte sich der Luciferschneider wohl schon ein Pärchen zusammengeguckt. Da war Alex, der Schul= meisterssohn, ein hübscher und lustiger Student, der für die Feiertage auf Vacanz daheim war, und da war Ada, die heitere, bildsaubere Tochter des Kirch= riglers. Das war dieselbe Ada, die zuweilen heim= lich das goldene Ringlein am Finger trug, so an Sonntagen, wenn ihre Hand keine Arbeit hatte und unter der Schürze sein konnte. An dem goldenen Ringlein hingen, wenn auch unsichtbar, zahllose andere, eine ganze Kette und das letzte Glied an der geheimnißvollen Kette war wieder ein sichtbares

goldenes Ringlein, und dasselbe steckte am Finger
des Schulmeistersohnes. Sie hatten es so eingerichtet,
und das war der Fehler an dem Wensganer Gottvater, daß er nicht allwissend.

Zum Glücke wußte der alte Kirchrigler auch von
diesem seinen eigenen Fehler nichts und meinte, es
müsse Alles geschehen, wie er es wolle. War er doch
Richter und Gottvater seit vierzig Jahren!

Heute, es war ein Sonntagnachmittag im
Advent, saß der Kirchrigler in seinem Stübchen
und blätterte in der Bibel. Seine Tochter war in
der Christenlehre.

Draußen vor der Thür klöpfelte sich Jemand
den Schnee von den Schuhen. Der Luciferschneider
trat ein: „Gelobt sei Jesus Christi! — Fleißig,
fleißig, Kirchrigler?"

„Zwar nit gar recht viel, nur daß ich ein wenig
ins Büchel guck'. — In alle Ewigkeit, Amen! —
Steigst auch daher, Schneider?" so entgegnete der
Alte und legte seine unbändigen Augengläser zwischen die Blätter.

Der Angekommene, ein schlanter, hagerer Mann
mit einem blonden Spitz= und Backenbart, setzte sich
sogleich zum Tischchen. „Der Pfarrer soll sich den
Chorrock selber über den Kopf streifen, wenn er mit
seiner Christenlehr' fertig ist!" sagte er. „Unsereins
hat jetzt anderweitig zu thun. Der Wirthfranzl läßt
schon die Tanzstuben ausräumen, der Schulmeister

den Engelmarfch einüben, der Bader malt ein neues
höllifches Feuer; kehr' die Hand um, werden die
Weihnachten da fein, und ich hab noch keinen Adam
und keine Eva. Kirchrigler, ich kann Dir nit helfen,
Deine Tochter muß her — den Adam will ich nach=
her fchon auftreiben."

Der Richter hatte es gehört und trommelte mit
den Fingern auf dem Buchdeckel. Er trommelte einen
Marfch, und als er ihn ausgetrommelt hatte, fchloß
er die Finger gemächlich in die Fauft hinein und
hob ein wenig den Graukopf. „Schneider," fagte er
bedachtfam, aber mit einem Tone, der den Director
nicht allzuviel hoffen ließ, „das Paradeisg'fpiel ift
in Rechten und Sitten aufgekommen und ich halt'
was d'rauf und ich denk', fo lang ich der Gott=
vater bin, wird der Namen Gottes nicht eitel ge=
nannt werden bei unferm ehrfamen G'fpiel. Der
Erzengel Michael hält fich gleichwohl auch brav;
über den Lucifer läßt fich auch nichts Uebles fagen,
nur thuft mir mannigsmal die Zungen ein wenig
zu viel hervor. Das darf nit fein, Schneider; der
Lucifer ift ein Engel Gottes gewefen, und ift er
gleichwohl durch feine Sünd' häßlich geworden, fo
lefe ich doch nirgends in der heiligen Schrift, daß
er deswegen die Zungen heraushängen hat laffen.
Nachher, Schneider, thuft mir auch mit der glühenden
Ketten ein wenig zu viel herum, daß man oft fein
eigen Wörtel nit verfteht. Nur daß ich Dir's fag',

kannst es deſſentwegen halten, wie Du willſt, machſt
ſonſt Deine Sach' recht brav. — Iſt ſo weit Alles
in der Ordnung — bis auf Adam und Eva, das
aber iſt Dir ein leichtſinnig Volk! Weißt ja, wie er
allfort Hallotria treibt, wie er ſie halſt. Freilich, 's
iſt ſo das alt' Herkommen und man kann's nit
ändern, darf's nit ändern, jedoch halben meine Tochter
geb' ich nit her dazu."

„Wenn ich aber einen recht ſittſamen Adam thät'
wiſſen?" bemerkte der Schneider.

„Iſt der Adam wie er will, meine Tochter geb'
ich nit her!"

„Aber Eine muß doch wohl ſein, Nachbar. Und
wenn ich, ſo was man ſagt, der Spielerhauptmann
bin, ſo kann ich doch hergehen und kann Dich an=
reden: Gottvater, jetzt aber gleich auf der Stell'
erſchaff' mir eine Eva!"

Der Dorfrichter lächelte ein wenig, fuhr dann
aber gleich wieder ernſthaft fort: „Na, na, Schnei=
der, geſcheiterweiſe; wenn Eins auch das Hallotriren
nit abbringen kann und das Halſen, und was noch
ſo mitgeht, und was die jungen Leut leicht auf zeit=
lich und ewig verführen kunnt', ſo läßt ſich das
Ding doch anders machen. Und ſo ſag' ich Dir Eins,
wenn ich Dir nit Zwei ſag': Meine Ada kannſt
haben als Adam; für eine Eva dafür ſorgſt Du;
nachher ſollen ſie machen all' Zwei, was ſie
wollen."

Jetzt trommelte der Schneider. Und als er eine Weile getrommelt hatte, stand er auf und sagte: „Wie Du meinst, Richter. Wenn, da wir's vierzig Jahr' in Zucht und Ehren mitgemacht haben, jetzt das alt' Herkommen auf einmal nit mehr sittsam genug ist, so — — und daß g'rad Deine Tochter um so viel besser als wie Andere, daß — und Du glaubst, daß Einer mit so zwei Mädeln als Adam und Eva vor der Leut' Augen Wohlgefallen findet, wenn — — je nu, meinetwegen."

„Schneider," versetzte der Kirchrigler darauf, „verdrießlich darfst mir deshalb nit werden. Einer so heiligen Sach' wegen heben wir keine Feindschaft an, und ob der Adam so ein Halterbub, oder ob's ein Mädel ist, das wird den Leuten just gleich sein."

„Glaub's nit," entgegnete der Schneider, „will aber sehen, ob's geht; ich thu', wie ich kann; und dank Dir Gott, daß ich mich auf Deine Tochter verlassen kann, so oder so. — Gelobt sei Jesu Christ!"

Der Schneider war fort. Der Dorfrichter schmun= zelte ein wenig. So hatte er wohl auch das durch= gesetzt, seine Tochter konnte mitspielen und war ungefährdet. Mit sich zufrieden, zwickte er die Augen= gläser auf die Nase, schlug das Buch auf und sein Auge fiel auf den Vers: „Und Gott sprach: Lasset uns Menschen formen nach unserm Ebenbilde. Als Mann und Weib erschuf er sie."

Da kam Ada von der Christenlehre heim. Sie war hold und frisch, ein aufblühendes Röslein mitten im Winter. Als sie durch die Stube ging, hatte sie die rechte Hand verborgen unter der Schürze.

„Nu, Mädel, was hat er heut' gesagt?" fragte der Alte.

„Zum Kammerfenster thät er mir kommen —"

„Wer, der Pfarrer?"

Der Schreck stieß dem Mädchen schier das Herz ab in diesem Augenblicke. O Gott, sie hatte an ganz jemand Andern gedacht, wie Eins nur so gedanken= los was daherreden kann.

„Nu, weißt es schon," fuhr der Vater fort, „ins Paradeisg'spiel kommst heuer hinein. Nicht Dir ein weißes Höselein zusamm'!"

Ada war verwirrt; sie glaubte den Vater nicht verstanden zu haben; ein weißes Höselein trug in diesem Spiele doch nur der Adam.

Dem Schauspieldirector selbst lag daran, daß er den Leuten bewies, der liebe Gott sei ein Schneider gewesen und habe gleich die ersten Menschen mit einem neuen, schneeweißen Leinenanzug bedacht —.

Die Zeit nahte. In der großen Tanzstube des Wirthfranzl wurden Proben gehalten; allein der Kirchrigler ging nicht zu den Proben; er wußte seine Rolle auswendig von Wort zu Wort, er war seiner Sache sicher. Er kümmerte sich auch sonst niemals um die Vorbereitungen, nur Ada fragte er jetzt ein paarmal,

wie der Adam gehe. Nun, der ging gut; eine Eva
war auch gefunden, und so übten sie sich Tag für
Tag, und dann kam St. Michael mit dem flammen=
den Schwert und trieb sie hinaus von der Bühne
und hinein in die Rumpelkammer zu den alten
Pferdegeschirren und zum rostigen Eisen.

Der Luciferschneider und der Erzengelbader
waren unermüdlich thätig. Es galt, neue Decora=
tionen aufzustellen und neue Costüme zu bereiten.
Für St. Michael war aus dem Kreisstädtchen eine
Feuerwehrhaube verschrieben worden. Zu einem
Schilde wurde ein mächtiger Blechhafendeckel taug=
lich gemacht, auf welchen der Bader mit rother
Farbe den „süßen Namen" malte. Der Schulmeister
drillte seinen Chor, denn es sollte sowohl Gesang
bei offener Scene als Musik in den Zwischenacten
sein. Der Adam selbst hatte im Paradiese eine
Hymne und zwei Vierzeilige zu singen, und dazu
kam ihm Ada's liebliche Stimme wohl zu statten.

Die Tochter des Dorfrichters war ja Kirchen=
sängerin zu Wensgau, und auf ihren holden Tönen
glitten an den Sonn= und Feiertagen die gott=
seligen Gedanken aller Männer und jungen Bursche
in den Himmel hinein. Wenn oben gesagt worden
ist, wer den Kopf und die Glieder der Gemeinde
vorstellte, so muß hier nachgetragen werden, wer ihr
Herz war. Und das Herz der Gemeinde, an das sich
all' das junge Blut herandrängte und von dem aus

alles Gute und Zarte kam, war Aba, die Kirchen=
sängerin, die allgeliebte und vielumworbene Tochter
des Dorfrichters.

Alex, des Schulmeisters Sohn, hatte drin in der
großen Stadt viele Mädchen gesehen, aber keines
war ihm in seinen Studien so hinderlich, als Aba
von daheim. Es ging mit sonderbaren Dingen zu,
in allen Büchern und Schriften, aus denen der streb=
same Student mathematisches und technisches Wissen
schöpfen wollte, war Aba, die Dorfrichterstochter.
Er hatte einmal in den Ferien auf dem Chore ihren
Gesang mit der Geige begleitet, und seither beglei=
tete seine Seele, sein begehrlicher Gedanke sie auf
allen Wegen.

Dann hatten sie die Ringlein getauscht und —
doch jetzt ist das Christfest da und der Tag zum
Parabeisg'spiel, jetzt ist keine Zeit für solche Ge=
schichten.

Schon am Christtage Abends kamen Weiber und
Kinder aus den Nachbarorten an und nahmen
Herberge in Wensgan bei Bekannten und Ver=
wandten.

Nach dem Segen in der Kirche schleppten die
Musikanten Pauken und Trommeln, Baßgeigen und
Blechinstrumente in das Wirthshaus. Wer aber sonst
auf den Tanzboden wollte, der wurde zurückgewiesen.
Es war die Generalprobe und Adam und Eva spiel=
ten in ihrem neuen Costüme.

Der Kirchrigler ging, eine Pfeife rauchend, die
Dorfgasse auf und ab. Er wollte zeigen, daß er nicht
einmal auf die Generalprobe anstehe, daß der Gott=
vater bereits in sein Fleisch und Blut übergegangen
sei. Dann setzte er sich ins Gastzimmer zum Herrn
Pfarrer und redete mit vielbedeutendem Kopfnicken
davon, wie das wohl was Großes und Ehrendes
ei für Wensgau, daß das Gedenken an die ersten
Tage und Dinge der Welt alljährlich so würdig
begangen werde. „Das wird Einer nirgends so
finden und da mag Einer gehen schon gleich so weit
als er will. Und wollten sie das Paradeisg'spiel
auch wo anders aufführen, so dürfen sie's gar nit,
der Bischof erlaubt's nit, gelt? — Weil's halt nir=
gends so schön und feierlich g'halten werden thät',
wie da bei uns in Wensgau."

Deß stimmten wohl Alle ein, die an den Tischen
herum saßen.

Der andere Tag begann in neuer Erwartung. Der
Vormittagsgottesdienst war kurz und theilnahms=
los, der nachmittägige Segen fand gar nicht statt.

Mit lustigem Geschelle kamen Schlitten von den
Nachbardörfern und von weiter her, und die Gast=
stuben des Wirthshauses füllten sich, und endlich
drängte sich Alles die Stiege hinauf in den großen
Tanzboden.

Der Eintritt war frei. Vor Jahren fiel es ein=
mal dem Krämer Louis ein, man könne ja zum

Paradeisg'spiel Eintritt zahlen lassen, das gebe
gewiß eine bedeutende Summe, womit man einen
großen Theil der Gemeindeanslagen bestreiten könne.
Auf diesen Vorschlag entgegnete der Dorfrichter:
„Sind wir denn eine Bettelkomödianten=Gemeinde?
Das alte, ehrwürdige Herkommen, das Erbe von
unsern Vorfahren für Geld verschachern! Das wär'
doch ein ewiger Schandfleck für Wensgau! So ein
Krämerjud' thät' gar den Adam und die Eva im
Paradeis verkaufen und den lieben Herrgott noch dazu!"

Der Luciferschneider stieß den Krämer heimlich,
daß er still sein möge, und so ist Thür und Thor
zum Paradeisg'spiel offen geblieben bis auf den
heutigen Tag.

Vor Allem waren alle Dorfstühle und Bänke
versammelt auf dem Tanzboden des Wirthfranzl.
Gegenüber der Thür ging ein dunkelrother Vorhang
nieder, auf welchem verschiedenartige und planlose
Flecken und Flicken wohl das Chaos versinnlichen
sollten, das vor der Schöpfung herrschte. Durch
ein paar Dachfensterchen fiel noch ein wenig Tages=
licht, doch waren die zwei Kerzen nicht überflüssig,
die vor dem Vorhange brannten und unter der
Aufsicht zweier Jungen standen, die mittelst eines
Schirmes je nach Bedarf Licht und Schatten auf die
Bühne bringen sollten.

Unmittelbar hinter diesen Kindern des Phöbus
kamen die Jünger Polyhymnia's — der Schulmeister

mit seiner singenden, klingenden Schaar. Und an
diese drängte sich, nach möglichst vortheilhaften
Plätzen ringend, das Publicum in Haufen.

Zur selben Stunde noch schleppten drei bereits
halbcostümirte Männer eine bauchige Getreidewind=
mühle durch den Zuschauerraum und hinter den
Vorhang. Kein Mensch wußte, wozu hier dieses
Geräthe dienen sollte, nur der alte Schuster Wenz
behauptete, die Windmühle brauche der Gottvater
zum Windmachen, und den Wind zum Wettermachen,
und aus dem Wetter entstünde Luft und Wasser
und Alles, und nicht das Wort war im Anfange,
sondern die Windmühle.

Der Zuschauerraum hatte sich gefüllt und man
war halb und halb zur Ruhe gekommen; die Leute
flüsterten erwartungsvoll oder machten gar heimlich
Späße, oder schwiegen. Der Herr Pfarrer und die
Vornehmeren aus den Nachbarschaften saßen in der
vordersten Bank; die Großen von Wenzgau waren
noch kaum gesehen worden; ihre Thätigkeit war ja
hinter dem Vorhange. Der Kirchrigler war noch
gar nicht da, und die Musikanten hatten schon den
dritten Marsch gespielt, als er in einen langen,
schwarzen Mantel gehüllt durch den Saal schritt.
Alles drängte sich, ihm eine Gasse zu machen; Viele
grüßten, die Meisten blickten ihn still und ehrfurchts=
voll an; er sah weder nach links, noch nach rechts,
er fühlte bereits den Gottvater in sich, und unter

dem eng zusammengezogenen Mantel trug er den
langen, weißen Bart und das göttliche Kleid. Er
hatte sein Costüm zu Hause, zog sich stets zu Hause
an; es schien ihm entwürdigend, bei den Andern in
der Garderobe sich vorzubereiten. Er mußte sich
immer und allerorts als ganz und vollständig zeigen
seiner erhabenen Rolle wegen sowohl, als wegen
seines Dorfrichteramtes.

Hinter dem Vorhange klingelt es, da schwieg
die Musik. Es war lautlose Stille, die Rückwärtigen
standen bereits auf den Zehen und dehnten ihre
Hälse.

Es klingelte wieder, und der Vorhang schrumpfte
nach aufwärts zusammen.

Den Augen der Zuschauer bietet sich nichts
Geringeres dar, als der Himmel. Der Hintergrund
ist blau und mit Sternen besetzt; vor demselben
der goldene Thron Gottes, er ist leer, aber drei
Kerzen brennen an seinem Fuße. Ganz im Vorder=
grunde auf Wolkenballen liegen mehrere kleine und
erwachsene Engel in Strumpfhosen und mit goldenen
Flügeln an den Schultern. Einige schnarchen,
Andere erwachen eben, richten sich halb auf und
reiben sich die Augen.

„He!" schreit Einer, „heut' ist blauer Montag;
wer nit aufstehen will, der bleib' liegen!"

Ein Anderer: „Wenn's der Gottvater sieht, so
werden wir unsere Fetten kriegen."

Der Erste: „Der Gottvater ist heut' nit zu Haus, der ist auf die Ster gegangen aus; der ist gegangen die Welt erschaffen, und will mit Himmel und Erden noch bis Samstag fertig werden."

Alle erheben sich in toller Freude: „Nachher haben wir nicht vonnöthen, den ganzen Tag zu singen und zu beten, nachher laßt uns jubiliren und musiciren und hollodriren, und schieben wir geschwind die Wolken zusammen, daß wir einen schönen Tanzboden kriegen in alle Ewigkeit, Amen."

Der Erzengel Lucifer tritt auf mit goldenem Spieß und Schild und schwarzen, fliegenden Haaren; das Antlitz ist scharf und dämonisch, obwohl man hinter der kühnen Malerei das harmlose Gesicht des Schneiders nicht ganz vermißt.

Der Erzengel Lucifer: „Da habt Ihr Recht, Ihr englischen Brüder, tanzet und spielt und singt lustige Lieder. Wenn ich Euer Herr und Gottvater wär': alleweil lustig thäten wir sein, gebrat'ne Hendeln und den besten Wein und Feigen und Eibeben woll't ich Euch geben. Aber der alte Herr ist ein Brummbär, der kiefelt alleweil an seinem weißen Bart —"

Und so geht es fort. Lucifer zettelt gegen Gott= vater eine Empörung an. Als Zwischenspiel kommt ein englisches Knäblein dahergeflattert und erzählt mit geflügelten Worten die Geschichte der Schöpfung und wie „mitten im Paradies steht ein einschichtiger

Mann, der mag sich die Zeit mit vertreiben, eine
Ripp' hat er, die er nit brauchen kann, damit thut
ihn Gottvater beweiben".

Aber der Aufstand wächst, denn Lucifer verspricht
auch den Engeln im Himmel dasselbe, was Gottvater
im Paradiese dem Einschichtigen thut, und da entsteht
ein wildes Gejohle; schrille Musik fällt ein und
Lucifer setzt sich stolz auf den göttlichen Thron.

In demselben Augenblicke hört man ein dumpfes
Donnern, die Lichter am Throne verlöschen und im
Hintergrunde zeigt sich im Glanze mit wallendem
Haar und Silberbart hoch und hehr — Gottvater.
Er steht auf Wolken; er ist gehüllt in ein weißes
langes Kleid, sein Haupt strahlt, sein Auge leuchtet,
aber er spricht noch kein Wort; langsam erhebt er
seine rechte Hand und winkt. Da erwacht von Neuem
das Donnern — es ist das Rollen der Windmühle;
es blitzt, denn die zwei Lichtknaben vor der Bühne
fächeln mit ihren Schirmen. Da naht der Erzengel
Michael mit dem flammenden Schwerte, dem Hafen=
deckelschild und der Feuerwehrhaube, und verstößt
Lucifer mit seiner aufständischen Schaar aus dem
Himmel in die unterste Hölle. Dann setzt sich Gott=
vater auf seinen himmlischen Thron und begrüßt
mit tiefer, grollender Stimme, die durch den Bart
fast erstickt wird, seine Getreuen und verkündet, daß
„die Welt fertig mit Sonne, Mond und Stern',
und morgen ist Ruhetag, der Tag des Herrn"!

Da sangen die Engel im Chor: „Ehre sei Gott dem Vater, und dem Sohn, und dem heiligen Geist im höchsten Thron; Lob und Preis sei der heiligsten Dreifaltigkeit von nun an bis in Ewigkeit."
Damit schließt der erste Act.

Manch' Knäblein oder altes Weibel unter den Zuschauern hat während des Spieles vor Rührung geweint, oder wohl auch gekichert über das Treiben der Engel, über so manch' spaßhaftes Wort, das im Himmel gesprochen worden. Nun sind Alle wieder ruhig und in neuer, andächtiger Erwartung. Wieder spielt die Musik, wieder tönt das Klingeln und wieder schrumpft der Vorhang zusammen nach aufwärts.

Adam steht mitten in den Rosensträuchern des Paradieses. Er hat ein schneeweißes Beinkleid und ein kurzes Jäckchen an. Das junge Gesicht ist wie Milch und Blut, die blauen Augen lächeln so unschuldig, die dunkeln Locken wallen lose über die Achseln nieder. Es ist ein schöner Jüngling, man merkt es gleich, daß ihn der liebe Gott selbst erschaffen hat als Musterbild für die Tausend und Millionen Anderen.

„Das ist die Aba, des Kirchrigler's Aba!" flüstert Alles. „Wer wird aber nun die Eva sein?"

Adam singt zuerst, dann spricht er laut mit sich selbst, und nennt die Blumen und Früchte, die um ihn sind, und eine Anzahl Thiere. Man hört ver=

schiedene Vogelstimmen, den Kukuk, die Amsel, die Wachtel, den Finken; man hört aus der Ferne das Bellen der Rehe; man hört das Zischen der Schlangen, das Pfeifen der Habichte; man hört das Säuseln des Windes in den Gebüschen und das Rauschen eines Wässerleins.

Adam treibt Spiele mit den Blumen; er zerknittert ein Maßliebchen, rupft die Blüthenblätter aus und sagt dabei: „Soll ich? soll ich nicht?"

Da theilt sich plötzlich ein Rosenbusch, Gottvater steht da und ruft: „Adam, bist Du allein, wo ist die Eva Dein?"

„Herr, sie schläft dort hinter dem Strauch, ich weiß nicht, soll ich sie wecken auf."

„Wenn sie schläft, so laß' sie schlafen, sie wird Dir schon noch geben zu schaffen. — Adam, ich bin Dein Herr und Gott, und daß ich mich überzeug' von Eurer Treu', so trag' ich Euch auf ein Gebot. Siehst Du, dort am Wiesensaum, Adam, steht ein Apfelbaum. Davon müßt Ihr kein Aepflein brechen, die Stengel thun stechen, die Frucht ist der Erkenntniß Saam', der Unschuld Tod und des Lebens Noth, die thät' Euch schauderlich machen erbrechen."

Adam verspricht, daß er schon aufpassen werde. Hierauf giebt ihm Gottvater noch einige väterliche Lehren, die in diesem Falle eigentlich mehr auf die Dorfjugend im Allgemeinen gemünzt sind, als auf den durchwegs noch harmlosen Adam.

Die Thierstimmen schweigen, man hört wieder den Engelchor und Gottvater verschwindet hinter dem Rosenbusch.

Nun geht Adam dennoch die Eva, zu wecken; man hört sie flüstern hinter dem Strauch. Der Vorhang fällt.

Da trat jetzt der Luciferschneider zum Gottvater, und indem er sich für seine nächste Scene zwei Hörner am Haupte befestigt, sagte er: „Kirchrigler, weil's schon spät wird und Du's nit gewohnt bist, so lang' im Wirthshaus zu bleiben, und Du etwa gern nach Haus gingst, weil Dein Weib, hör' ich, auch nit ganz wohl ist, so spiel' ich im letzten Act Deinen Auftritt, wenn's Dir recht ist; es sind nur ein paar Worte zu sagen und hab' selbunder sonst auch nichts mehr zu thun."

„Ich spiel' meine Rolle, wie's der Brauch," entgegnete der Kirchrigler.

„Deine Tochter thät' ich Dir nach dem G'spiel schon ins Haus begleiten," sagte der Schneider.

Da sah ihn der Bauer befremdet an: „Was hast denn? Ich spiel' meine Rolle wie's der Brauch!"

„Rechtschaffen schön, Dorfrichter," versetzte der Spielhauptmann etwas verwirrt, „aber — wenn was sein sollt', weißt, übel aufmessen thu' mir's nit; ich hab' mir einzig nit anders zu helfen gewußt — und das mußt bedenken, ich hab' gethan, wie Du's hast haben wollen." Die Hörner saßen fest, es

klingelte, der Schneider eilte davon; der Gottvater
sah ihm nach und schüttelte seinen eisgrauen Kopf.

Der Vorhang zuckt krampfhaft empor; da geht
eine Bewegung durch das Publicum. Der Rachen
der Hölle hat sich vor ihm aufgethan. Ueberall ist
schwarzer Rauch, sind blutrothe Flammen, Drachen,
Kröten und andere Unthiere, phantastisch gemalt von
dem sehr talentvollen Erzengel=Bader. Mitten in der
Hölle steht eine schnaubende Esse und eine glühende
Fleischbank mit Hacken, Zangen und Messern. Von
allen Seiten hört man heulen und zähnklappern,
und die Lichtjungen vor der Bühne haben die weißen
Schirme gegen rothe verwechselt. Unter fürchterlichen
Mißtönen trappelt nun eine Schaar von Teufeln
heran, mitten unter diesen der Fürst der Hölle,
Lucifer, der sich sofort auf den Thron, die glühende
Fleischbank, setzt. Er sieht ganz anders aus, als vei=
land im Himmel; die Farbe seines phantastischen
Anzuges ist kohlschwarz und blutroth, um die rollen=
den Augen ziehen sich ein paar schwarze Ringe, und
um das wüste Haar mit den wildragenden Hörnern
schlingt sich eine goldene scharfgezackte Krone. Die
linke Hand schleppt eine mächtige Kette, die rechte
hält als Scepter eine breispießige Ofengabel.

Die Teufel umschwärmen seinen Thron und
bedrängen ihn, sein im Himmel gegebenes Ver=
sprechen zu halten: „Verbrannt sind die Hendeln,
im höllischen Feuer gebraten, der Wein ist hier auch

nicht gerathen, 's ist eine viel zu heiße Zeit, und
verdorben ist uns alle Lustbarkeit."

„Der Alte, Eisgraue oben ist Schuld," entgegnet
der Lucifer mit rauher, schnaubender Stimme, „aber
nur Geduld, Leutchen, nur Geduld; giebt's schon in
der Höllen nichts zu lachen, so fahren wir ins Para=
dies, dort lebt ein Männlein und ein Weiblein, die
sollen uns Unterhaltung machen." —

„Die Eva ißt die Aepfel gern."

Nun wird der Beschluß gefaßt, das Menschen=
paar im Paradiese zu verführen. „Wer kann gut
kriechen, hat eine glatte Haut und schmeichelnde
Augen?" — „Ich, Herr!" rufen Alle. — „So mag
wohl Einer als Schlange langen. Leicht braucht sich
Einer nit viel zu strapaziren, die Eva läßt sich gern
verführen."

Zuweilen hüpft ein leichtfüßiger Lustigmacher
hervor und giebt Schwänke zum Besten, die sogar
zweideutige Anspielungen auf mißliche Gemeinde=
zustände zu Wensgau enthalten. Soll nicht sein das,
und der Gottvater in seinem Winkel ist sehr ärger=
lich darüber. Mit dem Schneider wäre er heute zu=
frieden, der hütet sich sorglich vor aller Uebertrei=
bung. — Ein recht braver Teufel diesmal, sagt er
zu sich selbst, aber den Lustigmacher hätt' ich gute
Lust davonzujagen.

In der Hölle wird noch eine Weile Spectakel
getrieben. Im Vordergrunde ist ein Teufelchen, das

rührt in einem Kessel Schwefel und Pech durchein=
ander und denkt sich dabei die sieben Todsünden
aus. Und wie es sie fertig hat, theilt es dem Höllen=
fürsten seine Erfindung mit. Lucifer entgegnet: „Deine
Erfindung wird werden probirt bei den Menschen
auf Erden, und schlägt sie ein, so sollst Du in der
Höllen mein Minister sein."

Mit einem fürchterlichen Lobgesang auf den
Höllenfürsten schließt der Act.

Das Publicum ist sehr befriedigt und Alles,
auch der Theil, der die Komödie schon ein dutzend=
mal mit angesehen, ist gespannt auf den „Ausgang".
Die Burschen interessiren sich sehr für die bisher noch
räthselhafte Eva; Andere freuen sich auf die Schlange
und die Apfelgeschichte, und die älteren Männer und
Weiber harren der Scene, wo Gottvater im heiligen
Zorn den Adam ruft, den Fluch des Elends und des
Todes ausspricht, und wo St. Michael kommt und
das gefallene Menschenpaar, das nun mit Schrecken
die Blößen bemerkt, die es sich gegeben, aus dem
Paradiese treibt. Dann kommt zuletzt noch in bild=
licher Darstellung das Thal von Wensgau, in
welchem die Verstoßenen, Adam und Eva, sich ein
Haus bauen — das erste Haus zum Dorfe Wensgau!

Gottvater rüstet sich hinter seiner Leinwandblache
zur großen Scene. Der göttliche Zorn wird ihm
heute nicht schwer werden, denn nicht allein die An=
züglichkeiten des Lustigmachers haben ihn verstimmt,

sondern vielmehr noch ein kleiner Verstoß, den er
selbst im Spiele gemacht. Er hatte statt Adam ein=
mal Aba gesagt und dadurch unter den Zuschauern
ein Gekicher erweckt; er trug das m wohl durch
einige hm! hm! nach — aber es war und blieb
fatal, und einem Gottvater, wie dem Kirchrigler'schen,
sollte so etwas nicht passiren.

Nun kam der Erzengel Michael von der eigent=
lichen Garderobe auf Gottvaters Seite herüber,
denn das war die himmlische, von wo aus die Bei=
den aufzutreten hatten. Der Richter zankte mit dem
Bader der Feuerwehrhaube wegen, die er nicht für
passend fand, als sich der Vorhang aufthat.

Das Paradies mit dem Rosengarten und in der
Mitte ein Apfelbaum. Wieder die Thierstimmen und
das Wasserrauschen. Adam und Eva treten sich um=
schlingend auf. Die Eva ist eine schöne, schlanke Ge=
stalt in einem zarten, weißen Ueberwurf; ihre Wangen
sind blüthenroth, ihre Locken sind blond und ihre
dunklen Augen blicken innig und sehnsuchtsvoll dem
Adam in die seinen.

Die Zuschauer sind überrascht — das ist ein ganz
fremdes Mädchen, kein Mensch kennt es. Der Gott=
vater guckt wohlgefällig zwischen den Tuchwänden
hervor.

Eva steht still und blickt gegen den Apfelbaum.
Adam will weiter. „Komm, meine Süße, es singen
die Vöglein, wir wollen mit ihnen loben den Herrn!"

„Adam, ein Frühstück hätte ich gern," entgegnet Eva. Der Kirchrigler stutzt ein wenig über die schöne, fast männliche Stimme.

Eva fährt fort: „Ei, schau, lieber Mann, wie sind die Aepfel so weiß und roth!"

„O komm' mit mir, es ist ein Verbot! Wer von diesem Baum genießt, der ißt den Tod."

„Das kann ich nit glauben auf alle Mittel und Weis'."

„Gott hat's selber gesagt, ihm sei Ehr' und Preis!"

„Aber wenn ich Dich bitt', wenn ich Dich gar schön bitt', ich weiß, Adam, so versagst mir's nit!"

Der Dorfrichter hinter den Vorhängen spitzt die Ohren und macht immer größere Augen. Das Ding kommt ihm jetzt gar nicht richtig vor.

„Siehst Du," fährt Eva fort, „da oben die schöne Schlangen!"

„O Eva, liebste Eva mein, laß' Dich nur nicht fangen!"

„Die Schlange lacht so süß herab, sie thut uns ein Aepflein brocken."

„O Eva, liebste Eva mein, so laß' Dich doch nicht verlocken!"

„Und wenn ich Deine liebste Eva bin' — sie blickt den Adam schmachtend an.

Dem Dorfrichter geht es heiß und kalt über den Rücken. „'s wär doch aus der Weis'," murmelt er, „wenn er's richtig thät' sein."

„Und wenn Du meine liebste Eva bist," sagt Adam, „so lass' ich Dich nimmer verderben." Da lispelt die Schlange: „O esset, Ihr Kinder, esset die Frucht, Ihr werdet deswegen nit sterben."

„Und wenn ich Deine liebste Eva bin" — versetzt diese wieder und neigt sich zu Adam, und ihre Lippen berühren die seinen.

„Du Lotter, Du Schulmeisterischer!" fährt jetzt der Kirchrigler los, reißt dem Erzengel das rothe Schwert aus der Hand, stürzt mit demselben auf die Bühne: „Ist mir das eine Art, Ihr nichtsnutzig Volk! Auseinander! Ich leid's nicht, und eher hau' ich das ganze Paradeisg'spiel zum Teufel!"

Die beiden jungen Leutchen fahren erschrocken in die Rumpelkammer hinein; im Zuschauerraume ist ein Geflüster und Gekicher und bald darauf ein gellendes Gelächter.

„Wart', Schulmeisterbub! Wart', Du Himmelschneider, Dir mess' ich's!" ruft der Erzürnte und poltert den Fliehenden nach.

In demselben Augenblicke werden die Lichter ausgeblasen; da stößt der Gottvater im Finstern an die Windmühle, an den himmlischen Thron und an die höllische Fleischbank, an alles Mögliche, und die Bedrohten gewinnen Zeit, sich in Sicherheit zu bergen. —

Die Komödie war aus; sie war noch nicht aus, aber sie war aus.

Es war ein unsägliches Gehetz und Gelächter im Dorfe Wensgau. Der Goltvater war vernichtet für immerbar, allein dieser Umstand sollte der Herrlichkeit des Dorfrichters nichts anhaben. Der Kirchrigler hatte in derselben Nacht kein Stündlein geschlafen, und am andern Morgen noch vor dem Frühstück ließ er seine Tochter zu sich bescheiden.

„Hast mir eine saubere Ehr' gemacht gestern!" fuhr er sie an; „hast es brav heimlich gehalten, was Du für eine Eva sollt'st haben; und das ganz' Dorf, die halb' Welt hat's gestern gesehen, was Du für ein leichtsinnig Ding bist — nit so viel (er zeigte auf die Spitze seines Fingernagels), nit so viel besser wie die Andern. — Dirn', ich straf' Dich! — Ehr' und Rechtschaffenheit muß sein in meinem Haus, und was unrecht ist geschehen, das soll zu Rechten werden. Heiraten mußt ihn, den Schulmeisterischen!"

„Jesus Maria, Vater!" rief das Mädchen und fiel dem Alten um den Hals, „ich dank' Euch zu tausendmal."

„Was?!" sagte der Alte, einen Schritt zurücktretend, „Du willst ihn heiraten, den Bettelstudenten, den Stadtspatzen! — Du, die einzige Tochter des Kirchrigler's von Wensgau!"

„Aber auch Alex ist mein einziger Sohn," rief die Stimme des Schulmeisters durch die halbgeöffnete Thür herein, und nun kam gar der Schulmeister selbst festtäglich gekleidet nach, und an seiner Seite der Pfarrer und der Schneider. „Mein Einziger,“ fuhr der Schulmeister fort, „für den ich meinen ganzen spärlichen Erwerb eingesetzt habe, daß er was Rechtes hat lernen können. Gott sei Dank, fleißig, brav ist er geblieben. Die Studienzeit ist für ihn nun zu Ende; gestern erhielt er das Anstellungsdecret als Hilfsingenieur bei der neuen Eisenbahn. Kirchrigler, ich bin hier, daß ich Euch für meinen Alex um die Hand Eurer Tochter bitte.“

War ein Ausweg? Hatten sie es nicht gehört, wie er zu Aba rief: „Heiraten mußt ihn!“? — Zudem wird sein Hans bald vom Militär zurückkehren und Haus und Hof übernehmen; der bildet sich zuletzt gar was ein auf seine Schwester, die Frau Ingenieurin.

Der Dorfrichter ließ den drei Herren Wein und Brot bringen, aber er sagte nicht Ja.

Er sagte aber auch nicht Nein. Er sagte: „Wollen schon noch reden davon. Daß ich der Sach' nachgerade entgegen wär', dasselb' ist just nit. — Dir, Schneider, aber sag' ich's: Das letztemal ist's gewesen; das Paradeisg'spiel wird nit mehr aufgeführt!“

„Hi, hi, jetzt erst recht!“ lächelte der Luciferschneider.

Er hat's aber anders gemeint. Es geschah thatsächlich der Wille des Alten, das Spiel ist öffentlich seitdem nicht mehr gegeben worden.

Die Gelehrten.

Zu einem Hochthale weiß ich ein Bauernhaus, in welchem lauter Gelehrte leben. Alle vier Facultäten sind vertreten.

Der alte Ausgedingvater treibt Medicin. Er ist wohlbestallter Vieharzt, und jeder Ochs schickt zu ihm, hat er sich auf der steinigen Weide einen Fuß verstaucht oder durch ein Schierlingkraut, das er für Petersilie hielt, den Magen verdorben.

Und wieder wird er zu einem maroden Pferd beschieden. Mit demselben ist er völlig collegial. „Je, was ist dir denn widerfahren, Alter," sagt er, und tätschelt dem Schimmel oder dem Fuchsen auf dem Leib herum, „der Haber, gelt? — Mußt dich wohl ein wenig einhalten jetzt und so ein paar Tage hin blos ein Eichtl Heu kiefeln. Ich schick' dir ein Trankel, das ledigt ab und putzt dich schon wieder aus. Bist gesund, so thun wir einmal schlitten-

fahren miteinand ins Zellerisch' hinein, gelt?" —
„Ei ja, das wohl!" entgegnet der Eigenthümer des
Pferdes, dem es vorkommt, als seien die letzten
Worte ein klein Bischen auf ihn und seine Groß=
muth gemünzt.

So wohlwollend der Ausgedingvater mit dem
maroden Thiere verfährt, im Hinterhalte hat er
doch blutdürstige Gedanken und seine Hand zieht
aus der Tasche des Lodenfracks ein scharfes Aber=
laßeisen hervor.

Wenden wir uns zum zweiten Gelehrten. Der
junge Bauer, der vor wenigen Jahren von seinem
medicinischen Vater die Wirthschaft übernommen hat,
weiht sich in seinen freien Stunden der Jurisprudenz!
Er kennt alle Processe der Umgegend und alle
Rechtsfälle, die seit Jahren bei dem Bezirks=
gerichte vorgekommen sind. Er wird von der Nach=
barschaft und weiteren Umgebung zu Rathe gezogen
in Erbschaftsangelegenheiten, Grenzstreitigkeiten,
Dienstbotenzerwürfnissen und in allen möglichen
Fällen, in welchen es sich um das liebe Mein und
das fatale Dein handelt. Ehrenbeleidigungsprocesse
kommen in der Gegend wenig vor; die werden ohne
viele Umstände ehestens handgreiflich ausgeglichen,
und bis die blauen Flecke verblaßt und die Ge=
schwulst der Wangen abgelaufen, ist Alles wieder
gut Freund und nicht einen Kreuzer hat er be=
kommen, der Herr Notar.

Unfer Bauernjurift indeß verlangt auch nicht einen
Kreuzer; umfonft giebt er Rath und geiftigen Beiftand,
und genießt dafür hohe Ehre. Alle Männer rücken
den Hut vor ihm. Alle alten Weiblein humpeln ihm
nach, wenn er auf dem Kirchweg ift, und klagen
ihm ihr Anliegen: wie fie in ihrer Ausnehmerfchaft
verfürzt werden, wie es aber gefchrieben ftehe im Ver-
trag, fo viel Mehl und Schmalz müßten fie von den
jungen Inhabern jährlich bekommen, und fo viel Paar
Schuhe und Jöpplein und Pfaiden, und ein Ferkel
ftünde auch gefchrieben — und da muß ihnen der
Mann die Vertragsfcheine vorlefen und immer wieder
vorlefen; Jede hat den ihren fchon auswendig gelernt; aber wenn ihn halt der gelehrt' Bauer fo
laut und bedächtig herablieft, da nimmt fich's doch
vornehmer aus und ihr Recht fteht fefter und ficherer
als der Oetfcherberg.

Sie reden dann den Bauer aus lauter Ehrfurcht
mit „Ihr" an und bitten ihn „halt rechtfchaffen
fleißig", daß er doch follt machen, daß fie zu ihrer
Sach' kämen. Nur ein kleinwinzig Bischen nickt er
mit dem Haupte, und wie erlöft find die Weiblein,
und kühn ftellen fie fich hin vor ihre Ausgeding-
fchuldner: „Wart' nur, will Dir's fchon zeigen!
Weiß auch meine Wege — dem Michelfteiner hab'
ich's übergeben!" Das ift dann allerdings refpect-
einflößend, denn der Michelfteiner bleibt nicht
unthätig. Der hat in feinem Haufe ein uraltes

Gesetzbuch); die Buchstaben desselben und die Para=
graphezeichen sind verschnörkelt und verschlungen
und gewunden, wie das Recht seit jeher verschnörkelt
und verschlungen und gewunden werden kann. Die
Blätter des alten Buches aber sind ganz gelb vor
Aerger, daß ihre gestrengsamsten Gesetzparagraphe
schon seit vielen Jahren nicht mehr respectirt
werden. Der Michelsteiner hat aus diesem ehr=
würdigen Buche seine Weisheit geschöpft und bleibt
bei den alten Gerechtsamen, wenn er auch die neuen
Verordnungen zum Theile ebenfalls kennt — diese
sind lediglich nur da, daß die Advocaten Geld
kriegen.

Da kommt eine Magd vom Nachbar zur Thüre
hereingeschlichen; sie zieht sich an der Wand so hin
und setzt sich in eine Ecke der Stubenbank und
bleibt beicheidentlich sitzen, bis der Michelsteiner sie
frägt nach ihrem Begehr. Sogleich pachtelt sie jetzt
ihr Busentuch auseinander, thut einen sorglich
zusammengelegten Papierbogen hervor: „Wollt halt
wohl bitten, daß mir's der Michelsteiner thät' sagen,
wo ich daheim bin!"

Der Michelsteiner greift nach dem noch ganz
durchwärmten Papier, schlägt es kunstgerecht aus=
einander, murmelt die Schriftzeilen herab und sagt
dann, das Blatt zurückgebend: „In der Seewiesen
bist daheim, der Heimatschein ist in Aflenz aus=
gestellt."

„Ja so, in der Seewiesen?" sagt die Magd, „ja selb' ist schon recht."

„Willst 'leicht gar heiraten?"

„Nein, weiter nit; just, daß ich's gern hab' wissen mögen, wo ich daheim bin."

Artig und bescheiden, wie sie gekommen ist, geht sie wieder davon. Als elternloses Kind ist sie in die Gegend gekommen und dient seit ihrem Gedenken beim Nachbar. Sie hat sich bisher um gar nichts gekümmert, als um ihre Arbeit, und nun auf einmal! — Ist das aber doch ein Vorwitz und eine Neugierd' bei den Weibsleuten, denkt sich der Bauern= jurist, jetzt wollen sie schon gar wissen, wo sie daheim sind. —

Nach dieser Skizze des Bauernjuristen steigen wir empor zur dritten Facultät im Bauernhause, zur Gottesgelahrtheit. Wir ahnen es kaum, wer ihr Hauptvertreter ist, nämlich das flinke, lustige, neun= jährige Büblein. Aber hört nur, den ganzen, großen Katechismus kann er auswendig, der Franzl, und die Evangelien mitsammt den Episteln zu den für= nehmeren Festtagen noch dazu. In einem einzigen Athemzug sagt er die zehn Gebote her, wenn er just ausgerastet ist, und er weiß die fünf Gebote der Kirche und die sieben Sacramente und alle ordentlichen Sünden und die neun fremden extra noch. Der Katechet giebt für jede Sündengattung einen Fleißzettel.

Dem Büblein zur Seite in der Theologie steht die Großmutter. Ihr Wissen ist zwar weniger vielseitig als das des Enkels, hingegen aber nur so tiefer. Der Kleine weiß z. B. wohl, daß in der Kirche das Weihwasser zum Zeichen der Reinigung und Heiligung durch die Gnade Gottes da ist; weiß ferner, daß es ein Fegefeuer gibt, in welchem die läßlichen Sünden zeitlich abgebüßt werden; — hingegen, daß das Weihwasser auch zum Hexenbeschwören und Teufelaustreiben Anwendung findet, ferner wie so ein Fegefeuer aussieht, und durch welch' geheimnißvolle Mittel die armen Seelen noch vor dem abgelaufenen Termine aus demselben zu erlösen sind, das weiß der Kleine nicht; die Großmutter aber weiß es. Hinwiederum weiß der Knabe die Geschichte von dem Hahn des heiligen Petrus, von der Salbe der Magdalena, von dem Palmsonntag-Esel und von dem Geldbeutel des Judas. Da frägt wohl zuweilen das verwunderte Großmütterlein: „Mein Lebertag hui! Wie kommen aber doch solche Dinger in den Glauben hinein? Bei meinem Aufwachsen ist sonst nichts Unrechtes darin gewesen wie der Pontius Pilatus."

Man sieht, daß die Gottesgelehrten auch im Bauernhause nicht unbedingt einig sind. —

Nun noch ein Wörtlein über die vierte Wissenschaft, die Philosophie. Ihr schlichter Vertreter ist — kommt mit in die Strohkammer. Es ist Sonntag

Nachmittag. Der alte Knecht sitzt auf seiner Kleider=
truhe und flickt sein Jöpplein aus. Die Nadelstiche
kommen nicht durchaus in Reih und Glied zu stehen,
denn der wachende Blick fehlt. Der ruht in einem
daneben aufgeschlagenen „hundertjährigen Kalender",
denn der Mann berechnet die Planeten und
Sonntagsbuchstaben der künftigen Jahrzehnte. Die
Planeten geben ihm Aufschluß über Witterungs=
verhältnisse, Elementarereignisse, über Krankheiten,
Krieg und Frieden der Zukunft. Der Sonntags=
buchstabe aber hat das große Geheimniß von dem
Ende der Welt in sich, nur ist die genaue Berechnung
desselben noch Keinem gelungen außer dem Kalender=
macher; der Kalendermacher aber darf's nicht sagen
weil die Leute närrisch werden würden, wüßten
sie das Ende. Er, der Knecht, versucht's aber doch
auf alle Weise, die fürchterliche Gewißheit herauszu=
klügeln und er vermeint, genug Seelenstärke zu haben,
um diese Gewißheit ertragen zu können. Nur daß
er sein Jöpplein nicht so sorglich zu besticken brauchte
wäre in nächster Zukunft die Zeit erfüllt.

Die „goldene Zahl", welche dem Kalendermacher
nur dazu dient, um die Finsternisse im Voraus zu
berechnen, hat für unseren Philosophen eine be=
sondere Bedeutung. Es ist ihm nämlich bekannt, daß
in einem Jahre, in welchem die goldene Zahl 19
ist, in der Lotterie viel gewonnen wird; es sei, so
oft noch diese Ziffer in das Jahr gefallen, die

Lotterie immer völlig bis auf den letzten Groschen
„ausgeplündert" worden — und sie heiße deswegen
die goldene Zahl.

Und so wie jeder wahre Philosoph das Ideale
stets mit dem Wirklichen, das Logische mit dem
Praktischen eint, so auch unser Weiser in Knechts=
gestalt. Mehr noch als die Planeten des hundert=
jährigen Kalenders achtet er die Witterungsanzeichen
in der Natur. Wenn der Rauch träge über den Dach=
first kriecht und an der anderen Seite wieder hinab=
duckt, wenn auf dem Düngerhaufen weißgelbliche
Schwämmchen wachsen, wenn der Kettenhund Gras
frißt, wenn die Raben schreien, wenn die Ameisen
sich verkriechen, so verpfändet er seine unsterbliche
Seele darauf, daß bald Regenwetter eintritt. Ebenso
sind ihm die ersten Lostage des Jahres die sichersten
Propheten für Sturm oder Ruhe, Gesundheit oder
„Sterb", Krieg oder Frieden. Und tritt die Erfüllung
der Vorzeichen nicht immer ein, so sind eben nicht
die Lostage schuld, sondern der traurige Unglaube,
welchen die Menschen heutzutage den allbewährten
Lostagen entgegenstellen.

Indeß, was in unseren Tagen gräuliche Anzeichen
auch prophezeien, sein Gewissen ist rein; nur das
wäre sein einziger Wunsch, daß vor dem Ende die
Ziffer 19 noch einmal die goldene Zahl würde.
Für ihn hat Sein und Vergehen keinen Sinn,
so lange er nicht einen Terno gemacht.

Unter solchem Sinnen und Sehnen vergeht der
Nachmittag. Dunkel wird's, die Mäuslein rauschen
im Stroh; der alte Ausgedingvater geht in die
Ställe zu dem lieben Vieh, der junge Bauer klappt
in stiller Befriedigung das uralte Gesetzbuch zu und
der Kleine hüpft lustig über den Hof und trillert
die „sechs Sünden im heiligen Geist".

Die Hebmutter.

Die Hebmutter?

Ihr habt sie doch Alle schon gesehen, die große, wohluntersetzte Frau, die gegen Weiber und Kinder sehr liebevoll ist und eine weiße Haube trägt! Am linken Arm hat sie immer einen Handkorb — klein zwar, aber geheimnißreich. Sie wohnt in einem Hause gegen das Ende des Dorfes hin. Das Haus ist ebenfalls klein und geheimniß= reich. Die Frau wohnt einsam und allein. Es gehen oft Dinge vor in dem kleinen, verschlossenen Hause, manches Tränklein wird gebraut, manche Salbe abgesotten für Leibes= und Seelenschmerz. Außen, über der bunt angestrichenen Thür hängt das Bild= niß der heiligen Jungfrau mit dem Kinde.

Das ist das Schild.

Die Frau ist geachtet im Dorfe und gesucht. Junge Ehegattinnen sind ihre besten Freundinnen.

Wenn eine Trauung stattfindet, so steht sie mit ihrem
Handkorb schon an der Kirchenthür und denkt von
der Braut: Bislang bist Du die Stolze gewesen
und hast zu Frohnleichnam nicht mit mir gehen
wollen, weil Du das Kränzel trugst und ich das
Häubel. Du hast gern die Augen niedergeschlagen
und hast mich nicht hineingucken lassen in Dein Herz.
Das wird jetzt anders werden. Wohl wirst Du die
Lieb' Deinem Manne gestehen, aber mir wirst Du
noch mehr gestehen!

Und noch vor Abend weiß sie einen Moment zu
erhaschen, um der Braut zuzulispeln, wie sie es mit
ihrem Kränzlein zu halten. Nicht auf einmal muß
das verknittert und verdorben werden. Zuerst ein
Blättchen loslösen, dann ein Zweiglein umbiegen,
dann ein Knösplein entfalten, dann Das und Das —

So muß man's halten mit dem jungfräulichen
Hochzeitskranze.

Und die freundliche Frau giebt dem jungen
Weibchen noch viele andere Rathschläge.

Die Braut schlägt beide Augen zu Boden.

Wohl plätschert der Dorfbrunnen manchen Tag
und manche Woche, ehe sich etwas ereignet, was da
aufgeschrieben zu werden verdient im Buche des
Lebens.

Eines Morgens aber klopft es denn doch an der
Thür der Hebmutter.

Die junge Bäuerin ist da.

Heute schlägt sie die Augen nicht mehr nieder; mit rührender Offenherzigkeit erzählt sie ihr innerstes Empfinden.

Und die würdige Frau giebt heute keine Rath= schläge mehr, sondern Verordnungen.

Die Bäuerin darf, abgesehen von Anderem und Anderem, nicht in die Sonne blicken, nicht ein ein= zelnes Auge zudrücken und das andere offen halten, keinem Hasen nachsehen und im Falle eines jähen Schreckens mit der Hand das Antlitz nicht berühren. Sie darf, selbst wenn es ihr sehr danach gelüsten sollte, nicht einmal Kreide oder Wagenschmiere essen, auch nicht Baumwolle.

„Ja, da will ich Dir gleich was erzählen," sagt die Hebmutter, „man darf nicht viel Spaß machen, und ich vergeß' dieselb' Begebenheit mein Lebtag nicht. Kennst Du die Schwaigraiterin in Mitterberg? Gelt? Schau, wie die zum erstenmal auf schwerem Fuß herumgegangen ist, hat sie einmal einen halb= nackten Bäckergesellen gesehen und ist ihr die Lust kommen, daß sie dreimal in seine Schultern beißen möcht'. Darauf hat sie ihren Mann kniefällig ge= beten, er möcht' ihr das doch zuweg' bringen, sonst müßt' sie sterben. Richtig hat der Schwaigraiter dem Bäckergesellen für den Biß fünf Zwanziger ver= sprochen und ist der Bäcker bereit gewesen. Ja, Du lachst gar. Zwei Biss' hat er ausgehalten, für den dritten ist ihm der Schmerz schon zu groß worden und er hat gesagt: Schwaigraiter, brauchst mir nur zehn Zwanziger zu geben, aber Dein Weibl hat ver= schnalzt junge Zähn'! Versteht sich, sie hat sich müssen zufrieden geben. Was meinst, das geschehen ist? In fünf Wochen drauf ist die Schwaigraiterin mit Dreilingen niederkommen — zwei davon haben das Leben gehabt, das dritt' ist todt gewesen!"

Und die Hebmutter verbürgt das Erzählte.

Dann vergeht wieder eine Zeit. Was im Laufe derselben im Dorfe geschieht — kein Hahn kräht danach, aber die Spatzen auf dem Dache schwätzen dennoch davon. Dann und wann kommt auch Meister Storch und guckt zum Schornstein hinab.

Endlich einmal, mitten in der Nacht, wird die Hebmutter geweckt, sie möge alsogleich zur jungen Bäuerin kommen.

Sie nimmt ihren Handkorb und eilt zur jungen Bäuerin.

Um diese sind bereits zahlreiche Weiber ver= sammelt, auch die Gobl ist schon da, und es wird viel gelispelt und geheim gethan. Indeß, das Ereig= niß des Hauses ist vorüber, die Engel haben ein Kindlein gebracht, oder es ist auf einem Kochlöffel die Mur oder Mürz herabgeschwommen, oder eine Taube hat's zum Rauchfang hereinfallen lassen — kurz, das junge Wesen ist glücklich da und be= findet sich bald darauf unter den Händen der Heb= mutter.

Ein Privilegium dieser ehrenwerthen Frau be=
rechtigt sie, daß sie gebieten kann, von Allem, was
im Stübchen geschieht, zu schweigen. Sie leidet keine
müßige Zeugenschaft, keine fremden Gesichter.

Wie ist es einmal der Baronin vom Schlosse
drüben ergangen?

Sie wurde von einer reichen Bäuerin zu Ge=
vatter gebeten und kam dann auch zur betreffenden
Stunde in Goldschmuck und rauschenden Gewändern
würdebewußt zu der Wöchnerin, um das Kind unter
die Taufe zu halten.

Die Hebmutter war eben beschäftigt, das Kleine
in einem Waschbecken zu baden und murmelte dabei
Gebete. Sie flehte alle himmlischen Heerschaaren und
alle Planeten an, daß sie sich den jungen Welt=
bürger empfohlen sein lassen wollten; sie legte hier=
auf das Kind nackt auf den Fußboden und machte
von demselben weg drei große Schritte nach rück=
wärts, um bildlich darzuthun, daß es nun bald
allein und selbstständig dastehe auf der Erde und
daß es sich selbst zu helfen suchen müsse. Bei dieser
Handlung zeigt es sich auch maßgebend, ob der
junge Mensch friedfertig oder händelsüchtig, von
ernstem oder heiterem Temperamente werde, je nach=
dem er sich auf dem Boden ruhig oder schreiend
und zappelnd verhält.

Die Frau Baronin sah diesen Dingen nicht ohne
einiges Befremden, aber doch lächelnd zu. Plötzlich

wendete sich die Hebmutter, hüstelte, und ohne alle
Umschweife spuckte sie der Baronin gerade ins Gesicht. Diese that einen Wehschrei und taumelte ohn-
mächtig zurück. Wohl sprangen sie ihr bei mit Wasser
und scharfen Tropfen, wohl warf sich die Hebmutter
vor der Tiefverletzten auf die Knie und flehte um
Verzeihung: „Ihre Gnaden hätten mit beiden offenen
Augen so auf das Kind hingeschaut, und Ihre Gnaden seien doch eine Fremde im Hause, das ließe
sich nicht leugnen, und darum habe sie, die verant-
wortliche Hebmutter, nicht anders gekonnt und habe,
um die Folgen des „bösen Auges" von dem Kinde
abzuwenden, das Unerhörte thun müssen und sie
lasse sich dafür todtschlagen, aber sie bereue es nicht;
es gäbe eben kein anderes Mittel gegen das „Ver-
schauen" und „Verschreien", und das sei gottswahrhaftig und dafür lasse sie sich rädern und das sei
ihr heiliges Vornehmen bis in die Ewigkeit hinein."

Die Frau Baronin, zitternd und todtenbleich,
ließ sich in ihr Schloß befördern und ihre Kammer-
frau mußte an Ihrerstatt die Pathenstelle vertreten.

Das aus dem Leben der Hebmutter. Nie läßt sie
die gewissenhafte Erfüllung ihres Berufes aus dem
Auge und nie ihren Handkorb.

(Es wären noch andere Dinge zu verzeichnen,
die jedoch, wie man sagt, nicht aufgeschrieben werden können.

's mag sein, 's mag sein; ich weiß es nicht.

Die Godl.

An demselbigen Tage, als die junge Thalfriederin Hochzeit hielt, sind die Schwalben
gekommen. Seitdem haben sie sich einge=
nistet auf dem Giebelboden des Hauses, durch dessen
Dachfuge sich zuweilen ein goldener Sonnenfaden
spinnt in das gewahrsame Nest. Frau Schwalbe ist
ein klein wenig unwohl; der Ammer und die Amsel
kommen geflogen zum Nest, zu sehen, wie es ihr
bekommt, der Gevatterin.

Der Tausend! Jetzt schwätz' ich von Vögeln, und
ich hab' Euch von Menschen erzählen wollen! Zu=
vörderst von der jungen, rosmarinfrischen Thalfriederin. Sonnabend ist's; ein Juliabend, so süß
und liebhold, daß man meint, die ganze Welt gehe
Arm in Arm mit ihrem Geliebten — dem lieben
Herrgott — im Garten spazieren. Die Thalfriederin
aber geht allein, nimmt nicht einmal ihren jungen

Gatten mit, singt und trillert auch nicht wie sonst, wenn sie über die grüne Wiese hüpft. Nein, die hat heute einen Stein auf dem Herzen.

Zum Nachbarhofe geht sie, mit der Nachbarin hebt sie an zu plaudern, zuerst laut und lachend, dann ein wenig leiser und zuletzt nur mehr wispernd und flüsternd. — Und gerade das geheimste Geflüster weiß ich zu erzählen. „Laubhofbäuerin" sagt man sonst zu der Nachbarin, welche die Thalfriederin heute besucht, aber diese nennt sie „Liebhofbäuerin", und 's ist doch nicht ihre Schwester, nicht ihre Jugendfreundin, sondern nur die ehrsame Nachbarin. — „So nicht weit um die Faschingstäg' herum wird's halt fallen," flüstert die Thalfriederin und legt ihren Blick auf den Boden, wo die Schuhspitze mit einem Holzsplitterchen Händel hat, „und daß ich Dir's nur redlich sag', Liebhofbäuerin, oftmalen hab' ich mir's schon vorgehalten im Gedanken: wenn ich einmal wen sollt' brauchen, die Hofbäuerin müßt's sein, zu der hätt' ich das Vertrauen; keine Andere thät' ich bei meiner Treu' gar nicht mögen —"

Es ist in der Küche; Mägde gehen ab und zu; die hantiren emsig am Herd, bei der Holzasen, beim Abwaschtrog; thun's aber mit möglichst wenig Geräusch und spitzen insgeheim die Ohren.

Die Thalfriederin merkt das wohl, oder sie ahnt es vielmehr, darum ein wenig vernehmlicher zur Liebhofbäuerin: „Ja, und deßweg', ich sag' Dir's

Nachbarin, und Du kannst mir's nit glauben, was das Jahr mit dem Kohlkraut für ein Kreuz ist! Die Würmer fressen mir's schier bei Putz und Stingel!" — Und dann, da die Mägde wieder ein wenig achtloser sind, flüsternd: „Auf Windelzeug brauchst nit zu denken, Lieblhofbäuerin, das schneid' ich mir schon selber zu, nur sonst thät' ich mich verlassen auf Dich und ich bitt' Dich gar schön!"

„Selb' freut mich), selb' freut mich rechtschaffen," versetzt die Hofbäuerin, „und schenkt uns der lieb' Herrgott das Leben, so erweis' ich Dir's von Herzen gern, und ist die Zeit da, so laß' mir's nur sagen."

Sie lispeln noch lange und plaudern laut von den Hühnern, Dienstleuten, Schweinen, und was in der Wirthschaft vorkommt, und es hebt schon zu dunkeln an, als die Thalfriederin treuherzig „Behüt' Dich schön Gott, Gevatterin!" sagt und nach Hause eilt. Sie singt und trillert unterwegs wie die Grillen im Grase; der Stein ist weg vom Herzen.

Kümmert Euch um die nächsten Monate nicht; sie sind eine freudvolle, leidvolle Zeit. Die Schwalben ziehen mit ihren flüggen Jungen ab, aber weit ehe sie wieder kommen, wird im Thalfriederhofe ein ander' Nest genistet, zwitschert ein ander' Junges.

Da ist der Tag, an dem die Lieblhofbäuerin ihr Amt antritt. Im festlichen Aufbausche kommt sie gerauscht. Sie kommt als Gevatterin und als „Godl" (Pathin). Hat einmal Einer so einen

Goblanzug untersucht, hat von außen nach innen neun Röcke gezählt und ist dem Anstande noch nicht zu nahe gekommen! Die Hofbäuerin erscheint heute im Thalfriederhause als ein gedoppeltes Wesen. Der Wöchnerin gegenüber, wie schon bemerkt, als Gevatterin mit praktischen Rathschlägen wohl ver= sehen und überall beispringend, im Wettkampfe mit der Hebmutter die alte Sitte, die Schicklichkeit überwachend. Das ist ein wichtig' Amt, gehört eine ein= und umsichtsvolle Frau dazu. — Dem Kinde gegenüber aber erscheint die Hofbäuerin als Gobl, ausgerüstet mit aller Fürsorge und Liebe und Zärtlichkeit, mit kräftigen Segenssprüchen und weichen Windeln, und endlich mit einem zierlichen Packetchen, gewahrsam verschlossen und hellroth be= bändert, in welchem — nein, Alles auszuplaudern, das nicht.

Ich sage nur das: es ist sehr unartig von dem Neugeborenen und es verräth wenig Erziehung, daß er der vortrefflichen Gobl so häßliche Gesichter schneidet und ihr allbeide Ohren vollschreit von Dingen, die weder sie, noch er selbst versteht.

Doch man sieht dem Jungen viel nach und er wird troß alledem in eine schneeweiße „Fatschen" mit einem hochrothen Streifen gewickelt, es wird ihm ein Häublein über den Kopf gestreift, das in seiner weißen, blauen und rothen vollendeten Schön= heit allein schon der Mühe des Geborenwerdens

verlohnt. Und weit mehr noch, der Junge wird in
die mildreiche Verwahrniß der Godlarme gebettet
und zur Kirche getragen. Wer ist es, der ihn vom
Teufel lossagt, zu dem er gekommen, er weiß selber
nicht wann und wie? Die Godl. Wer ist es, der
ihm den Eingang in die Kirche vermittelt, die er
benöthigen wird, er weiß selber noch nicht warum?
Die Godl. Wer ist es, der ihm den Namen zutheilt,
den er einst zu einem guten oder schlechten machen
wird? Die Godl. Wer ist es endlich, der den jungen
Erdbewohner unter das heilige Taufwasser hält,
damit der „Jude" weggeschwemmt werde? Die Godl
ist es. Und wer ist es zuletzt und allerletzt, der
statt des Kleinen dem Pfarrer einen Zwanziger
giebt für die heilige Taufe? — Kein Mensch kann
jemals seiner Godl all' die Gutthaten erstatten
Ein Nichtsnutz, wer einer umfangreichen Godl
muthwillig die Röcke zählt; der Umfang berechtigt
sich, sie hat ein großes Herz!

Es bleibt aber nicht bei dem allein. Kaum die
Octav vergeht, erscheint ein gewichtiger, hoch auf-
gegupfter verhüllter Korb im Thalfriederhofe. Das
feinste Backwerk, die größten Eier, die süßeste
Butter, das fetteste Huhn! — Säugling, Säugling,
Dir giebt Gott Deine Zähne um ein gut Jährchen
zu spät. Aber beruhige Dich, Deine Mutter hat
deren einen Mundvoll, und was im Korb, kommt
doch Dir zu Gute.

Der kleine — welchen Namen hat ihm die Godl bescheert? ihr Mann heißt Josef; ist ihr denn, und mit Schick, der Josef auf der Zunge gelegen — der kleine Josef gedeiht recht prächtig; und alle Weihnachten kriegt er von der Godl sein Kletzen= brot, und alle Ostern seine rothen Eier, und alle Pfingsten ein Körbchen Kirschen, und zu Allerheiligen ist ihm ein schön geflochtener, zierlich durchbrochener Allerheiligenstritzel gewiß. Und so oft der „Seppert" in das Laubhofbauernhaus kommt, wird ihm ein „Stränblein" (Eierkuchen) gebacken und sein ge= zuckert vorgesetzt, und was er nicht an der Stelle mag verzehren, das steckt ihm die Frau Godl in den Sack. Und so oft ihm die Godl auf dem Schul= oder Kirchweg begegnet, mag er schon lugen nach einem Kreuzer oder — kann er schön bitten — gar nach einem funkelnagelneuen Gröschlein.

Der Josef wächst auf „wie die Rüben auf dem Feld", und auf einmal bekommt er vom Schuster ein ganz närrisch' Paar Schuhe. Diese Schuhe laufen aus in der Nacht, aber nicht zu der Liebhofbauern= Godl, zu einer andern; laufen endlich gar am helllichten Tag zu ihr, es sind wunderliche Schuhe, es sind herzensgute Schuhe, es sind arge, böse Schuhe — es sind Freiersschuhe.

Die Liebhofbauerngodl geht das aber auch was an. Was sie wackeln kann, wackelt sie zum Krämer, kauft ihm all' seine Sammtblumen und Papier=

röslein und Seidenbänder mitsammt den Schachteln
weg, kauft ihm die feinste Leinwand ab, es ist schier
keine fein genug, sie gehört ihrem Göden zur Braut-
pfaid.

Und am Hochzeitstage ist es auch, daß die Thalfriederin ihrem Sohne ein gewahrsam verschlossenes,
hellroth bebändertes Packetchen zusteckt. Es ist aber
nicht von der Mutter, es ist von der Godl. Die
Braut, die heute Alles öffnen darf, was kommt
und schon da ist, öffnet das Packetchen. Ein paar
helllichte Thaler zwinkern ihr zu, oder gar ein roth-
wangig Ducatlein, und in einen heiligen Josef ist
das Geld gewickelt; das Heiligenbild hat das Geld
bewacht, daß kein böser Feind es hat anblasen mögen,
daß es rein ist verblieben und ohne Verlockung und
böse Begier, und daß der Segen Gottes daran hat
gehalten bis zu diesem Tage; denn das Pathen-
geld, das „Krcsengeld“ eröffnet zum guten Anfang
die Ausgaben des eigenen Hauses, oder wird mit
dem Brautschmucke verwahrt im geheimsten Lädchen,
für Kinder und Kindeskinder.

Mit diesem Tage der Trauung verliert die Godl
ihr Anrecht an dem „Göden“. Sein Weib ist da,
das muß und will sein Alles sein.

Aber wie der Josef vorch von seinem Schuster
auf einmal die närrischen Schuhe bekommen hat,
näht ihm dereinstmalen eine Nähterin eine wunder-
same Pfaid. Er legt die Pfaid wohl an den Leib.

pfeift leicht gar dabei ein lustig Liedchen. Die Fäden
sind weich, umweben ihn so lind — das Auge will
ihm sinken, ein letzter Athemhauch hebt alle Lust
und alles Leid aus tiefem Herzen. Die Sterbepfaid
ist es gewesen, und bald künden es drei Kirchen=
glocken, daß der Gräber grabe, daß der Nach=
bar bete.

Ein Weiblein hört's und hebt das Vortuch
zitternd bis zu den Augen. Dann erhascht es seinen
Stock und holpert dem Krämer zu: ihr „Göd" sei
gestorben, sie wolle einen „Ueberthau" (Sargtuch)
taufen für die Truhe. — — Ei! lebt die Liebhof=
bäuerin noch? — Ja, sie hat gewartet, um an ihrem
Pathenkinde auch die letzte Pflicht noch zu erfüllen
nach alter Sitte. Der Ueberthau, der unseren Sarg
umhüllt und dereinst am Auferstehungstage unser
Kleid sein soll, der ist nach der Väter Brauch die
letzte Spende von der Godl.

Und dann, bevor sie, die Liebhofbäuerin, selbst
zur Ruhe geht, zieht sie noch ein vergilbtes Lein=
wandstück hervor; das möge man ihr — bittet sie —
über die Truhe breiten, es sei ein Andenken von
ihrer seligen Pathin.

Der Winkeldoctor.

Das Häuslein steht nicht im Dorfe. Das hat sich zurückgezogen hinter die Felder und Wiesen, und dort am Waldessaum, unter den langästigen Schwarzfichten, bückt es sich nieder. Es ist aus Holz gebaut, hat aber große Fenster mit rothbemalter Einfassung, hat eine bunt angestrichene Thür, auf welche der „Haussegen" genagelt ist.

Ferner hat es ein weit hervorstehendes Stroh= dach und einen hohen, hölzernen Rauchfang, aus welchem zu jeder Tageszeit bläulicher Dunst, oft nicht ohne Wohlgeruch, emporsteigt. Hinter dem Häuslein, auf einem Steinhaufen, liegen Scherben zerbrochener Glasfläschchen in verschiedenen Farben, deren einstigen Inhalt wir an einzelnen Glasstücken zum Theile noch krystallisirt finden.

Nun möchten wir wohl gern ein wenig in das Häuschen hinein gehen, aber die Thür ist verriegelt.

Der Kopf einer alten Frau, deren Augen von einer umfangreichen Brilleneinfaffung eingerahmt sind, erscheint am Fenster und behauptet dreist, daß „kein Mensch daheim" sei.

Noch energischer protestirt gegen unser Pochen an die Thüre der Kettenhund, welcher mit all' seiner Macht an der Kette reißt, so daß sein Bellen zuletzt schon in Gurgeln und Röcheln ausartet.

In dem Häuschen wohnt der Herr Doctor Augustin Waibel, den wir heute besuchen wollen, insofern wir nicht früher der Wuth des Kettenhundes oder jener der keifenden Frau am Fenster erliegen. —

Ein Büblein vom Nachbar steigt barfuß daher, bleibt aber eine Strecke vor dem Häuschen auf dem Anger unentschieden stehen und ist ganz rathlos.

Zurück kann nicht mehr, so lange es sich seiner Sendung nicht entledigt, und vorwärts kann es auch nicht, denn der Türkl, das ist ein gar so verfluchtes Thier, das hat dem Büblein letzthin das halbe Leinenhösel vom Leibe gerissen.

Wie der Kleine nun so dasteht, giebt es nur noch ein Mittel: er beginnt mählich zu weinen.

Das sieht und das hört die Frau am Fenster, und nun geht sie an die Thür, öffnet und schreit: „Jetzt geh' nur her, Natzl, ich bin schon da und der Türkl thut Dir nichts!"

Und so huscht der Natzl an dem Kettenhund vorüber und ins Haus.

Die kleine Stube ist sehr reinlich gehalten und
an den Wänden und Schränken, die da herum stehen,
sind weiße Rosen und grüne und blaue Vögel ge=
malt und darunter auch der „süße Namen" mit
seinen drei Nägeln und seinem rothen Herzen —
wohl lieblich zu schauen. Auf einem hohen Kasten
liegen mehrere dickbauchige Bücher mit rothen Schnit=
ten und ledernen Klappen. Ueber dem außerordent=
lich rein gescheuerten Tisch vor den zahlreichen
Heiligenbildern in Glas hängt der heilige Geist in
Gestalt einer Taube aus färbigem Papier.

An dem Tische sitzt ein alter Mann, von dessen
Antlitz wir nur das glattrasirte zweieckige Kinn, den
tiefeingefallenen geschlossenen Mund und die Spitze
der Nase sehen. Alles Andere wird durch einen un=
geheuren grünen Schild der Tuchkappe verdeckt.

Der Mann liest in einem uralten Buch, dessen
gelbe Blätter an den Rändern und zwischen den
Abschnitten mit weißen oder grauen Papierschnitzchen
sorgsam ausgeklebt und beschlagen sind, denn der
Zahn der Zeit und wohl auch Hände der Menschen
haben an dem Buche schon arg gewirthschaftet.

Und das Buch ist ein wahres und unersetzbares
Schatzkästlein, wie es keines sonst auf Erden giebt
— ein „Kräutterbuch, allwo die Kräutter und Wur=
zen, so GOtt der HErr für alle Gebrechen und
Leibesnoth hat wachsen lassen, allmitsambt deren
Gebrauchsanwendung zum Heil der Menschheit für=

trefflich beschrieben seind“. Das steht mit großen,
rothen und reichlich verschnörkelten Buchstaben auf
dem ersten Blatt des Buches zu lesen. Unten heißt
es noch: Gedruckt in diesem Jahre — die einzige
Unrichtigkeit in dem ganzen Werke, denn heute und
in diesem Jahre, da die Menschen so schlecht und
ungläubig geworden, sind sie nicht mehr im Stande,
ein solches Buch zu schreiben und zusammenzustellen.
Darum eben ist das Buch, in welchem der alte Mann
eifrig, und zwar mit Hilfe von zwei Fingern liest,
ein unersetzbares Schatzkästlein.

Einmal kam der Schulmeister herauf in das
Haus, um für eine kranke Ziege einen heilenden
Trank zu holen. Dieser sagte über das Buch fol-
gende Worte: „Waibel, Euer Kräuterbuch da ist seit
hundert Jahren schon verjährt, so wie der Satz:
Gedruckt in diesem Jahre.“

Was war die Folge dieser Worte? Waibel sagte
langsam und ruhig: „Dann hab' ich nichts für Euer
Vieh,“ verweigerte den heilenden Trank und des
Schulmeisters Ziege war verloren!

Zu diesem Manne nun tritt der kleine Nazl in
die Stube.

„Was weißt?“ fragt ihn der Alte, denn er fragt
nie: Was willst Du, oder was führt Dich zu mir?
sondern immer: Was weißt?

„Ja, mein Vater läßt den Schuster=Stindl bitten,
wenn er halt thät' —“ hier wird der Kleine unter=

brochen. „Geh' nur, geh'!" jagt der Alte. „Der Schuster=
Stindl thut nichts, und der Schuster=Stindl hat
nichts. Und wenn Dein Vater etwa einen Kranken
hat, jo joll er fleißig zu einem Arzt gehen und nicht
zum Schuster=Stindl."

Jetzt erinnert sich das Büblein wohl, daß ihm
sein Vater aufgetragen, zu dem Manne beileibe nicht
„Schuster=Stindl." zu sagen, sondern „Herr Waibel".
Freilich wohl war der Herr Waibel einmal Flick=
schuster gewesen, aber seitdem er in seinem Schatz=
kästlein die Geheimnisse der Medicin ergründet, flickt
er keine Stiefel mehr und macht, außer wenn er in
medicinischer Gelehrsamkeit spricht, auch keine neuen,
kann es also füglich nicht zugeben, wenn man ihn
mit einem Titel beehrt, den er gegenwärtig nicht
verdient.

„Herr Waibel, Herr Waibel!" stottert nun der
Junge mehreremale, um die Scharte auszuwetzen,
und die alte Frau ergreift für ihn Fürsprache, in=
dem sie sagt: „Der Hund hat ihn frei so viel er=
schreckt, daß er jetzt völlig nicht weiß, was er sagt."

Der Alte schüttelt den Kopf: Der Hund Schuld?
Das kann sein und kann nicht sein! — aber er läßt
Menschlichkeit walten, wie es Männern hoher Weis=
heit am Ende ja geziemt.

„Und was weißt?" fragt er noch einmal.

„Ich thät' bitten — meinen Vater, den druckt's
so im Magen, und ein Roß haben wir auch), das

auf dem Stroh liegt und wild herumschlägt und
nicht auf kann."

„Hast ein Wasser?"

„Vom Roß nicht, aber vom Vater," sagt der
Kleine und thut ein Glasfläschchen aus der Rock=
tasche.

In diesem Fläschchen befindet sich eine Flüssig=
keit, die der Herr Waibel sorgfältig betrachtet.

Der Knabe erzählt noch, wie dem Vater ist, aber
der Alte hört nicht darauf, wozu auch? das sieht er
ja Alles im Fläschchen.

Er begiebt sich sofort aus der Stube, man kann
nicht sagen wohin, denn man weiß es nicht. Dann
und wann hört man ihn draußen in der Küche, her=
nach wieder oben auf dem Dachboden, dann hört
man ihn eine lange Weile gar nicht, und dann hört
man ihn wieder in der Küche und dann im Neben=
stübchen, und endlich kommt er zur Thür herein und
trägt eine ungeheuere Glasflasche, wohl verkorkt und
mit einem hellrothen Papier den Kork über=
bunden. Der Inhalt der Flasche ist schwarz und
trüb, aber es ist der Balsam des Lebens, theilweise
den Heilquellen des Schatzkästleins entsprungen,
theilweise aus den „Sympathiemitteln" zusammen=
gesetzt. Die „Sympathiemittel", wenn auch nur weni=
gen Auserlesenen zugänglich, haben eine gar wunder=
bare Kraft, sie heilen die allerhartnäckigsten Krank=
heiten, selbst wenn sie durch Hexerei „angethan"

sind. Darum haben diese herrischen Doctoren in der Stadt gar kein Glück im Curiren, weil sie an kein „Sympathiemittel" glauben. Worin nun diese Mittel bestehen? — Das weiß der Waibel.

Also, er tritt mit der Flasche in die Stube und sagt zum Kleinen, der auf der Ofenbank sitzt: „So, Bübl, das trägst mit, und Dein Vater soll alle Stund zwei Eßlöffelvoll davon nehmen, dann wird's schon besser werden!"

„Und das Roß?" wagt der Kleine schüchtern zu bemerken.

„Ja glaubst denn, Dein Vater sauft die ganze Flaschen allein? Dem Roß gießt's des Tags dreimal ein Halbseidl davon ein! Und Deinem Vater sag', er soll in der warmen Stuben bleiben und kein Wasser trinken. Wenn's noch nicht gut wird, so geb' ich ihm ein Pflaster, das wird's schon ausziehen!"

Somit weiß das Büblein Alles. „Zahlen wird der Vater!" sagt es noch; dann hilft ihm die alte Frau an dem Türkl vorüber und dann läuft es, die kostbare Flasche vorsichtig mit beiden Armen um=fangend, barfuß davon.

Herr Waibel setzt sich wieder zu seinem Buch und vertieft sich in das Studium. Die alte Frau bringt ein Gefäß mit Arnikablüthen herein und beginnt in denselben nicht dazu gehörige Bestandtheile aus=zu=klauben; dabei schiebt sie nicht selten die Brillen über die Nase hinauf; die würdige Frau sieht ohne Brillen

schon schlechter als mit Brillen, obwohl diese kein Glas
haben, was den Vortheil bietet, daß es nie geputzt
zu werden braucht. Der Alte muß an den seinen
unaufhörlich wischen und reiben. Leute hatten der
alten Frau schon gesagt, Brillen ohne Glas nützten
nichts, worauf der Waibel sagte: so schaden sie auch
nichts, und die Frau behauptet, sie sähe dadurch doch
besser, was jedenfalls einem „Sympathiemittel" zuzuschreiben sein mag.

Schon wieder beginnt der Türk zu bellen und
an der Kette zu reißen und zu gurgeln, und gleich
darauf tritt ein fremdes Weib herein.

Das sagt sittsam seinen Gruß und die beiden
Alten sagen ihn sittsam zurück. Dann setzt sich die
Angekommene auf die Ofenbank, sagt aber nichts,
und wenn sie hustet, so hält sie ihr sorglich gefalte-
tes Handtuch vor den Mund. So bleibt sie sitzen,
bis der Alte aufschaut und fragt: „Was weißt?"

„Halt eine schöne Bitt' hätt' ich, Herr Doctor
Waibel! Ich bin Eine da von der Schattenseiten
herüber und mein Mann ist mir schon über ein
ganzes Jahr krank. Zuerst ist ihm die Katz auf's
G'nick gesessen (ein Ausdruck für Genickkrampf) und
so hat's angefangen, und dann ist's alleweil schlechter worden und er ist auf's Bett kommen, daß wir
ihn drei Tag und Nacht nichts als abgeleuchtet (mit
dem Sterbelicht versehen) haben. Dann ist er wohl
wieder besser worden, aber jetzt serbt (kränkelt) er so

und er geht herum wie ein Geist, und Händ' und Füß' hat er mir völlig wie der Tod. Von drei Badern haben wir braucht und Hausmittel haben wir angewendet; 's ist Alles für die Katz! Und da haben uns die Leut' halt den Herrn Doctor Waibel angerathen und so bin ich da und ich thät' bitten, ist denn gar kein Mittel mehr für meinen Mann?"

Der Alte ist während dieser Erzählung über dem Boden auf= und abgegangen, hat ruhig zugehört, und wie das Weib fertig ist, sagt er langsam: "Doctor Waibel? Ist nicht da. Kenn' keinen Doctor Waibel."

Da sagt das Weib ganz erschrocken: "Du meine Zeit, jetzt, sie haben mich ja da her gewiesen!"

"Wer mir mit so was kommt und mir Schmeicheleien sagen will, der richtet bei mir nichts aus," versetzt der Mann ruhig und geht aus der Stube.

Das fremde Weib bleibt auf der Ofenbank sitzen — er wird schon wieder kommen! Es holt das Fläschchen hervor und zeigt es der alten Frau. Die sieht es gegen das Fenster gewendet an: "Das Wasser ist rechtschaffen bleich, der Kranke hat's Zehrfieber."

Dann sprechen die zwei Frauen zusammen von Diesem und Jenem und die Fremde bleibt sitzen und wartet auf den „Doctor". Aber der Doctor kommt nicht. Man hört ihn weder in der Küche, noch auf dem Dachboden, noch irgend wo anders

Und er kommt nicht. Endlich geht die alte Frau selbst davon und die Fremde bleibt auf der Ofen= bank sitzen und es wird Abend, aber der Doctor kommt nicht.

Jetzt beginnt die Arme zu weinen. Da ist sie so weit hergekommen, daß sie Hilfe finde für ihren kranken Gatten, und hier läßt man sie sitzen stun= denlang, und nun muß sie fort am Abend und muß den weiten Weg in der Nacht allein machen, und wenn sie heimkommt, hat sie doch keinen Trost für den Kranken!

Sie hat den Alten beleidigt, weil sie ihn Doctor nannte; darum that er ihr die Schmach und das Leid an. Aber, wenn er rechtlich befugt ist, Heil= kunde auszuüben, so muß er ihr eine Medicin ver= abreichen, und wenn er nicht dazu befugt ist, so kann sie sich dadurch rächen, daß sie ihn gerichtlich an= zeigt. Sie denkt vielleicht daran, aber der Alte ver= sieht verschiedene „Sympathiemittel" und zuletzt thut er ihrem Manne gar an, daß er auf der Stelle sterben muß! Sie schleicht still aus dem Hause und geht traurig ihrer Gegend zu, aber den Waibel zeigt sie nicht an beim Gerichte.

Und so vergeht im Häuslein am Waldrain ein Tag wie der andere.

Oft ist die ganze Ofenbank voll von Menschen. Eilboten sind herbeigeeilt und berichten athemlos von Schwerkranken, von Sterbenden; es handelt sich

hauptsächlich darum, daß sie in ihrer Aufregung
weder „Herr Doctor" noch „Schuster-Stindl" sagen.
Gelingt ihnen zwischen diesen Titulaturen die goldene Mitte, so nimmt ihnen der Waibel ruhig das
Fläschchen ab und studirt, es aufmerksam gegen das
Licht haltend, darin die Krankheit. Und wenn er
dieses einmal thut, dann wohl dem Boten und dem
Kranken! Der Waibel bietet die ganze Wunderkraft
seines Schatzkästleins auf; wenn dann der Kranke
dennoch stirbt, so geschieht   wegen Vertrauens-
losigkeit zum Arzt oder aus purem Leichtsinn der
Wärter.

Auch hinfällige Gestalten mit gelblich bleichen
Gesichtern und verglastem Blick sind herangeschnauft.
Wenn solche auf der Ofenbank sitzen und ihre großen
Augen unstet hin- und herrollen lassen, so meint
man, sie seien schon einmal auf dem Bahrbett gelegen, und wenn sie sprechen, so giebt das einen
hohlen, unheimlichen Ton, und wenn sie lächeln
wollen, Gott erbarm', so wird ein wehmüthiges
Grinsen daraus. Sie erwarten kein Heil mehr von
der Medicin, noch von irgend einer anderen Macht
der Erde, und doch sind sie hieher gekommen mit
großer Müh' und Noth, aus weiter Ferne oft, auf
daß der Waibel ihnen helfe.

Und der Waibel erscheint ihnen wie der Heiland,
der Jedem helfen könne, wenn er nur wolle. Dieser
nimmt die Armen nun liebreich mit in das Neben-

ſtübchen; er frägt Keinen: was weißt, — er bedeutet
ihnen nur, daß ſie den Oberkörper entkleiden. Iſt
dieſes geſchehen, ſo knieen ſie nieder und nun beginnt
der Waibel mit ſeinem rechten Daumen die bloßen
Stellen nach allen Richtungen zu bekreuzen und dabei
folgende Worte zu ſprechen:

> „Armer Sünder, Du,
> Die Erde iſt Dein Schuh;
> Mark und Blut,
> Der Himmel iſt Dein Hut.
>
> Fleiſch und Bein
> Sollen von Dir geſegnet ſein,
> Du heilige Dreifaltigkeit
> Von nun an bis in Ewigkeit!"

Der Waibel thut auch manch' Anderes noch,
ſagt auch Worte, die wir nicht verſtehen können,
weil ſie ſchon zu ſtark in die „Sympathiemittel"
einſchlagen.

Und ſiehe, Kranke, die ohne Halt und Heil dem
Grabe zuzuſiechen ſchienen, werden nach dergleichen
Hokuspokus oft wieder geſund. So feſt und zuver-
ſichtlich iſt der Glaube an Waibel's Wundermacht
und ſo mächtig wirkt im Gemüthe des Kranken ein
feſtes zuverſichtliches Vertrauen auf den Arzt und
ſeine Heilmethode.

Freilich wohl giebt es in der menſchlichen Natur
Zuſtände, wo das „Abbeten" unbedingt erfolglos
bleibt; aber Herr Waibel hat auch ſonſt noch
die verſchiedenſten Mittel. Für ein gebrochenes Bein

stehen oben auf dem Dachboden mächtige, unwider=
stehliche Schrauben in Bereitschaft. Für Entzün=
dungen trägt er das scharfe „Aderlaßmesser" mit
sich herum, und für den Zahnschmerz hängt an der
Wand eine Eisenzange, das einzige aus der Stiefel=
flickperiode übriggebliebene Werkzeug. Zwar nimmt
sie in ihrem jetzigen Beruf mit dem kranken Zahn
auch gern den gesunden Nachbar mit, was indeß die
„Zahnbrechergebühr" nicht erhöht.

So vergehen die Zeiten. Herr Waibel weiß den
Werth der Gesundheit zu schätzen, auch wenn er
diese nicht immer zu geben vermag. Er macht glän=
zende Geschäfte und das alte Schatzkästlein füllt ein
neues. Da schlägt einmal mitten in der Nacht der
Kettenhund an, und zwar mit gewohnter Heftigkeit —
Ein drängender Krankenbote wird's sein. Diesmal
nicht. Der Bezirksarzt ist's, in Begleitung des Ge=
richtsdieners und zweier Gendarmen. Wollen die gar
auch ein „Sympathiemittel" haben? Nein, nicht das.
„Heilige Barbara und heiliger Johannes, sie sind
schon wieder da!" jammert die Frau.

„Aufmachen, aufmachen, Herr Doctor Waibel!"
rufen sie draußen.

„Da wohnt kein Doctor Waibel," schreit die Alte
durch das Fenster, „da wohnt der Schuster=Stindl!"

Jetzt kracht es, fliegt die Thür auf, da stehen sie
Alle in der Stube und der Waibel ist mitsammt der
Schlafhaube aus dem Bett gesprungen. Er findet

das in seinem eigenen Hause sehr zudringlich. Er
muß die Männer in das Nebenstübchen, in die
Küche, auf den Dachboden führen, sie stöbern Alles
auf, sie werfen Alles auseinander, sie fluchen, sie
fragen den Alten, wo er seine Medicamente habe.
Der zuckt die Achseln und breitet die Hände aus:
„Ja, ich weiß nicht, was die Herren bei mir wollen?
Medicamente, du heiliges Kreuz, wüßt' nicht, wo ich
diese hernehmen sollte!"

Mittlerweile ist es seinem Weibe gelungen, das
„Kräutterbuch" in Sicherheit zu bringen. Nur auch
noch des Kellerschlüssels will sie sich bemächtigen,
da stürmen die Männer schon herbei, sie wollen in
den Keller hinein. — Wird wohl nicht viel zu finden
sein, unter dem Stroh ein wenig Erdäpfel. — Aber
wie sie das Stroh entfernen, da finden sie Flaschen,
Bündelchen und verschiedene andere Gegenstände,
wie man sie im gewöhnlichen Leben nur selten sieht.
Von nun an spricht der Waibel kein Wort mehr.
Sie haben Alles, sie wissen Alles. — Und jetzt
führen sie den Waibel fort zum Gericht und er
kommt wochenlang nicht heim.

Die Alte zu Hause kommt deshalb nicht in Verzweiflung; das geht dem Waibel ja oft so, das
gehört zum Geschäft, und die Leute gehen dann nur
noch um so lieber zu dem Märtyrer. Mittlerweile
führt die Frau das Hauswesen und auch das Geschäft fort; wenn die entsetzlichen Männer auch den

ganzen medicinischen Vorrath im Keller mitgenom=
men haben, so ist ihr doch der Urquell von Allem
geblieben, das Kräuterbuch. Und auch sie versteht
etwas in demselben, und auch zu ihr kommen die
Leute in Noth und Drangsal — und nun erst ge=
langen ihre Brillen auf der Nase zur vollen Bedeut=
samkeit.

Und Herr Waibel kauert in einem Winkel des
Bezirksarrestes und träumt von seinem Schatzkäst=
lein und sinnt auf neue „Sympathiemittel" — und
jetzt erst ist er der rechte Winkeldoctor. —

Der Lotterienarr.

Der Lipp, das ist ein Mann, der einmal gern lachte. Er war aber nicht Jünger jenes Philosophen, der die Welt belachte und sich selbst beweinte, nein, auch sich selbst belachte der Lipp. Bei Allem, was er dachte, sprach und that, lachte er still und heiter vor sich hin, lachte in seine Tabakspfeife hinein. Er hatte wohl Ursache zur Heiterkeit, denn ihm gingen alle Wünsche in Erfüllung, weil er sich eben nur das wünschte, was bei ihm leicht in Erfüllung gehen konnte. Der „liebe G'sund" und ein „leidlich guter Weg" für sein Fuhrwerk war ihm die höchste Gunst des Schicksals. Er war Kohlenführer und kam mit seinem schwarzen Gefährte jeden Tag von den Köhlereien im Gebirge in das Dorf Niederleuth, wo die Gewerkschaften sind. Aber es gehörten die Kohlen nicht ihm und es gehörten die Pferde nicht ihm; und seine läßlichen

Sünden waren die, daß er sich bis nun in sein
fünfundzwanzigstes Lebensjahr herein noch gar nichts
erworben hatte, als das tägliche Brot und den guten
Appetit dazu. Unter solchen Verhältnissen hatte er
freilich leicht lachen.

So saß er jeden Tag auf seinem hochgeschichteten
Kohlenwagen wie auf einem Thron und hielt den
Leitriemen der Pferde in der Hand, sang bisweilen
ein keckes Standliedel und bot jedem Vorüber=
gehenden, Vorüberfahrenden ein gutes Wort an.
Nicht ein einzigmal kam er mit anderen Fuhrleuten
des Ausweichens wegen in Streit; wenn ihm aber
Jemand eine Pfeife Tabak schenkte, so war er dafür so
dankbar, daß er den Wohlthäter, wo und so oft er
ihm auch begegnen konnte, immer schon von Weitem
anlachte.

Der Lipp war durchaus zufrieden mit dem, was
er war und hatte, gleichwohl er im Dorfe allerlei
Dinge sah, die ihm gefielen. Da standen am Wege
die Wirthshäuser, und er hätte den Durst dazu; da
hatte der Kaufmann in seinem Glaskasten neue
Taschenmesser und Peitschenstäbe aufgestellt. Eine
silberne Sackuhr, wie sie dort im Eckhause zu kaufen,
wäre ein unterhaltsam Ding den Bergweg entlang.
Mancher der Dorfbürger hatte ein flinkes Rößlein
und ein Steirerwägelchen d'ran und da saß er drin
und kutschirte flott durch die Gassen und hatte eine
feine Cigarre im Mund. Und wenn er wollte, so

lenkte er nun, fuhr lustig seinem Hause zu, wo das
Weib war mit dem Kälberbraten, mit dem Kaffee ...

Wer's hat, der braucht's, dachte sich der Kohlen=
führer, arm ist nicht, wer wenig hat, sondern, wer
viel braucht.

Beim Tabakverleger war des Lipp Haltstation;
und während ihm sein Tabak in's Papier geschlagen
wurde, sah der Kohlenführer die weiße Tafel an,
die über dem Fensterchen stand. Auf der Tafel war
geschrieben: „K. k. Lotto=Collectur."

Da lächelte der Lipp nur so still vor sich hin:
„Kriegst mich nicht d'ran, mir sind meine zehn
Kreuzer, die ich hab', lieber wie Dein Terno, den
ich nicht krieg'."

Aber die Wirthshäuser standen halt immer an
der Straße, und der Kaufmann und der Uhren=
händler öffneten jeden Tag ihre Glaskästen, und
die Steirerwägelchen wirbelten Straßenstaub und Be=
gierden auf, und die weiße Tafel beim Tabak=
verleger schrie dem Kohlenführer jeden Tag in's
Auge: „K. k. Lotto=Collectur!"

Wie geht der Spruch? „Wer alleweil setzt, ist
ein Narr, und wer nie setzt, ist auch einer."

Ein Narr zu sein, das wäre dem Lipp doch zu
dumm. Auch träumte ihm in der Nacht seines
Geburtstages von sieben Rössern mit umgekehrten
Füßen. Sieben Rösser haben achtundzwanzig Füße,
giebt 7, 28, und letztere Zahl, wie die Füße umge=

kehrt, giebt 82. — Da legte er eines Tages zwei
Silberzehner vor den Tabakverleger: „Für Zehni
Tabak, für Zehni auf Ambo=Terno."

Der Alte gab mürrisch den Tabak, gab mürrisch
den Setzschein, und der Lipp fuhr damit schmunzelnd
seiner Köhlerei zu. Auf dem ganzen Weg dachte er
an den Terno. — „Aber, das sag' ich: wenn ich
was gewinn', die Halbscheid' davon geb' ich den
Armen. Meine Pfarrkirchen soll auch was haben von
der Sach'. Für mich behalt' ich nur, was ich noth=
wendig brauch'."

Da gehen zwei Wochen hin. Und eines Tages
erschrickt der gute Lipp bis in's Herz hinein. Wie
ein Messerstich ist's ihm, als er die Nachricht erfährt,
auf dem Brette stünden drei rothe Nummern:
7, 28 und 82. Von der Kohlenfuhr' kollert er herab,
in die Collectur wirbelt er: „Herr Verleger, ist's
denn wahr? Ist's richtig wahr? Die rothen Ziffern
da draußen, sind sie's? — Jesses und Josef, und
wie viel krieg ich denn?"

Wie viel! —

„Dreihundert und etliche fünfzig Gulden," meint
der Collectant, „ja, aber heut' ist noch nichts da.
Frag' Dich in ein paar Tagen an."

Der Lipp fährt nach Hause. Er haut auf die
Pferde ein, sie trotten heute gar so träge. Und wenn er
unterwegs wen anspricht, so lacht er nicht mehr
still dabei, er lacht laut. „Also, Lipp," redet er

dann mit sich selber, „jetzt, was hebst an? Wozu
brauchst Du Dein Geld?" — Wozu? — Wenn?
Wie viel? Wozu? — Es war kein Schlafen in der
Nacht.

„Ein Rößlein, Lipp, ein Rößlein sollst Du Dir
jetzt kaufen, und ein feines Wäglein dazu für
besseres Fuhrwerk. Das Kohlenführen ist nichts mehr
für Dich. Mußt Dich jetzt ordentlich weißwaschen,
Lipp; neue Kleider, na, die verstehen sich von selber.
Was sollst im Gebirg' oben? In Niederleuth pachtest
Dir eine Wohnung, einen Stall; das Geschäft wird
gehen; etlich' Jährchen und Du hast ein Haus.
Das Weib kannst gar schon früher nehmen. Bist
nur erst weißgewaschen, Kohlenführer Lipp, so bist
ein sauberer Kerl über und über; Du kriegst Eine!
Eine Tüchtige kriegst, Eine mit Geld! — Kehr' die
Hand um, bist Bürger von Niederleuth, ein Groß=
händler. Na, Lipp, sag einmal, wer hätt' das gedacht, jetzt ist ein reicher Mann aus Dir geworden."—
Endlich ist das Geld da. Es ist nicht ganz so
viel, als der Lipp erwartet; die Steuer ist schon des
Teufels, keinen Kreuzer hat sie gesetzt und will vom
Gewinn was haben. Jetzt macht die Sach' nicht
viel über dreihundert Gulden. — Dann, der alte,
grämige Lotto=Collectant — der sich ohnehin ledig=
lich nur vom Tabakschnupfen zu ernähren scheint —,
der muß wohl bitten um sein Gebühr. Fünfzehn
Gulden oder zwanzig, weil Gott den Lipp schon so

habe begegnet. Ein saures Gesicht, das sonst
gelächelt hat. Mit zweihundertachtzig Gulden Roß
und Wagen und einen neuen Anzug und eine
Taschenuhr! — es geht gerade noch, und daß etliche
Groschen übrig bleiben. — Ein paar gute Tage
muß sich der Lipp jetzt doch anthun, hat ohnehin
sein Lebtag nichts Rechtes genossen.

Lustig kutschirt er mit seinem neuen Gefährte,
mit seinem Gefährte, durch das Thal, und dabei
lacht er laut: man soll ihn hören, daß er da ist.
Ist's aber zum Ausweichen, so zankt er wüst mit
den Fuhrleuten. An den Thüren der Gasthäuser
stehen freundlich schäkernde Wirthinnen, alte und
junge; ein frischer Trunk für den Ternomann, eine
Handvoll Hafer für sein Rößlein! Geld findet
überall höfliche Leute. Ja, mehr noch — bald hatte
der Lipp auch ein flachshaarig Mägdlein bei sich auf
dem Wagen.

Am neunten Tage nach dem Terno macht der
Lipp seine ersten Schulden. Am Steirerwägelchen
bricht ein Rad. — „Der Wagner ist so gut. Seine
Sach' dafür wird er schon kriegen."

In die Lotto=Collectur trägt er wöchentlich seinen
Gulden. Wer oft und viel setzt, der muß doch wohl ge-
winnen; dazu jede Nacht einen Traum, der auf allerlei
Ziffern und Zahlen deutet. „'s kommt noch was nach)!"

Aber es läßt so lange auf sich warten, und das
Lachen wird nach und nach wieder kleinlaut. Der

feine Wagen ist vertauscht gegen einen Karren. Die
Kleider haben ihren Glanz verloren und sind faden=
scheinig; die silberne Uhr — ei, wozu braucht der
Lipp eine Uhr, wenn Mittagsstunde ist, da knurrt
schon der Magen, und zur Nachtzeit schreit alle
Stunden das Kleine.

„Gesperrt sind die Nummern, die Unsereiner setzt,
sonst müßten sie kommen! — Oh, sie werden noch
kommen!" — Ein Stück Fleisch für das kränkliche
Weib wäre nicht von Uebel, aber die Groschen
wandern in die Lotto=Collectur. — Das Pferd ist
auch verkauft; der Lipp hat das Lachen verlernt und
grinsend nur mehr bewirbt er sich wieder um eine
Kohlenfuhrstelle. Da, noch zu rechter Zeit — ein
zweiter Gewinn in der Lotterie. Freilich nur ein
Ambo mit vier Gulden. Aber der Lipp schreit's
aus: „Seht Ihr's! Seht Ihr's! Hab' ich's nicht
gesagt? Oh, es wird schon noch mehr kommen!"

Dieweilen freilich, dieweilen sitzt er wieder auf
seinem schwarzen Throne der Kohlenfuhr, und
seiner Familie ist zu Gnaden eine Waldhütte ange=
wiesen worden. Nur einstweilen, meint der Lipp, er
baut sich ja ein Haus, ein Haus in Niederleuth.

Und so treibt er's noch heute. Er versetzt sein
Geld in der Lotterie; er stiert mit wilden Augen
nach jeder Ziehung auf die herausgekommenen
Nummern, aber es ist ganz verwünscht, die seinen
sind „gesperrt".

Sein Gesicht ist wieder so rußig wie früher, aber das Lachen, das stille heitere Lachen hat er verlernt, der arme Narr.

Und über dem Fenster des Tabakverlegers steht heute noch die Tafel und grinst auf Reich und Arm, auf Alt und Jung herab: „K. k. Lotto=Collectur."

Der Briefschreiber.

Der Klepps-Schneider hat das Ungemach, daß in seine Joppen, Westen und Hosen, die er gleichwohl nach gewissenhafter Maßnahme verfertigt, die Leute nicht hineinpassen wollen. Diese sind seit der Maßnahme entweder dicker oder dünner, länger oder kürzer geworden, aber recht und richtig sind sie nicht geblieben, wie es wohl ihre Schuldigkeit gewesen wäre. Das verdrießt den Meister und er zieht sich ins Privatleben zurück.

Der Schneider Klepps — der Name verbleibt ihm, wie sich's wohl gebührt — ist in der Gegend ein recht geachteter Mann, zumal er stets die abgelegten Kleider seines Bruders, des Herrn Dechants, am Leibe trägt.

Der Mann ist starken, unbeugsamen Charakters, aber einer Leidenschaft doch unterworfen. Nicht die Spielkarte, nicht das Branntweinglas, auch nicht

des Mägdleins Augenstern ist sein Herr — aber der
Kaufmann hat so erquickende Zuckerlein verschiedener
Farbe und Blume und Süßigkeit, und Zimmt=
bömchen, und stets frische Feigenkränze sind bei ihm
zu bekommen. Derlei Dinge trägt sich Meister Klepps
jeden Sonntag mit nach Hause, und derlei Dinge
sind Trost und Labung für den alten Junggesellen
— der in keiner anderen Weise noch der Welt
Süßigkeit erfahren, außer, da er einst am Tage
vor seiner Freisprechung vom Meister die Ohrfeige
bekam; diese Ohrfeige war ihm aber nur deswegen
süß, weil er sich sagen konnte: es ist die letzte. Die
Feigen und Zuckerchen doch wollen bezahlt sein; der
Meister Klepps aber ist Fleisch von unserem Fleische,
er hat kein Geld.

Wohl besitzt er ein unveräußerliches Capital an
seiner Hand, selbst als der Fingerhut nicht mehr des
Fingers Spitze umfriedet; denn diese Hand hat das
Schreiben gelernt. Sein Vater wollte eben aus beiden
seiner Söhne was machen!

Die wenigsten Leute in der Gegend können lesen
und schreiben, da giebt sich der Meister gern als
Schriftkundiger her, schreibt ihnen auch Gerichts=
sachen und allerlei Anderes auf; hat manchen Schreibe=
brief für sich und Andere geschrieben, ohne daß es
ihm eingefallen wäre, Nutzen daraus zu schlagen.
Da aber die Leute immer zu ihm kommen, wenn sie
einen Federzug brauchen, und da sie zu Lohn für

den Dienst immer einen Groschen oder zweie aus
dem Sack hervorthun, er aber stets das Bewußtsein
in sich herumträgt, daß die Feigen und Zuckerbömchen, wovon er zu allen Tageszeiten zwischen
Zunge und Gaumen hat, zwar süß aber theuer sind
— so entschließt sich der Meister, die Groschen nicht
mehr ablehnend zurückzuschieben, sondern dieselben
„als Gedenken an die Spender" einstweilen in seinen
Kasten zu legen.

Er fährt nicht schlecht. Und alle Briefe, die vom
Amt oder Handelsmann, vom Militär oder von der
Fremde herein, oder aus irgend einem offenen oder
geheimen Winkel kommen, alle bringt man dem
Schneider Klepps, auf daß er sie vorlese und beant-
worte. Und da ist auch wohl mansch' Brieflein darunter, das einen Rand von grünen Blättern und
rothen Rosen hat, und über den Zeilen sieht etwa
ein Büblein — hell mutternackt, und hat einen
scharfen Pfeil in den Bogen gespannt. — Ja, da
wälzt der gute Klepps wohl das Zuckerchen mit der
Zunge hin und her, ehvor er liest: „Meine bis in
den Tod geliebteste N. N.! Wenn jeder Buchstabe
von Gold und Silber wär', wenn das Papier von
Rosen und Seiden wär', und wenn die Feder
mein von Perlen und Edelgestein, ich kunnt Dich
nicht genugsamlich grüßen, Du Liebchen mein!" —
Ist es ein Wunder, wenn der Meister Klepps jetzt
jählings von seinem Zuckerchen nichts mehr spürt?

— Aber die Antwort, die er nun darauf zu schreiben hat, die ist schwierig; allerdings bleiben ihm noch die Sterne am Himmel, die Sandkörnlein im Meere, die Böglein im Wald, deren Zahl er zum Vergleiche mit einem etwa vorhandenen Liebesmaß anrufen kann.

Eines Tages aber läuft eine solche Angelegenheit nicht just erbaulich ab.

Der Meister Klepps hockt bei seinem Ofen und stopft sich Strümpfe und kaut eine saftige Feige dabei. Geht die Thür auf; Holzmeisters Tochter, schön Johannerle, schleicht herein: Sie thät' halt bitten, sie hätt' ein silbernes Herz, das wolle sie — einem guten Bekannten schicken, früher aber thäte sie gern Etwelches daraufschreiben lassen, so was Schickſames, ſo, der Meiſter wiſſe ſchon beiläufig was.

„Aha, Liebesverſe," ruft der Alte aus, und legt die Hand, auf der noch der Strumpf steckt, um ihren Nacken — „Johannerle, meine Liebesverse ſind Dir ſo glühend, daß ſie leicht das Metall ſchmelzen könnten."

„Das macht nichts," drauf das Mädchen, „mir recht heiß, wenn's auch ein wenig brennt."

„Haſt das Herz bei Dir?"

„Freilich, das iſt gewiß, daß ich's bei mir hab', ja verſteht ſich!" Sogleich hebt ſie an und kramt an ihrem Buſentuch herum, hinter dem es wohl verborgen iſt. Da ſpringt zur Stunde die Thüre auf,

der Forstjung Martin stürzt herein: „Du altes Bocks=
fell, was geht Dich mein Mädel an!"

Der Alte kollert vor Schreck in den Keller hinab;
der Martin bekommt das silberne Herz — zum Lohn
für seine Eifersucht — ohne Inschrift.

Ein andermal kommt ein fremder Bursche zum
Meister, der sagt, er wolle einen scharfen, einen sehr
scharfen Brief an wen geschrieben haben; die Auf=
schrift würde er, der Bursche, dann schon selber zu
kritzeln versuchen, er wisse zur Stunde die Adresse
nicht so genau; die Hauptsache sei, daß der Brief
sehr scharf und giftig werde; — und er legt drei
Groschen auf das Tischchen.

„Ich schreibe keine Schmähbriefe," sagt der Meister
entrüstet und schiebt die Münzen zurück.

Legt der Bursche fünf Groschen auf den Tisch;
da schiebt der Alte hastig eine Feige in den Mund
und hebt an zu schreiben. Es sollen Worte wie
„Haberlump", „Federfuchser", „Eselskopf" und der=
gleichen auf das Papier kommen; der Meister wei=
gert sich entschieden solche Ausdrücke niederzuschreiben
und gingen sie gleich, wie er schon vermuthe, einen
Stadtschreiber an. Allein da der Bursche für jedes
derartige Wort einen Groschen extra auf den Tisch
wirft, so schmuggelt der Alte nur noch einige Zucker=
bömchen in den zahnlosen Mund und schreibt mit
deutlichen Buchstaben die seltenen Titulaturen auf
das Blatt.

Und als der Brief fertig ist, hat sich Meister Klepps damit fünfundzwanzig Groschen rund und hart verdient.

Wenige Tage danach erhält der Meister ein Schreiben. Die Schriftzüge der Adresse, die in höf=licher Art verfaßt auf ihn lautet, sind ihm völlig fremd, aber, als er den Brief entfaltet, da kommt ihm die Schrift plötzlich sehr bekannt vor, und siehe — es ist das Schreiben mit dem „Eselskopf", „Naschbären", „alten Bock" u. s. w. durch das liebe Thierreich — es ist das Schreiben, das er selbst verfaßt hatte.

Die Unterschrift fehlt. Wüthend zerknittert der Alte das Blatt mit der knochigen Hand. „Pfui!" ruft er, und spuckt eine ganze Klafter weit von sich. Dann macht er ein sehr saures Gesicht, er hat auch das Zuckerbömchen ausgespuckt.

Der Schleuderer-Hansel.

Der einsame Bauernhof in den Bergen hat so gut seine Schildwache, wie der Herrenpalast in der Stadt. Vor dem Eingange, ein wenig abseits unter dem Dachvorsprunge, steht das Wachhäuschen, dem fremden Eindringling schallt ein rasches „Halt, halt, halt!" entgegen und der Wächter schießt hervor gegen die Beine des Fremden, aber ehe er noch sein Ziel erreicht, reißt ihn die rasselnde Kette zurück und das arme Thier röchelt und knurrt und kann sonst nichts thun, als durch sein Gebelle die Bewohner des Hauses auf den ungewohnten Ankömmling aufmerksam zu machen.

Auch heute schlägt der Kettenhund an; die Bäuerin läuft vom Herde weg, wischt sich an ihrer Schürze schnell die Hände rein und guckt durch's Fenster. Da klappert schon die hölzerne Thürklinke und herein schreit eine schneidige Stimme: „Schön guten Morgen

Der Schlenderer-Hansel.

Bäuerin! Dein Geldtrüherl mach' auf, der Schlenderer-Hansel ist da!"

Wie der Mann aber dasteht mit seiner Rückentrage, so ist keine Menschenmöglichkeit, daß er zur
Thür herein kann. Er selber freilich steht winzig klein
unter dem wuchtigen, grauen Ballen über der Holz-
traxe. So trägt der Atlas die Weltkugel; aber das
ist ja auch eine Welt, was unser Mann schleppt;
aus allen Weiten trägt er eine Welt, eine ganz neue
Welt von Dingen, Schätzen und — Wünschen herein in das stille, friedsame Bauernhaus der Wald-
berge.

Er ist ja — schaut ihn nur recht an, er ist nicht
in der Gebirgstracht, er trägt hohe Stiefel, in
welchen das schwarze Beinkleid steckt, eine dunkle
Weste mit einer Reihe von Patfongknöpfen und
einen kurzen, bläulichen Spenser, er trägt ein rundes
Hütchen mit schmaler, aufwärts geringelter Krempe,
er hat einen langen, kräftigen Hals und ein hageres,
bräunliches, bartloses Gesicht mit vielen wagrechten
Runzeln an der Stirne, über welche das grauende,
spärliche Haar niederhängt. — Es ist ja der
„Krainer". In Krainland ist er daheim, hat Haus
und Feld neben den Morästen, aber so mager, daß
er mit dem Äckern und Säen oder Ernten bald
fertig ist. Dann verläßt er Weib und Kind, trägt
eigen Erzeugniß davon, oder kauft sich allerlei Waaren
ein in den Städten und geht damit hausiren im

Gebirge, wo die Leute abgesondert sind und oft gar keinen Kaufmann unter sich haben, als den Schuh= nagel= und den Bandelkrämer.

So ist er jetzt da. Er hat sachverständig seine Trage im Vorhause auf dem Lehmboden nieder= gelassen und schiebt sie jetzt schiefseitig zur Stuben= thür herein. Nun ist auch schon das ganze Haus= gesinde da. Es mag im Hofe eine noch so stramme Herrschaft walten, wenn plötzlich der Ruf erschallt: „Ein Krainer kommt! Der Schlenderer-Hansel ist da!" so ist es gethan um alle Ordnung; der Stall= bub' läuft von seiner Streu weg; die Kuhmagd von ihrem jüngsten Kälbchen; der Bauer selbst thut seine Hände auf den Rücken und geht, wenn auch ge= lassen, all' den Anderen nach in die Stube hinein.

Die Bäuerin hat wohl zehnmal gesagt: „Thu' sich der Hansel keine Müh' machen mit der Kraxen, thu' der Hansel nicht auslegen, wir mögen nichts kaufen; ist just halt das Geld so viel klug (karg)." Der Schlenderer-Hansel schnürt ruhig den groß= mächtigen Ballen von der Holztrage ab und hebt an, ihn langsam aufzumachen und die Dinge auf dem großen Tisch auszustellen. Er merkt es wohl, wie die Bäuerin schon herschielt auf die Schätze, wie die Mägde schon alle lange Hälse machen nach den bunten Baum= wollstoffen, nach dem „Blaudruck", nach dem gestreiften „Kittelzeug", nach dem Taffet; und jetzt kommen gar die breiten Schachteln mit den seidenen Halstüchern,

so flammenhell leuchtend und so roth, wie noch gar
nichts so Rothes im Hause gesehen worden ist.

Das ist jetzt ein Lispeln und sachtes Näherrücken
an den Tisch und die Bäuerin fühlt, daß sie der
Welt Verlockungen allein nicht mehr widerstehen kann,
sie ruft den Bauern zu Hilfe.

Der Bauer aber hält sich fern, so lange als mög=
lich, er hat in der Zeugkammer, auf dem Kornboden
zu thun, und an allen anderen Ecken und Winkeln,
er weiß wohl, wie theuer ihm heute der Eintritt in
seine bluteigene Stube zu stehen kommt. Dennoch
aber — er braucht Hosenträger, er braucht eine ge=
streifte Baumwollhaube — ein Druck und Ruck an
der Klinke und er steht in der Stube.

Nun wären die Gänse alle da und der gute
Strainer hebt an zu rupfen.

Einen färbigen Wollenstoff sacht er auseinander
und legt ihn über den ausgestreckten Arm, daß er
schimmert und herrliche Falten wirft. „Das wär' a
Bißl a Röckel!" sagt er halblaut, „das Neueste jetzt,
aber im Mürzthal draußen trägt schon jede Groß=
bäuerin ihr Wollenröckel, ist auch schon mein letztes
Stück. — Sehr sauber!"

„Wohl rechtschaffen ja," meint die Bäuerin,
„aber wird halt so viel unmöglich theuer sein."

„Das Allerwohlfeilst, Hausmutter, wenn man's
nimmt; zehn Jahr könnt Ihr's tragen auf die hohen
Feste, und nachher erst auf alle Sonntag, ei freilich!

19*

freilich! Die Felberwirthin im Thal trägt ihr
Wollenjöppel schon über fünfzehn Jahr, heißt das,
einen anderen Stoff, weil der schon gar der neueste
ist; — ja wohl und zuletzt, mögt Ihr's selber nim=
mer tragen, könnt Ihr Kinderspenserln daraus
machen. Ich sag's auf Ehr', Bäuerin, 's ist ein
wohlfeil' Einkaufen und ich geb's um den Weber=
preis, weil's das letzte Stückel ist. Kaufet, Leut',
kaufet, der Schleuderer=Hansel ist da!"

„Ihr thätet mir schreien, wie Ihr wollt," meint
der Bauer, „aber das hellblaue Wollenzeug schreit
so viel arg in die Augen; das will angreifen. Und
Du, Bäuerin, gelt, Du thätest so viel harb werden
auf mich, wenn ich Dir so ein Jöppel wollt kaufen."
Einen unbeschreiblichen Blick von Schalkheit und
Glück richtet die Bäuerin bei diesen allverheißenden
Worten auf ihren Mann und er hebt nun an zu
feilschen. Kaum ein Vierttheil des Verlangten bietet
er für die Waare; da ist der Krainer wohl recht
entrüstet; auf der Welt das größte Unrecht geschieht
ihm — kopfschüttelnd über die Verblendung der
Menschen beginnt er die Waaren einzupacken. Der
Bauer nähert sich immer mehr der Thür zum Da=
vongehen und ·das Weibervolk wird immer klein=
lauter. Der Hausirer wirft schon seinen Strick um
den Ballen, aber noch einmal läßt er die Hände
ruhen, wendet sich um und sagt dumpf: „Seid christ=
lich, Bauer, 's ist Euere gute, von Gott angetraute

Hauswirthin." Nicht seiner Waare wegen, aber die
Verlassenheit der Bäuerin geht ihm zu Herzen und
er weiß, wenn er den Bauer auf diesen Weg drängt,
dann kann er nicht mehr weichen.

Der Bauer kehrt richtig wieder um und das
Feilschen wird neuerdings aufgenommen; der Bauer
rückt aufwärts, der Krämer abwärts. Ungefähr in der
Mitte kommen sie zusammen, da reißt der Krämer
seine geschnallte Trage wieder auseinander, greift
hastig nach der Elle, mißt einen ganzen Berg von
blauem Wollenstoff auf den nebenstehenden Lehn-
stuhl, und die Scheere, oder ein schnalzender Riß
zieht die Grenze zwischen Mein und Dein. Nun
merkt der Bauer wohl, der Gang in die Kammer
um die Brieftasche ist unerläßlich, kann auch nicht
mehr aufgeschoben werden. Ja, es ist sogar ange-
zeigter, er beeilt sich, denn die Bäuerin wird über-
raschend schnell vertraut mit dem Krämer und zupft
an den verschiedenen Leinwandballen, blättert in den
großblumigen Kopf- und Halstüchern, wühlt in der
Zwirn- und Bänderschachtel und naht immer mehr
und mehr den flammenden Seidenstoffen. Das ist
eine fruchtbare Zeit für des Krämers Rechnung und
diese wächst von Minute zu Minute, und die sach-
verständige Bäuerin hat sich, höchlich unterstützt von
der Zungenfertigkeit des Krainers, eine artige Auswahl vom Allem beiseite gelegt, bis der Bauer mit
der Brieftasche kommt.

Der Krämer wird immer wärmer. „Der Schleuderer-
Hansel ist da!" ruft er, „und heut' ist der Vierzehn-
nothhelfertag (oder der goldene Freitag, oder was
Anderes, das ihm Anlaß giebt), heut' verschleudert*)
er Alles, der Schleuderer-Hansel!"

Während all' dem berechnen die Mägde still das
Verhältniß ihres Jahrlohnes zu etwa so einem
Seidentüchel. Sie berechnen mit den Fingern die
Gulden, aber die Küchenmagd hat an all' beiden
Händen nicht so viel Finger, sie muß auch noch die
zwei Schürzenzipfel zu Hilfe nehmen: zwölf Gulden hat sie Jahrlohn! Sie denkt, wenn es sich wirklich und wahrhaftig zutrüge, daß man drei oder vier
Gulden hinopferte für so ein vornehm' Ding, so sei
das freilich wie ein ganzes Vierteljahr und mehr,
aber man hätte hernach immer noch so viel wie
Andere, die nicht „für die Küche" sind. Ei, sie will
aber doch lieber sparen, denn achtzig Gulden muß
Eins wohl beisammen haben, will man ans Heiraten
denken. Sie hat ihren Drang schon völlig besiegt
und will sich wegwenden von den eitel Schätzen —
da läßt der Krämer das schönste und brennendste
Seidentuch auseinanderflattern und wirft es kundig
um den Hals und über den Busen der Magd. Nun
ist diese verloren, sie sieht das schöne große Flammen-
herz über ihrer Brust, auf ihren Wangen spiegelt

---

*) Verschleudern so viel als halb verschenken.

sich der ganze Seidenstoff, in ihren Augen leuchtet Glut, Alles hat das Seidentuch entzündet. Die gute Magd hat kaum so viel Geistesgegenwart, daß sie ein wenig feilschte, die Anderen müssen es für sie thun, sie fliegt nur gleich in ihr Kämmerlein, in ihrer Bettdecke oder in dem Kopfpolster — sie weiß es im Augenblick selbst nicht — hat sie ihr Erspartes eingenäht.

Und wie sie dann das Seidentuch hübsch zu= sammengefaltet und in weiches Papier gewickelt in der Hand hält, und zuweilen ein wenig hineinguckt zum zarten Stoff mit der glühenden Farbe, da kann sie's immer noch nicht glauben, daß sie zu so großen Dingen auserkoren.

Nur die reichsten Bäuerinnen tragen sonst Seiden= tücher um den Hals, und das blos an den höchsten Festtagen; wenn nun zum nächsten Frohnleichnam gar sie — die Küchenmagd, mit so einem ins Dorf kommt — werden aber da die Burschen gucken!

„He da, he, der Schlenderer=Hansel ist da!" schreit der Krainer wieder, und wie viel Geld er auch schon eincassirt haben mag, er denkt noch lange nicht aus Packen.

Die Knechte poltern herein, ein paar haben wohl gar die klappernden Holzschuhe an.

Jetzt ein ander Bild, jetzt kommen die Manns= leut', denkt sich der Krämer, zieht aus seinem Trag= kasten ein Lädchen heraus, voll von Taschenmessern,

Geldbeutelchen, Tabakspfeifen und allerlei Rauchzeug. Und Hosenhälter und Baumwollhauben und Sacktücher in Menge sind da, und Handspiegel und Kämme und Rasirmesser und Uhrschlüssel, kurz Alles, was schön, nutzbar und wünschenswerth ist.

Der Knecht nimmt wohl so einen Gegenstand in die Hand und wendet ihn langsam und besieht ihn von allen Seiten und speculirt, wie das gemacht worden ist.

Da darf der Schleuderer-Hansel sein Mundwerk keinen Augenblick stehen lassen über „die seine ausgezeichnete Waar'", sonst läuft er Gefahr, daß der Knecht, hat er das Ding nach Herzenslust besehen, selbes wieder in das Lädchen zurückgleiten läßt. Des Knechtes wirthschaftliche Verhältnisse sind nicht immer so wohl bestellt als die der Küchenmagd. Zwar — Gott sei Dank — müßte er mindestens sechs Hände haben, wollte er seine Jahrlohngulden an den Fingern abzählen, aber er hat Auslagen, von denen das Weibervolk keine Ahnung hat. Da ist der Tabak, das Pfeifenzeug, die allmonatliche Sackuhrreparatur, am Sonntag die Schänke, da sind die Schuhnägel für sich und seine Maid und andere Kleinigkeiten, die versorgt sein wollen, bis sie groß sein werden. Es hält schwer, und schier den Zungenkrampf kriegt der Krämer, bis er's so weit bringt, daß sich Einer vielleicht doch einen Taschenveitel kauft.

Der Schleuderer-Hansel.

„Der Schleuderer-Hansel ist da, und heut' wird auf Schaden verkauft!" schreit der Mann wieder und sucht seinen Waaren nochmals die vortheil= hafteste Lage zu geben, aber der Thüren sind zwei aus der Stube, durch welche sich seine Kundschaft nun nach und nach zurückzieht.

Doch noch einmal geht ihm ein leuchtender Stern auf. Er hört johlen und poltern, die Thür springt auf, die Kinder sind da.

Daß sie über den fremden Mann und den selt= samen Berg auf dem Tisch ein wenig verblüfft sind, dauert nicht lang'; wie die gute Hausfrau auch wehren mag, sie klettern auf die Bänke und Stühle, und der Krämer weiß gleich die freundlichsten Worte für Jedes und zieht schmunzelnd eine ganz besondere Lade aus seiner Kraxe. Die ist erst aller Herrlichkeit voll; Blasepfeifen, Mundharmoniken, Puppen, blut= rothe Roß und Reiter auf Wägelchen stehend, und grüne Vögel, die wispern, wenn man ihnen in den Schweif bläst, und „Stehhansel", die nicht liegen bleiben, und thäte man sie zehnmal umlegen und auf den Kopf stellen.

Da schlägt die Bäuerin die Hände zusammen und ruft schier verzweifelt: „O du meiner Tag', jetzt ist schon das Wahre! So thu doch Euere vertrackte Kramel einmal weg, Krainer! Ihr wißt einen Klenkas, wie Eins nachher mit den Kindern fertig wird."

Der Schleuderer-Hansel.

Da schleichen und hüpfen die Kleinen schon an die Mutter herum und schmeicheln und betteln um so ein Roß, um eine Harmonika, um einen Vogel, um Alles; und der Krämer sagt: „Freilich, freilich kauft Euch die Mutter was, Ihr seid ja frei so viel brav! Hebt schon an und geht in die Schul', gelt? Du Dirndl, geh' her zu mir! Wie heißt denn, he? Nani heißt? Nu, weil Du Nani heißt, so muß ich Dir was schenken, seh!" — Er giebt ihr so ein Dingelchen, das sie „Stehhansel" nennen. Die Kleine hat ihren Finger im Mund, macht ein ganz verblüfftes Gesichtchen und getraut sich das Ding kaum anzugreifen. „Schau," fährt er dann fort, „ich hab' auch so ein klein Mädelein daheim und dasselbe heißt auch Nani, und ein Bübel auch, just so wie der dort, der propere Bub'. Mußt Dich nicht fürchten, Kleiner, ich thu' Dir nichts, ich hab' die kleinen Leut' rechtschaffen gern."

Und so fährt er fort, der Schlaue, und weiß wohl warum er so thut. Die Kinder werden zutrau= lich und gewinnen Muth zur nachdrücklichen Be= stürmung der Mutter; und die Bäuerin wird mild und wohlwollend gestimmt gegen den Mann, der sich durch Hausiren seine Sach' mühsam erwerben muß, weil er zu Hause auch eine liebe Familie zu ernähren hat.

Die Bäuerin steht abseits von allen Einnahmen der Wirthschaft; der Bauer nimmt für Alles ein und giebt für Alles aus. Die Bäuerin hat nur eine einzige Geldquelle: die Hühner. Eine gute Henne legt in der guten Jahreszeit durchschnittlich jeden zweiten oder dritten Tag ein Ei. Die Eier werden von der Wirthin oder der Pfarrerköchin zu Kreuzern gemacht. Und solche Kreuzer sind es, die nun die gute Bauersfrau hervorholt, um ihren Kindern eine höchste Freude nicht zu versagen. Nun endlich sind sie Alle zufrieden, und der Hausirer schnallt seine Trage, schiebt sie mühsam vor die Thür hinaus, denn gar viel kleiner kann sie in Einem Hause nicht werden, und hätte sie noch so viele Wünsche befriedigt.

Der Abschied wird völlig rührend. „Behüt' Euch Gott All' miteinand!" sagt der Mann. „Nichts für ungut, schön gesund bleiben beisammen'! Ueber den Winter hinaus, wenn mir der lieb' Gott das Leben erlaubt, steig' ich wieder daher und bring' allerhand schöne, nagelneue Sachen mit, und wohlfeil. Thut nur einen Beutel voll Geld richten für den Schleuderer-Hansel!"

Dann ladet er auf und geht von dannen, und lange sieht man den hohen, grauen Ballen des Weges hin noch wandeln und wanken, und der Kettenhund bellt, bis die Erscheinung verschwindet.

Im einsamen Bauerhofe aber ist Alles noch eine Zeit lang berauscht von dem Glücke des neuen Besitzes, den eine kleine Welle aus dem reichen, wogenden Meere der Welt herangeschwemmt hat.

Die Uhrhändler.

Auch bäuerlich Mann hat heutzutage seine Taschenuhr — Einer und Jeder. Heißt das, der sie nicht vergurgelt. Wer die Zeit vertrinkt, wozu braucht der eine Uhr?

Aber man weiß, daß bei den Bauernburschen nicht allein das Dirndlhandeln (tauschen), sondern auch das „Uhrhandeln" im Schwung ist. Eine und Dieselbe ist Einem und Demselben nicht alleweil „seltsam". Geht sie gut, so ist vielleicht das Gehäuse nicht brav genug versilbert, oder die Schildkrötenschale hat einen Sprung. Geht sie mittelmäßig, so ist auf sie natürlich kein rechter Verlaß. Und geht sie schlecht, so muß damit Einer angeschmiert werden Bei solchen Tauschhandeln wiederholt sich freilich gar oft das schöne Märchen vom Hans im Glücke, der durch oftmaliges Umtauschen vom vollen Geldbeutel allmählich auf einen Kieselstein kam und dabei immer noch gewonnen zu haben glaubte.

„Freundlein! Ich hab' Dir jetzt Eine! Schön ist sie nicht, meinst? Nachher weißt Du nichts. Daß man ihr's auswendig nicht ansieht, was sie uns ist, das glaub' ich. Geh' Du kennst nichts. Du kriegst Dein Lebtag keine solche. Keine solche nicht, das sag' ich Dir dreidoppelt!"

„Was kostet sie?"

„Der Uhrmacher hat gar keine mehr. Die ist seine letzte gewesen von der Gattung."

„Und die?"

„Ist nicht feil."

Eine halbe Stunde später thut der Eine einen lustigen Pfiff in sich hinein — man kann auch in sich hineinpfeifen, man thut's zumeist, wenn man einen Andern insgeheim auspfeift. Der „elendigliche Taschenbrater" ist glücklich weg.

Die alten großen, dreigehäusigen Spindeluhren stehen auf der Bauernschaft draußen heute noch theurer im Preis, als die neuen guten Cylinder= und Chronometerwerke in der Stadt

Die Uhrenhändler wissen, mit was sie den Bauern= markt füllen müssen, wenn sie recht tüchtig gewinnen wollen.

Mit manchem alten „Knödel", wie man die hals= störrigen Taschenuhren zu schelten liebt, sind schon so viele Liebhaber angeschmiert worden, als sie

Stunden auf dem Blatte hat. Eine solche kommt dann zu einer gewissen Berühmtheit.

„Die hat Der jetzt!" heißt's mit Spott.

„Die foppt Den jetzt. Der mag sich seine guten Stunden auf einem anderen Zifferblatt suchen. Das ist ein reiner Säckelrauber, die!"

„Wenn ich das Geld hätt', was die schon dem Uhrzurichter eingespielt hat, ich kunnt mir damit eine Goldene anschaffen, und kriegte die Kette mit den Frauenbildelthalern, die d'ran hängen müssen, mit d'rein."

Der sie aber eben hat, der preist ihr alle Tugenden an, welcher eine Taschenuhr jemals fähig sein kann; wenn er sie aber trotzdem nicht an Mann bringt, und er ist mit ihr allein, dann geht's ihr nicht gut. „Rabenbrabl Du! Hast eh' kein Funkerl Silber an Dir, und zu Lohn, daß ich g'sagt hab', das ganze B'schlacht mitsammt der Ketten wär' eitel feines Silber, zu Lohn bleibst mir jetzt wieder stehen, und hab' Dich erst vor einer Virtelstund' aufgezogen! Zu Lohn, daß ich g'sagt hab', Rubinenstein' thut man in die besten Uhren heutzutag' gar nicht mehr hinein — weil sie Dir herausgebrochen sind, wie einer alten Vettel die Zähn' — zu Lohn läßt mir jetzt auch noch den Zeiger abfallen — hast eh' nur einen mehr, Du schandbar's Gespenst! Hin sollst sein!"

Er schleudert sie auf den Rasen, aber im letzten Auslassen noch so behutsam, daß sie sich nicht all=

zusehr beschädigt. Dann schaut er sie eine Weile an
und bückt sich. — „Nein," sagt er, „nein, Luder,
liegen laß' ich Dich doch nicht, die Ehr' thu ich Dir
nicht an. Mit Dir muß noch Einer angeschmiert
werden."

Am Sonntag im Dorf auf dem Kirchplatz wird
der Uhrhandel zumeist betrieben. Da giebt's auch
Leute die rein davon leben und gut leben. Denn
Jeder ist kein „Hans im Glück"; Mancher hat sich
von einer Zweigulennuhr zu einer Zwanzig= und
Dreißiggulennuhr hinangetauscht.

So ein „Uhrhändler" von Profession ist selbst=
verständlich auf allen Kirchweihfesten und Jahrmärkten.
Mir steht aus meiner Jugend eine Gestalt, der
„Uhren=Osel" geheißen, noch recht fest im Gedächt=
niß. Das ist ein wunderlicher Geselle gewesen. Dort
geht sie behäbig wackelnd, die kurze dicke Figur,
weit ausgepauscht über und über — aber Fleisch
und Bein sind das wenigste d'ran. Das Männlein
ist außerhalb seiner Haut lebendiger als innerhalb
derselben. Es ist voller Uhren. Nichts als Uhren.

Kommt er dann Sonntag ins Dorf, so er=
richtet er sich auf einem leeren Faß seinen Tisch
Noch ist Gottesdienst. Er muß sich gedulden, denn
heute geht einmal Alles nach dem Kopfe der Kirch=
thurmuhr. Endlich ist der Strom da. Die Weiber
schlagen sich zum Zwirn= und Bandelkrämer, die
Dirnen (bei uns heißt man alle unverheirateten

Weibsbilder und halberwachsenen Mädchen Dirnen)
und die Kinder ziehen sich um den Semmelstand,
oder Kirschenkorb, oder um das Zwetschkenfaß
herum. Etliche Männer trachten dem Tabaksladen
zu oder verschwinden höchst räthselhaft in der Nähe
des breiten Einfahrtsthores zum goldenen „Löwen".
Eine große Zahl der Männer aber — junger und
alter — gruppirt sich um den Uhrenhändler, und
jetzt hebt das Geschäft an.

Der Osel handelt. Das Merkwürdige ist nur,
daß seit vielen Jahren, da er in der Gegend das
Geschäft betreibt, alle Uhren, die er verkauft und
vertauscht, die solidesten Silbergehänse und Be=
schlachte haben; jene aber, die er nehmen muß, von
eitel Pakfong oder Blech sind. Er hat, giebt und
nimmt Spindeluhren, Ankeruhren, Cylinderuhren,
Repetiruhren,- Chronometer   was weiß ich, wie
sie alle geheißen werden. Ich habe die meine
schon seit sieben Jahren im Sack und kenne sie nicht
mit Namen. Wäre sie nur so gutherzig, wie jene
längstvergangene, von der ich zum Schluß erzählen
will!

Mit Uhrgläsern   der Osel war ein gelernter
Glaser — hat er den Handel angefangen, und dann
reiste er jährlich zwei= oder gar dreimal in die
Stadt, um dort die ältesten und zerfahrensten Uhren
zu kaufen und die neuesten und besten nach Hause
zu bringen.

Heute — es ist nun freilich ein längst ent=
schwundener Tag — geht's um sein Faß noch höher
her wie gewöhnlich, heut' wird etwas ausgeschrien.
Eine Uhr wird verlicitirt — ihr lieben Leute —,
eine merkwürdige Uhr! „So ist's ja auf der Welt,
Glück und Ehr' kriegt man nicht zu kaufen!" ruft
der Osel, „das muß man licitiren. Und wer das
Glück hat, und diese Uhr kriegt, dem muß man auch
die Ehr' geben. Denn das Zeugel da — 's ist nicht
groß, 's ist auch nicht verjuramentirt, ob es von
Silber ist, oder sonst was werth — aber wenn's
ein Engländer sieht, das Dingel, wie ich's jetzt halt'
in der Hand, so sind auf der Stell' hundert Ducaten
mein. — Drei Gulden zum Ersten!"

Sie fahren um ihn zusammen. Sie lärmen und
lachen und stoßen sich die Ellbogen in die Weichen.
Sie licitiren mit und jagen sich gegenseitig während
seiner hellausklingenden Rufe lustig hinauf.

„Nur nicht balgen und drücken, Leut'!" so fährt
der Uhrenhändler fort, „fein still sein und losen.
Vor vierzehn Tagen ist der Dräuberl=Franz gehenkt
worden, das wißt Ihr. — Vier — fünf Gulden zum
Ersten! — Der Dräuberl=Franz hat drei Leut' um=
bracht und einen Schuster. Darum haben sie ihn
gehenkt. Wenn er's nicht gethan hätt', hätten sie
ihn leben lassen. Acht Gulden fünfzig zum
Ersten! — Wie ihn der Henker eingraben will,
findet er im Hosensack vom Dräuberl=Franz diese

Taschenuhr — zehn — fünfzehn — neunzehn — zwanzig Gulden zum Ersten! — Und die Uhr ist noch gegangen! Der ·Dränberl=Franz ist manstodt gewesen. Die Uhr ist mit ihm gehenkt worden und ist noch gegangen! — Dreißig Gulden zum Ersten! — Zweiunddreißig Gulden zum Ersten! — Und geht heut' noch! Und ist dabei gewest, wie der Dränberl= Franz die drei Leut' hat umgebracht und ist gehenkt worden! Und geht heut' noch — geht ohne End' und Aufhören! — Fünfunddreißig zum Ersten! — Zum Zweiten! — Fünfunddreißig Gulden zum! Wer giebt mehr? — Fünfunddreißig Gulden zum — Dritten!"

Der's am wenigsten vermeint, dem ist die Uhr in der Hand geblieben. Dem alten Leckenbauer.

„Geldbeutel!" murmelte er, und zog seine Brief= tasche heraus, „jetzt wollen wir sehen, ob Du sie werth bist!"

Hätte er gestern an den Schragen=Bartel nicht eine Kuh verkauft — wohl als „tragend", während sie „galtt" (unbefruchtet) war — der Geldbeutel wär's nicht werth gewesen.

Etwas kleinlaut nahm er die erstandene — die gleichsam vom Tod und vom alten Leckenbauer erstandene — Taschenuhr in Empfang und trost= bedürftig fragte er, ob's doch wohl gewiß wahr sei, „daß sie ohne End' und Aufhören gehe".

„Das versteht sich bei einer Galgenuhr," sagte der Osel, „nur auf's Aufziehen mußt nicht vergessen."

„Ja freilich," bemerkte näselnd und säuselnd ein Anderer — der Rockschneider von der Lehne —, „das Aufziehen ist eine Hauptsache, wenn eine Uhr gehen soll. Du selber wärst es."

„Was?" fragte der Leckenbauer.

„Aufgezogen. Schau, die Uhr" — der säuselnde Schneider hielt sie an's Ohr — „diese Uhr da muß einen Herzfehler haben, weil der Puls so ungleich geht. Alle Stund' kann sie der Schlag treffen — Und der rostige Flecken da, am Blechgehäuse! 's ist recht schön, die Uhr von einem Raubmörder be= sitzen, aber — ich für meinen Theil — Blut möcht' ich doch kein's d'ran haben."

Es gingen nicht fünfzehn Minuten um, so war der Rockschneider Eigenthümer der „Galgenuhr". Der Leckenbauer besaß hingegen nun eine eisgraue Greisin, halbblind auf dem Zifferblatt, halblahm am Gehwerk, zahnschartig die Räderchen, runzelig und zerdrückt das Pakfongbeschlacht — aber eine ehrliche Uhr. Und der Leckenbauer war's zufrieden oder that so — freilich insgeheim wünschend, daß sich gestern der Schragen = Bartel vom ihm nicht hätte anschmieren lassen sollen.

Das ist so ein kleines Stück aus dem Leben des weitberufenen Uhren=Osel, der ein so munteres Leben führte und ein so schlimmes Ende nahm. — Wieso letzteres, wollt Ihr wissen? Erschlagen ist er worden oben im Pohlwalde und seiner Uhren beraubt. Es

läßt sich nicht ergründen, ob eine davon etwa auch
wieder solcherweise wie die verlicitirte unter den
Galgen gekommen ist. Gut wär's.

Der Uhrenhandel wird auch unter den Weibs=
leuten betrieben, aber beileibe nicht auf offener Gasse,
sondern unter Dach und Dämmerung. In der
Bauernschaft ist der Brauch, daß der Bursche seinem
neuerwählten Dirndel eine Sackuhr giebt. Das ist
statt des Verlobungsringes. Sie trägt das Uhrlein
treu und zärtlich hinter dem Busentuche verwahrt
und vernimmt an ihrem Herzen allezeit das traute
Ticktack. Ist das nicht unendlich sinniger, als ein
leb= und inhaltloser Ring am Finger? — Freilich,
wenn sie einmal den Uhrschlüssel verliert, scheint es
selbstverständlich, daß sie sich mit dem Anliegen an
den Spender der Uhr wendet. Nicht immer! Es
giebt auch andere Leute, die Uhrschlüssel haben.
Und bei solcher Gelegenheit wird dann gelauscht.
So bedeutet bei den Weibsleuten der Uhrenhandel
geradezu Untreue. — Ein häßliches Wort. Die gute
Uhr, deren beständig vorrückender Zeiger still und
ernst auf die fliehende Zeit weist, auf das schwin=
dende Leben — sie wird Judaslohn. Eben weil's
so rasch dahingeht, dieses Leben, muß man's nach
Gelegenheit und Laune beim Schopf fassen und an's
Herz reißen! sagen die Einen. — Eben weil die
Zeit so kurz, sollen zwei Menschen, die sich einmal
gern haben, treu zusammenhalten, sagen die Andern.

Und der Zeiger der Uhr mißt die Stunden Jedem vor und Jeder — zu frommem Liebesglücke oder zur Falschheit.

O du geliebtes, verachtetes Uhrlein, das ich einstmals besessen! Der mir's angepriesen, glaubte mich damit zu übervortheilen, weil sie arm und schmucklos war am Leibe und bisweilen ein wenig rasten wollte, wenn die Triebfeder ihrer Pflicht nicht gerade allzu stark gespannt gewesen

Da kam ich einmal zu einem süßen Kinde, und das hat ich um ein Stündlein Glück. Ein einziges, das mag sie gewähren. Der Nachtwächtersruf um Mitternacht schreckte sie auf, aber ich berief mich auf die Uhr, es sei das Stündlein noch nicht aus. Der erste Hahnenschrei endlich hat ein Ende gemacht — der Zeiger wies treuherzig noch die versprochene Stunde.

O du geliebtes, verachtetes Uhrlein, du hast mir's gut gemeint!

Der Schmalz-Paler.

Wenn man eine leichte Börse und schwere Füße hat und man möchte gern weiter, so ist das unselig. Das Fahren geht nicht wegen der leichten Börse und das Gehen nicht wegen der schweren Füße; da ist es schier das Beste, man setzt sich auf einen Stein und philosophirt.

So saß ich einst als junger Mensch auf einem Steine des Pusterthales, im schönen Land Tirol.

„Heda, Bursche, woher, wohin des Weges?" rief plötzlich eine Stimme neben mir.

Ein Mann in brauner Lodenkutte, mit einem breiten Hut, einem derben Wanderstock und einer Reisetasche stand da. Ein Franciscaner.

Er war nicht mehr jung, aber sein Gesicht sah aus wie eine schöne Pfingstrose.

Ueber diese ersten Eindrücke vergaß ich jedoch nicht auf die Beantwortung der Frage und ich sagte:

„Von Innsbruck kommt der Bursche und in alle
Welt will er und jetzt verdrießt ihn das Wandern."

„Dann bin ich sehr froh, daß Ihr kein Heren=
meister seid," entgegnete er lustig, „kehr' um die
Hand, machtet Ihr aus so einem alten Franciscaner=
mönch einen gesunden Esel und setztet Euch hinauf
und rittet in alle Welt!"

Und wär's noch elender mit mir gestanden, diese
Worte von dieser Gestalt machten mich auflachen.

Er setzte sich ein wenig zu mir und bald darauf
ging ich mit ihm. Er kam ebenfalls aus Innsbruck,
war bis Bruneckcn gefahren und kam nun eine
gute Strecke zu Fuß her. Er reiste in Geschäftssachen,
wie er sagte.

„Per pedes ist mein Leben," sagte er, und
sein Pfingstrosenantlitz lächelte, „ich bin noch ein
Bursche aus der alten Zeit, wenn's auch nicht
ganz mehr so rüstig geht, denn in so einer
Wollenkutte ist's unbequemer zu wandern als im
Handwerkerröckl, das läßt sich nicht leugnen, aber
fechten läßt sich's doch auch darin, und besser noch).
In der letzten Nacht fuhr ich über den Brenner;
bin zum erstenmal in meinem Leben auf dem Dampf=
wagen gewesen — ein sündhafter Vorwitz, und ich
thu's in meinem Leben nicht mehr; allen heiligen
Patronen hab' ich gedankt, als ich in Franzensfeste
war, und hernach schlief ich doppelt gut auf dem
Heu. Heut' nach der Meß' machte ich mich gleich zu

Fuß auf, aber mein schwerer Korb, den ich trug,
ließ mich froh sein, als ich mit einem Postretour=
wägel auf das Mitfahren unterhandelte. So
fuhr ich bis Brunnecken. Als ich abstieg, wollte
dieser Mann Gottes von einem Postillon, daß ich
ihm ein Trinkgeld gebe. Ein Narr, der was giebt,
wenn er nichts hat, denk' ich mir, aber er sagt: Ihr
seid schmutzig! — Schmutzig! antworte ich, o,
im Gegentheil, Freund Gottes, ich bin blank!
Der Mann brummt, aber meinen Korb läßt er mir
doch weiter fahren bis Innichen."

So plauderte mir der Mann vor und dann
schritten wir lustig mitsammen.

Mein Gefährte trug Sandalen und schritt damit
sehr weit aus; wir holten sogar einen Stellwagen ein.

„Wißt Ihr, warum so ein Marterkasten Stell=
wagen heißt?" fragte mich die Pfingstrose plötzlich.
„Ja, weil er nicht von der Stell' kommt!"

„Was Euch so ein Postillon für ein beweinens=
werther Mensch ist," bemerkte der Mönch später,
„vor jedem Wirthshaus bewässert er seine Pferde
und sich selber beweint er."

Der Mann hatte Recht, ich hatte das früher
durch das Innthal erfahren. Die Fuhrleute scheinen
mit den Wirthen förmlich Contract geschlossen zu
haben, Letzteren so viel Reisende als möglich in's
Haus zu schmuggeln, und wer in die düstere Schänke
mit den tirolischen Crucifixen nicht will, der muß

sich das Warten im Wagen gefallen lassen, bis sich der Kutscher genügend „beweint" hat.

Das Pusterthal ist für Fußreisende trostlos lang und stellenweise sehr einförmig. Bis in die Hoch= ebene von Toblach zieht sich an beiden Seiten des Thales mäßiges Waldgebirge hin, im Thale selbst liegt zwischen den kleinen, ziemlich weit von einander entfernten Orten an den Ufern der Rienz viel Weide= und Wiesengrund.

Auf vielen Wiesen arbeiteten die Mähder. Ich bemerkte meinem Gefährten, daß ich den Heuduft liebe, worauf er mir antwortete, daß er den Heu= duft auch sehr liebe, und daß er sich deshalb schon heimlich in Verdacht habe, er müsse ein Esel sein. Der Esel kam diesmal auf mich.

Die hohen spitzigen Hüte der Tiroler, die man im Pusterthal sehr häufig sieht, nannte mein Mönch „Sternstecher".

Aber die Tiroler sind unter diesen Sternstechern sehr schmuck, die Männer wie die Weiber.

Einem Bäuerlein, das ein paar Ochsen leitete, die durch ein Kopfjoch den Heuwagen zogen, rief mein Gefährte zu: „He, Landsmann, Euere Ochsen und unsere Stadtleut' haben das gleiche Amt, sie arbeiten mit dem Kopf!"

Da kam das Bäuerlein heran, küßte dem Pater die Hand und schmunzelte: „Hochwürdiger Vater, bist wohl recht gemein!"

Damit meinte er, daß der Mann sehr leutselig sei.

„Kennt Ihr das Mittel, auf billige Weise blaue Farbe zu erzeugen?" fragte mich plötzlich mein Mönch.

Ich sah ihn an; wie kam er doch, während er mit der Nase die letzten Stäubchen seines Tabaks aus der Dose sog, zu dieser Frage?

„Nun, so will ich Euch's sagen," fuhr er fort. „Man nimmt einen Schusterjungen und einen Knieriemen und balgt den Ersteren mit dem letzteren."

Mich fingen diese Handwerkerwitze nachgerade zu ärgern an, meine Füße schmerzten mich und ich war nicht zum Trefflichsten gelaunt.

„Wie kommt Ihr jetzt zu solchen Bemerkungen?" fragte ich den Mönch.

„Weil ich," antwortete er, „auf diese Weise einmal zur blauen Farbe gekommen bin und sie gefühlt habe. Ich erzähl' Euch die Geschichte, wenn Ihr wollt; aber lieber Mann Gottes, Ihr geht ja verteufelt elend, setzen wir uns auf's Leder."

Ich war einverstanden und wir setzten uns unter einen Lärchenbaum. Darauf musterte mein Mann nochmals seine Dose, doch ohne jeglichen Erfolg, es war kein Stäubchen mehr in derselben. Endlich kam er in's Erzählen:

„Bin einmal ein Schusterbub' gewesen voll Pech und Ruß und Boshaftigkeit. Hab' mir aus lauter Vorwitz nicht zu helfen gewußt, und immer den

Meister, der schon alt und kurzsichtig war, hab' ich
im Zug gehabt. So mach' ich mich auch einmal
d'ran und beklebe seinen Dreifuß mit Pech und
Leim; der Meister kommt, setzt sich auf den Stuhl,
bleibt seine paar Stunden sitzen, heißt es auf einmal: Die Frau Amtmännin ist draußen und will
mit dem Meister sprechen. Der springt auf — da
klebt's am Sitzleder — er zerrt und reißt, vergebens
— er lauft mit dem Dreifuß einigemal in der Stuben
umher, da tritt die Frau Amtmännin zur Thür
herein; der Meister ist in Verzweiflung und grüßt
und setzt sich, gleich wo er steht, nieder, daß die
Amtmännin das Unheil nicht merkt; diese aber
rümpft die Nase: Wenn Unsereins kommt, so erhebt
man sich! — Der Meister vergießt Angstschweiß —
in mir wogt's und wogt's — ich will dämpfen
und zurückhalten, aber es bricht aus und ich lache
laut auf. Seht, das war's, und als die Amtmännin
sehr ungehalten fortgegangen war und der Meister
endlich das Anhängsel mühevoll abgelöst hatte, nahm
er seinen Knieriemen und mich und fabricirte die
billige blaue Farbe. Das ganze Firmament schleppte
ich auf dem Rücken mit, als mich der Meister
hierauf davonjagte. Dann begann meine Wander-
schaft. Die Welt ist schön und wunderbar und an
jeder Thür giebt's eine Klinge, mit der man fechten
kann! Eines Tages kam ich zu einem Kloster und
focht mich hinein. — So ein Mordskerl und betteln!

Pfui! ruft der Guardian, als er mich sieht. Das frappirt mich, ein Mordskerl und betteln, das geht allerdings nicht, denk' ich. D'rauf steh' ich im Kloster auf einige Tage in Arbeit ein und flick' Schuh und Sandalen und gewinne dabei die Ueberzeugung, daß es in den Klostermauern nicht gar so übel ist. Hunger und Durst wird in den stillen Räumen keiner gelitten, aber die Kasteiungen! Lebensgefährlich sollen auch diese nicht sein, ließ ich mir sagen und

kurz, es kam so weit mit mir, daß ich im Kloster blieb und mich nach wenigen Jahren für den Orden auszubilden begann. Mehreremale bin ich wohl in die Zelle gekommen, aber endlich begann doch die Bosheit und der Vorwitz abzusterben und ich widmete mich ganz dem gottseligen Leben. Es ist besser für mich, wie im Handwerk, und in Inns- bruck läßt es sich für Unsereinen leben."

Er hatte erzählt, wir zogen weiter.

Hinter Innichen holte der Pater in einem Hause seinen Korb, den ihm der Postwagen bisher be- fördert hatte. Im Korbe stand ein mächtiges Blech- gefäß, dessen Zweck ich nicht errathen konnte.

Doch ich erfuhr es bald. In einem der nächsten Häuser, die am Wege standen, sprach der Mönch zu und bat in frommer, demuthsvoller Weise um — Rindschmalz für die hochwürdigen Franciscaner in Innsbruck. — —

Das ist Einer. — Dort sind zwei Andere.

Es ist ein schwierig Wandern für sie, in ihren braunen Kutten mit den großen Zinnbüchsen auf dem Rücken. Der Eine sinkt zuweilen bis über die Knöchel in den Schlamm des Weges und tritt manches Steinchen auseinander mit seinen Sandalen, denn er ist behäbig und fällt schwer ins Gewicht vor Gott.

Sein Begleiter ist dünn wie der Schatten eines Zaunsteckens, und käme die Schwere der Zinnbüchse nicht in Betracht, er zerträte leicht keine Ameise auf dem Boden. Ich küss' die Hand, Ehrwürden!

Im Bauernhofe werden sie schon bemerkt, und: „Die Schmalz-Pater kommen!" tönt es durch das ganze Haus; da eilt die Bäuerin geschäftig ordnend durch Stub' und Küche, und der Bauer rückt die alte, schier verschollen gewesene Bibel in Sicht auf den Hausaltar, und die Mägde wischen eilig ihre Hände rein an den Schürzen, und die Kinder vertauschen unter Beihilfe der Großmutter ihre geflickten Werktagsjacken gegen die Sonntagsjöpplein und jubeln dabei — aber die Vorrathskammer seufzt.

Der vor Gott und Menschen Gewichtige tritt zuerst ein. Er geht schon viele Jahre lang als Sammler und kennt seine Leute.

„Gelobt sei der Herr und dem Hause Glück und Ehr!" Das ist sein Gruß, und diesem setzt er bei: „Zwei arme Priester mit dem Wanderstab thäten bitten um eine klein Gab von dem, was Gott der

Herr gesegnet hat auf Berg und Thal, im Kasten und im Stall; die Gab' kommt an die barmherzigen Brüder zur christlichen Krankenpflege für Seel' und Glieder; auf daß Euch Gott der Herr die Sünd' verzeih' und fernerhin seine Gnad' verleih'!"

Oder ein anderer Spruch: „Gelobt sei Jesu Christ! Der heilige Antoni (oder wie sein Klosterpatron eben heißt) der laßt Dich schön grüßen, Du mudelsaubere Schmalzkochbäuerin, Du rechtschaffene, und laßt Dich fragen, was Dir das Christkindl soll bringen. Einen braven Mann, oder eine feiste Sau, oder eine Henn' und einen Hahn, oder ein schneeweißes Büberl, ein klein's, mit krausem Haar, alle Jahr eins oder ein paar. Und daß ich nit vergeß', laßt Dich bitten, leicht kunntst ihm verehren ein Stückel Butter, oder ein Wutzerl Flachs, oder ein Schwarterl Speck — oder Alles miteinander, dem heiligen Antoni. Daß er sich ein Pfaiberl kunnt machen und ein Süppel kunnt kochen — der heilige Antoni . . ."

Da sind Alle mäuschenstill und schleichen heran, Eins nach dem Andern, um schämig den Priestern die Hand zu küssen. Diese heben sofort ihre Zinnkübel ab und setzen sich daneben hin auf die Bank; während der Zaunsteckenschatten fromm ergeben seine Hände in den Schoß faltet, hebt der Andere schon mit den Kindern zu schäkern an. Diese sind gar schüchtern, ziehen sich zurück bis an die Wand und

thun ihre Finger in den Mund, als wären selbe
lauter Zuckerbretzen. Da sie aber das Gesicht des
Paters gar so licht und heiter lächeln sehen, schier
wie den lieben Vollmond über der Weltkugel, so
schleichen sie nach und nach heran, werden zutrau=
lich, sagen ihre Namen und verschwärzen sich wohl
gar einander auf die Frage, ob sie brav seien. Da
erzählt das Bübel etwa vom Geier, der eine Henne
gestohlen, von seiner Schwester, die der Mutter ein
Ei zerbrochen, und das Mädchen verräth, um sich
an dem plaudernden Brüderchen zu rächen, daß
dieser just gestern von der Mutter Eins auf den
Rücken gekriegt, weil —

So heben sie schon von Kindheit auf an, fremde
Sünden zu beichten.

Der Hausvater will leutselig mit dem Dürren
ein Gespräch anknüpfen, er erzählt, wie er sein Leb=
tag auf diesem Berg heroben sitze, daß sein Groß=
vater dieses Haus hab' erbaut und wie aber die
Balken schon wieder recht arg wurmstichig seien,
man sähe das gleich dort an der Wand. Und er
weist gegen die Ecke am Tische, wo der reichgezierte
Hausaltar ist, mit dem Crucifix, mit dem Wachs=
stock, mit der Bibel — auf daß es der Pater doch
merken sollte, in welch' einem christlichen Hause er
sich befinde.

Allein der Mann Gottes kümmert sich weniger
um den Hausaltar als um den geschäftigen Schritt

der Bäuerin, den man im Ueberboden hört. Er
weiß es, jetzt holt sie Weißbrot, Käse und Butter
und steigt zuletzt gar in den Keller hinab um ein
gutes Tröpfel.

Und wahrlich, er hat sich nicht getäuscht; bald
kommt die Hausmutter, deckt den Tisch mit einem
schneeweißen Tuch, bringt Weißbrot, Käse, Gugel=
hupf, und setzt noch einen großmächtigen grünen
Krug dazu, der fast zu sorglich und vielsagend hin=
gestellt wird, als daß darin gewöhnliches Brunnen=
wasser zu vermuthen wäre. Auch ist bei gewöhn=
lichem Brunnenwasser das Aeußere so eines Kruges
stets feucht und betropft, während hier — — Es
sind also alle Anzeichen da, daß — —

Inniger faltet der Eine die Hände, und der Dicke,
obwohl ein wenig gegen den Tisch schielend, setzt
erhöhten Eifers seine Unterhaltung mit den Kindern
fort und überhört die Einladung zum Tische ganz
und gar.

Trotzdem braucht es keine außerordentlichen
Zwangsmittel, die ehrwürdigen Brüder zum ge=
deckten Tisch zu bewegen, und der angeborene
Wissensdurst läßt dem Einen keine Ruhe, bis er
sich überzeugt, inwieweit seine Vermuthungen be=
züglich des Kruges begründet sind. Ein Falten der
Hände nach dem Trunke, ein Emporheben des
Blickes zu Gott beweist die Befriedigung seines
Gemüthes.

Der Dicke hingegen ißt und trinkt, ohne schein=
bar dabei an den Genuß zu denken; er beschäftigt
sich immer in leutseligster Weise mit den Kindern,
mit der Hausfrau, und sieht überall den Gottes=
segen, der in einem so gastlichen, freigebigen Hause
ja unausbleiblich ist.

Indeß, die Hausfrau ist schon wieder davon und
kommt erst nach einer Weile mit einer schön aufge=
putzten Butter, mit einer geselchten Schinkenkeul',
mit fein ausgekämmten Flachsbündlein, aber sie
geht damit nicht zum Tisch. bescheidentlich stellt
sie die Gegenstände neben die Zinnkübel hin und sagt
ganz leise: „'s ist halt just nicht gar viel; wenn
Hochwürden thäten zufrieden sein und uns wollten
einschließen in die heilige Meß', und über's Jahr
wollen wir schon schauen, daß wir wieder was haben."

Der Hausvater hat seine Brieftasche hervorge=
holt und lugt mit einem Auge so hinein, und da
d'rin ist eine Banknote, die gottswahrhaftig just so
ausschaut, als wie wenn sie — nicht getauft wär'.
Da muß Eins den papiernen Juden wohl gleich in
die Hände des geistlichen Herrn abliefern, der
kommt mit dem Zeug schon zurecht.

Jetzt thut der Dicke eine Ledermappe hervor,
und da machen die Kinder schon lange Hälse und
halten den Athem an.

„Leuerle, kennst die da," sagt der Pater zum
Mädchen, und hält ihm ein buntgefärbtes Heiligen=

bildchen hin, „das ist die heilige Magdalena. Darfst mir aber ja nicht so werden, wie die da. Mußt Dich, wirst einmal größer, nicht verführen lassen von den bösen Buben!"

Das Kind blickt den Mann groß an. — „Aber von den guten Buben?" fragt es endlich schüchtern. Da lacht der Pater gewaltig auf und schreit: „Wird schon die Rechte, die!" Und das Mädchen wird über und über roth und weiß gar nicht warum.

Hierauf kriegt Jedes das Bildchen seines Namens= patrons und die Bäuerin extra ein hellfunkelndes Kreuzlein auf die Brust, und der Bauer einen echten Jerusalemer Rosenkranz. Alles hochgeweiht und Alles für das nichtig Stückel Fleisch und Butter.

Der kluge, alte Haushund aber sitzt vor dem Tisch auf den Hinterfüßen und zieht den Schweif ein und merkt auf die Vorgänge, die ihm nicht ge= fallen; es ist Geschmackssache, aber er, der Hund, muß sich aufrichtig gestehen, so ein nichtig Stückel Fleisch und Butter wäre ihm lieber wie alle Heiligen= bilder und Rosenkränze im Himmel und auf Erden.

Und noch während sie unter der lehrreichen Er= läuterung des Paters auf den Bildchen den Rost des heiligen Laurentius, das Rad der heiligen Katha= rina, den Kessel des heiligen Vitus und den Kelch der heiligen Barbara bewundern, schleicht der Haus= hund unter den Füßen hin gegen die Butter — gegen die Schinkenkeule da thut in demselben

Moment der bisher stummgebliebene Magere einen
Aufschrei und deutet gegen das Entsetzliche hin ...
hat das Rabenaas wollen den schönen Schinken
schnipfen!

Da merken die Pater wohl das Unersprießliche
ihres Säumens und bringen die Gottesgabe sogleich
in ihre Zinnbüchsen zur Sicherheit.

Der Bauer hängt den Rosenkranz an die Wand
und denkt, nächsten Samstag wird er herabgebetet,
daß schon all' des Ten — Teichgräber ist mein
Vater gewesen!

Und die Bäuerin lugt allfort verstohlen auf ihr
Kreuzlein; das muß ein werthvoll' Ding sein. Sie
schiebt dem Pater, während er aufpackt, noch einige
Eier zu; da weiß der gute, weinselige Mann Gottes
seine Dankbarkeit nicht mehr anders auszudrücken,
er legt seine Hand an das Kinn des Weibchens
und läßt sie niedersinken zum Halse und so weit sie
gern sinken mag. Und am Busen befestigt er ihr
noch ein ganz besonderes „Breverl" mit der wahr=
haftigen „Zellermutter".

Und so ziehen die Schmalz=Pater davon und
weiter von Haus zu Haus, bis die Zinnkübel voll
sind. Dann kehren sie heim ins Kloster, und während
die gesammelten Gaben den kranken Pfleglingen zu
Gute kommen, gedenken die Sammler noch lange der
Wege, die sie in Weltfreude gewandelt.

Der Viehhändler.

Die Birkenbäuerin hantirt gar geschäftig um den Herd herum und bereitet für das Hausgesinde das Mittagsmahl. Der Bauer sitzt auf einem breiten Stein neben dem Herd, steckt dann und wann eine glühende Kohle in seine Pfeife, kaut an dem Stummel und brummt halblaut: „Mich klemmt's schon saggrisch!"

Mit diesem Ausdruck sagt er seinem Weibe, daß ihm das Geld ausgegangen sei und daß er sich in keiner geringen Verlegenheit befinde. Die Bäuerin versteht den Ausdruck gar wohl, ist er doch in dem kärglichen und klemmigen Anwesen ziemlich gang und gäbe.

„Du Narrisch, was thäten wir denn, wenn Du keinen Kreuzer Geld hättest?" entgegnet sie und stellt dabei die Sterzpfanne über das Feuer; „wir müssen ja wieder ein Weizenmehl haben und das Salz ist auch schon ausgangen."

Der Viehhändler.

„Leih' mir ein paar Groschen von Deinem Eier-
geld, Nandl!" verſetzt der Bauer leiſe.

„Ja, meinſt ich hab' gar ſo einen Haufen? Kann
die Eier nicht alle gleich auf den Markt tragen,
muß zum Kochen auch was haben und Du ißt doch
die Strauben (Eierſpeiſe in Schmalz) gern. — Haſt
'leicht gar nicht einmal ein Tabakgeld? — Nein,
das iſt wohl ein rechtſchaffenes Kreuz mit den
Mannleuten!"

„Das groß' Paar Ochſen thät' ich hergeben,
wenn ein Kaufmann käm', ſonſt ſind ſolche Leut'
alleweil vor der Thür, aber juſt wenn man's gern
haben möcht', find't keiner her."

Die Kuhmagd kommt in die Küche und beginnt
hinter dem Herd aus geſottenen Kräutern, Kleien
und Salz ein Getränke für die jungen Kalben zu
bereiten. Der Bauer und die Bäuerin haben ihr
Geſpräch abgebrochen; es iſt juſt nicht nothwendig,
daß gleich das ganze Geſinde weiß, wo jetzt wieder
der Schuh drückt.

Es wird zum Eſſen. Der Bauer deckt den Tiſch,
ſchneidet Brot auf, und die Bäuerin geht hinaus
vor die Thür, ſteckt zwei Finger in den Mund und
thut einen lauten Pfiff. Bald darauf kommen von
Wald und Wieſe die Knechte und Mägde herbei;
Einige waſchen ſich die Hände, Andere nicht — und
dann treten Alle in die Stube, ſummen das Tiſch-
gebet und ſetzen ſich zum Eſſen.

Man beeilt sich gar nicht so sehr dabei, denn
die Essenszeit ist die einzige freie Zeit des Tages
für das Gesinde. Aber der Bauer schaut schon alleweil auf die Uhr und sagt wohl gar seufzend die
elegischen Worte: „Ja, ja, die Zeit verschwind't wie
der Wind!" — Aber das Gesinde versteht so was
nicht, es trägt seinen Löffel in dem gewohnt lang-
samen Lauf und der Stallbub' läßt seine „Suppen-
schaufel" gar oft eine Weile in der Schüssel stecken
oder im Mund.

Noch sitzen sie beisammen, als die Stubenthür
aufgeht und ein Mann mit einem langen Stock in
die Stube tritt. Der Mann trägt eine kurze, grün-
liche Jacke, rehfellene Pantalonhosen, unterhalb der
Kniee aus Kuhleder, ferner einen braunen Brustfleck
mit einem breiten, zierlich ausgenähten Gurte. Der
hasenhaarene Hut sitzt fest auf dem Kopf mit dem
rothen, wohlgenährten Gesichte.

So tritt er ein und sagt: „G'segn Gott das
Mittagmahl!"

„Bedanken uns!" entgegnet der Birkenbauer,
„schau schau, der Michel! Hast Du Dich auch wieder
einmal verrennt (verirrt) daher?"

„Muß doch ein wenig schau'n, was Ihr da heroben alleweil macht's in der Sonn'."

„Sie scheint nicht rechtschaffen viel, heut'."

„Halt ja! — Und ich hab' sagen wollen: Hast nicht
ein schweres Paar Ochsen für mich, Birkenbauer?"

Der Birkenbauer entgegnet, daß er wohl ein
Paar habe, welches dem Michel „anständig" sein
dürfte, daß er es aber nicht verkaufe. Der Bauer wird
die Ochsen um jeden Preis geben, aber er weiß
wohl, daß ihm eine derartige Sprödigkeit um einige
Gulden mehr einbringt. Der Ochsenhändler Michel
ist aber auch in seinem Fach so erfahren, daß er
nicht gleich wieder davonläuft.

„Geh', Birkenbauer," sagt er, „magst mir sie
nicht ein wenig zeigen?"

Und der Bauer führt den Michel in den Stall
und zeigt ihm die Ochsen und diese gefallen dem
Händler just nicht übel.

„Will Dir nicht sparsam sein, Birkenbauer, und
ich gebe Dir Zwei für die Vieher und ich zahl'
Dir's gleich auf der Stell'."

Er giebt ihm Zwei! — Dieser Ausdruck „Zwei"
bedeutet in der Viehhändlersprache: Zweihundert
Gulden.

Gott sei Dank! denkt sich der Bauer im Geheimen,
jetzt krieg' ich doch rundweg ein gut Stück Geld!
Ueberlaut aber sagte er stolz: „Nein, da wär' ich
ein Narr, wenn ich diese Ochsen hergäb'; sind nicht
feil!"

„Wenn ich mich aber gleich um zehn Gulden
bessere?"

„Wird's nicht thun; ich hab' just meine Freud'
an den Viehern, und auf's Geld steh' ich nicht an.

's ist mir halt doch lieber, wenn mir dieses saubere Paar Ochsen im Stall steht, als wenn mir diese paar lumpigen Gulden in der Truhe liegen!"

Der Michel läßt die Rinder langsam um die Krippe herumgehen, faßt an den Rippen des einen die Haut in die Faust und sagt, wie zum Ochsen redend: „Bist ein Eichtl weniger wie Dein Kamerad; dir ist die Haut noch zu viel an die Knochen ge= wachsen. Bist dein Hundert nicht einmal werth, du; und in mir fängt es schon an abzureden."

Diese letzte Bemerkung beginnt den Birkenbauer zu beunruhigen und er sagt sogleich: Fünfzig zu Zwei hätt' mir der Fleischhacker schon geben; sind'st halt sonst kein solches Paarl in unserem Pfarrl!"

„Ich kenn's schon, daß ich mich verhau; aber daß wir zusammen doch wieder einmal einen Handel machen: Fünfzehn sollst haben zu Zwei!"

Der Bauer hat es schon bemerkt, daß der Michel die Ochsen nicht fahren läßt, er sagt somit kurz und bestimmt: „'s wird's nicht thun."

Auf das hin ergreift der Michel eine andere Finte, er zieht seine mächtige Uhr mit dem Schild= krötengehäuse hervor und bemerkt, daß die Zeit schon sehr vorgerückt sei. Er sehe nun wohl, daß er um= sonst hergegangen sei, drückt aber die Hoffnung aus, daß er mit dem Birkenbauer doch ein andermal ein Geschäft machen werde. Dann wünscht er noch viel

Glück zu dem Viehstand und daß auch sonst Alles wohl und gesund bleibe.

Das sieht denn wirklich aus, als ob er gehen wollte.

Und er geht auch; aber er kehrt noch einmal um und ersucht den Bauer um ein Tabakfeuer. Dieser zieht Schwamm, Stein und Stahl aus der Tasche und schlägt Funken; dabei aber sagt er: „Bist ein saggrischer Jud', Michel!"

„Thust mir ungut, Birkenbauer, bin Dir gewiß nicht zu karg; hätt' die Vieher auch rechtschaffen gern gehabt."

„Hörst, Michel!" — der Bauer schafft stets mit Schwamm und Feuerstein — „sollst auch nicht sagen, daß ich ein Stein bin; gieb mir noch fünfe d'rauf und nachher treib' die Vieher in Gottes Namen fort!"

Da eilt in diesem Moment die Bäuerin herbei: „Ja, Alter, meine Falcherln (Falben) wirst mir doch nicht verkaufen? Das wär' aus der Weis' und das laß' ich nicht gelten!"

Da öffnet der Michel seine braune, bauchige Brieftasche, hält dem Bauer baar zweihundert und zwanzig Gulden hin und legt der Bäuerin noch einen blanken Silberzwanziger als „Leihkauf" auf die Hand, und — das ist ein großer Augenblick — die Bauernleut' fassen das Geld an und sind überwunden.

Aber die Ueberwundenen jauchzen im Innern; sie hatten die Ochsen kaum auf zweihundert Gulden geschätzt. Und der Ueberwinder, der Michel, jauchzt auch im Innern, denn er lebt bereits der Ueberzeugung, daß er bei dem Geschäfte seine Dreißig profitiren werde.

„Und für eine Handeljause bist uns auch noch nicht feil, Michel," versetzt der Bauer, „geh' mit in die Stuben, mein Weib wird Dir was kochen, und ich geb' derweil den Ochsen ein Schipperl Heu in die Krippe."

Wohl, der Michel bekommt seine Handeljause, aber die Ochsen kriegen nicht ihr Schipperl Heu; der schlaue Birkenbauer sucht sie noch im letzten Augenblicke zu benützen. Er spannt sie eilends ins Joch und führt noch ein paar Fuhren Garben vom Feld, und bis der Michel wieder in den Stall kommt, steht das gekaufte Paar auch wieder an der Krippe und der Michel bemerkt: „Sie haben sauber ausgefressen."

„Halt ja," sagt der Birkenbauer, „die Vieher fressen rechtschaffen gern; wirst sehen, wenn Du mit ihnen heimkommst, so fressen sie Dir wieder eine Krippen voll!"

Zuletzt, wie der Mann die Rinder mit einem Strick an den Hörnern zusammenfaßt und aus dem Stalle führt, kommt das Halterbüblein herbei. Das weint gar sehr, als es seine Lieblinge, die Falscherln, davonziehen sieht. Aber der Michel weiß auch den Halter zu besänftigen; er reicht ihm eine Silbermünze

„Sieh', Kleiner, da hast was; kauf' Dir einmal ein paar Semmeln dafür!"

Und die Falcherln ziehen von hinnen und der Michel mit ihnen.

Und wie die Bäuerin am Abend wieder geschäftig am Herd hantirt und für das Hausgesinde das Nachtmahl bereitet, sitzt der Bauer wieder auf dem Stein neben dem Herd, steckt dann und wann eine glühende Kohle ins Pfeiflein, taut an dem Stummel und lächelt vor sich hin: „Heut' hat's mir's einmal gern thau, Alte, jetzt können wir uns wieder einmal rühren. Für die Ochsen kauf' ich jetzt ein Paar Kalbeln und in etlichen Jahren beim Verkauf profitiren wir wieder."

Der Bratelgeiger.

Dann und wann ein wenig bratelgeigen, dann und wann ein wenig hungerleiden — aber allzeit lustig; zum Nasenhängen keine Zeit und das Sterben sparen bis zuletzt.

Er ist seines Zeichens ein Schuhflicker, aber wenn ihn Jemand „Herr von Drahtzug" nennt, so läßt er's auch hingehen, ja, macht noch ein leutseliges Gesicht dazu. Er will überhaupt etwas höher hinaus, denn schuhflicken, das kann Jeder.

Und er hat's gar nicht nöthig, sein armselig Handwerk zu pflegen — „er konn a Musi"!

Zwei alte Baßgeigen, wie er sagt, sind sein Eigenthum; die eine lehnt hinter dem Ofen, die andere poltert draußen in der Küche und im Ziegenstall herum. Beide brummen, die erstere aber nur, wenn er sie streicht, die letztere auch, wenn er sie nicht streicht.

Wenn der Fritz auf dem Dreifuß sitzt, wenn er das starr verkrüppelte Beschuhe irgend einer Kuhmagd in den Schoß nimmt, Schweinslederflecken auf die wunden Stellen paßt und endlich pathetisch den Pechdraht zieht so sind das trübe Stunden seines Lebens, und die Baßgeige hinter dem Ofen ist versunken in elegische Träume.

Aber man sollte es kaum glauben, in dem starrverkrüppelten Beschuhe der Kuhmagd stecken unterschiedliche Gedanken, tiefe Gedanken Weltgedanken. — Es muß nun doch wohl bald die Faschingszeit kommen. Diese Schuhe sind in ihren Jugendtagen auch daheim gewesen auf dem glatten Tanzboden, diese Schuhe sind damals wohl geschmiert und kohlschwarz gewesen; diese Schuhe sind im sanften Kreislaufe umher gerutscht, oder auf den Spitzen gehüpft und haben sich mit anderen minniglich berührt; diese Schuhe, o, die Träume der Jugend kehren wieder! Der Fritz wirft die Arbeit in den Winkel und springt auf. Jetzt kommt ja wieder der Fasching, und der Schwanawirth, und der Hänslbauer, und der Wolfgruber halten Tänze ab; ja, da muß er sich bewerben um die Musik — er stürzt hin auf die Baßgeige hinter dem Ofen, streicht sie, daß es summt und singt. Hei, da kommt ja wieder die goldene Zeit!

Sein Weib eilt von der Küche herein: „Bist schon wieder verhext, Fritzl! Gleich setz' Dich auf

den Dreifuß. Haben eh' kein Brot mehr im Haus!
Glaubst, Du laufst jetzt wieder davon und verlegst
Dich auf's Bratelgeigen und ich werd' der Narr
sein und daheim bleiben und Trübsal blasen? Ja,
schleck' ein Salz, so wirst durstig!"

Der Fritz bleibt in Ruhe; endlich entgegnet er
gelassen: „Weiberl, wenn Du jetzt fertig bist, so
heb' ich an." Und er streicht in die Saiten und die
Baßgeige brummt, und er singt dazu ein minniglich
Liedchen:

    „Ein Zwiebel hat sieben Häut',
    Ein altes Weib hat neun:
    Und wo der Teufel selbst nichts richt't,
    Da schickt er seine Compagnie
    Von alten, alten Weibern
    Zum Stüblein herein!"

Jetzt ist's gut, daß er geht.

Und er geht hinaus aus seinem trauten Heim
und fragt beim Schwanawirth, oder beim Hänslbauer, oder beim Wolfgruber an: „Ich bin überall,
wie 's schlecht' Geld, und ich frag' Dich, hast was
dagegen, wenn ich Dir zu Deinem Faschingstanz
die Musik mach'? Ich thät' den Lappenpatzer auch
noch mitbringen, der blast die Blechpfeifen, und
den Waschelzapf, der spielt die Geigen, und den
Gschwaderbuben, der kann das Waldhorn. Du, das
giebt a Musi! nix Zweit's — umfallst!"

Und wenn nun der Ballgeber damit einverstanden ist, so beginnt in des Schuhflickers viel-

bewegtem Leben die Glanz= oder vielmehr die
Klangperiode. Bald hat er drei Gesellen beisammen.
Und dann kann man sie ziehen sehen durch das
Thal, gekleidet in Wiesling (ein Gewebe aus Schaf=
wolle und Garn). Wenn auch der Lappenpatzer ein
Schneider, der Waschelzapf ein Weber, der Gschwader=
bub' ein Strohdecker, der Fritz ein Schuhmacher,
diese Wanderung ist kein Gang auf die „Ster",
nein. das ist ein Künstlerwallen durch das Thal,
und alle jungen Mädchenherzen hüpfen ihnen ent=
gegen.

Mit diesem Durchzug der Musikanten ist nun
das Zeichen gegeben zur allgemeinen Rüstung.
Jedes Mädchen bestürmt seinen Burschen, der
Bursche wieder seinen Dienstherrn um die Erlaubniß,
an dem „Tanz" theilnehmen zu dürfen. Und der
Dienstherr mag's erlauben oder nicht die Nacht
ist ihr Eigenthum, damit können sie machen, was
sie wollen.

Und der Tag ist da — gewöhnlich ein Sonntag.
Den ganzen Nachmittag schon kreischt die Blechpfeife,
summt die Geige, schmettert das Waldhorn und
brummt die Baßgeige des Capellmeisters, und es
bestätigt sich glänzend das Sprichwort: Wer gern
tanzt, dem ist leicht gegeigt, und wer gut schmiert,
der fährt gut. Aber erst zur Dämmerung, wenn auf
dem Tanzboden die zwei Kerzen angezündet werden,
nahen die Leute schaarenweise, Paar an Paar. Die

Burschen sind gleich in Hemdärmeln, die Mädchen
mit hochgeschürzten Röcken, wie's die Bequemlichkeit
eben verlangt — und nun bricht der rechte Jubel los.

Heute muß der fetteste Braten her und der beste
Wein — warmer gewürzter Wein, und — „Dirndl,
wenn Dir der Sinn steht nach Kaffee, oder Meth,
oder Holländerthee, oder wenn Du willst von der
Kuh das Hirn oder vom Ochsen die Niern, vom
Kalb die Zungen oder vom Lamm die Lungen, ein
ganzes Schwein, lebendig oder todt, es sei Dein!"

Lob sei dem Wirth — weiß ist seine Schürze,
grün sein Kappel, roth seine Nase, blau sind seine
Schwänke, farblos seine Witze. „Eßt, eßt meine
lieben Gäst'!" schreit er, „mir ist leid, daß Ihr
das eßt und jetzt sollt Ihr kosten meine Graßäst'!"

Und all' Tag ist nicht Kirchtag. Heut' lassen
sie den Herrgott einen guten Mann sein, und Alles
was Küche und Keller zu bieten vermag, Alles
muß „in Abraham's Schnappsack spazieren".

Und zur Freude gesellt sich immerdar gern die
Poesie. Wenn es sich heute findet das junge Volk,
wenn es sich nähert das Paar: eine Liebeserklärung
in Prosa braucht es nicht; die Lieder dazu sind
längst schon fertig:

> „Mein Herzerl is treu,
> Wachst a Zweigerl dabei,
> Brockst es oh, so g'hört's Dein.
> O da treu mußt ma sein!"

Und die Entgegnung:

„So fei holt mei Schoß,
Oba fog'n deaßt es nit,
Wann's d' Leut' a mol wiff'n,
Oft mog i diß nit!"

Wo Bündnisse geschlossen, da können auch Bünd=
nisse gelöst werden:

„Ei Du, mei Du,
Bist neama mei Du.
Hon an andern Meidn,
Is ma liaba wia Du!"

Kommt dann und wann ein oder der andere
Bursche in die Lage, seinen Nachbar um eine
Gefälligkeit zu ersuchen:

„Geß' leih' ma dei Dirndl
Zan Umaflankirn,
Die Mein hot was broch'n
Und kann sih nit rührn!"

Aus ökonomischen Rücksichten lautet der Bescheid
häufig:

„Und 's Dirndlausleih'n
Däs thuat holt ka guat;
Ma kriagt's neama z'ruck
Wia ma 's ausleih'n thuat."

Anderes und Anderes kommt dazwischen. Irgend
ein alter Fuhrmann, oder ein Köhler oder Stein=
klopfer thaut auf, trollt sich mitten unter die
Tanzenden hinein, hopst im Tact und dreht sich
und klatscht mit den Händen auf seine aschgrauen

Lederhosen und schnalzt mit den Fingern, mit der Zunge, wirft jedem vorüberfliegenden Mädchen Fußhändchen zu, liebäugelt selbst mit den Musikanten und verkündet in übermüthiger Lust ein neues Evangelium:

„Buama seib's lusti,
Hiazt brauch?'s neama z' bet'n,
D' Höll' is verbrannt'n
Und ganz volla Retta" (Schlamm

Die Geigen und die Pfeifen sind ohne Ruh und Rast und dem Fritzl blüht die Seligkeit im Gesicht. Nein wahrhaftig, so was erlebt er daheim beim Schuhflicken nicht! Hier hat er bei all' der bunten Heiterkeit, bei all' den Scherzspielen der Jungen, bei all' den tecken Schnacken der Alten freies Essen, freies Trinken und freies Mitlachen. Mehr noch als das, harte Groschenstücke, klingende Silberzwanziger hüpfen auf den „Spielleuttisch" und tanzen dort noch eine Weile bei der tollen Musik, bis sie liegen bleiben.

Aber der Fritzl läßt nichts liegen als das glühende Eisen, er spielt ja ein Streichinstrument, er streicht ein.

Legen endlich die Musikanten ihre Instrumente auf kurze Zeit zur Seite, so wird den Gläsern auf den Boden geguckt und dabei die Leute gemustert.

Der mit den Pflugräderaugen! Die hat Holz bei der Hütten (hohen Busen)! Schau, Derselb' hat

Maulaffen feil! Die hat ihn auch auf dem Bandl!
Die wär' recht zum Fensterglas, die Sonn' scheint
ihr durch alle Rippen! Dort hat auch Einer die Katz'
zum Schmer gestellt! — Aehnlich lauten die kritischen
Bemerkungen der Musikanten, bis plötzlich ein Bursche
aufbegehrt:

„Seid's mir saubere Musikanten! Hat sich's
Pechmandel bei Euch eingestellt?"

Das ist ein herber Vorwurf, denn er drückt die
Vermuthung aus, die Musikanten seien in Schlummer
versunken. Unsere Vier greifen nun sogleich zu den
Geigen und Pfeifen. Und nun geht es wieder fort,
wie nach der Schnur, wie nach den Noten; es
schlägt Mitternacht — pfeifen und tanzen; es kräht
der Hahn — pfeifen und tanzen; es lugt der
Morgenstern zum Fenster herein — pfeifen und
tanzen. Schreit Einer: „Löschet die Kerzen, sie
brennen dem Tag die Augen aus!" Aber immer
noch pfeifen und tanzen. Vergebens röhren die
Hausthiere in den Ställen und verlangen ihr Früh=
stück, vergebens schimpfen die Spatzen auf dem
Dach. Es wäre kein Halt, doch da werden endlich
die Pfeifen heiser, die letzte Geigensaite springt.

Die Leute wanken erschöpft ihren Häusern zu,
für die Bratelgeiger beginnt erst der Feiertag und
sie bekommen vom dankbaren Wirth die Reste
„frisch gebraten" — den Ehrenbraten, der ihnen
den Titel sichert.

———

22*

Wilde Musikanten.

Typen und Gestalten.

ovon das kommt, daß der Aelpler mehr natürlichen Kunstsinn und künstlerische Fähig= keit zeigt, als der Flachländer? Es liegt nicht allein darin, daß der Süddeutsche, der Alpen= bewohner, ein regsameres Gemüthsleben führt als etwa der geistesgewandtere Norddeutsche gegen die Küsten der Ostsee hin, und daß im Süden der sinn= fällige katholische Cultus bedeutenden Einfluß auf das künstlerische Empfinden der Bevölkerung hat. Gewiß sind das wesentliche Gründe; doch vergessen darf nicht werden, daß in den Alpen die Natur selbst Künstlerin ist. Wer baut die gewaltigen Berge auf und schmückt sie mit den Wundergebilden der Felsen und deckt sie mit Gletschern ein? Wer malt die Tafeln und Seen und das Feuer des Alpen= glühens? Wer giebt das Rauschen des Windes im Tannenwald, das Brausen des Sturmes in den

Felsriſſen, den klingenden Wiederhall in den Berg=
wänden?

Vor Allem die Muſik hat in den Bergen ihre
Heimſtätte, ſei es in dem Paſtorale des Vogel= und
Hirtengeſanges, ſei es in der Art der „Zukunfts=
muſik‟, die der krachende Donner im Gebirge und
der ſchmetternde Lawinenſturz treibt.

Es iſt behauptet worden, der Urkeim des Volks=
liedes entſtamme dem Klingen der entſchälten Baum=
ſtämme, die der Holzknecht in die Tiefe ſchleudert,
dem Schreien des Rehes und den gezogenen Lauten
der Hausthiere. So weit gehen wir nicht, gewiß
aber iſt es, daß die kräftige Lunge des Aelplers, die
leichte reine Bergluft, das leichtentfeſſelte Hallen
und Schallen in Wäldern und Wänden dem Geſange
förderlich iſt. Das mächtig hinausgeſtoßene, eigen=
artig helle Jauchzen und Jodeln (dieſes Lied ohne
Worte) iſt ſo ſpecifiſch alpin, daß es ohne Aelplers=
bruſt und Bergeshöhe kaum denkbar erſcheint.

Da giebt es im Gebirge Leute, die fortwährend
ſingen. Sie ſteigen bergauf und ſpringen thalab
und ſingen. Bei der Arbeit, wenn ſolche nicht allzu
hart iſt, ſingen ſie, in Feierabenden, im Wirths=
haus, bei Spiel und Tanz ſingen ſie; ſelbſt auf
heimlichen Liebeswegen, wo es am zweckmäßigſten
wäre, auf ſtillen Socken zu ſchleichen und den Athem
einzuhalten, ſingen ſie ihre Vierzeiligen. Der einzige
Weg in die Kirche geht ohne Sang, außer es wäre

ein geiſtliches Lied, wozu die alpinen Kehlen übrigens
meiſt viel zu wenig Mollton haben. Wenn die Luſt
allzu übermüthig wird und mächtig, ſo ſpringt plötz=
lich ein Juchſchrei hervor, und

„Des Aelplers wortlos Jauchzen ſagt oft mehr,
Als aller Weiſen Lied und Lehr'."

Das Singen im Gebirge wird nicht gelernt,
außer es wäre zu kirchlichen Zwecken. Der Aelpler
wird ſchier ſingend geboren. Wer echten Volks=
geſang hören will, der laſſe ſich nicht bethören von
den als Tiroler coſtümirten Bänkelſängern, ſondern
er trachte ſich in einen „Heimgarten" einzuſchmug=
geln, wo das Dorf des Abends zur gemeinſamen
Arbeit und Unterhaltung zuſammenkommt. Uebrigens
iſt es ſchwer, die Leute in Gegenwart von Fremden
zum Singen zu bringen, da ſchämen ſie ſich, beſon=
ders die Weiber, ſie wären ja eben zu heiſer, „als
hätten ſie Pelz im Hals", und es wäre ihnen der
„Stimmſtock umgefallen" und was dergleichen
Redensarten mehr ſind, mit denen ſie ſich zieren.
Sind ſie aber dem Fremden erſt aus dem Geſichte,
und wiſſen ſie auch zehnmal, daß er ſie hinter der
Wand abhorcht, dann erheben ſie ihre Stimmen und
laſſen's gar keck und ſcharf heraustrillern — die
übermüthigſten, zweideutigſten Liedlein bisweilen,
daß der Zuhörer oft gar nicht weiß, wie ihm ge=
ſchieht.

Vor Allem ist es das Hirtenthum, welches dem
Sange fröhnt und durch den Gesang sich mit der
Heerde versteht; sowie es thatsächlich Kühe giebt,
die ihre Milch verweigern, wenn die Melkerin bei
ihrem Geschäfte nicht ein helles Jodeln losläßt.

In Kärnten und Steiermark haben es — dort
besonders Thomas Koschat, hier Jakob Schmölzer
— mit Glück unternommen, das Volkslied und den
Volksgesang für geschulte Sänger und feinere Kreise
zurechtzumachen, und, durch die Kunst ein wenig
veredelt, sieht, oder vielmehr hört man erst, welch'
große Kraft und Schönheit in den alten Weisen
verborgen liegt.

Wenn wir noch einen Blick auf das wandernde
Sängerthum unseres Volkes werfen, so meinen wir
nicht etwa die Harfenisten und Jahrmarktsänger,
wohl aber die Schaar der armen Kinder, die am
Dreikönigstage von Haus zu Haus geht, um ihr
Lied von den „drei Weisen mit ihrem Stern, sie
essen und trinken, aber zahlen nit gern" gegen ein
Stück Kuchen zu singen. Oder wir meinen auch
das „Leichwachtsingen", wie die Leute sich in das
Haus begeben, wo eine Leiche aufgebahrt ist, um
an derselben Nachtwache zu halten und Todtenlieder
zu singen. Oder wir meinen endlich die Wallfahrerschaar, die über Weg und Steg sich zur Ehre Gottes
in die Kirchen und Wirthshäuser hinein singt, um
sich in letzteren allemal wieder die Stimme und die

Frömmigkeit zu erfrischen. — Ist nicht Gelegenheit
zum Singen und Jauchzen, so wird gepfiffen,
oder, wie der Aelpler sagt, „gewischpelt". Das
„Zweipfeifen", wobei zwei Männer mit kunstreichem
Lippenspiel die lustigen Volksweisen pfeifen, ist in
der That eines der originellsten, oft sogar anmuthig=
sten Concerte, die man hören kann.

Ich habe ein solches Pfeiferpaar gekannt; es
waren zwei alte Bettelmänner, welche in meiner
Heimatsgegend von Haus zu Haus gingen und für
eine kleine Gabe Schelmen=, Hochzeits=, Kirchen=
oder Todtenlieder pfiffen, je nachdem Zeit und An=
laß war.

Das war denn allemal eine Freude für uns
Kinder, wenn es hieß, die Pfeiferbettler wären da,
wir sollten Kreuzer zusammensuchen, sie würden
uns was pfeifen. Und wie sie so vor der Hausthür
standen, die weißbärtigen Greise, in zerflicktem Kleide
und mit zerrissenem Leibe — der Eine hatte um
eine Hand zu wenig, der Andere um ein Backenbein
und um ein Auge, weil ihm einst eine italienische
Kugel durch den Kopf gefahren war — und wie die
traurigen Gestalten um ihren Mund spitzten und
mit begleitendem Mienenspiel die heitersten Weisen
pfiffen, da schlich wohl das ganze Haus zusammen
und horchte zu, und meine Mutter hatte nach einem
solchen Zweipfeifen, es mochte noch so lustig ge=
wesen sein, feuchte Augen.

Als endlich Einer von den Pfeiferbettlern ge=
storben war und sonder viel Glockengeläute in die
Grube gelegt wurde, und als die paar Leute, die
den Alten aus Christenliebe auf den Kirchhof be=
gleitet, davongegangen waren, blieb der Andere
noch kauern auf dem Erdhügel und pfiff dem Kame=
raden ein Grablied nach. Das mag auch von ihm
so ziemlich das letzte Pfeifen gewesen sein, denn
später ist er nicht mehr gehört worden.

Das ist allerdings der einzige mir bekannte Fall,
daß sie sich öffentlich zeigten: sonst geschieht das
Pfeifen stets nur gelegentlich, wo in der Bauern=
stube oder Holzknechthütte ein paar Männer zufällig
beisammen sind. Den Weibern ist das Pfeifen ver=
pönt und heißt's, es erscheine auf solchen Lockruf
der Teufel. Der Grubensteff hat zwar einmal be=
hauptet, in dieser Beziehung sei ein Männerpfiff noch
viel gefährlicher, denn er habe bei der Kirchweih in
Sanct Mirten nur ein einzigmal gepfiffen und auf
der Stelle wären drei Weiber dagewesen.

Eine ganz andere Sache, als derlei Sänger= und
Pfeifervolk ist der Kirchenmusikant. Das ist der
Kunstmusiker des Dorfes, denn er hat die Musik
gelernt. Der Schulmeister hat die ungelenken Fin=
ger des Knaben so lange mit dem Stäbchen gegerbt,
bis sie die Geigensaiten, oder die Clarinettlöcher,
oder die Trompetenklappen richtig begriffen. Der
Schulmeister hat dem Jungen so lange das Ohr=

läppchen gedreht, bis diesem das Musikstück recht
ins Gehör gegangen. Das sind die Künstlerleiden
auf dem Dorfe.

Es ist kein Wunder, wenn im Angesichte solcher
Thatsachen die Burschen nicht Musik lernen wollen
und daß der Schulmeister allerlei Redekünste und
Hinterliste aufbieten muß, um etliche Schüler dran=
zukriegen. „Das thät' ich schon," sagt er, „daß ich
das Geigen und das Blasen lernen thät'! Der
Mensch, der Musik kann, kommt alleweil gut durch
die Welt. Schaut's an die Hasenauer Musikanten,
verdienen sich bei der Tanzmusik an einem Tage
mehr als Andere im Monat. Und was sie sich in
den vier Faschingswochen mit Geigen und Pfeifen
erwerben, das wollt' ich nicht hergeben um den
ganzen Jahrlohn vom stärksten Bauernknecht. Ich
nicht, ich), daß ich's hergeben wollt'! Ich schon, ich,
daß ich Musik lernen thät' an Eurer Stell."

Etliche beißen an. Aus der Schule getreten,
nutzen sie ihre Sonntagsfeierstunden zur Uebung und
blasen oder geigen dem lieben Herrgott ein Loch
in seine wunderschöne Welt. Und nach Jahren führt
sie der Schulmeister, der auch Regenschori ist, auf
den Kirchenchor, und wenn sich nachher die Ge=
meinde hell verwundert über das gottlos prächtige
Hallen und Schallen da oben, so kann er wohl mit
Stolz auf seine Bande zeigen: „Die hab' ich mir
selber erschaffen!"

Wie nun aber die Musikanten nach dem Gottes=
dienst im Wirthshaus zur Lustbarkeit aufspielen
wollen, da zieht der Regenschori andere Saiten auf
und sagt: „Bratelgeigen, das leid' ich nicht! Ich
hab' mich nicht mit Euch abgeplagt wie ein Zug=
vieh, daß Ihr Lumpenmusik machen sollt, sondern
brave Kirchenmusikanten begehr' ich!“

„Das wollen wir ja sein, Herr Schulmeister,“
sagt vielleicht Einer. — „So!“ ruft der Regens=
chori, „das wollt Ihr sein! Vormittags dem Herr=
gott aufspielen und Nachmittags dem Teufel!“

Das wäre auch in der That unschicklich, meint
nun einer der Burschen, und so wolle er dem Herr=
gott lieber gar nicht aufspielen. Und fällt ab. Aber
die anderen thun nicht so. Es ist des Herrn Pfarrres
wegen, daß sie auf dem Kirchenchore spielen; es ist
auch der Ehre wegen. Und einmal im Jahre, ge=
wöhnlich zu Frohnleichnam, was für den Musikan=
ten der musikalischen Procession wegen wohl der
strengste Tag ist, fällt doch ein guter Trunk aus.
Und wenn Einer der Musikanten heiratet, so spielen
ihm und der Braut die Anderen Hochzeitsmärsche
und Tänze auf, und wenn Einer von ihnen auf
hoher Bahre in den Kirchhof getragen wird, so giebt
ihm die Musik das Ehrengeleite, und am jüngsten
Tage hält an seinem Grabe der Engel still und
bläst ihm auf der Posaune ein Ständchen. „Wer
solche Ehren verscherzen kann gegen schnödes Spiel=

lentgeld, der —! Man muß viel verschlucken, auf
dieser Welt," sagt der Schulmeister und genießt ein
Zuckerbemmchen gegen die Heiserkeit, denn er soll
morgen beim Hochamt die Altstimme singen, weil
sich die Pfarrersköchin unpaß melden ließ.

Von den „Künstlern" nun wieder zurück zu den
Kunstliebhabern, zu den wilden Musikanten.

Wer kennt es nicht, das Ding, welches trotz
seiner großen Einfachheit gleichsam alle Instrumente
in sich vereinigt, so daß durch einen Hauch des
Mundes alle Töne lebendig werden, von der hellen
Hirtenpfeife an bis zu den tiefen, feierlichen Klängen
der Orgel! Das Lied, das man hineinhaucht, schallt
im vollen Chore eines wohlbesetzten Orchesters wieder zurück. Wer kennt die Mundharmonika nicht?
Dieses Instrument spielt sich selbst, kein Wunder
daher, daß es die meisten Liebhaber hat. Vierzig
Kreuzer kostet eine solche Harmonika, die auf beiden
Seiten spielbar achtundvierzig Kläppchen hat. Man
bekommt sie auf allen Jahrmärkten. Hausirjuden
tragen sie ins Haus und selbst der Dorfkrämer hat
nebst seinen Baumwoll= und Speccereiwaaren auch
Mundharmonifen auf dem Lager. Kinder mit sieben
Jahren haben in solchem Spielzeug ein Musik-
instrument erhalten und sind virtuose Mundharmo-
nisten. In dem einen Hosensack den Taschenveitel,
in dem andern die Mundharmonika, so geht mancher
Alpenbursche durch's Leben und braucht je nach

Bedarf Eins ums Andere. Mitunter, in Regentagen oder langen Winterabenden, verpflichtet er damit eine ganze Gesellschaft, denn es läßt sich bei seinem Instrument zur Noth auch tanzen, und ist der Reigen nur erst im Gang, so klemmt der Musikant die Harmonika zwischen die Lippen, stößt den Tact nur so hinein, nimmt eine Schöne um die Mitte und tanzt mit herum.

Und ist irgendwo Eine, die nicht Anwerth hat beim Tanz, die kauft sich selber eine „Maulwetzen", musicirt sich selber was vor und tanzt mit sich selber — hat solchergestalt keine Noth mit dem Liebsten und braucht kein Spielentgelb zu zahlen.

Nebst der Mundharmonika ist auch die Zieh= harmonika bekannt. Die ist nicht auf fremde Lungen angewiesen, sie hat ihre eigene aus Thier= fell, wie der Dudelsack, und sie bläst sich selber, wenn sie nur auf= und zugeschoben wird. Trotzdem genießt sie die Neigung der Leute nicht in dem Maße, wie die kleine Mundharmonika.

Ein ganz Anderes und für das weibliche Ge= schlecht noch schier Gefährlicheres ist die Maul= trommel und der Maultrommler.

Maultrommeln, das sind zwei kleine Brumm= eisen, schlüsselförmige Instrumentchen mit leicht erregsamen Stahlzünglein. Die beiden Eisen sind gleichtönig, doch wird an das Zungenhäklein des einen ein Wachsknötchen geklebt, was den Ton ent=

sprechend tiefer macht. Dieses Eisen klemmt man zwischen die Zähne, eins am rechten, das andere am linken Kiefer, mit den Fingern schnellt man die Stahlzünglein, während man in dieselben eine Arie hineinhaucht. Die Arie surrt und säuselt nun ganz seltsamlich in den zitternden Zünglein und ist das eine überaus eigenartige Musik, mit der man freilich keinen Reigen in Bewegung setzt, doch aber — wenn der Maultrommler darnach ist — Weiber= herzen erschüttern kann.

Wie Jerichos Mauern durch Blechinstrumente gefallen sind, so fällt vor dem Surren der Maul= trommeln in stiller Samstagsnacht der Fensterschuber und was mitzusammenhängt, da werden die beiden Eisen rasch in den Sack gesteckt und das Spiel des „Maultrommelns" wird wohl mit dem Munde, aber ohne Instrumente fortgesetzt, gehört somit nicht mehr eigentlich in das Bereich unserer Musikanten.

Der bekannteste und verbreitetste der wilden Musikanten in den Alpen ist der Zitherspieler. Es ist eine echt steirische Type.

Die Harfe des alpinen Volksliedes ist die Zither, aber nicht jene vervollkommnete moderne Zither, mit der es herumziehende Künstler bisweilen zu einer bewunderungswürdigen Fertigkeit bringen. Solche Zithern wären für den gewöhnlichen Bauer schon deshalb unmöglich, weil eine derselben den ganzen Jahreslohn eines fleißigen Knechtes kosten würde,

nicht von der Zeit und Gelenkigkeit der Finger zu
reden, die zur Erlernung des Zitherspieles erforder-
lich wären.

Mein Vater hatte drei Brüder und Jeder besaß
eine Zither mit zwei Saiten, die sie sich selbst ge-
zimmert hatten und auf denen sie an den Feiertagen ihr inneres Leben ganz leidlich offenbarten.
Dieses innere Musikleben bestand aus einem halben
Dutzend Steirertänze, oder, wie sie sie nannten,
„Altweltischer", die den übrigen Hausbewohnern
auch allemal scharf in die Füße fuhren. Mein Vater
war ihnen aber in der Kunst weit überlegen, er
spielte eine Zither mit drei Saiten und spielte auch
Volkslieder und Jodler und mancherlei ungewöhn-
liche Weisen, aus denen wir nicht klug wurden. Und
wenn wir ihn hernach fragten, was das gewesen
sei, antwortete er: „Nichts." Es waren von ihm
erdichtete Tonzusammensetzungen, wie sie ihm gerade
in die Finger kamen und die er nach ihrem Ver-
klingen selbst nicht mehr wußte.

Den Anschlagring, den der Zitherspieler an
seinem rechten Daumen hat, kannten wir nicht,
wir nahmen ein Stück Fischbein in die Hand und
hieben und kratzten damit frisch auf die Saiten
los. Demnach war der Ausdruck: „Zithernschlagen"
ziemlich treffend. Mein Vater sah es nicht gern,
wenn zum „Zithernschlagen" getanzt wurde, obwohl
die scharfen, schrillen Töne das Gepolter der Berg-

schuhe leicht übertönten. Als wir später einmal
einen Kunstzitherspieler hörten, wußten wir nicht,
was das für eine fremdartige Musik sei, bis mein
jüngerer Bruder das Instrument erguckt hatte und
uns mit dem Bericht in Erstaunen setzte, das Zeug
schaue schier aus wie eine Zither, nur daß es viel
größer wäre und über und über gewichst, wie des
Amtmanns Stiefel, und daß es gewiß etliche Dutzend
Saiten hätte.

„Etliche Dutzend Saiten!" rief mein Vater,
„nachher nicht, nachher ist's keine Zither, nachher
ist's was Anderes."

Es giebt nun wohl manchen Aelpler, der seine
Holzart weglegt, das Zitherspielen lernt, damit sein
Brot verdient und ein heiteres Leben führt. Im
Winter geht er in die Stadt, und vermag er's schon
nicht, den Concertsaal zu erobern, so wirft er sich
scharf in die steirische oder tirolische Tracht, auf
dem Hut Gemsbart und Hahnenfedern, und spielt
in den Wirthsschänken. Kommt der Sommer, so
geht er wieder dem Gebirge zu, spielt in Touristen=
herbergen und Sommerfrischen, verdient sich viel
Geld und kommt erst wieder bleibend in seinen
Heimatsort zurück, wenn er in's — Armenhaus muß.

Viel Geld verdienen und Armenhaus! Das ist
zumeist der Lebenslauf des Volksmusikanten. Was
dazwischen liegt, ist unter Brüdern freilich auch eines
Menschenlebens werth.

In Steiermark ist die Zither so volksthümlich, daß Mancher den Wunsch hegt, wie schon das Lied sagt:

„Wann ih einmal stirb,
Müassen mih d' Steirer trag'n
Und dabei zithernschlag'n."

Meines Wissens ist dieser Wunsch nur einmal erfüllt worden, und zwar dem Waisen-Toni in Krieglach. Als der in seinem geschlossenen Tannen- sarge lag, fiel es einem seiner Kameraden ein: der Toni hätt's Zithernschlagen gern gehabt. Wollten ihm zu guterletzt eins aufspielen. — Er legte im Uebermuth die Zither auf den Sarg und spielte einen „Steirischen". Ihr meint vielleicht, der Todte wäre d'raufhin lebendig geworden? Mit nichten. Die Anwesenden aber hielten sich die Ohren zu, er, der Spieler, möge nur Gotteswillen aufhören die Todtentruhe sei keine Resonanz für's Zither- schlagen.

Ein der Zither verwandtes, aber wohl älteres Instrument ist das Hackbrett. Es ist das ein ziemlich breiter, flacher Resonanzkasten mit Metall- saiten, die mit zwei Hämmerchen geschlagen werden.

Das Hackbrettspiel wird in unseren Alpen auch kaum mehr gepflegt, und als ich vor einiger Zeit ersucht wurde, für ein steierisches Museum das Hackbrett aufzutreiben, fand ich auf vieles Suchen

ein einziges. Und wo? Auf einem Kohlgarten an
den Zaunstock gehangen und etliche Holzbälklein
daran, die der Wind beständig hin und her und
an die Saiten schlug. Das Ding war als — Hasen=
schrecker benutzt.

Eines der wunderlichsten Instrumente, das wohl
auch zur Gattung des Hackbrettes zu zählen ist,
hat der Hammerl-Hans zu St. Michael gehabt.

Da lagen auf Strohriegeln etliche dreißig Holz=
wälzchen, jedes etwa einen Zoll dick und von ver=
schiedener, stets genau bestimmter Länge; sie waren
derart neben= und zwischeneinander gelegt, daß sie
durch Hämmerchen wie die Saiten eines Hackbrettes
gespielt werden konnten.

Sechsunddreißig Stäbchen, von dem kürzesten
bis zum längsten, gaben sechsunddreißig Töne, die
ganz kunstgerecht miteinander harmonirten. Und da
gab's steierische Tänze und wienerische Walzer,
Alpenjodler und Soldatenlieder — aber Alles von
Holz.

Ein Anderes wieder ist das Spielen mit Hämmer=
chen auf einer Reihe von gleichgroßen, aber mit
Wasser ungleich gefüllten Trinkgläsern, mit welchen
ein sehr harmonisches Glockenspiel erzielt wer=
den kann.

Unendlich ist das Reich der Töne. Und so lau=
schen wir den Schalmeien auf sonnigen Höhen, den
Hirtenflöten und den Schwögelpfeifen und Allem,

was da in wogenden Tönen hervorquillt aus dem
Menschenherzen, das sich vor glückseliger Lust oft
kein Ende weiß. O, Preis und Lob Dem, der die
goldenen Saiten gespannt hat über Berg und Thal,
so daß die ganze Alpenwelt eine Riesenharfe ist,
auf welcher männiglich Wesen das hohe Lied des
Lebens spielt.

Die Wallfahrer.

Wären die Vergnügungsreisen nicht aufge=
kommen, ich ginge selber mit der Kreuzschaar
nach Maria=Einsiedeln, oder auf den Schutz=
engelberg, oder nach Mariazell, oder zu einer anderen
Wallfahrtskirche, wie sie gerade in den schönsten
Gegenden der Alpen erbaut worden sind.

So mit lauter guten Bekannten hintrotten
über Berg und Thal, über Felder und Auen,
und durch die schönen schattigen Wälder manchmal
ein Rosenkränzlein trillern, manchmal ein Liedchen
singen, unterwegs keine Kirche übersehen, weil
nebenan das Wirthshaus steht, mitunter eine
hübsche Kellnerin in Ehren haben, weil sie ein
Geschöpf Gottes ist, oder gar ein Wunder=
bildniß, an dem allerlei Mirakel geschehen können
— bigott, ein solches Wallfahrten wäre mein
Passion!

Und für eine solche Kirchfahrt thäte ich meine Kreuzer zusammensparen Jahr und Tag lang — nicht anders als wie es die Mechtildis gemacht.

Die Mechtildis, wer ist denn dies, wenn man fragen darf? Nun, ein recht braves, sauberes Mädel ist sie und auch noch zu haben. Heißt das, 's selb' kann ich nicht für gewiß sagen; wenn's wahr ist, was die Leut' reden — sie reden gar viel, wenn der Tag lang ist —, so wäscht die Mechtildis dem Kranzbauern-Michel die Hemden und die Strümpfe; ja freilich, dann ist sie schon verheißen.

Und wenn wir das brave, saubere Mädel schon nicht selber kriegen, so wollen wir doch zum Mindesten vom ihm erzählen — versteht sich lauter Gutes und Erfreuliches.

Die Mechtildis also hat eine unbändige Freude, als es der Kirchschlager Pfarrer auf der Kanzel verkündet: „Heuer zum Frauentag geht wieder die Kreuzschaar nach Zell; ich wünsche, daß sich meine Pfarrkinder daran recht zahlreich betheiligen. Für den Fahnenträger und den Herrn Caplan, der auch mitgeht, wird heute abgesammelt."

Das ist in Ordnung. Und wer in der Seele das Bedürfniß fühlt, Gott zu Lieb' einen weiten Weg zu seinem herrlichen Tempel zu machen, dort Trost und Erquickung für das bedrängte Herz zu suchen — über Den macht sich kein gescheiter Mensch lustig. Wo aber unter dem Scheine der

Religiosität die weltliche Gesinnung ihr Spiel hat
— dort darf man wohl auch in weltlicher Weise —
wie es hier geschieht — davon sprechen.

Wir zweifeln nicht an dem kindlich frommen
Gemüthe der Mechtildis — aber hier kommt ihr
sicherlich von der argen Welt auch ein Fünklein
dazu, denn als sie auf der Kanzel das Verkünden
hört, da wird ihr ganz heiß in der Brust. Sie weiß,
wer gehen wird und sie geht ja auch mit, und das
hat sie sich bei ihrem Dienstherrn zu Neujahr aus=
bedungen: sie will schon brav und fleißig sein, aber
nach Zell will sie gehen mit dem Kirchschlager
„Kreuz“. Und sie spart jetzt schon im achten Monat
von ihrem Mund ab — denn 's ist über eine Tag=
reise nach Zell und der Rückweg ist auch nicht viel
kürzer, und zwei Gulden braucht man, miteingerechnet
das, was man unterwegs den Armen reicht und
um was man bei den Zeller Krämern angeschmiert
wird. Und erst das Ablaßopfer in der Kirche, das=
selb' frißt Geld, dasselb'! Sollte aber das ersparte
Geld nicht langen, in Gottesnamen, so verkauft sie
dem Juden die Herbstschur ihres bluteigenen Schafes;
zehnmal lieber geht sie den ganzen Winter ohne
Strümpfe um, als sie bliebe zurück vom „Kreuz“.

Und nun beginnt die Mechtildis herzinnig zu
beten, daß sie sich bei der Wald= oder Feldarbeit
doch nicht etwa einen Fuß breche, sondern daß sie
kerngesund bleibe und insonderheit, daß die Kalbs=

lederschuhe halten bis zu den gebenedeiten Tagen
der Zellfahrt.

Des Kranzbauern Michel läßt ihr sagen, seine
Schuhe hätten noch gute Sohlen, und sollt's ihr
um etliche Groschen nicht zusammengehen, so sollt'
sie gerad' denken, sie hätt' einen guten Bekannten
bei der Kreuzschaar.

Die Mechtildis kann ganze Nächt' lang nicht
mehr schlafen, stets der seltsamen Dinge gedenkend,
die da kommen werden. Beten und singen wird sie
laut zum Himmel hinan, und auf steinigen Wegen
und durch Wildnisse werden sie die Engel Gottes
führen, und — der Michel.

Endlich kommt der Tag. Die junge Maid hüllt
sich in die frischgeglätteten Wallfahrtskleider; sie ist
schier verklärt und mitleidig lächelnd blickt sie nieder
auf das alltägige Treiben im Hofe, wo die Knechte
wirthen und die Hühner den Staub aufkratzen.
Sie — die Mechtildis — ist nun der Erde entrückt
und verkehrt nur mehr mit den Himmlischen und
ihre Dienstfrau ist die Gnadenmutter zu Zell. Einen
großen Laib Brot bindet sie sich noch auf den Rücken,
das rothe Paraplui — Regenschirm hat sie keinen
— zwängt sie sich unter die Achsel und jetzt —

„Behüt' Dich tausendschön Gott, Mechtildis!“
sagt ihre Bäuerin, „richt' einen schönen Gruß aus
bei der Zeller Mutter und bet' für uns auch
was!“

Sie in ihrer Demuth verspricht es — verspricht
Alles zu dieser Stunde; und noch befühlend, ob die
zwei Gulden wohl gut in's Jöpplein genäht sind,
geht sie still davon und der Pfarrkirche zu, wo sich
die Schaar versammelt.

Weit im Thal kann man die Glocke hören,
wenn sie nun ausziehen mit ihren Brotsäcken und
Pilgerstäben und Rosenkränzen und mit der flatternden
Fahne — der alte Vorbeter unter ihnen und der
junge Caplan. Der Vorbeter hat vorher zwei Gläser
Fierbier getrunken, denn das macht den Hals glatt
und fördert die Inbrunst im Gebete.

Und so wallen sie hinaus aus der Gemarkung
und hin über Berg und Thal im hellen Sonnen=
schein, und bedauern die Leute, die sie arbeiten
sehen und bedauern die Herrenwägen, die zuweilen
vorüberschnurren. Daß kein Mensch auf Erden so
glücklich ist wie sie, davon sind sie überzeugt — und
das muß uns freuen.

Gebetet und gesungen wird, was das Zeug hält.
Gott Dank, daß er den Menschen den trefflichen
Rosenkranz gegeben hat und die flinke Zunge zum
Frommsein! — Das Auge mag sich weiden an den
Dingen, die daheim nicht zu finden, und — „Ge=
grüßet seist Du Maria voll der Gnaden"
das ist doch auch curios, jetzt thun sie dort unten
in den Matten erst das Kraut anbauen — „und
Du bist gebenedeit unter den Weibern

und gebenedeit ist die" — Füß' brennen
mir schon wie Feuer auf diesem gotteslästerlich
argen Weg! Das ist schon gar über — "die Frucht
Deines Leibes; heilige Maria, Mutter —
gelt, Ihr schenkt mir ein Tröpfel saure Milch, man
meint, die Seel' schwitzt sich Eins heraus in dieser
grauslichen Hitz'!"

Mancher möcht' allweg einkehren, aber der Vor=
beter sagt: "Geht's, laßt's Euch nit anfechten, die
Wirthshäuser sind dem Teufel seine Kirchen!" Hat
er aber selber Durst, so findet er schon eine Schänke,
die der Teufel nicht gebaut haben kann, weil aus=
wendig an der Thüre der "süße Namen" steht.

Besegne ihnen Gott den frischen Trunk! Wir
eilen ihnen ein Stückel voraus, wollen gern einmal
unter uns selber sein und was Gescheites mitein=
ander reden.

Zell liegt tief im Gebirge. Die Wege sind für
Den, der sie mit seinen Schritten messen muß, weit
und, wie es im Ave heißt, gotteslästerlich arg! Mit
spitzen Steinen gepflastert und mit Mühsal — und
die Wallfahrer gehen gern barfuß, damit sie an
Schuhen sparen und Sünden abbüßen. Mancher Pfad
führt über wilde Höhen, völlig bis zu den Wänden
durchaus böse Gegenden, wenn Nacht und Nebel,
Wind und Wetter eintreten.

Da war es wohl nothwendig, daß sich aus der
Hirtenklause, aus der Sennhütte ein Einkehrhaus,

eine Herberge gebildet hat, die nur im Winter ver=
schneit und verödet liegt, im Sommer aber vom
Treiben der Wallfahrer aus allen Gegenden durch=
rauscht wird.

So haben die Bauern auch ihre Touristenhotels.
Kehren wir hier in ein solches ein und warten, bis
das Kirchschlager „Kreuz" ankommt. — Ein statt=
liches frommes Haus von außen; aus Holz gebaut,
mit hellen Fenstern, an den Wänden die Schützen=
scheiben mit den schwarzen Augen — 's ist auch ein
Försterhaus. Dann das leuchtende Schindeldach und
die Schornsteine, aus denen es immer raucht —
denn Hunger hat Jeder, der hier ankommt. Hinter
dem Hause an den felsigen Hügel gelehnt steht die
Stallung; wohnt im Erdgeschoß das Geschlecht der
Rinder und Schweine, in den Dachräumen ist
begehrenswürdig Heu und Stroh — denn müde ist
Jeder, der hier ankommt.

Droben am Dachfenster ist die Hochwacht. Dort
luget der borstenhaarige Kopf Friedel's in die Welt
hinaus, ob nicht irgendwo von einer Kreuzschaar
was zu sehen oder zu hören.

Eine Weile ist's verzweifelt still, nichts zu sehen
und zu hören, als die Häher und die Steinlerchen
— die bringen aber kein Geld. Auch ist der Sang
der Sennerin und das Jodeln des Kuhbuben, das
aus der Ferne klingt, nicht zu versilbern. Guckt
denn der Friedel noch eine Weile — halt, hörst es

nicht, wie das Summen einer Hummel? Es ist das Schallen eines Wallfahrtsliedes. Dort unten aus der Schlucht taucht eine rothe Fahnenstange auf.

„Sie kommen!" schreit der Friedel. Dieser Ruf kostet manchem Lämmlein, manchem hoffnungsvollen Ferkel das Leben. Selbst das harmlose Hühnervolk stiebt vor solchem Schrei, unheilvoller als der Pfiff eines Geiers, wild auseinander — denn ist etwa ein Prälatenwagen bei der Kreuzschaar, so gehen auch die Hühner nicht sicher.

Und siehe, nach einer halben Stunde schwankt die rothe Fahnenstange der Kirchschlager — die Fahne selbst tragen sie in einer Blechbüchse — über das Steinkar heran. Heller wird der Gesang, denn die Sänger sehen schon das Wirthshaus. Der junge Caplan, anzusehen schier wie der heilige Aloisius, ist umgeben von dem schönsten Kranze gottesfürch= tiger Jungfrauen. Die Mechtildis jedoch geht etwas weiter hinterwärts — — 's ist ihr an diesem steilen Berge fast das Mieder zu fest gebunden — sie schnauft und sie hat in der rechten Hand das Para= plui und an der linken den Michel, daß es doch mag vorwärts gehen mit harten Kräften.

Mittlerweile ist es Abend geworden und von Kuppe zu Kuppe der Alpenhöhen heran kommen graue Nebel gezogen. Still aber rasch, in dichten Ballen wogen sie heran und hüllen die Niederung, hüllen das Wirthshaus ein, und siehe, die fromme

Wallfahrerschaar thront in den Wolken des
Himmels.

Daß sie aber auch noch ihre Leiber bei sich haben,
die Seelen aus Kirchschlag, das weist das Poltern,
unter welchem sie mit ihren staubigen Schuhen und
Stöcken, mit ihren Brotsäcken, mit der Fahnenbüchse
und der Stange in die Herberge einziehen.

Wer aber wollte nicht einziehen durch eine Pforte,
über welche der biblische Spruch steht: „Herr, bleib'
bei uns, denn es will Abend werden!" und das um
so lieber, wenn über derselben Pforte, aber an der
inwendigen Seite, in einem Kranz von Kniehölz-
zweigen die tröstliche Satzung prangt: „Auf der Alm,
da giebt's ka Sünd'!"

Der auswendige Spruch ist bald erfüllt, so mag
denn der inwendige erprobt werden. Vorläufig besetzen sie die Tische, thun ihre mitgebrachten Brote,
Krapfen und Schinken aus den Bündeln und lassen
sich Gläser dazu bringen, wohl gefüllt aus den
Fässern mit dem Bronnen des Heiles. Gott Lob,
daß sie recht essen und trinken, dies weist, daß sie
gesund sind. Gesundsein und auf Gotteswegen wandeln — wer könnt' sich Schöneres denken! Leider,
der gute Vorbeter ist so heiser, daß er kaum nach
einem Gläschen Schnaps zu rufen vermag; und als
er später zum Kartenspiel kommt, ist es mit seiner
Stimme so arg, daß, wenn er ausrufen will: „Ge-
stochen mit dem König Du verd —" ihm der ver-

dannte Schneider mitten in der Kehle stecken bleibt.
Und wie — ich bitt' Euch — soll er morgen mit so
einem Kerlchen im Halse wieder vorbeten! — Dem
Fahnenträger ferner sind die Arme so steif gewor=
den, daß er den Maßkrug nur mit Mühe an den
Mund bringt, das Fingerhäkeln mit der Kellnerin
aber nachgerade unmöglich scheinen will.

Von den Weibsleuten zieht sich ein guter Theil
beizeiten zurück auf den Heuboden. Daselbst graben
sie sich unter Gekicher und Geglucke Nester, lösen
ihre Haarflechten auf und belegen die wunden Füße
mit Unschlitt. — Ja, ihr Leute, 's ist Alles ver=
weichlicht heutzutag', vor Zeiten haben sich fromme
Wallfahrer Sand und Glasscherben in die Schuhe
gethan, um unterwegs recht viele Sünden abzu=
büßen. — Ist denn das heutzutag' so sehr über=
flüssig? Ich glaube nicht! — Indeß, meinen sie,
was die Sünden anbelangt, so wären sie morgen
um die Abendzeit in Zell, und da gäbe es Beicht=
väter genug. Und manches Mägdlein bildet sich noch
ein, es habe gar keine Sünden zu tragen — der
Toni=Natzl=Sohn, oder wie er heißen mag, sei weit
stärker, der wäre so gut und trage in seinem Bündel
auch ihre Sünden, die vorjährigen und die vom
Winterfasching her, und auch die vom heurigen
Frühjahr.

In der Gaststube geht es bis spät in die Nacht
hinein lebendig zu. Kerzendunst und Tabaksrauch

vermögen nicht, das Johlen und Lärmen zu er=
sticken, und die geistlichen Lieder sind zu weltlichen
geworden, und die Kellnerin wahrhaftig ist ein hüb=
sches Frauenbild — soll jünger sein, als jenes zu
Zell.

Der Wirthssohn, der Friedel, huscht schalkhaften
Gesichtes unter den Gästen umher, weiß unterhalt=
sam zu sein, weiß prächtige Ziffern zu zeichnen auf
dem Tisch, macht mit einem Fahrer Zahlen, die tief
in die Hunderte gehen, und noch allerlei possirliche
Zierathen dazu. — Ein talentirt' Köpfel, der Friedel!
— Hat was gelernt, der Friedel! — Auf hohen Bergen
können die Zechzahlen nicht niedrig sein, das ist
ganz in Ordnung.

Aber Manchem verschlägt Friedel's hochherzige
Ziffer völlig die Rede, nur daß er noch murmelt:
„Bigott, wir sind auf dem heiligen Kirchfahrtsweg;
's ist Zeit zum Schlafengehen!"

Der Herr Caplan ist schon früher verschwunden;
auch seine Füße waren etwas wund, er mußte sie
mit Unschlitt belegen. Die Meßnerstochter, die gelb=
haarige Hanne, war so gut und hat ihm, eine neue
Magdalena, die Füße gesalbt.

Wohl auch der Fahnenträger verläßt seine
Stange, torkelt auf den Henboden hinaus.

Ehselb' sie noch vollends die Augen schließen auf
dem Henboden, fällt es dem Vorbeter ein: „Du
kreuzverwickelt, sind wir aber fromme Kirchfahrer!

Schauts da her! Jetzt haben wir heut' Abends auf
das Abebeten vergessen! Sakra, jetzt heben wir aber
gleich an!"

Und auf dem finsteren Heuboden beginnt es zu
summen.

Noch eine Weile rauscht das Heu und das Stroh ;
— der Wirth hat sein Lebtag noch kein Stroh zu
dreschen gebraucht, auf welchem Wallfahrer geschlafen
— und endlich wird es still unter dem Dache, nur
draußen braust der Wind in den Felsen.

Ich wollt', mir wären die lieblichen Träume der
frommen Diener Gottes gegeben, daß ich sie zu
weiterem Nutz und Frommen könnte in dies Büch-
lein thun. — Je nun, 's muß gut sein.

Des andern Morgens, noch ehe der Tag
anbricht, kriechen unsere Kirchschlager aus ihren
trautsamen Nestern hervor. Wieder ausgeruht und
ernüchtert, kommt neuerdings der Geist der Frömmigkeit über sie. Hastig kleiden sie sich an; mag
vielleicht Manche ihr Jöppel, ihr Schürzel in der
Geschwindigkeit nicht finden oder unversehens in das
Schühlein einer Nachbarin schlüfen — doch in guter
Ordnung verlassen sie die Herberge.

Es geht über Stock und Stein, durch Finsterniß
und Nebel, sie halten sich aber vorsichtig aneinander
und gemächlich folgen sie dem Fahnenträger. Der
hat ja gar die Fahne aus der Blechbüchse genommen und sie auf die Stange gehangen. Hat es wohl

gethan, damit die Leute in der Dunkelheit den
Weiſer beſſer gewahren, oder vielleicht hat er die
Fahne ſchon entfaltet, weil heut' der Einzug in Zell
ſein wird? Ihr Lob= und Bußgeſang ſchallt in den
Berghängen, an welchen ſchon der Schimmer des
Morgenrothes liegt.

Die Kreuzſchaar trottet davon; im Wirthshauſe
auf der Höh' aber geht der Friedel herum, ſammelt
die Knochen der geſtern zu Gottes Ehre verzehrten
Lämmer für neue Suppen, lockert im Stallboden
das Heu und das Stroh für neue Schläfer und hat
den ganzen Tag für ſich etwas zu lachen.

Und die Wallfahrer? Die ſind am ſelbigen Abend
glücklich nach Zell gekommen. Mit der rothen Fahne
und mit Muſik ſind ſie eingezogen in die große
weltberühmte Kirche: und hoch auf dem Thurm iſt
geläutet worden mit allen Glocken. Kommt auf
achtzehn Gulden zu ſtehen, der Einzug; doch die Kirch=
ſchlager laſſen ſich's koſten, damit es bei den Zeller
Bürgern heißt: Ja, die Kirchſchlager, die können
ſich's koſten laſſen!

Vor Allem nun — und das iſt auch das
Nöthigſte! — ſuchen die Kirchſchlager Leute die
Beichtſtühle auf. Alles ſchon beſetzt, und ſieht man
wieder einmal, wie ſündig dieſe Welt iſt. Nun, da
ſie warten müſſen, werfen ſie ſich auf die Knie und
rutſchen knieend dreimal um den Gnadenaltar, der
mitten in der Kirche ſteht. Die Mechtildis wohl auch. —

Reiche Leute freilich, die können sich neue Schürzen und Unterröcke kaufen; unsere arme Magd aber rutscht aus Ersparungsrücksichten auf den bloßen Knieen. Die großen breiten Steine thun ihr gar nicht weh, wo aber so ein kleines, scharfes Sandkörnlein liegt, und sie kommt darauf, da möcht' sie schier zusammensinken vor Noth. Doch starkmüthig überwindet sie den Schmerz, nur die „Zeller Mutter" sieht ihr Weh', ihr sei es geopfert. — 's wär' gut, wenn's ein wenig schneller ginge, denn ihr auf den Fersen nach rutscht der Michel. Schier wollen der armen Magd beunruhigende Gedanken kommen, ob Ersparungsrücksichten hier doch wohl am Platz! Doch, ergeben, wie sie ist, überläßt sie Alles der Gebenedeiten.

Nach diesem Bußrutschen flüstert der Bursche zur Magd: „Ich denk', Mechtild, wir gehen erst morgen Früh zur Beicht'."

„Ich denk' auch, Michel."

Und nach solcher Eingangsandacht versammeln sie sich in ein Wirthshaus.

Wir aber hätten schier noch Lust, ein wenig in der Kirche zu bleiben, in welche durch die hohen Fenster das Abendroth strahlt, und in welcher vor dem Gnadenaltare ewig die stillen Kerzenflammen brennen.

Ein altes Weiblein kauert einsam davor und betet. Es betet von Herzen; es ist nicht gekommen, um sich zu ergötzen; es ist gekommen, um Trost zu suchen in seiner harten Lage, da es von allen Menschen völlig verlassen ist. Und das Mütterlein, das Alles hat begraben, woran jemals ihr Herz gehangen, das keine Hoffnung mehr hat auf dieser Erde, als die auf ein baldig Ende und auf das Wiederfinden der Ihren dort im Himmelssaal — es wird getröstet und gestärkt vor diesem Bildnisse; denn nimmer gebrochen ist die Wundermacht — lebt nur der Glaube.

Darum wollen wir still und ohne Lächeln an der Beterin und der Angebeteten vorübergehen und dankbar preisen den Altvater, der Jedem, auch dem Aermsten im Geiste, von seiner allgestaltigen Gnade spendet.

Genießen ja doch auch unsere wackeren Kirchschläfer im Wirthshause von solcher Gnade, da sie guter Dinge werden und Gott einen guten Mann sein lassen.

Der Caplan ist freundlich eingeladen, im Pfarrhofe zu übernachten; aber er sieht es wohl, er kann, darf seine Schäflein nicht verlassen in den unbekannten Räumen des Wirthshauses, um so weniger, da die Meisten erst morgen zur Beichte gehen.

Wir wollen Alles getrost dem Schutze des Himmels anheimstellen und freuen uns nur, daß unsere zwei Bekannten des andern Morgens ehestens Gelegenheit haben, an den Beichtstuhl zu kommen. — Der Michel kniet lange davor, und als er endlich fertig ist, schleicht er ganz duckmäusig gegen die Altarnische hin, in welcher unter Glas und Rahmen ein „heiliger Leib" ruht. Vor diesem heiligen Leibe soll er, wenn's gewissenhaft hergeht, seine Buß= andacht verrichten.

Vor einem heiligen Leib, der blos aus Wachs ist, thut es doppelt weh, zu knieen. Bald, zum Glücke oder zum Unglücke, schleicht auch die Mechtild heran; nicht gar weit von dem Burschen kniet sie hin, blickt ihn aber nicht an, sondern thut ihr Bußgebet. Dann erheben sich Beide, weichen sich aus und kommen immer wieder zusammen, und endlich draußen in der Capelle, in welcher der heilige Brunnen fließt, der Brunnen des Lebens, der gut ist gegen schlechte Augen, gegen Lahmheit, gegen andere Gebrechen und sonderlich gegen den Durst — dort ist es, wo sich die beiden jungen Leutchen wieder begegnen, und wo der Michel das Wort flüstert: „Mechtild!"

Das erstemal weist sie ihm keine Antwort, son= dern lugt gegen ihre Fußspitze hinab.

„Mechtild!" sagt der Michel noch einmal.

„Was willst denn?" haucht sie.

„Du bist ja ganz dasig; was hat er denn zu Dir gesagt?"

„Wer?"

„Na, der geistlich' Herr."

„Was wird er denn auch gesagt haben?" ent= gegnet sie fast unwirsch.

„Wird schon was gesagt haben," versetzt er.

„Was hat er denn zu Dir gesagt?" ergreift jetzt sie die Frage.

„Zu mir?" murmelt der Bursche, „was wird er denn gesagt haben!"

„Wird schon was gesagt haben," erwidert sie hierauf.

„G'rad still ist er nicht gewesen," giebt er bei. — Und das ist am heiligen Brunnen der Discurs.

Hierauf nimmt der Bursche den blechernen Schöpflöffel, der beim steinernen Becken an einem Kettchen hängt (weil es Wallfahrer giebt, die nicht allein das heilige Wasser, sondern auch den Schöpflöffel gern bei sich haben möchten), diesen Löffel nimmt der Michel in die Hand und schöpft und trinkt, daß alles Uebel von seinem Leibe solle gebannt sein. Dann reicht er dem Mädchen das volle Pfannchen: „Willst auch?"

„Kann mir schon selber schöpfen," ist die Antwort. Sie schöpft aber nicht.

„Bist harb auf mich?" frägt der Bursche.

„Weißt, was mir der Beichtvater gesagt hat?" frägt sie entgegen.

„Ja, was wird er Dir denn gesagt haben?" frägt der Michel wieder zurück.

„Er hat gesagt," flüstert sie und plätschert mit dem Schöpflöffel, „der geistliche Herr hat gesagt, ich und Du   wir sollten uns meiden."

„Das hat er zu mir auch gesagt," versetzt der Bursche.

„Gelt ja!"

„Was hätt' er denn sonst sagen sollen?" meint der Michel, „das ist ja schon so der Brauch. Weißt, Mechtild, der Kirchschlager Pfarrer, der hat vor vierzehn Tagen so scharf gegen das Kartenspiel gepredigt; am selbigen Tag sitzt er beim Schwanenwirth und kartelt mit dem Kaufmann und mit dem Schulmeister bis zwölf in der Nacht. Hat ja Recht, wenn's ihn freut; aber predigen muß er, und predigt er gegen die Karten nicht, so predigt er gegen das Trinken oder gegen was Anderes, und überall kann er sich selber treffen. — Ja, Mädel, das muß der Mensch nicht so krumm nehmen."

„Aber die Höll', Michel, die Höll'!"

„Die fürcht' ich nicht," sagt der Bursche trotzig sagt es vor dem heiligen Brunnen in Zell.

„Bist denn Du ein Heid' geworden!" ruft die Mechtild, „was gehst denn zur Beicht'?"

„Weil's der Brauch ist."

„Ich aber sag' Dir, Michel, ich mag Dich nicht!" begehrt das Mädchen auf, „wenn zwei ledige Leut' so miteinander gehen, so ist das eine Schlechtigkeit. Ein garstig Leben ist's und ein böses Beispiel!"

„Das, Mechtild," versetzt der Bursche langsam, „das laß' ich Dir gelten. Aber schlecht will ich nicht sein, 's selb' kannst mir glauben — und wenn ich's

überleg', 's ist wahr, unsere Bekanntschaft schickt sich
nicht; müssen es anders machen."

Da wird das Mädel blaß vor Schreck.

„Ein End' haben muß die Liebschaft!" sagt der
Michel, „aber Dich laß' ich nicht!"

„Was willst denn?" frägt sie ängstlich.

„Heiraten will ich Dich und gleich auf der Stell'!
Sagst ja?"

Sie sagt nicht nein, und das kann ihm genug sein.

Und darauf, wenn ich schon Alles so haarklein
erzählen will, trinken sie Wasser — trinken vom
Brunnen des Lebens.

Und nach all' den verrichteten Andachten kehren
die Kirchschlager wieder zurück in ihr Heim, und am
Sonntag darauf verkündet der Pfarrer, der vor Wochen
die Wallfahrt verkündet hat, folgende Nachricht:

„Es wollen sich verehelichen: Der Bräutigam
Michel Partensteiner, katholisch, großjährig, bisher
im Dienste beim Kranzbauer. Die Braut: Mech=
tildis Klinger, katholisch, minderjährig, derzeit im
Dienste auf der unteren Leuth. Diese Brautleute
werden zur Aufdeckung eines allfälligen Ehehinder=
nisses verkündet heut' das erstemal."

Ein Ehehinderniß ist nicht aufgedeckt worden;
im Gegentheile hat der Vormund des Mädchens
diesem eine kleine Erbschaft zugewiesen. Frisch ge=
heiratet wird, und jetzt sag' mir noch Einer, daß
das Wallfahren zu nichts nütze ist!

Der Betbruder.

An dem Schmied=im=Berg sollten wir uns ein Beispiel nehmen, wir Kinder der Welt. Nicht just, weil er die feinsten Hufeisen und die besten Nägel geschmiedet hat, sondern, weil er schließlich zu der Schlosserei gegangen ist, um sich die Pforten der Hölle zu versperren und mit allerlei Nachschlüsseln den Himmel aufzumachen.

Der Schmied=im=Berg Paul, der betet, fastet und beichtet, was das Zeug hält, er will nachgerade mit Sturm in den Himmel hinein. An dieser Welt ist ihm gar nichts gelegen, ihr auch nicht an ihm; sie läßt ihm kaum einen guten Faden am Rock und selbst die schlechten noch macht der Regen naß. Ja, weil er eben kein Dach hat. Im Sommer schläft er unter irgend einem Baum des Waldes, unter einem Kornbeckel des Feldes, oder unter einem Heuschober der Wiese. Im Winter schleicht er in die Ställe der

Bauern und ruht beim lieben Vieh. Sein Besitz-
thum, die Schmiede-im-Berg — Gott hat sie selig,
sie ist verwallfahrtet. Der Paul hat einmal in ihr
gearbeitet, alte Leute können sich daran noch er-
innern; der Paul hat prächtige Muskeln zum Hämmern besessen. Aber — man wird's nicht glauben
wollen — das Fegefeuer hat er in seiner Schmiede
gehabt. Verheiratet war er nicht; in der Esse hat er
die armen Seelen winseln gehört. Gesehen hat er
nie eine; aber ein Stöhnen und Aechzen und Weinen
war das in der Glut, ein Seufzen und verschmach-
tendes Jammern — gar schauderlich zu vernehmen.

Huschte eines Tages die alte Haarklauber-Greg
in die Schmiede, ein buckliges Weibel mit einem
Kopf, so groß wie ein Melkzuber, weil er mit zahllosen Tüchern und Fetzen umwunden war; von ihrem
Gesicht bekamen die Leute nie mehr zu sehen, als
ein gelbes Zwiebelchen, das sie für die Nase hielten, und bisweilen ein scharf zuckendes Fünklein,
welches man als das Auge erkannte. Die Greg litt
— 's ist eben gar nicht zum Lachen — an der Gicht
und deshalb trug sie stets den Wulst um das Haupt.

So war sie denn einst in die Schmiede gehuscht,
um sich an der Esse die Finger zu wärmen.

„Du Paul," sagte sie plötzlich, „das Winseln da
in Deinem Feuer!"

„Ja Du," antwortete der Schmied und trat auf
den Hebel des Blasebalges, weil er selber die Dampf-

maschine war. „Ja Du, das ist mir auch schon aufgefallen. 's ist heut' nicht das erstemal, eine gute Weil' her, daß es schon so pfeift."

„Und Du stehst da?" rief die Greg entsetzt, „und Du hämmerst in den Tag hinein? Und Du gehst zu keinem Geistlichen?"

„Geistlichen? Bigott, ja warum denn?"

„Du Narr," schrie die Alte aus ihrer Vermummung, „und Dir fällt's wahrhaftig nicht ein, was da so winselt und schreit? Die armen Seelen sind es, Du Tropf! Deine verstorbenen Verwandten, Dein Vater und Deine Mutter!"

Jetzt glitt dem Schmied die Zange aus der Hand, mit der er just einen Eisenklumpen in das sprühende Feuer legen wollte. Er wurde — so weit der Ruß seines Gesichtes zuließ — todtenblaß, er gedachte der Geschichten, die seine Ahne so oft von den armen Seelen erzählt hatte; gedachte der Angst seiner Mutter, die den Tod nur des darauffolgenden Fegefeuers wegen gar so sehr gefürchtet hatte; gedachte des jüngst verstorbenen Vaters, der ihm mehrmals schon im Traume erschienen war, mit aufgehobenen Händen, als ob er um etwas bitten wollte. Ja, um Erlösung flehte er sein Kind an, um Befreiung aus der schrecklichen Glut, die der gerechte Gott hat angefacht, um die läßlichen Sünden — die Todsünden führen ohnehin schnurgerade zur ewigen Hölle hinab von den Menschenseelen wegzufegen.

„Jesus Maria!" hauchte jetzt der Paul, „die armen Seelen!"

„Hörst Du's jetzt wieder?" rief das aberwitzige Weib, „ich kenn' schier die Stimm', 's ist Deine Mutter, die hat manchem armen gichtkranken Weibel das Almosen versagt, hörst Du, jetzt setzt ihr der Schwarze die glühende Ofengabel in die Seite. Und Deine verstorbene Schwester, Du weißt es recht gut, wie sich die aufgeführt hat mit dem Urlauber=Haus, jetzt kocht sie in Schwefel und Pech —." Weiter konnte sie nicht keifen, der Schmied jagte sie zur Thüre hinaus.

Was war's nütze? Das Gespenst war doch bei ihm zurückgeblieben, es klagte in der Feuergrube, es spukte in seinem Herzen. Schließlich kam ihm das Grauen mit aller Gewalt, er floh aus der Schmiede, eilte dem Pfarrhofe zu.

Heut' ist der selbige Pfarrer schon todt; damals aber war er so frisch bei der Lunge, daß sie es im halben Dorfe hörten, wie er den zitternden Nagel= schmied ausgelacht.

„Die armen Seelen!" rief der geistliche Herr, „nur eine solche dürft' in Deiner Werkstatt sein, und das ist die Deinige."

„Aber es winselt, Herr Hochwürden, es winselt so stark!"

„So wird der Blasebalg ein Loch haben."

„Ich trau' nicht, ich trau' nicht! ich werd' mich nicht weit irren, wenn ich sage, meiner Eltern arme

Seelen verlangen eine Hilfe. Herr Hochwürden, ich zahl' dieweil drei Messen, 'leicht wird's daranf besser."

Klopfte der Pfarrer dem Manne auf die Achsel: „Paul, schlag' Dir das Zeugs aus dem Kopf und geh' wieder ruhig an Deine Arbeit. Um die Verstorbenen hast Du Dich nicht zu sorgen, die schließ' ich täglich in meine Meß' ein."

Der Paul ging kopfschüttelnd davon: „Ist mir das ein Geistlicher, hat zwölf Jahr studirt und weiß kein Mittel für arme Seelen. Wenn sein Einschließen in die Meß' was nutz ist, was winseln sie dann in meinem Feuer!"

Da er es aber in der Schmiede immer wieder so schauerlich stöhnen und pfeifen hörte, so oft er die Esse speiste — verließ er endlich die Werkstatt, ging zu allen Priestern der Nachbarspfarreien, klagte ihnen seine Noth und bat sie um Rath und Hilfe für seine Verwandten im Fegefeuer.

Aber der Eine sagte: „Lieber Freund, laß' das der Barmherzigkeit Gottes über und thu' Deine Pflicht, die Dir auf Erden ist auferlegt, auf daß Du dereinst im Frieden magst entschlafen." — Der Andere sagte: „Wollt' Dir gern helfen, Mann Gottes, aber Du und Deine Schmiede gehören nicht in meinen Sprengel." Und ein Dritter sagte: „Schmied, Ihr seid ein Halbnarr!"

Mit solchem Bescheid mußte der gute Mann wieder wandern. Der alten Greg — obwohl sie ein

frommes Weib, die allerhand Eingebungen hat —
wollte er nicht glauben, hätte er die Sach' nicht mit
eigenen Ohren gehört, die Erscheinungen in der
Nacht nicht mit eigenen Augen gesehen, und sagte
ihm nicht fort und fort eine innere Stimme: „Ja,
Paul, sie sitzen im Fegefeuer und leiden unbeschreib=
liche Pein. Mußt ihnen helfen!"

Aber wie nur helfen? Die weltlichen Leut' ver=
stehen nichts davon, und die geistlichen wollen nichts
davon wissen. Die armen verlassenen Seelen leiden
bittere Marter, und so Herren da wollen nicht einmal
die Schmiede aussegnen, die Esse mit Weihwasser be=
sprengen — leben viel lieber in Lust und Freuden!

Endlich, fast eine Tagereise von seiner Heimat
fern, in einem Wallfahrtsorte, hat der Paul den
Rechten gefunden. Es war ein blasser, demüthiger
Mann, hielt die Hände stets über der Brust gefaltet,
schlug die Augen gegen Himmel hinauf, wo Gott
wohnt, oder senkte sie zur Erde hinab, allwo die
Menschen dereinst in Staub zerfallen.

Dieser fromme Mann war dem Schmied=im=Berg
angerathen worden und diesem erzählte er nun seine
Angst, sein ganzes Anliegen, vom Tode der Ahne
an bis zu dem grauenhaften Winseln in der Feuer=
grube.

„Der Herr ist langmüthig, aber gerecht," sagte
der fromme Mann und hob sein Auge ergebungs=
voll zur Höhe. „Unser Trost, guter Freund, ist die

heilige Messe. Ich zweifle nicht, daß Ihr deren so
viele zum Wohle Eurer Angehörigen lesen lassen
und denselben beiwohnen wollet, bis die Stimmen
im Feuer und in Eurem Gewissen zur Ruhe gekom=
men sein werden.“

Der Paul athmete auf, bat den frommen Mann
inständig, eine Wochenmesse auf jeden Freitag zu=
zusagen und das Geld dafür in Empfang zu nehmen.

Der fromme Mann machte eine abwehrende Be=
wegung: nur nichts von Geld! 's ist irdischer
Tand! . . . aber zwei Finger waren an seiner Linken,
die nahmen die Banknoten langsam und gelassen
zwischen sich, und zwar mit einer Fertigkeit und
Sicherheit, jener gleich, mit welcher Paul's Zange
sonst den glühenden Eisenklumpen aus dem Feuer hob.

Glückselig kehrte der Paul nach Hause zurück.
Das Winseln in der Esse hatte um ein Bedeutendes
nachgelassen, jedoch vollständig war es nicht be=
hoben. Es fehlte noch allerlei und zu manchem Frei=
tag wanderte der Schmied dem Wallfahrtsorte zu.

Ganz merkwürdig indeß; der Spuk war nicht in
Paul's Esse allein, auch an seinen Nägeln merkten
ihn die Leute. Die Nägel waren nicht mehr so glatt
und zähe, wie einst; sie waren höckerig, sie waren
spröde. Da kaufte man die Waare anderswo. Die
Schmiede kam in fremde Hand und der neue Be=
sitzer ließ den Blasebalg flicken, brannte bessere Kohlen
— da waren die Seelen erlöst. Der Paul hatte

weidlich Zeit zum Wallfahrten und Messehören. Von
Kirche zu Kirche sah man ihn wandern, mit bloßem
Haupt, die Lederkappe stets in den Händen. Wo er
ging und stand, er betete; jetzt wußte er auch, wie
weit es zum Wallfahrtsort war, wo der fromme
Mann lebte. Fünfzehn Rosenkränze war es weit,
denn so viele vermochte er unterwegs abzubeten.
Zuweilen sah man auch die alte Greg mit dem melk=
zubergroßen Kopf an seiner Seite humpeln. Sie
führten erbauliche Gespräche über Himmel und Hölle;
sie wichen den weltlichen Leuten aus, sie warnten
einander vor — der Geistlichkeit. „Nur wenige Fromme
sind darunter, die Anderen haben nur so den Schafs=
pelz über. Die Bischöfe sind auch nichts mehr nutz,
sie führen an den Fasttagen das Schweineschmalz
ein. Der höllische Drach' ist losgelassen und ver=
schlingt die Menschenseelen, wie der Bär die Ameisen.
Man kann nicht genug wachen und beten." Aber
der alten Greg waren auf die Länge Paul's Rosen=
kränze nicht recht, sie betete lieber Litaneien und
sonstige Stoßseufzer und so trennten sich die Wege
der Beiden immer wieder.

Die Umwandlung des Arbeiters in den Bet=
bruder ist nun erzählt. Es war aber keine Ruh'
beim Paul. Die bösen Träume hielten noch an, im
schlummernden Gehirn das fortzuspinnen, was das
wachende sann. Und das Beten und Wallfahrten
war dem Paul endlich zur Gewohnheit geworden.

Noch heute als Bettelmann treibt er's. Den Hunger duldet er, weil er nichts zu essen hat; aber den Durst leidet er aus freier Wahl. Schmachtend wankt er an den frischesten Quellen vorüber und trinkt nicht. Das thut er Gott zu Liebe. In den Kirchen kniet er auf den schärfsten Steinen, ohne in den vorhandenen Bänken zu sitzen; thut es Gott zu Liebe. Aber Gott soll erkenntlich sein, soll es den armen Seelen zu Gute halten, und was die Hauptsache ist, einen handsamen Platz dem Paul im Himmel bereiten.

Die alte Haarklauber-Greg ist gestorben, hat sich aber vor ihrem Tode noch allerlei gute Werke ausbedungen, die der Paul für ihr Seelenheil verrichten soll. — Thut es ja gern. Beten und Büßen, das sind die guten Werke, welche ihm seine Rosenkranzbruderschaften vorschreiben.

Sein Haar ist gebleicht vor Gram, vor Alter und von der Sonne, da er ja so selten den Hut auf hat. Ein Trost ist in ihm. Er hat sein Lebtag keinen Ablaß versäumt, weder einen vollkommenen, noch einen unvollkommenen. Er hat alle Wallfahrtsorte, Missionen und Kirchweihen besucht; er hat alle Bittgänge und frommen Aufzüge mitgemacht, die zu erreichen ihm nur möglich waren. Er trägt Amulette und Bildchen aus allen Gnadenorten mit sich; seine Stirn ist mit Weihwasser aus allen Kesseln der ganzen Diöcese besprengt. Es steht sein

Beichtstuhl im Kreis, keine Bildsäule im Wald und
auf der Heid', wovor er nicht gekniet wäre. Es
giebt keinen Baum an den Straßen, an welchen
er nicht seine frommen Gedanken gemacht, keine
Hausthüre im Gau, an welcher er nicht gebettelt hätte.

Reicht man ihm ein Almosen, so sagt er:
„Vergelt Euch's Gott in den Himmel hinauf und
nimmer herab!" Der Himmel, der Himmel, der ist
ihm das Höchste — natürlich. Wäre insoweit ja in
der Ordnung, hätte nur die arme Menschenseele
ihren Frieden, aber das Fegefeuer und die Hölle!
Der Höllengedanke ist des Mannes böser Dämon
bei Tag und Nacht, der ihm das Sonnenlicht und
die Himmelshoffnung vergällt. Die Erde hat kein
Leid, das ihm so tief zu Herzen ginge, als die
Angst vor der ewigen Hölle. Ein Körper voll Elend,
eine Seele voll Pein — so zittert dieses armen
Mannes Leben dahin, und mit jedem Schritt dem
Tode näher wächst die Angst; und die Religion,
die Anderen als freundlicher Engel am Grabe steht,
wird ihm in der Sterbestunde zum Schreckgespenst ...

's ist eben ein Sonderling, der Paul, meint
Ihr? Nein, es ist leider eine Type. In unserem
schönen Lande wanken sie herum zu Hunderten. Sie
säen nicht, sie ernten nicht, und das Land ernährt
sie doch. Sie üben nichts Ersprießliches und lechzen
doch nach himmlischem Lohn; sie begehen keine
Unthat, und dennoch giebt es keinen Bösewicht im

weiten Reich, der das Hochgericht so fürchtete, als
diese Armen den Heimgang zur Ruhe!

Wer hat das Fegefeuer in die harmlosen Herzen
geschleudert? Wann endet eine solche Peinigung
unserer Mitmenschen? Wer wird dieser armen
Seelen Erlöser sein?

§

Der Pechölmann.

Ein wohlbestellter Bauernhof hat gar verschiedene Kammern.

Auf dem Dachboden eines jeden Bauernhauses finden wir unter vielen anderen Männlichkeiten und Gegenständen auch einen finsteren Winkel, in welchem ein uralter Kasten steht. Der Kasten ist gemieden, denn er steht nicht im besten Gerüche. Selbst die Katze, sonst alle Räume des Hauses wohl durchforschend, besucht diesen Kasten nicht, weil seit Katzengedenken hier noch keine Maus gewahrt worden.

So bleibt der Winkel höchst einsam, nur daß die Spinnen hier einen unendlich zarten Schleier niederweben, als sei im Kasten das größte Heiligthum der Erde.

Da kommt eines Morgens die Kuhmagd in die Stube. Heute hat sie keinen Respect für das Bauernftübel, haftig öffnet fie die Thür und jammert: „Bauer, geh' gleich, aber gleich, ich weiß nicht was das ift, aber 's will mir die tragend' Kuh hinwerden; fie liegt und röhrt und fchlägt mit den Füßen, daß es ein Graus ift; nein, das weiß ich mein Lebtag nicht!"

Was thut der Bauer? Der Bauer geht in die Lauben und über die Stiege auf den Dachboden und gegen den finfteren Winkel. Den zarten Schleier zerreißt er und öffnet den Kaften; nicht achtend den ftechenden Geruch, nimmt er einen Tiegel her= aus und eilt mit demfelben in den Stall zu dem kranken Rind.

In dem Tiegel befindet fich eine glänzendfchwarze, zähe Maffe, wovon der Bauer nun mittelft eines Holzftäbchens der Kuh in das Maul ftreicht. Diefe wird ruhiger, frißt nach einer Weile, erhebt fich endlich, frißt wieder Futter, und die Magd fagt: „Lob und Dank, weil's nur wieder beffer ift, da bin ich wohl fo viel froh; Du Bauer, das Pechöl, das ift halt doch rechtfchaffen ein gutes Mittel!"

Was hier die Magd behauptet, ift eine alte Gefchichte, das Pechöl ift rechtfchaffen ein gutes Mittel. Nicht blos gegen Kolik, wohl auch gegen erhitzte Wunden, gegen Brand, ja gegen Gift — und das Pechöl ift, Alles in Allem, die Apotheke für den Viehftand.

Darum wird er auch gut und gaftlich empfangen, der rußige, bärtige und pechige Mann, wenn er

kommt mit seinem Korb, in welchem ein paar un=
geheure Thonplätzer stehen. Man riecht ihn schon
von Weitem.

Der Pechölmann ist mitunter ein alter Haudegen,
der es für gut findet, das kleine Geschäft mit dem
nackten Betteln zu verbinden. Das trägt doch auch
ein Fläschchen Schnaps, und wenn ihm irgendwo
bei seinem Hausiren ein alter, zerhauter Kamerad
begegnet, so sagt er: „Halloh, Bursche, komm' mit
— Schnaps, Speck! — lassen's losgehen, komm' mit!"

Und seine Hütte wird oft zur Herberge alter,
bettelnder Krieger, während draußen vor derselben
der einfache Destillationsapparat, durch welchen
aus Harz das Pechöl oder Terpentin gewonnen
wird, lustig dampft.

Oft ist der Pechölmann auch ein alter, halb=
erblindeter Handwerker, der noch im Walde sein
mühselig' Fortkommen sucht.

Zum Meisten aber sind es Köhler und alte
Holzleute, die sich durch das Sammeln von Harz
und durch Erzeugen von Theer und Pechöl ihre
Groschen zusammenlesen. Aber da hacken sie oft zu
tief in die Stämme und es rieselt frisches Herzblut
heraus, und die Bäume dürfen nicht ermordet
werden. Darum muß so mancher Pecherer vor das
Gericht. Und wenn er dort auch betheuert: „Herr
Richter, 's wär' nicht geschehen, aber ich hab' ein
krankes Weib!" so muß er trotzdem in den Arrest.

Freilich wohl ist das traurig, aber wenn das Weib gesund wäre, so ginge es auch selbst mit, die Stämme anzuhauen.

Es ist denn einmal so in dieser Welt; da kommt die Armuth und die Noth und würgt den Menschen: „Jetzt auf der Stell' thu' mir eine Ungerechtigkeit, ein Verbrechen, sonst bring' ich Dich um!" Und — der Mensch thut die Ungerechtigkeit, das Verbrechen — dann kommen die Diener des Gerichtes und die anderen, vom Glücke Begünstigten, wenden sich verachtend von dem Gefallenen und sagen: „Pfui, der Bösewicht!"

Gar fein und glatt geht das nicht ab, wenn der Pechölbrenner in den Bauernhof kommt. Der Mann hat mit seinem viel beflickten, kleberigen, langen Lodenrock, mit seinen schwer besohlten Schweinslederstiefeln, mit seinem tief herabhängenden braunen Filzhut, mit seinem Stoppelbart, mit seinen eingefallenen Wangen, mit seinen kleinen stechenden Augen und mit allem Anderen, was an und um ihn ist — ein sonderbares Aussehen.

So tastet er nach der Klinke, öffnet langsam die Thür und in rauhen Tönen gurgelt er die Worte heraus:

„Kaſl's Pechöl o, laſt's Pechöl o,
Da Pechölbrenna-Lipp is do!
Er pickt (klebt) dem Bau'rn in Beutl z'somm,
Daß ka Dugotn auſſa kann;

Er geht in Stoll und hoalt (theilt) die Kuu,
Und trogt da Bäurin Buba zua;
Aft schmiert er d' Menscher (Mädchen) ah noh on
Mit Pechöl, daß nix g'schechn konn!"

„Ist schon recht," sagt die Bäurin, „geh' nur
her, Lipp, rast' ab; zwei Seitl nimm ich, was willst
denn haben dafür?"

„Goldene Schmalzkochbäurin Du!" entgegnet
der Mann feierlich, „das muß ich Dir sagen, daß
sie mich wieder vier Wochen eingesperrt gehabt
haben. Wegen dem Pech ist's hergangen, hab' halt
ein wenig zu tief in die Bäum' gehackt. Mein
Tausendbäurin! die Bäum' hätten's gelitten, aber
der Försterbub' hat geschrien. Was soll ich mich
denn wehren, wenn ich nur ein klein' Hackl hab'
und er seine Kugelpfeifen! Hab' mich forttreiben
lassen. Schau, Du meine röserlschöne Bäurin, und
weil ich so lang' gesessen bin im Pech, und weil
ich mir vier Wochen nichts verdienen hab' können,
so möcht' ich halt gern ein Zwanzigerl haben für's
Krügel, Gelt, Bäurin, deswegen bist mir nicht bös'?"

Sie nimmt das Pechöl, zahlt es und zum
Zeichen, daß sie nicht böse ist, setzt sie dem alten
Mann ein Schmalznuns vor und sagt:

„Da geh' her Lipp, thu's wegessen und beiß' ein
Brot dazu!"

Und der Pechölmann sieht das Gericht lange
an, als wäre es eine Wundererscheinung. Blitz und

Holzäpfel! das ist ein Weltereigniß in seinem Leben, wenn er vor einem Schmalzmus steht!

Er zieht seinen Hut ab, er wischt die langen, struppigen Haare über die Stirne, er betet noch eher ein Vaterunser; dann zieht er seinen Holzlöffel aus der Hosentasche, setzt sich zum Herd, wo das Gericht steht und beginnt — gesegn's ihm Gott! — zu essen.

Dann stolpert er fort. Jetzt erst kriechen die Kleinen, welche sich beim Erscheinen des schwarzen Mannes geflüchtet hatten, aus ihrem Verstecke hervor und sehen dem Alten durch das Fenster nach, bis er fortgehumpelt ist.

So haust er herum in der Gegend; und wenn sein Pechölvorrath alle geworden, so wandert er wieder hinein in den tiefen Wald zu seinem Brennofen, zu seiner armseligen Hütte.

Wie die Hütte des Pechölbrenners aussieht? Sie hat vier Wände aus rauhen Waldbäumen, ein Dach aus Baumrinden und einen Fußboden aus Erde. In einem Winkel dieses sichersten aller Fußböden ist ein Bund Stroh und über demselben ein alter Pelz — das ist das Bett, auf dem schon Mancher die süßesten Freuden geträumt hat. In einem anderen Winkel der Hütte lehnen drei breite Steine, eine Höhlung bildend, aneinander — das ist der Ofen und der Herd, der eigene Herd! — Ein Schrank steht da, einige Töpfe stehen da und an der Wand hängt eine Art und ein Rosenkranz.

Der Rosenkranz muß wohl sein, sonst thäte der
Bewohner dieser Hütte verzagen. — Nur fleißig
beten, Du alter Mann in Deiner armen Einsamkeit;
das weißt Du nicht, was die Menschen treiben
draußen in der großen Welt; sie haben dem Blitz
die Kraft entrungen, sie haben Welten erstürmt, sie
haben das menschliche Auge nachgebildet in seiner
ganzen wunderbaren Schönheit, aber — sie haben
den Rosenkranz zerrissen.

Horche nicht auf, alter Pechölmann, für Dich ist
das nichts; hast nie einen Buchstaben verstanden —
thätest den Verstand verlieren. Thu' fleißig beten,
das Pech wird schon einmal ein Ende nehmen, und
dann fliegst Du wie eine weiße Taube in das himm=
lische Paradeis!

Der Kohlenbrenner.

Ich bin einmal zur Herbstzeit im Hochgebirge drei Wochen lang bei einem Köhler eingeschneit gewesen. In den ersten Tagen wollte ich verkommen vor Langweile; ich hatte kein Buch und kaum einen Streifen Papier bei mir. Ich sah durch das halbverschneite Fensterlein der dunklen Hütte auf die Bäume hinaus, die ihre schneebeschwerten Äste tief herabhängen ließen, und ich sah auf den Meiler und wie aus demselben grauer Rauch aufstieg. Ich wollte dem Köhler, einem großen, hageren Mann, im Schneeschaufeln und bei dem Kohlenschüren helfen, er aber sagte: „Geht's mir gott's weg da, Ihr versteht's nit und seid mir just im Weg!" Zu den Mahlzeiten kochte er Geißmilch und schüttete gesottene Bohnen dazu. Das mußte ich mit ihm essen.

Am dritten Tage fragte ich den Mann, ob er nicht Kleider auszubessern habe, ich verstände das

Zeug. Er sah mich an, dann brachte er mir alte,
bereits mehrmals mit Wollenlappen überzogene
Lodenkleider und rauhen Zwirn. Ich begann zu
arbeiten. Ich that später auch andere Geschäfte in
der Hütte und am Kohlenmeiler.

In der zweiten Woche waren die Wege schon
wieder gangbar, aber ich vergaß auf das Fortgehen.

Der Mann hatte mich nicht daran erinnert; erst
als sein Weib heimkam, welches die frühere Zeit bei
einem entfernten Bauern im Tagwerk gewesen, sagte
der Köhler zu mir: „Ich kann Euch nit helfen, jetzt
müßt Ihr schon auf dem Hüttenboden oben schlafen."

Ich bedankte mich für das Dach, bat um Verzeihung, daß ich seine Gastfreundschaft so lange
genossen hatte und nahm Abschied.

„Ja, gewiß wohl," sagte er, „werdet Euch bedanken auch noch so! Ich bin Euch's schuldig geworden, Ihr habt mir mein Gewand rechtschaffen
zusammengeflickt."

Zur selben Zeit habe ich das Köhlerleben kennen
gelernt.

Außer seiner rußigen Arbeit unterscheidet es sich
nicht so sehr von dem Leben anderer armer Waldmenschen.

Der Kohlenbrenner ist sehr arbeitsam. Seine
Meiler, wovon jeder einzelne mehrere Wochen lang
kohlt, zwingen ihn auch, daß er immer auf der Hut
sei, sonst schlägt wo ein böses Flämmlein aus, und

das brennt tief in den Geldbeutel hinein. So lange
dichter, grauer Rauch über dem Meiler aufsteigt,
geht's hin in der Ordnung; wo aber blaue, halb
durchsichtige Wölkchen hervorkommen, da ist die helle
Flamme schon nahe. Die helle Flamme, die in den
Kohlen schlummert, muß aber warten bis zur Esse
des Schmiedes, dort mag sie hervortreten und ge=
waltig sein.

Der Köhler hat darauf zu sehen.

Neben der Köhlerhütte ist gewöhnlich auch ein
Gemüsegärtlein, aber die hohen Fichten wollen keine
Sonnenstrahlen niederlassen; und wenn trotzdem noch
wo ein zartes Pflänzchen hervorkommt, so kratzen
es die paar Hühner aus, die des Köhlers Viehstand
sind, und die ihm wohl das Beste liefern, was die
Welt für Waldleute hat — die Eierspeise am Sonntag.

In alten Zeiten sollen die Köhler Hexerei ge=
trieben und aus Kohlen Gold gemacht haben. Heute
haben sie das Ding verlernt und können es — der
tausend hinein! — halt nimmermehr finden. Die
Eigenthümer des Waldes und der Kohlenstätten
können es, sie verkaufen die Kohlen für schweres
Gold — das ist ein einfaches Verfahren.

Die Kohlenbrenner sind eben nicht Eigenthümer
der Stätten, sondern nur gedungene Arbeiter, wie
die Holzhauer und die Kohlenführer.

Der Köhler ist nicht so schwarz als er aussieht,
und die Gedanken, die er hat, sind nicht so finster

als der Rauch seiner Meiler und das Innere seiner
Hütte. Er hat überhaupt nicht viel Zeit und Geschick
zum Denken; wenn er irgend etwas hört und erfährt,
so glaubt er's auf gerathewohl und ist's zufrieden.
Das ist der Köhlerglaube.

Sagen, Märchen, Fabeln, die er seiner Tage ein=
mal erzählen gehört hat, ist er bereit mit seinem
Leben zu verbürgen; er sagt davon nicht: das glaub'
ich, sondern: das weiß ich! Man kann ihm wider=
sprechen in seinem täglichen Geschäft, in seinen per=
sönlichen Ansichten, er giebt es zu und läßt sich
bestimmen; wer ihm aber bezüglich seiner Sagen,
Märchen und Dinge des Aberglaubens in die Quere
kommt, der hat's mit ihm verdorben allweg.

Sein Aberglauben ist indeß meist unschuldiger Art.

Ich erzähle hier eine lustige Geschichte, welche sich
vor Jahren in den Sölkeralpen, sechs Stunden von
Irdning im Ennsthal entfernt, zugetragen hat. Sie
giebt ein köstliches Beispiel vom Köhlerglauben.

Eines Abends zur späten Stunde zog ein Mann
durch den Wald.

Nebel hingen am Himmel, der Sturmwind rauschte
in den Wipfeln und peitschte dem Manne eiskalte
Regentropfen in das Gesicht.

Der Wanderer hatte in der Finsterniß den Weg
verloren und stolperte über Wurzeln und Steine.

Jetzt stieß er auf eine breite zusammengerollte
Baumrinde, wie sie auf dem Boden zahlreich umher.

lagen, und da kam ihm der Gedanke, zum Schutze gegen den schneidenden Wind und gegen den Regen eine solche Rinde um sich zu winden. Und bald stand der Mann mit der rauhen Kruste weiblich gepan=zert da; ein wandelnder Baumstrunk.

Der Wanderer versuchte langsam über den Hang abwärts zu klettern. Der Sturm warf ihm einen ab=gerissenen Tannenwipfel vor die Füße. Jetzt fiel er, und das war ein wunderbares Geschick, denn er stand hier nicht mehr auf. Er fiel auf eine jener Holzriesen, welche aus glattgeschälten Baumstämmen über Hänge zur Weiterbeförderung der Holzklötze angelegt sind, und hier begann er zu rutschen, konnte sich nicht halten und glitt abwärts. Die Holzriesen sind steil und lang und münden gewöhnlich in einen jähen Abgrund, über welchen die Blöcke lustig hin=ausfliegen und in die Tiefe zur Kohlstätte stürzen. — Das ist jetzt Dein Schicksal, konnte der Mann noch denken, während es weiter ging. Plötzlich fühlte er keinen Grund mehr unter sich, jetzt — jetzt lag er auf einem Haufen von Moos und Reisern.

Er stand auf und war höchlich verwundert, daß er aufstand.

Da war ein Männlein neben ihm, das schlug die Hände über den Kopf zusammen und eilte von dannen.

Der Wandersmann stand auf einer Kohlstatt, neben ihm waren zwei große Meiler, über welchen weißer Rauch emporstieg. Etwas abseits lag die Hütte.

Unser Wandersmann nahte der Hütte und klopfte an.

Ein leises Gemurmel tönte ihm entgegen. Er trat ein und stand nun in einer niederen Stube, welche von der Flamme eines Kienspanes matt beleuchtet war. —

Auf dem Herde lag ein Häuflein glühender Kohlen und neben dem Herd, an der Bretterwand, war ein Strohlager, bei welchem mehrere Leute standen. Auf dem Stroh lag ein Weib und dieses hielt ein neugebornes Kind empor. Die Leute gewahrten den Fremden, der in seiner sonderbaren Bekleidung mitten in der Stube stand. „Heilige Maria, da ist er!" riefen sie aus. Nur ein Männlein mit wüstem, grauem Haar und Bart stand ruhig da, sah den Fremden an und sprach: „Gelobt sei Jesu Christ!"

Dann nahm es das nackte Kind aus den Armen des Weibes, hielt es ihm zagend vor und sagte: „Küsse mein Kleines!" Da trat der Wandersmann einen Schritt zurück: „Was, zum Donnerwetter, spukt denn hier!"

„'s ist mein einzig Kind," sprach der Köhler mit bittender Stimme, „küsse es dreimal!"

„Zur Eisernen, zur Silbernen und zur Goldenen!" sagte das Weib, welches im Bette lag, leise bei und faltete die Hände.

„Alle Kreuz! Ist das ein Narrenthurm? Was wollt Ihr denn?" schrie der Wandersmann und zersprengte sein Panzerkleid, daß es auf den Lehmboden fiel.

Das Männlein prallte zurück.

„Komm' da herein, daß ich Euch bitte: Leute, gebt mir ein Obdach für diese vermaledeite Wetternacht, ich lohn' es Euch schon — und Ihr werft mir gleich die Nachkommenschaft an den Hals!"

„Bitten schön um Verzeihung, Herr," entgegnete der Köhler, „weil Ihr auf einmal so dagestanden seid, so haben wir halt gemeint, Ihr seid es."

„Der Gutsbesitzer von Adlergrub bin ich, und will hinüber in mein Haus, verlier' Euch in diesem höllfinsteren Nebel den Weg, wirft mich der Teufel über die ganze Holzriese in diesen Hexensabbath herein.

Laßt mich da auf der Bank ein wenig liegen, Leute, morgen mit dem ersten Hahnenruf geh' ich weiter."

„Haben keinen Hahn, Herr," sprach das alte Männlein, „aber ich weck' Euch schon. Habt Ihr Hunger?"

Hierauf setzten die Köhlerleute dem Manne gesottene Geißmilch mit Schwarzbrot vor: „Wir haben ein Brot, das Jedem schmeckt, weil es Keiner ißt, der nicht Hunger hat."

Später rückte der Kohlenbrenner nahe zum Fremden, faßte ihn an der Hand: „Gelt, Herr, Ihr seid

nicht bös', daß wir so dumm gegen Euch than haben,
als Ihr gekommen seid. Schaut's, wir haben Euch
halt" — jetzt zündete er sein Pfeifchen an, drückte
den Deckel zu und fuhr fort: „Schaut's, wir haben
Euch halt für den ewigen Juden gehalten. Ihr
werdet wohl wissen —"

„Erzählt mir, wenn Ihr wollt."

Der Köhler sprach einige Worte mit der Wöch=
nerin, verordnete dann die übrigen Hüttenbewohner,
welche aus Speikern und Wurzelgräberinnen be=
standen, zu Bette auf den Dachboden, stellte den
Kienspanleuchter zurecht, that noch etwas an seiner
kurzen Pfeife, und begann:

„Der ewige Jud' — das ist derselbe, der dem
Herrn Jesus das Kreuztragen versagt hat. Jetzt muß
er zur Strafe dafür ewig wandern, und darum geht
er noch immer herum in der Welt, und seine Kleider
sind wie eine Baumrinde, und seine Arme sind wie
die dürren Aeste, und sein Haar und Bart ist wie
Moos. Und da habt Ihr halt so ausgeschaut. Aber
der ewige Jude hat ein Gutes. Wie dort in Jeru=
salem der kreuztragende Jesus vorüber gewesen ist,
da ist unsere liebe Frau nachgekommen, und sie hat
gesagt: Jude, weil Du mein Kind gesehen hast, so
sollst Du eine Gnade haben. Wenn Du ein neu=
gebornes Kindlein küssest, so wird es Hochzeit hal=
ten; und wenn Du es zweimal küssest, so wird es die
silberne Hochzeit erleben; und wenn Du es dreimal

küssest, so wird das die goldene bedeuten. Und
immer, so lang' der Schlaf des Kindes währt, wirst
Du Ruhe finden. — Seht, so hat unsere liebe Frau
gesagt und deswegen haben wir heut' das mit un=
serem Kinde gethan. Ja, und da will ich Euch noch
was erzählen. Diese Hütte da, in der wir jetzt zu=
sammensitzen — aber eßt doch Eure Suppe aus, ist
Euch der Holzlöffel nicht recht, gelt? Diese Hütte
hat mein Urgroßvater aufgezimmert. Der Wald da
oben ist seither nicht ausgegangen und so ist auch
unsere Kohlstatt nicht abgekommen. Mein Urgroß=
vater ist sehr alt geworden; hab' ihn selbst noch
recht gut gekannt — ist ein kleines Männlein ge=
wesen. Als er mit der Urgroßmutter draußen in
Donnersbach die goldene Hochzeit gehabt hat, da
bin ich schon ein Bub gewesen, so groß wie der
Spanleuchter da. Weiß es noch wie wenn's gestern
gewesen wär', wie ich und mein Vater und mein
Großvater das Brautpaar auf einem Karren zur
Kirche zogen haben. Die Urgroßmutter ist gleich nach
der goldenen Hochzeit gestorben, sonst hätten sie gar
noch die diamantene halten können, denn der Ur=
großvater hat noch lang' nach gelebt. Aber einmal,
es ist am Ostersonntag in der Früh und wir sind
schon Alle im Feiertagsgewand und sitzen gerade bei
der Suppe. Just wo Ihr da, sitzt der Urgroßvater
— legt er Euch auf einmal den Löffel weg und lehnt
sich an den Winkel. Sagt mein Großvater: Schau

sagt er, der Vater hat hent' auch nicht ausgeschlafen.
— Dann schaut er und schaut und rüttelt eine Weil'
an dem Urgroßvater, und sagt dann kleinlaut zu
uns: Kinder, jetzt ist er todt! — Thut essen, Herr
gesegne es Euch Gott! — Ja, und daß ich weiter
erzähl', meinen Urgroßvater hat der ewige Jud' ge=
küßt, als er ein neugebornes Kind gewesen. Die alten
Leut' haben's oft erzählt. Haben just hent' beim
Nachtmahl davon gesprochen, und wie. mein Weib
wahrnimmt, daß ihre Stunde kommt, da sag' ich:
Alte, unsere ersten Kinder haben sie hinausgetragen
ins Grab; 's wär' ein Glück, wenn hent' der ewige
Jud' käme wie zum Urgroßvater. Schaut, und wie
der Augenblick gekommen ist, da seid Ihr herein=
getreten. — Nichts für ungut!"

Da stand der Gutsbesitzer auf, rieb seinen grauen
Schnurrbart und rief: „Bin kein alt' Weib, aber der
Teufel hol' mich, wenn das nicht was bedeutet. Habt
Ihr schon einen Pathen für's Mädel?"

Nicht immer hat der Köhlerglaube so erfreuliche
Folgen.

Der Ameisler.

Wer in den Wald geht, er kommt selten leer
zurück. Zerrt er schon keinen Baumstamm
hinter sich her, so hat er doch ein frisches
Stöcklein in der Hand; schleppt er schon keine
Reisigfuhr, so trägt er doch ein grünes Zweiglein
am Hute; hat er schon keinen Korb mit Wildobst
bei sich, so doch ein Sträußlein duftiger Beeren;
und trägt er schon kein erlegtes Wildpret, so krabbeln
doch an seinem Leib Käfer und Ameisen auf und
nieder.

Freilich nimmt der Mensch — der famose Er=
finder des Wörtleins „Gerechtigkeit" — Alles mit
Gewalt und ohne etwas dafür zu geben. Ich wüßte
auch nicht, was der Wald von ihm brauchen könnte,
als etwa Ruhe, die der Mensch eben nicht giebt.
Die Holzschläger, die Reisigschneidler, die Streukrauer,
die Pechschaber, all' diese und andere seiner „Freunde"

sind ihm gefährlicher als sein Todfeind, der Borkenkäfer.

Doch der Waldparasiten giebt es auch noch andere, die ihn mittelbar schädigen, da sie ihm seine Beschützer verderben. Einst war der Bär und der Wolf des Waldes Beschützer, heute sind es weit unscheinbarere und harmlosere Wesen, die im Kleinen unermüdlich und allüberall arbeiten, um den Wald von den schädlichen Insecten zu befreien. Freilich hat der Wald nur ganz zufällig davon Vortheil, denn sie thun es aus Eigennutz, sowie auch sie selbst wieder dem Eigennutze Anderer, Stärkerer, zum Opfer fallen.

Da kannst Du im Walde einen sonderbaren Mann begegnen. Seinem zerfahrenen Gewande nach könnte es ein Bettelmann sein, er trägt auch einen großen Sack auf dem Rücken; aber über diesem Bündel und an all' seinen Gliedern, von der beflickten Beschuhung bis zum verwitterten Hut, laufen in aller Hast zahllose Ameisen auf und nieder, hin und her, in Schreck und Angst, und wissen sich keinen Rath in der fremden, wandelnden Gegend, in die sie gerathen.

Der Mann ist ein Ameisler. Er geht aus, um die Puppen der Ameisen, die Ameiseneier, zu sammeln, die er in Markt und Stadt als Futter für gefangene Vögel verkauft. Er sammelt auch die Harzkörner aus den Ameisenhaufen, um solche als den in der Bauernschaft beliebten Waldrauch, der in den Häusern besonders bei Krankheiten als Räucherungs= mittel dient, oder gar als Weihrauch zu den be= kannten kirchlichen Zwecken zu verwerthen.

Da geht der Ameisler in den Nadelwald auf die Suche. Vor dem Wildschützen erschrikt er nicht, aber dem Förster weicht er aus. Endlich findet er einen Ameisenhaufen, der ist zumeist an einen halb= vermoderten Baumstock hingebaut und in Form eines bisweilen meterhohen Kegels aufgeschichtet aus dürren Zweiglein und Splitterchen, aus den abgefallenen braunen Nadeln der Bäume. Er ist über und über lebendig und die unzähligen schwarzen oder braunen Thierlein rieseln beständig durcheinander hin und wieder, zu den tausend kleinen Stollen und Schachten aus und ein, jedes eine Last auf sich oder eine solche suchend; andere wieder Ordnung haltend, daß überall die gemächliche Emsigkeit herrsche und nirgends gestört werde. Die Einen tragen ihre Puppen in's Freie, daß sie von der Sonne erwärmt werden; die Anderen fangen Blattläuse ein oder Goldkäfer, die sie als ihre Melkkühe zu verwerthen wissen. Die Puppen jedoch nähren sie mit eigenem Safte. Der Verrichtungen sind tausenderlei. Manche Haufen haben auch ihre eigenen Wegmacher, welche auf den begangensten Straßen die dürren Baum= nadeln und Holzstückchen klein beißen. Trotzdem sind die Wege und Stege just nicht die glattesten

und die bequemsten; eines der Thiere steigt über
das andere und wird dann selber wieder nieder=
getreten, aber das macht nichts. Vom Haufen hinweg
über Baumwurzeln oder unter Heidekraut laufen sie
zu Tausenden und kehren mit Baumaterriale, mit
Harzkörnern, mit erbeuteten Käfern und Würmlein
mühevoll aber guten Muthes zurück. Die innere
Ordnung und den mustergiltigen Haushalt der
Ameisen können wir zufällig Vorübergehende kaum
ahnen. Aber wie ein kunstvolles Uhrwerk geht das
fort den ganzen Tag, und nur wenn der Abend
naht oder bei Regen oder Gewitterschwüle ziehen sie
sich in ihre Stadt zurück, zum häuslichen Herde,
wo sie sorgfältig die Puppen bergen. Blos Einzelne
steigen langsam an der Oberfläche um, wie Wächter
auf den Wällen.

Ueber diese Gemeinde kommt plötzlich das Unglück.

Kaum der Mann in die Nähe kommt — sie
riechen ihn, bevor sie ihn sehen —, gerathen die
Ameisen in eine größere Hast, sie laufen wirr durch=
einander, überstürzen sich, purzeln eine über die
andere hin, ergreifen Nadeln, Körner, um sie wieder
fallen zu lassen. Anstatt sich in die Löcher zu ver=
kriechen, eilt Alles aus denselben hervor, so daß
die Oberfläche des Haufens ganz schwarz wird und
ein wildes Drängen und Wogen entsteht, wobei
die wenigen Besonnenen die große Masse nicht
mehr zu beruhigen vermögen.

Der Ameisler reibt seine Hände noch mit Ter=
pentin oder einem anderen Oel ein, damit sie gegen
die Ameisensäure gestählt sind; dann erfaßt er seine
Schaufel und reißt den seit Jahren mit unsäglichem
Fleiße kunstvoll aufgeführten Bau auseinander. Die
Thierchen spritzen noch wehrhaft ihre scharfen Säfte
gegen den Feind; aber nun, in dem Greuel und
Schreck der Zerstörung, wo Diese unter den Trüm=
mern begraben sind, Andere dem grellen Tage
bloßgelegt, Andere verstümmelt, erdrückt   denken
sie an nichts mehr, als an ihre Kinder, die Puppen!
Jede stürzt sich auf eine Puppe, um sie zu retten,
zu verbergen; in den Trümmern der Stadt, das
wissen sie, sind sie nicht sicher, also fort, hinaus
ins Freie, in den Wald. Aber der Ameisler sputet
sich, denn auch er will die Puppen, und bevor
diese verschleppt sind, thut er seinen Leinwandsack
auf und stopft und kraut und scharrt den ganzen
Ameisenhaufen mit Allem, was d'rum und d'ran
ist, in den Sack. Der Haufen war gut bevölkert
gewesen, wohl an fünfundzwanzigtausend Puppen
mag er in sich geborgen haben — ein hoffnungs=
volles Geschlecht, und jetzt im Sacke des Räubers!

Dieser bindet ihn zu, wirft ihn auf die Achsel,
und indem er über und über voll von Ameisen ist,
eilt er mit der Brut weiter durch Wald und
Schlucht, um neuen Fang zu thun. Und findet er
wieder einen Haufen, so macht er's wie mit dem

erften und die Ameifen, große und kleine, fchwarze
und braune, fammt ihren Puppen, fammt dem
Nadelgefilze ihres Baues, fammt ihren Harzkörnern
und Vorrathskammern kommen zufammen in den
Sack, bis er voll ift.

Wir befchreiben den Jammer der Gefangenfchaft
nicht. Wir können vergleichsweife nur fagen: Wie
wäre den Menfchen zu Muthe, wenn fie mitfammt
ihrer Stadt und Allem, was d'rin ift, in einen großen
Sack geftet würden! Die Ameifen find weit unfe=
liger dran, fie bleiben lebendig! Allvergebens ift ihr
Kämpfen um die Freiheit, in der Verzweiflung, Wuth,
faffen fie fich gegenfeitig an, wie es bei großem Un=
glüt ja auch die Menfchen machen und einander
die Schuld geben. Die kleine rothe Ameife ift
die wildefte; fobald fie einfieht, all' ihr Mühen um
die Freiheit wäre umfonft, fällt fie die Genoffinnen
an und erwürgt fie mit ihren Zangen. Eine gräß=
liche Meuterei entwickelt fich zwifchen den verfchie=
denen Gattungen von Ameifen; in ihrer Raferei
morden fie fich hin ohne Plan und Zweck, ein Be=
weis, daß auch das Thier in feinem Wahnfinn fo
thierifch werden kann als der Menfch.

Der Ameisler fucht nun einen gefchützten, fon=
nigen Anger. Dort breitet er auf dem Rafen ein
großes, weißes Tuch aus; am Saume des Tuches
ringsum legt er grünes Laubwerk, über das er dann
den Rand des Tuches zurückfchlägt. Nun öffnet er

den Sack und schüttet den ganzen Inhalt desselben
mitten auf das Tuch. Einstweilen hat hernach der
Ameisler nichts zu thun, er kann sich in den Schat=
ten des nahen Waldsaumes hinlegen, Brot und
Speck aus dem Schnappsack holen, auch Moschbeer=
branntwein, wenn er welchen mit hat, mag sich her=
nach eine Pfeife anzünden und guten Muthes sein;
die Ameisen sind von ihrer ärgsten Qual erlöst.
Diese nehmen ihre Freiheit wahr, aber auch die Ge=
fahr, die sie noch immer bedroht; sie eilen, laufen,
rennen, um sich zu orientiren; sie kommen an den
Rand, wo das grüne Blattwerk ist, das heimelt sie
an, doch nicht an ihre eigene Rettung denken sie,
rasch kehren sie zurück, jede zu einer Puppe, um sie
aus dem Trümmerwerk ins Grüne zu tragen. Da
sucht nicht erst Jede lang nach dem eigenen Kinde,
sie nimmt das nächste; die große Ameise die Puppe
der kleinen, während die kleine schwer an jener der
großen schleppt. Da ist alle Feindseligkeit vergessen
und die Mörderin sucht das Ei der Gemordeten zu
retten.

Der Ameisler schaut aus seinem Schatten dem
Treiben und „Auslaufen" der Ameisen zu. Sichtlich
wachsen die Häuflein der Puppen, die sie unermüd=
lich aus dem Wuste schleppen und am Rande ab=
laden, wo das hingelegte Blätterwerk ist, so daß die
Thiere glauben, dort schon fängt das freie Land an,
während sie die Eier doch noch auf dem Gebiete des

Feindes ablegen. Sie haben mit ihrem Rettungs=
versuch nur wieder für den Ameisler eine mühsame
Arbeit verrichtet, haben ihm die Puppen vom Wust
gesondert und in Häuflein gesammelt. Jetzt steht der
Ameisler auf, nimmt sein blechernes Becherlein und
füllt es immer wieder mit den aufgehäuften, gelblich=
weißen Puppen, um sie in den dazu bereiteten Be=
hälter zu thun.

Viele Ameisler, die das Geschäft im Großen be=
treiben, pflegen die Säcke an sicheren Orten aufzu=
bewahren, bis sie eine größere Anzahl beisammen
haben, schütten sie dann mitsammen auf das Tuch
und gewinnen beim „Auslaufen“ an einem Tage oft
an dreißig Maß Puppen.

Finden endlich die Ameisen im Wirrsal des zer=
störten Haufens keine Puppe mehr, so laufen sie
davon; laufen über das Tuch hinaus auf den Rasen
und fort. Von all' ihrer Habe besitzen sie jetzt nichts
mehr. Arm bis aufs Blut, thun sie sich zusammen
und gründen wieder kleine Familien, und diese thun
sich zusammen zu einer Gemeinde, zu einem kleinen
Staat und beginnen allsogleich den Bau eines neuen
Haufens. Gottlob, wenn der Winter noch fern ist,
so können sie noch einmal fertig werden. Und Gott=
lob, wenn er nahe ist, dann haben sie Feierabend
und vergessen im Winterschlafe der Drangsal, die
sie heimgesucht hatte, bis nach leid= und freudloser
Ruhe in der Maiensonne ihr Leben wieder erwacht.

Hat der Ameisler die Eier untergebracht, so macht er sich an den todten Wust, der auf dem Tuche zurückgeblieben ist; aus diesem weiß er die wohlriechenden Harzkörner zu ziehen und kehrt sonach mit doppelter Beute in sein Dorf zurück, um im nächsten Jahre die Gegend wieder abzugehen, was etwa die Ameisen neuerdings beisammen hätten.

Ich habe solchem Treiben, besonders dem „Auslaufen", oft zugeschaut, weil die Meinung geht, daß der erquickende Wohlduft, der sich beim Ausschütten der Säcke verbreitet, kräftigend für die Brust wirken soll. Zwar hat mir die Rohheit nicht immer wohlgethan, mit welcher der Mensch die fleißigen Thierlein beraubt; doch, Du lieber Gott! wohin käme man mit solcher Weichmuth auf dieser Welt, wo es der Mensch mit dem Menschen nicht besser treibt, wenn er die Macht hat! Hingegen wohl hat's mir gethan, das Hinauseilen der befreiten Wesen in die sonnige Welt zu betrachten und ihren Muth, mit dem sie neuerdings arbeitsfroh aus Werk gehen, nimmer verzagend, so lange der himmlische Tag ist über den Wäldern.

Wohl ist in vielen Gegenden unseres Landes das Ameiseln verboten. Man hat den Nutzen, den diese Thierchen für die Waldcultur bieten, schätzen gelernt. Wenn der Forstmann sonst besorgt gewesen war um seine Bäume, da die Ameisen den Stamm auf= und niederrieselten, so freut er sich jetzt dar=

über, denn er weiß, daß die Ameisen nach den Larven
anderer Insecten Jagd machen, die dem Baume ge=
fährlicher sind als sie. Die Ameisen sind Fleisch=
fresser, während dem Walde nur die pflanzenfressen=
den Thiere gefährlich werden, und um so gefähr=
licher, je kleiner sie sind, je weniger sie von den
Menschen verfolgt und ausgerottet werden können.

Doch, was nützt das Verbot! Wie die Gemsen
und Hirschen ihre Wilderer haben, so haben sie auch
die Ameisen. Es sind Jahre, da man stundenlang
in unseren Fichtenwäldern wandern kann, ohne einen
Ameisenhaufen zu finden, umsomehr Raupennester
anderer Insecten, Mücken und Käfer aller Art.

Der Ameisler betreibt nebst dem Sammeln von
Ameiseneiern und Waldrauch gewöhnlich auch andere
Dinge: er sammelt Wurzeln und Kräuter, die er in
den Apotheken absetzt; versteht sich auf das Bereiten
von Branntwein aus Wachholderbeeren oder an=
deren Waldfrüchten, den er gut verwerthet; graft von
allen Schlägen und Waldblößen die Erdbeeren, die
er an lecker=lüsterne Sommerfrischler verkauft; geht
bisweilen sogar im „Pechern" um und weiß überall
zu ernten, ohne gesäet zu haben, ja ohne Grund
und Boden zu besitzen. —

Waldbesitzer haben mitunter der lieben Ordnung
wegen all' ihre Waldfrüchte schon im Vorhinein an
zumeist fremde städtische Unternehmer verpachtet, sie
haben mit gewissem Vorbehalt des Waldes Heil=

kräuter verpachtet, und die Ameisen, das Harz und
die Pilze, die Erd=, Heidel=, Him= und Brombeeren.
Die Pächter haben ihre Polizei aufgestellt und das
arme Weib mit ihren Kindern darf in solchen Gegen=
den nicht mehr in den Wald gehen, um Beeren und
Schwämme zu sammeln.

Wir meinen, man müsse dem Pecher und dem
Ameisler strenge auf die Finger sehen, aber im Walde
das Eigenthumsrecht allzuscharf auszunützen, das
gefällt uns nicht. Einen ganz kleinen Vorbehalt hat
sich Gott doch gemacht, als er diese Güter vertheilte:
Daß ich im Waldschatten den Kindern und Armen
ein Tischlein decke, das bleibt mein eigener Wille.

Der Wurzelgraber.

Der junge, lebensfreudige Bursche thut es nicht. Es ist gewöhnlich ein verabschiedeter Soldat, ein vacirender Holzhauer, ein abgedankter Köhler, ein alter Bauernknecht, der endlich einmal selbstständig werden will. Da oben ist er frei, da oben führt er sein eigenes Haus und das Wurzelgraben kann ihm — meint er — Niemand wehren; er gräbt in den heilsamen Wurzeln und Kräutern ja Menschenleben und Menschengesundheit aus!

Ueber den Winter freilich, da muß er sich unten im Thale in ein Bauernhaus verkriechen zum Winterschlaf — und ein wenig Korbflechten, Besenbinden und ein wenig Schuhflicken, das kann er ja, und dafür giebt ihm der Bauer gern das Dach und die Nahrung. Bis zu den Weihnachten und darüber hinaus ist der Wurzelgraber auch recht leutselig und erzählt Geschichten von dem Sommerleben in den

Wäldern und Felsenhöhlen, und was das für Tage
waren, als noch der Teufel in seine Hütte kam und
ihm die Wurzeln schaben, die Kräuter trocknen half
und mit ihm ein Pfeiflein rauchte.

„'s ist völlig nicht zu glauben,“ meinen Alle, der
Wurzelgraber indeß neigt vielbedeutend seinen alten
Kopf und macht gedehnt: „Ja, meine Leut'! — Und man
sollt's nicht meinen, wie ich mit dem Teufel bekannt
worden bin; just zum Lachen hab' ich nichts gehabt!
Zu allererst, wie er kommt mit seinen zwei Gams=
hörndeln und mit seiner Rabiwurzen hinten, bin ich
fest; hast ja deinen Stutzen mit der geweihten
Johanniskugel bei dir, denk' ich), und damit jagst
du neunhundertneunundneunzig solche Hörnblbuben
zum Teufel. Aber durchgesetzt hat er's! Wie er so
auf einmal neben mir steht und mich anglotzt wie
nicht gescheit, schrei ich: Was willst denn? Ei, gar
nichts, giebt er d'rauf Red, ein' vergrabenen Schatz
hab' ich Dir zeigen wollen. — Brauch' Deinen Schatz
nicht! sag' ich ihm und setz' mein' Stutzen an und,
wie ich schon wild bin, setz' ich ihm das Rohr ins
breite Maul und schrei: Probir' einmal die Tabaks=
pfeifen da! — und druck' los. Was thut der gute
Herr Teufel? Schön langsam spuckt er die Kugel aus
und sagt recht gemüthlich: Hast ein' saggrisch starken
Tabak, Wurzelgraber, der thät' Einem mit der Zeit
wohl gar ein wenig die Lungel angreifen! — Kreuz
und Hanselbank! Da heb' ich mich an zu fürchten,

und wie ich den heiligen Nagel Christi nicht bei mir
hab', so bin ich hin, wie des Juden Seel'! Wie
aber der Schwarze den Nagel gesehen hat, da mag
er sich denkt haben: Schau, der Wurzelgraber ist ge=
scheiter wie ich, mag ihm nicht an. D'rauf ist er ab=
gefahren."

Solche Geschichten weiß der Wurzelgraber, und
die Zuhörer entgegnen: „Sein mag's just schon, aber
ist völlig nicht zu glauben."

Kommt aber der Frühling in die Nähe, so erzählt
der Wurzelgraber nicht mehr; er wird schweigsamer
und geht einsam umher und sehnt sich fort vom Hof
und von den Menschen und spürt nach, ob nicht schon
bald der Schnee schmilzt in der Wildniß.

Viele Tage lang schäumt der trübe, hochgeschwol=
lene Gießbach durch das Thal, und wenn längst
hier schon die Wiesen grünen und die gelben Dotter=
blumen blühen, braust noch immer der mächtige
Gießbach.

Endlich sticht aus der röthlich grauen Erde der
Felder in bräunlichen Keimen das Korn hervor; die
Lärchen blühen in rothen Zäpfchen, die Schwalben
sind da — und der Gießbach wird kleiner und kleiner
und zuletzt fließt nur mehr das gewohnte klare
Wässerlein durch das zerrissene Bett.

Und nun ist der Wurzelgraber fertig zum Aus=
wärts. Er ist eine rauhe, knorrige Gestalt von unten
bis oben. Die Sohlen der Bundschuhe sind dicht mit

Eisenhaken beschlagen; über den Wollenstrümpfen
schaut das braune, sehnige Kniegelenk hervor; die
Hirschlederhose schließt sich eng an die Oberschenkel
und die kräftigen Lenden, und der abgetragene
Lodenrock liegt nachlässig über die eine Achsel ge=
worfen. Das grobe Hemd ist am Halse locker durch
ein Tuch zusammengehalten; über der breiten Brust
spannt sich der Hosenträger — sonst hat er weder
Weste noch Brustfleck. Das hagere Gesicht hat der
Mann hübsch glatt rasirt, aber die Haare, die schon
ein wenig grau werden wollen, hängen wüst unter
dem Hute hervor; der Hut selbst ist hoch und rund,
mit einer grünen Schnur und mit tief herabhängen=
den Krämpen.

Auch hat sich der Wurzelgraber bereits die Holz=
trage mit dem Nöthigen, ein paar Haken zum
Graben, einen Wetterüberwurf aus Loden, ein wenig
Mehl, Schmalz, Salz, Essig u. s. w. umgehangen. In
der knochigen Hand hält er sein „Griesbeil"; den
anderen Arm hat er unter dem Rocke verborgen.

So steigt der Mann nun nieder aus seiner Dach=
kammer, tritt in die Küche, um sich am Herd noch
ein Pfeiflein anzuzünden, dann sagt er zur Haus=
frau: „So, Bäuerin, jetzt bin ich's. Jetzt haben wir
bald Pfingsten; bis nach Michelli hinaus werd' ich
wohl einmal dahersteigen; und wenn ich zu Aller=
heiligen noch nicht da bin, Bäurin, so bet' ein
Vaterunser für mich! Für die Einwohnung im

Winter sag' ich): Vergelt's Gott! Red't mir nichts
Schlechtes nach)! Und jetzt thät' ich Dich noch recht=
schaffen gern um was bitten, Bäurin; gelt, ein
Fläschl Weihwasser giebst mir wohl mit?"

Das thut sie von Herzen gern und schenkt ihm
auch noch einen Laib Brot. Darauf stolpert er über
die Thürschwelle und geht langsam über die Felder,
durch das Thal, durch Engen und Schluchten,
durch Geschläge und Wald und aufwärts, immer
aufwärts, in die Alpenwildniß und gegen die
Felswände.

Nun erst zieht er seinen unter dem Rock ver=
borgenen Arm hervor, er hat an demselben ein
zerlegtes Doppelgewehr, denn manche Rehe und
Gemsen steigen da umher, die all' ihr Lebtag keinen
Waidmann gesehen.

Dann findet der Wurzelgraber wohl eine ver=
lassene Holzhauerhütte oder eine schirmende Felsen=
kluft, in der er sich häuslich niederlassen kann; oder
er baut sich selbst ein Wohnhaus aus Baumrinden
und Aesten und Moos, und wenn das Alles fertig
ist, so geht er an seine Arbeit.

Er steigt alle Schluchten und Hänge und Höhen
ab; er gräbt Wurzeln; er kennt sie alle, er weiß
von allen, wo sie wachsen, wie sie zu bekommen,
wozu sie taugen. Da bringt er Hirsch=, Wolfs=,
Süßwurzeln, er bringt Beinwurzeln, Brechwurzeln,
Enzian u. s. w. Er sammelt aber auch Arnica,

Speik, isländisches Moos; er sammelt Schwämme; er schabt das Pech von Fichtenstämmen; er zapft den wohlriechenden Saft von Tannen= und Lärchbäumen; er holt die Harzkörner aus den Ameishaufen, er erklimmt alle Felskanten und sucht Edelweiß. Alles ist ihm recht, Alles weiß er zu brauchen.

Nicht allzuoft trifft er mit einem Jäger, mit einem Halter, mit einer Sennerin zusammen; er lebt allein bei den Thieren und Pflanzen und Steinen. Gegen unwirthliche Witterung, die um die Felszacken tost, oder die in Nebel oft tagelang im Gebirge braut, findet der Wurzelgraber genugsam Schutz in seiner sorglich gewahrten Wohnung oder in seinem Lodenüberwurf. Seine Nahrung besteht, außer wenigen Pflanzen und Mehlspeisen, hauptsächlich aus Wildpret, das er am offenen Feuer nahrhaft zu bereiten und gut zu würzen versteht.

Und verlernt der Mann nicht das Sprechen und das Denken? Nein. Er spricht mit den Thieren der Wildniß, mit seinen Wurzeln, mit allem Möglichen.

„Ja, mein lieber Speik,“ sagt er, wenn er die genannte Wurzel aus dem Boden häkelt, „bin schon da um Dich, faß' Dich in die Butten und schick' Dich in's Türkenland hinein. Die dortigen Weiberleut, die hupfen im Bad gern herum und Du mußt ihnen das Wasser einbalsamiren. Wirst

einmal gucken, mein lieber Speik, im Türkenland
drinnen!"

Oder er spricht zur Arnicablume: „Vor Dir
sollt' man wohl alleweil den Hut abnehmen, Du
bist der best' Arzt auf der buckligen Welt und der
lieb' Herrgott hat in seiner ganzen Apothek' kein
besseres Kräutel, als Dich!"

Oder er sagt zum Edelweiß: „Du bist nicht so
schön wie das Veigerl (Veilchen) und Du riechst
nicht so gut wie das Nelkerl, und doch haben sie Dich
lieber, wie dieselben Blümlein allzwei. Das macht's,
weil Du aufgewachsen bist auf der Höh', und weil
der schon eine kleine Kurasch haben muß, der Dich
hinabbringt in's Thal. Brauchst Dir selber nicht so
viel einzubilden, Edelweiß!"

Nicht selten kommt der Wurzelgraber in's
Grübeln. Er denkt viel nach über Religion, aber
er verliert den rechten Faden, weil er fern lebt
von Kirchen und Menschen. Er kommt tief und
tiefer in den Aberglauben hinein, denn dazu geben
ihm manche Märchen und Sagen, die er aus seiner
Kindheit kennt, und dazu giebt ihm seine großartige,
unerforschte Umgebung Anhaltspunkte. — Gott
hat den Wald wachsen lassen, der Teufel aber das
Dorngesträuche. Unter dem Dorngesträuche· liegen
unzählbare Schätze, und ein Kranz von rothen
Dornröslein verdorrt auf dem Haupt der Jungfrau,
bleibt aber frisch auf der Stirne der Gefallenen. Die

Quelle, aus der man nach Sonnenuntergang trinkt, wäscht das gute Gewissen von der Seele; wenn aber ein Flüchtling nach Sonnenuntergang Quellwasser mit flacher Hand über sein Haupt schüttet, so mögen ihn die Feinde nicht mehr verfolgen. — Eine einzige Wurzel giebt es im Wald, die der Wurzelgraber nicht kennt, die Irrwurzel; wer unversehens auf so eine steigt, der verirrt sich im Wald und findet den rechten Weg nicht mehr. —

Zahllos sind dergleichen Sagen im Gebirgs= volke und in dem Einsiedler fassen sie erst recht Wurzel und erfüllen ihn mit kindischer Furcht, oder mit thörichter Hoffnung. Und der Teufel, der Teufel, das ist immer das Schreckbild solch' armer Seelen. Sie leben wild, wie das Thier, sie begehen Dieb= stahl an Wald und Wild, sie höhnen Sitte und Gesetz, aber sie beten unablässig um übernatürliche Kraft und Macht, sie rufen den Teufel an und beschwören ihn ängstlich, daß er sie nicht hole.

Bei allen Waldmenschen indeß ist es nicht so arg, aber Weihwasser bedarf Jedermann und der Wurzelgraber ganz besonders.

Ei, wie ging's dem Wurzel=Toni, als er um sein Weihwasser kam?

Er kochte sich Erdäpfel, schnitt sie in Spalten und goß Essig daran; der Essig war schier abge= standen und der Toni goß den ganzen Rest an, und die Erdäpfel kamen ihm immer noch zu wenig ge=

säuert vor. Darauf, wie er sich zum Schlafen legen
will, besprengt er sich sorgfältig mit Weihwasser.
Das unterließ er nie, denn der böse Feind weckte
ihn zur Nachtzeit ohnehin immer und that ihm gar
sonderbare Dinge an — aber was ist denn das
heute für ein Weihwasser, das beißt ja gottlos in
den Augen? Freilich riecht er's jetzt, freilich bemerkt
er's, freilich haut er die Flasche an die Wand, daß
die Scherben spritzen, und flucht über des Teufels
Anfechtung; — der Toni hat sich mit Holzapfelessig
besprengt und das heilige Weihwasser hat er zu den
Erdäpfeln genossen! — Er schloß in derselben Nacht
kein Auge, und kaum der Tag graute, verließ er
die Hütte, eilte hinab zur nächsten Kohlstatt, fragte
den Köhler, wie's ihm denn allweg gehe und stahl
ihm derweil das Weihwasser sammt dem Gefäß
von der Wand weg.

Während er mit gespanntem Hahn auf ein
Rehlein wartet, oder während er sich das Beinkleid
flickt, betet er den Rosenkranz ab. Trotz all' und all'
dem gäbe er keine Haselnuß für seine Seele, wenn
er nicht noch ein hochgeweihtes Amulet an der Brust
trüge; er meint, alle Bäume erschlügen ihn mit ihren
Ästen und alle Wurzeln führten ihn in die Irre
und würden zu Schlangen, und alle Blätter zu
giftigen Zungen, und alle Felsen stürzten über ihn
zusammen, wenn er das Amulet nicht hätte! Viele
dieser Waldbewohner haben nämlich als unfehlbaren

Schuß gegen den Bösen eine merkwürdige Reliquie, nämlich einen der drei Nägel Christi.

Einen solchen Nagel zeigte mir einst ein Pecherer und erklärte, daß von den drei Nägeln Christi den ersten der Patriarch in Jerusalem, den zweiten der Papst in Rom, den dritten aber er, der Pecherer, besäße. Alle übrigen Nägel Christi seien falsch. Wer nun den rechten Nagel hat, dem kann in Sturm und Brand, zu Wasser und zu Land wohl auch nichts geschehen.

Je mehr sich aber der Wurzelgraber vor dem Ungeheuerlichen der Phantasie entsetzt, desto gleichgiltiger und empfindungsloser wird er gegen die wirklichen Mächte und Vorgänge der Natur. — Wenn's ihm nicht aufgesetzt ist, durch den Sturm vernichtet zu werden, so wird er durch den Sturm nicht vernichtet; und wenn's ihm nicht aufgesetzt ist, vom Blitze erschlagen zu werden, so wird er vom Blitze nicht erschlagen. Und ist's ihm aufgesetzt schon von seiner Geburt aus, so mag er sich wahren, wie er kann, und verkriechen wohin er will, es vernichtet ihn der Sturm, es erschlägt ihn der Blitz!

In dieser Gleichgiltigkeit wird der Mann auch fähig zur ruhigen Beobachtung der Witterungsverhältnisse; er gewinnt dadurch an Einsicht, und ein alter Wurzelgraber ist ein gar verläßlicher Wetterprophet.

Obzwar das hier Gesagte mehr oder weniger allen Gebirgsbewohnern eigen ist, so drückt es sich doch insbesondere deutlich an den halb verwilderten Waldmenschen aus.

Und verhärtet und verfinstert nicht etwa nach und nach das Gemüth dieser Menschen so sehr, daß sie endlich gar nicht mehr fähig sind zum gesellschaftlichen Verkehr? Nein. Der Wurzelmann bewahrt über all' das Düstere und Unheimliche seines inneren Lebens hinaus eine gewisse schalkhafte Gemüthlichkeit, die sich nach und nach wieder zu Menschen sehnt. Der Wurzelgraber berechnet gar gut, auf welche Weise er seine gesammelten und bereiteten Gegenstände am vortheilhaftesten an Mann bringt und er besitzt eine gewisse überzeugende Rednergabe, um zu beweisen, daß seine Wurzeln und Kräuter und Harze die besten von allen.

Auch sinnt er in seiner Einsamkeit manches Schelmenstücklein aus, mit dem er im Spätherbst die Leute unten im Thale überraschen will. Da werden wohl wieder ein paar Begegnungen mit dem Teufel — vor denen er sich übrigens in allem Ernste fürchtet — und einige Hexenstückchen zum Besten gegeben, so etwas verschafft Respect für den ganzen Winter.

So vergeht der Sommer im Hochgebirge mit seinen mannigfachen Herrlichkeiten, von denen aber dem stumpfen Naturmenschen nicht Eine auffällt. Wer hätte ihm denn gesagt, daß die Natur schön ist?

Endlich werden die Tage kürzer und kürzer, die
Kräuter sind nach und nach alle verblüht und es
naht die trübe Zeit. Keinen Glockenton und keinen
Juchschrei hört man mehr auf den Almen weit und
breit; lange ist der Himmel noch blau und die
Waldwipfel und die Felsen stehen reiner und klarer
da als je. Aber kein Vogelsang mehr, nur dann
und wann ein Gekrächze des Habichts, des Stein=
adlers — und endlich kommt Nebel und Regen=
wetter und Schneegestöber.

Nun ist's Zeit.

Der Mann schafft seine Naturproducte in das
Thal, und endlich bindet er seine Habseligkeiten
auf die Holztrage und wandert selbst abwärts durch
die Wildniß und auswärts durch Schluchten und
Engen in das Thal und gegen sein Dorf.

Die Leute erkennen ihn kaum; seine Kleider
haben so sehr gelitten, Haar und Bart sind wüst
und struppig; sein Gesicht ist noch hagerer und
gebräunter, seine Augen sind noch tiefer und stechen=
der als je.

„Jetzt bin ich da,“ sagt er kurz, „und jetzt müßt
Ihr mich über den Winter schon wieder unter Euer
Dach thun, ich flick' Euch die Körbe und die
Schuhe; und wenn Ihr Besen zu binden habt —
recht gern!“

Und wenn dann die Dorfkirchweih kommt, ist
er schon wieder frisch rasirt und trägt bessere Kleider,

und dann geht er ins Wirthshaus und pflegt sein Pfeiflein und gönnt sich seinen Krug und erzählt die Abenteuer seines Waldlebens.

So geht es Jahr für Jahr und so erwirbt er sich seinen Unterhalt.

Mancher kommt von seinen Hochwäldern auch zurück schon mitten im Sommer, und zwar mit gebundenen Händen und begleitet von ein paar handfesten Forstgehilfen, die ihn beim Wildern erwischten. Er geht der dunklen Zelle zu. Der Wurzelgraber schüttelt in einemfort den Kopf und murmelt zu sich: „Schau, schau, bist halt richtig auf eine Irrwurzen getreten!"

Wieder ein Anderer kommt von seinen Hochwäldern gar nicht zurück; Schneestürme wogen und wühlen im Gebirge — und wenn Allerseelen kommt, läutet man auch für ihn die Glocken.

Die Sennin.

Vom October bis zum Juni stehen die hölzernen Hütten leer und im Winter schleicht der Rabe hin über die schneebedeckten Dächer und lugt wohl ein wenig zum Rauchfang hinab; aber öde ist es unten und die Menschen haben alle Nahrung verzehrt, eh' sie fortgezogen.

Die Menschen haben sich verkrochen in die Niederung, leben in den festen Gehöften und geselligen Dörfern und verkehren mit aller Welt, wie sie da unten sich ausbreitet zwischen den Bergen.

Wenn aber der Frühsommer kommt und die Hochmatten ergrünen, so öffnen sich unten die Thore, die Marställe der Gehöfte, und bekränzt und mit klingenden Schellen, hüpfend und blökend ziehen die Heerden den sonnigen Höhen zu.

Und hinter den Heerden wandeln die Sennerin und der Almbub, ihre Bedürfnisse für den Sommer auf dem Rücken tragend und die Rinder leitend bis hinauf zu den Almhütten, wo sie Welt und Menschen vergessen, vier Monate lang dahinleben in einfachster Weise, fast wie im Urzustande. Ihr ganzes Bestreben hat sich darauf zu richten, daß sie dem Dienstherrn unten möglichst viel Käse und Butter gewinnen. Die Heerde und der Stall und der Klee und das fette Blättergras, das sind Hauptsachen, nach etwas Anderem hat die Sennerin, hat der Almbub nicht zu fragen.

Die Sennerin — in Steiermark Schwaigerin oder Brenntlerin genannt — schafft mit Kübeln und Behältern, bereitet das Stallfutter, besorgt das Melken. Der Almbub ist Hüter der Heerde, treibt diese auf Weiden, abgemähte Wiesen und Haidegelände und führt sie Abends wieder in den Stall.

Beide essen die gekochte Milch und den Sterz aus einem Topfe am Herde, dann zünden sie — wenn es finster geworden — den Kienspan an: sie bessert die schadhaften Stellen seiner Lodenkleider aus, die halten müssen bis zum Heimfahren; er nimmt dafür ihre, auf dem rauhen Alpenboden wundgewordenen Schuhe zwischen die Knie und zieht nach beiden Seiten den bepechten Draht aus und schmaucht eine Pfeife dabei und erzählt Wilderergeschichten oder brummt ein Liedchen.

Die Sennerin und der Almbub — ob sie noch jung sind?

Ewig jung sind die alten Liedchen, die er brummt,
die sie singt. Die Leutchen mögen denken oder sagen
wollen was immer, sie brauchen keine mageren
Worte dafür, die sie erst unbeholfen zusammenstellen
müßten, sie haben für Alles ihre Lieder und Liedchen. Draußen zieht die kalte Abendluft von den
bleichen Gletschern herüber durch die Mondnacht,
oder es liegt Nebel über den nächtlichen Firnen,
oder es hebt sich in den Schluchten und Riffen der
Hochschroffen ein brausender Gewittersturm und
läßt seine Blitze lohen und schmettern über der
verlassenen Hütte — sie schieben den Holzriegel
vor die Thür und beten wohl auch ein Vaterunser;
das ist ja genug. Dann sagt sie zu ihm: „Buberl,
steig hinauf in Dein Heu!" Und er lehnt eine Holz-
leiter an die Wand und klettert durch eine Oeffnung
hinan zum Dachboden und zieht seine Schuhe und
seine Jacke aus und legt sich in's duftende Heu.
Sie thut desgleichen und legt sich in ihr Bett. Und
draußen im Stalle schellt oder brüllt Eines oder
das Andere in der Heerde.

Die Sennerin und der Almbub dürften kaum
unter zwanzig Jahren sein?

Gar nicht. Sie ist eine starke Vierzigerin, die's
ihr Lebtag verstanden, mit den Kühen und mit der
Butterbereitung umzugehen; sie ist jeden Sommer
heroben auf der Alm, seit sie eine Vierzigerin ist.
Junge Weibsleute, das versteht der Bauer wohl,

paſſen nicht auf die Alm, dieſe wären hier oben
gar allerlei Einflüſſen der Witterung ausgeſetzt
und kämen nicht mehr ſo hinab, wie ſie herauf-
gezogen.

Und der Almbub — ei Gott — der weiß es
ſelbſt kaum, iſt er in den Dreißigern oder Vierzigern;
er weiß nur, daß er ſchon eine bedeutende Weile
auf dieſer Welt iſt. Es thäte bei ihm nicht noth,
daß er den Kopf ſo gründlich durch einen dicken
Plähhals geſtützt hätte, außer den Namen der
Rinder und den Erinnerungen an manches treffliche
Schmalzmus, ſo er auf der Alm genoſſen, iſt nicht
viel darin. Beim Vieh, da geht's, die Rinder ſind
dem guten Almbuben ſehr zugethan, als ob er einer
der Ihren wär'.

Das im Allgemeinen die Poeſie der Sennhütten,
die ſo oft mißverſtanden wird. Nicht jenes lockere
Schlaraffenleben herrſcht auf den Höhen, wie es ein:
„Auf der Alm, da giebt's ka Sünd'!" wohl ver-
muthen laſſen könnte. Da giebt es viel Arbeit und
Beſchwerden durch den lieben langen Tag, und viel
Ermüdung am Abend. Feiertage und Ausnahmen
kommen nicht viele vor.

Indeß giebt es doch auch Sennhütten, in welchen
die Jugend ſpielt. Die Jugend und die Romantik.

Dort im Almhäuſel auf dem Holzblock ſitzt das
Aloidei und legt die Hände auf die Knie, daß ſie
ein Eichtel raſten mögen nach des Tages Laſt, und

läßt sich die Haare flechten von der Burga. Die
Moidei ist jung, aber die Burga ist noch jünger,
daher schickt sich's, daß das Moidei zuerst sitzt, dann
kommt die Andere d'ran.

Andere Weiberleut flechten sich die Locken des
Morgens, wenn sie aufgestanden sind — unsere
Senninnen halten es zwar auch so, nur am Sams=
tag machen sie ihren Putz, wenn es Abend wird, 's
ist so der Brauch, 's ist von wegen der Besuche.
Die Almhütten haben nämlich eine ganz andere
Zeit für die Visiten, als die Salons der Stadt=
häuser. — Fürs Erste frisch gewaschen; alsdann ein
ungeflickt Röckel anlegen, hernach die Haar' aus=
kämmen und ein paar Tröpfl Kölnerwasser d'rauf=
stäuben und endlich flechten. Ist Eine allein, so
nimmt sie die Haarsträhne zwischen die Zähne und
thut sich's auch so. Sind ihrer Mehrere, so hilft
Eine der Anderen.

Wie dem Moidei der Haarkranz ums Haupt ge=
wunden ist, sagt die Burga: „So, Alte, jetzt heb'
Dich weg. Will ich Frau sein und Du Stubenmädel.“

Ihre langen Locken sind schwer und weich wie
Seiden und gülden wie Sonnenschein. Wer sie am
Sonntag sieht, die Burga! Da weiß sie sich herzu=
richten, wie die feinste Großbauerntochter. Schön
sein, das ist ihre größte Freude auf der Welt.
Einem Burschen, der ihr seine Tracht und Leibeszier
kauft, möchte sie Alles geben, das heißt, was sie

nicht zur eigenen Frische und Schönheit selber braucht.
Die Eitelkeit ist auch ein Schutzengel.

So sitzt sie auf dem kropfigen Holzblock und
spitzt die Ohren, ob das Moidei ihr Haar nicht
ein wenig loben werde. Weil das nicht geschieht,
so sagt sie endlich zum Moidei: „Du hast aber recht
schöne Haar jetzt."

„Die Deinigen wären mir schon noch lieber,"
antwortet die Flechterin. Da ist die Burga zufrieden.

„Seit wann steckst denn Du keinen Rosmarinstamm mehr ins Haar?" frägt die Burga.

„Gefallt mir nimmer, so ein Besen," antwortet
das Moidei. Daß ich's erkläre: Der Rosmarinstamm
bedeutet in manchen Alpengegenden die Würde der
Jungfrau.

„Ich weiß schon," sagt die Burga, „der gefallt
Dir nimmer, seit der Mirtel-Knecht ist gewesen in
Deinem Vater seinem Haus."

„Möcht' schon wissen, was Dich das angeht,"
versetzt das Moidei scharf.

„So, wirst gar falsch (verletzt) sein desweg,"
ruft die Burga überlaut. „Einen Spaß muß man
auch haben. Und ist's wahr, so fallt desweg der
Himmel nit ein. Ich thät' selber Einen nehmen,
wenn mich Einer möcht.'"

„Wann Du mit dem Erstbesten zufrieden bist,
wirst nit lang allein bleiben," sagt das Moidei.

„Geh' gift' (ärgere) Dich nicht und sing' Eins, ist ja heiliger Samstagabend," sagt die Burga.

„Gscheiter ist's schon," sagt die Andere und hierauf heben sie an — die Aeltere tief, die Jüngere hoch — zu singen:

> „Es wollt' ein Sünder reisen
> Wohl in die Römerstadt,
> Drei Sünden wollt' er beichten,
> Die er begangen hat.
>
> Der Papst wird voller Zoren,
> Und schaut den Sünder an,
> Ewig bist Du verloren,
> Ich Dir nicht helfen kann.
>
> Er nimmt ein dürres Stabel,
> Und steckt es in die Erd';
> Eh' wird das Stabel grünen,
> Eh' Du wirst selig wer'n."

Sie setzen ab. „Du," sagt die Burga leise, „los' (horche) einmal, mir ist gewesen, als hätt' ich einen Schritt gehört da draußen vor der Thür."

„Mir ist auch einmal so gewesen," antwortet das Moidei. Im selbigen Augenblick ist ein zwiefacher Aufschrei. Stockfinster ist's den Dirnlein plötzlich, fremde Hände halten ihnen die Augen zu.

Sie fassen sich aber bald. Gutbekannte Leute, die Einen auf solche Weise blenden.

„Wer ist's?" ruft eine Stimme hinter dem Rücken des Moidei.

Rosegger, Die Aelpler.   28

„Der Etscher Wastl!" sagt dieses.

„Himmelweit fehlgesprungen."

„Wer ist's?" frägt eine verstellte Stimme hinter dem Rücken der Burga.

„Wer wird's denn sein!" sagt die Burga, „wenn's der Hirlacher Mirtel nicht ist, so ist's ein Anderer."

Kein übles Rathen, Burga, ein Anderer ist's nicht. Wie Dir jetzt die Augen wieder frei sind, siehst Du die Bescherung. Die Sennhütte ist voll von Männern. Und was für Männer!

Der Kernthaler Franz, der Holzer aus dem Pusterwald, der Rößl Toni, der Kohlenführer des Bachgruber, der Salzburger Hans auch, der fort in der Gegend umschleicht und keinen Herrn hat; den sie nirgends gern mitthun lassen, weil er tückisch sein soll und zum Verschergen (Verrathen) aufgelegt. Und da ist der Hirlacher Mirtel, ein abgedankter Jagdgehilfe, ein verträglicher, unterhaltsamer Kerl, thut gern wildern und scherzen im Wald und bei den Weibsleuten.

Der Mirtel ist bisher zu dem Moidei gestanden, zwar nicht so öffentlich, daß der Pfarrer außer im Beichtstuhl davon hätte reden können.

Heute aber knirscht das Moidei. Was hat der Mirtel der Burga die Augen zuzuhalten? Der hat das Moidei zu verblenden und sonst Keine!

Kecke Bursche sind es aber auf und auf. Fest= gespannte, abgeschliffene Bocklederhosen tragen sie,

dicke Häute, die nur etwa an den Nähten ein wenig
auseinanderklaffen, schier gesprengt von den stram=
men Gestalten. Die Knie sind nackt und rauh wie
Föhrenrinden. Buntgestrickte Wadenstutzen, Bund=
schuhe, mäusegrau und hart wie Holz, aber mit
scharfen Hakennägeln beschlagen. Jeder einen Leder=
gurt mit Messingschnalle voran über dem Pracht=
stück der verzierten Bockhanthose. Die Joppen aus
grobem Tuch sind hinten so kurz, daß über dem
Gurte die „Rupfenpfaid" herausschaut. In der
Hosentasche ein Messerbesteck, am Rücken einen
strammgereidelten Tabaksbeutel mit dem zierlich
gewundenen Pfeifenstierer.

Der Mirtel hat eine mächtige Waidtasche um=
gehangen, an welcher die Haare und Klauen jenes
Thieres noch hängen, das diese Tasche einst als
bluteigene Haut getragen hat. Ueber der Brust den
kameelhaarenen Hosenträger, das zerfaserte Halstuch,
auf dem Filz die kecken Hahnen= und Geierfedern.
Nur der Kernthaler Franz trägt auf seinem Hut
einen Strauß von Almrausch (Alpenrose) und wil=
dem Thymian. In der Stirne wilde Locken, im
Gesicht buschige Schnurrbärte und schneeweiße Zähne
darunter — da habt ihr die Kerle, wie sie leiben
und leben.

An die Wand hatten sie leise ihre Gewehre hin=
gelehnt, stopfen jetzt ihre Pinzgauer Pfeifen und
holen aus der Glut mit zierlichen Zänglein Tabaks=

28 *

feuer. Setzen sich dann zum Tisch; der Mirtel stemmt sich an den Holzblock, wo vorhin die Burga gesessen, faßt das Mädchen am Mieder und sagt: „Heut' hilft Dir kein Gott und kein Heiliger, heut' mußt uns in der Hütten behalten."

„Ja gewiß auch noch!" fügt der Rößl Toni bei, „'s ist kein Spaß, wir können heut' nicht mehr hinab. Die Rabenklausen unten ist mit Jägern besetzt."

„Uih Jesseles!" ruft die Burga, „werd't's doch mit wieder auf das Gamsschießen aus sein!"

„Kannst Dir's denken, daß wir die Kugelstutzen nicht zum Zähnestochern brauchen," lacht der Kern= thaler Franz.

„Der Jäger sind heute Stuck ein Zehn," berichtet der Mirtel, „aber sie spannen (ahnen) was und meinen, wir wären auf der Speikleitalm drüben, weil wir dort etliche Handpöller mit Zunder ge= richtet haben, daß sie jetzt vor einer Viertelstund' erst losgegangen sind. Da bei Dir sind wir sicher Burga, und können morgen auf den Dreispitzkofel hinauf."

Die Burga setzt ihnen frische Milch vor, bleibt dann in ihrer schönen heiteren Gestalt bei ihnen, stemmt den Arm in die Seite und sagt lachend zu den Gästen, sie sollten sich's schmecken lassen.

Die Männer lassen aber die Pfeifen nicht aus= und die Löffel nicht angehen. Der Mirtel stemmt seinen Arm aufs Knie und frägt etwan ein wenig schalkhaft: „Na, und was ist's mit der Liegerstatt?"

Antwortet die Sennin singend:

„Das is a schlechter Schütz,
Der si̅ auf a Gamsel wagt,
Und in der ersten Hütt'
Um a Liegerstatt fragt."

„Weißt," sagt hierauf der Rößl Toni:

„So geht's auf der Alm,
Denkt ka Dirn auf die Kalm,
Und ka Schütz auf die Jagd,
Wann sie d' Liab amal plagt."

D'rauf die Burga:

„Wia höher die Alm,
Um so frischer das Kraut;
A jed's Dirndl is a Narr,
Des an Jager z' viel traut."

„Schau," sagt der Kernthaler Franzl, und nestelt mit der Pfeifenspitze seinen Schnurrbart auf, „sein thut das so:

Die Sennerin auf der Alm.
Thuat ein Juchschrei, ein halb'n,
Und den andern der Bua,
Wann er hinkimmt dazua."

Alsdann wieder der Mirtel:

„Und Sennerin auf der Alm,
Schau, was thuast mit ein halb'n,
Sei froh wenn Auer kimmt,
Daß d' an ganzen z'sammbringst "

Eine Freude ist's, wie sie lustig sind beisammen.

Abseits am Herd ist das Moidei. Es wäscht just den Käsbentel aus und zerkratzt ihn mit den Fingern. Wenn sie jetzt die Burga so unter den Fingern hätte! Diese Schmeichelkatz! Der Mirtel hat sie — das Moidei — heute noch nicht ein einzigmal angeschaut.

Hinter dem Tisch in der Ecke lehnt der Salz= burger Hans — ein blasser Bursch mit schütterem Bartanflug. Er raucht nicht und singt nicht, hat die Hände in den Hosentaschen stecken und schaut finster d'rein. Er ist weit hergekommen aus der Krimmel herauf — just der Gemsen wegen nicht. Er hat gemeint, er würde heute allein hier der Hahn im Korb sein. Jetzt ist er ungeschickterweis' unterwegs mit den alten Bekannten zusammengekommen und ist er halt nicht der Hahn im Korb. Er hat noch kein einzig Wort gesprochen mit der Burga, und die Anderen haben schon so oft gekräht. Indeß — wenn alle Stricke reißen — so ist das Moidei noch da.

Das Moidei sieht aber immer nur den Mirtel und die Burga; alle Glieder zittern ihr vor Wuth, und schon gar als der Bursche folgendes Liedlein singt:

> „Ich kenn' immer a Dirndl,
> Hat a Strickl beim Bett,
> Daß 's die Buab'n kann derhalten,
> Sunst bleib'n s' ihr ja net."

Und wenn sie heut' zusammenverbleiben, diese Leut', denkt sich das Moidei, so zünden wir ihnen das Haus über dem Kopf an. Heilige Maria Schnee, behüte uns von allen Anfechtungen! — Sie weiß aber noch ein anderes Mittel. Und wenn er nur erst zu Mittersill im Arrest sitzt, der Mirtel, nachher hat er gute Weil' zum Nachdenken über vergangene Zeiten — wird ihm das Moidei wohl einfallen.

Und eine Weile später, als sie das Spanlicht anzünden, schaut die Burga um sich und ruft: „Jegerl, wer hat uns denn das Moidei gestohlen?"

„Kunnt mir's net denken, wer die Dummheit hätt' gemacht," entgegnet der Mirtel.

„Mirtel," sagt jetzt der Kernthaler Franz, „zwischen Dir und dem Moidei ist's nit mehr so, wie voreh."

„Die Mannerleut' sind schon so," versetzt die Burga, „Anfangs da betteln sie und betteln Einer Leib und Seel ab. Haben sie's, nachher — aus ist's und gar ist's!"

„Schau, Burga, Du kennst Dich aus!" sagt der Rößl Toni und blinzelt auf das Dirndl. „Noch so jung und dennoch kein heuriger Haf' mehr!"

„Von mir selber kunnt ich's nit wissen," sagt das Dirndl. „Um so öfter hab' ich's von meinen Kameradinnen gehört. Ich hab' Eine gehabt von Lienz herauf, hab' Eine gehabt vom Pusterthal, hab' Eine gehabt von der Sprugger Gegend und Eine vom Zillerthal — haben Alle das gleiche

Lied gesungen. Die Buben sind auf der ganzen Welt nichts nutz."

„So was soll Eins doch eher probiren, als man darüber redet."

„Daß sie nichts nutz sind, hab' ich gesagt; daß ich Keinen mag, hab' ich nicht gesagt."

Der Hirlacher Mirtel klopft seinen Pfeifensattel auf der Tischecke aus und murmelt: „Ich denk' Mannerleut', wir machen uns auf die Füß' und gehen um ein Häusel weiter." Seit der Anspielung wegen dem Moidle ist er verdrießlich. Auch sind ihm heute zu viel Leute da. Einer irrt den Andern. Der Mirtel hebt sich auf, nimmt seinen Stutzen: „Jetzt gute Nacht, wer dableibt!" Und geht davon.

Der Kernthaler denkt: Heut' ist's einmal verfahren! Kneipt die Sennin noch ein wenig an der Wange, dann nimmt auch er den Stutzen.

Der Rößl Toni bleibt noch ein wenig kerzengerad' vor ihr stehen und lispelt ihr zu: „Ueber das, was Du vorch gesagt hast, reden wir noch miteinander. Behüt' Dich Gott, dieweilen!"

So geht die lustige Gesellschaft auseinander. Die Burga hantirt am Herd und trillert:

> „Büabel, Du schmierst Dich an,
> Wannst glaubst, Du hast mich schon."

In der Hütte ist es still und dunkel geworden. Ein einziger Kugelstutzen lehnt noch an der Wand

und auch ein einziges Mannsbild — der Salz=
burger Haus.

„Na, thust Du nit mit Deinen Kameraden
davon?" ermahnt ihn das Dirnlein.

„Ah na."

„Warum denn nit?"

„Weil's mich nit g'freut. Weißt, Dirndl, mir
gefallts bei Dir besser." (Er tritt auf sie zu. Das
Moidei kommt nicht zum Vorschein, draußen im
Stall schellt ein Rind, sonst Alles in der Ruh'.
Die Burga bläst in die Glut, um den Leuchtspan
anzublasen. Ihr Angesicht ist roth wie ein Röslein
am Dornstrauch).

Der Bursche singt mit fast tonloser Stimme:

„Jetzt sein mir allein,
Die Nacht ist stockfinster

Der Sang erstickt in leidenschaftlicher Erregung.
„Ein Buffel!" stöhnt er.

„Wenn Du desweg bist dageblieben," sagt das
Dirndl, „so hast es nit gescheit angestellt. Vor
aller Leut' hätt' ich Dir schon eins gegeben, wenn's
Dich selig macht. Aber wo wir allein sind, da geb'
ich kein's her!"

„Du!" stöhnt der Bursche und packt sie um
den Leib.

„So! Gewalt brauchen!" ruft das Mägdlein
und erfaßt einen glosenden Baumast: „Da hast

Eins!" und schlägt ihm den Ast über die Achsel,
daß die Funken sprühen.

Er fällt wüthend über die Burga her, einen
Hilferuf stößt sie aus und taumelt. Da springt die
Thür auf und die Jäger stürmen herein mit vorge=
streckten Gewehren.

„Die Wildschützen, wo sind sie?"

„Da ist Einer," schreit die Burga.

„Ich!" schnaubt der Salzburger.

„Wem gehört dieses Gewehr? fragt Einer der
Jäger.

Aus ist's. Der Bursche entkommt ihnen nicht.
Von einem Futterkorb schneiden sie das Tragband
los und binden ihm damit die Hände kreuzweis
übereinander. So führen sie ihn davon und
hinab in die Thäler und zur Sünderkammer von
Mittersill.

Das Moidei ist über diesen Vorgang gar über=
rascht. Sie hat die Jäger gerufen, um sich an ihrem
treulosen Hirlacher Mirtel zu rächen. Jetzt haben
sie den Unrechten; der Vogel ist ausgeflogen und
schäkert vielleicht in anderen Hütten um; weiß
Gott, die Alm ist weit.

Die Burga ist von diesen Ereignissen so sehr
ergriffen, daß sie ein heiliges Fürnehmen thut. Sie
gelobt sich alsbald einen festen Liebhaber anzuschaffen,
damit das lose Mannesgezücht wisse, wem sie
zugehört.

Recht hat sie, und ist's in dieser Sache allemal
am besten, man läßt sich mit dem Liebhaber von
der Kanzel herab verkünden, damit die Lotter, wenn
sie mit dem Weibel anbandeln wollen, in vorhinein
wissen, von wem sie geprügelt werden.

Der Wildschütz.

er Aelpler, den steten Kampf mit den Natur=
gewalten gewohnt und nur geringe Be=
dürfnisse hegend, der zumeist seine eigene
Polizei ist, das Unrecht am liebsten mit der Faust
straft, das Recht gern mit der Faust sucht, der
keinen Sinn hat für die Glorie des Landes, noch
viel weniger für die Vergrößerung des Reiches, der
gar Vieles, was aus Steuer und Staat hervorgeht,
als die Vermehrung der Unterrichtsanstalten, Eisen=
bahnen und auch die stete Vergrößerung des Heeres,
für ein Unglück zu halten gewohnt ist, verzichtet auf
die Staatshilfe, die also für ihn selten von großer
Bedeutung sein kann, und so vermag das, was
er vom Staate gleichwohl empfängt, niemals das
aufzuwiegen, was er giebt, geben muß.

Und aus diesem Mißverhältnisse, das zum Theile
heute noch besteht, entspringt vielfach eine gewisse

Verbitterung gegen Alles, was „Welt" heißt, gegen den Bürger, gegen den Stadtherrn, der, wie der Bauer meint, nicht arbeitet. Wer bei dem Landmann nicht mit der Axt, dem Pflug, dem Dreschflegel, der Mistgabel, dem Handwerkszeug hantirt, der ist ein Müßiggänger. Daher der ewige stille Haß gegen die Besitzenden, gegen den Reichthum, daher der häufige, wenn zumeist auch nur im Scherz gebrauchte Ausdruck vom „Herrnabschlagen". In den dunklen Gründen des Volkscharakters, unter der trägen Asche seines schwerfälligen, unbehilflichen Wesens glimmt ein Fünklein — der Keim des Communismus, dem jedoch die im Landvolke so überaus tief eingewurzelte Altständigkeit die Wage hält.

Das Bauernthum muß halt zufrieden sein mit dem, was man ihm vorgemerkt hat; es knurrt wohl, aber es liegt an der Kette trotz alledem.

Das Volk der Alpen hat eine Menschengattung in sich erhalten, die das communistische Princip recht praktisch durchzuführen weiß — die Wilderer. „Gott hat die Thiere des Waldes für Alle erschaffen!" lautet ihr erster Grundsatz, der freilich schon durch den zweiten gefährdet wird: „Nicht für die Reichen, sondern für die Armen ist das Wild gewachsen." Zum Glücke wird dieses Princip nicht auch etwa auf den Wald, auf das Feld, auf das Metall in der Erde Schoß u. s. w. ausgedehnt, denn dazu reicht weder der Gedanke, noch weniger die Macht

unserer alpinen Communisten. Die armen Teufel
begnügen sich mit dem Wilde, das sie trotz aller
Verbote todtschießen, um sich damit entweder den
Hunger oder die Jagdlust zu stillen.

Vor dreißig, vierzig Jahren noch waren die
Wilderer in manchen Gegenden ein wirklich gefürch=
tetes Element. Es waren größtentheils arbeitslose
und arbeitsscheue Gesellen, Soldatenflüchtlinge,
verfolgte Raufbolde, die, weil sie aus dem Kreise
der Menschen verbannt, in die tiefen Wälder, in
das Gefelse und in die hohen Regionen des
Gezirmes geflohen waren, wo sie sich elende Schlupf=
winkel suchten und sich durch Wildern ernährten.
Da brachten sie oft jahrelang zu in den feuchten
Höhlen und halbverfallenen Almhütten, nichts
von der weiten Welt verlangend, als das Bischen
Pulver, das sie sich oft mit bewunderungswürdiger
Schlauheit zu verschaffen gewußt. In den Rotten=
mannertauern lebte ein „Wurzner", der einem der
herrschaftlichen Jäger sechzehn Jahre lang das
Pulver abgeschwätzt hatte, weil er so unsäglich „an
der Magengicht leide, für die ihm frisches Schieß=
pulver das einzige Labsal böte". Die Magengicht,
das war aber der Hunger, den das Pulver, aller=
dings mittelbar, durch den Rehbraten zu curiren
vermochte.

In der Küche des Wilderers herrschte oft mehr
als spartanische Einfachheit. Häufig war nicht ein=

mal Feuer zur Hand. Als Nachtlampe hat in mancher
Höhle ein verſtopftes Glasfläſchchen mit Glüh=
würmern gedient. Das Wild wurde mit Steinen
mürbe geſchlagen und roh verzehrt. War aber Feuer,
ſo ſtand wieder nicht immer der Topf bereit und
oft genug geſchah es, daß das Hirſchfleiſch zer=
kleinert in der Hirſchhaut gekocht wurde, die, zu
einem Sacke geformt, mit Waſſer gefüllt, dem unter
ihr lodernden Feuer leicht zu trotzen vermochte.
Die Suppe wurde aus geſottenem Heu gewonnen,
die, wäre ſie mit Zucker und Rum zubereitet ge=
weſen, vielleicht ein mehr als gewöhnliches Surrogat
für unſeren Holländerthee abgegeben haben möchte.
Als Tabak wurden ſelbſtverſtändlich dürre Buchen=,
Ahornblätter u. ſ. w. benützt — und ſo hat Gott
dieſe ſeine Wildvögel ganz gewiſſenhaft ernährt.

Die Wilderer — über die ganzen Alpen und
weiter hin verbreitet — kannten nur Einen Herrn:
die mit ihren Gewalten und Schreckniſſen ſie
zähmende Natur; kannten nur Einen Freund: ihren
Kugelſtutzen, den ſie mit vollſter Sicherheit zu hand=
haben wußten; kannten nur Einen Feind: den Jäger.
Begegnete der Wilderer dem Jäger, ſo gab er ſich,
war eine Flucht unmöglich, die Wahl, den Mann
raſch niederzuſchießen, oder ſelbſt auf die Kugel zu
warten. Der dritte Ausweg, das Gewehr wegzu=
werfen und ſich gefangen zu geben, wurde meiſtens
verſchmäht. Das Leben im Kerker wäre zehnmal

bequemer, und jedenfalls sorgenloser und sicherer
gewesen, als die elende Existenz in den Wildnissen,
aber — „Freiherren" wollten sie sein und bleiben
um jeden Preis, und „Freiheit oder Tod"! — diesen
Menschen ist das Wort nicht Phrase gewesen.
Sommer und Winter, in Sturm und Schnee harrten sie aus; keine Mühsal war ihnen zu groß, kein
Unternehmen zu waghalsig, wo es sich um ihre
Freiheit handelte. Von den Seinen im fernen Thale
sehnlichst erwartet, gesucht, betrauert, irrte mancher
Bursche in den hohen Wüsten, trug oft sogar eine
Kugel im Bein, die ihm der Jäger zum Andenken
zugesendet.

Er war der Geächtete; seine Kleidung bestand
aus ungegerbten Thierfellen, sein Haus aus Felsklüften und Nebel, sein Gemüth aus Bitterniß,
sein Leben aus Elend.

Der Jäger war auch nicht zu beneiden. Wenn
er des Morgens seine Waidtasche mit Brot, Speck
und Schnaps füllte, um in den Wald zur Hahnen-
balz zu gehen, oder zum Eintreiben von Hirschen
und Rehen, oder ins Hochgebirge emporzusteigen,
um die Rudel oder Gemsen auszuspähen zu bewachen, so wußte er, er ziehe in Feindesland.
Manch' einem verbissenen Wildschützen verlangte es
heiß nach dem Hirschen zu zielen, aber der „Jäger
hat ihn schon einmal ins Unglück gebracht" — das
vergißt er nimmer und für den ist die Kugel schon

gegossen. Zur Illustration ein Beispiel aus dem
Jäger= und Wildschützenleben.

Josef, der Forstgehilfe, geht „auf den Hahn".

Mitternacht ist vorüber, Frühlingsnacht, über
die Alpen zieht eisig kalte Luft. Man sieht im
Schimmer einzelner Sterne nichts als die matten
Umrisse des Hochgebirges, und hört nichts als das
Rauschen des tief unten strömenden Wildbaches.
Noch schlägt der Auerhahn nicht, noch bricht auch
der Tag nicht an; der Jäger nimmt einen Schluck
aus der Waidflasche, zieht den Ueberrock fester
hängt das Gewehr um und wandelt einen wohl=
bekannten Fußsteig über seichten, aber gefrorenen
Schnee aufwärts.

Er geht „auf den Hahn", nicht um zu schießen,
das steht dem Gutsbesitzer zu, der zu einer großen
Hahnenjagd auch bereits Gäste aus der Stadt
geladen hat; Josef hat zu bewachen und geht
eigentlich heute auf Wildschützen aus. Wohl schläft
der Hahn noch, aber der Wildschütze ist schon wach
und sicher auch irgendwo auf der Lauer;
davon kann der Jäger überzeugt sein. Josef passirt
eben die Stelle, wo man vor zwei Jahren seinen
erschlagenen Kameraden, den Jäger Simon, gefunden.
Der hatte einen Schuß in der Brust und die Splitter
seines Gewehres lagen um ihn herum und steckten,
theilweise im zerschmetterten Schädel des Unglück=
lichen. Josef stößt hier den Stock fester in den

Boden und geht weiter. Erst ein paar hundert Schritte davon bleibt er stehen und horcht. Unten in der Schlucht ist es wie das Klopfen eines Lad= stockes im Rohr. Josef beschließt, hier zu warten. Jetzt rauscht es über ihm in den Fichten und ganz nahe bei ihm meldet sich der Hahn. Das währt nun eine halbe Stunde, bis der Wildschütz heraufkommt, denn er kann sich nur während des Pfalzens nahen und muß in der Zwischenzeit stillstehen. Während= dem bricht der Tag an, es wird lichter und Josef verbirgt sich hinter einem Baum. Der Hahn pfalzt lustig weiter, der Jäger horcht nur den Schritten, die ihm immer näher kommen — er hört sie — haftig eilt ein großer stämmiger Mann den Steig herauf und zieht die Büchse von der Achsel. In diesem Augenblick schweigt der Hahn. Josef kann dem Wilderer in das Gesicht sehen — er erkennt ihn, es ist der Köhler Hans. Der Hahn pfalzt wieder: nun findet es der Jäger an der Zeit, hervorzutreten, er steht vor dem Wildschützen, sagt kurz und fest: „Guten Morgen, Hans!"

Der ist etwas überrascht, faßt sich aber im Augenblick und erwiedert ebenso kurz und trotzig: „Guten Morgen!"

„Du wirst nicht recht sein da, Hans," meint der Jäger, „was willst denn hier thun?"

„Den Hahn werde ich mir schießen," entgegnet der Andere und will langsam weiter.

„Wirst mir aber Deine Büchse geben müssen!"

In dem Augenblick schweigt der Hahn und fliegt ab.

Der Wilderer hat seinen Stock zum Schlage gefaßt. Schon will der Jäger an das Gewehr greifen, da fühlt er sich angepackt; er ist wüthend — eine glückliche Wendung, ein fester Griff und niedersaust sein Kolben auf des Wilderers Rücken und Glieder, daß dieser das Gewehr ächzend fallen läßt und zu Boden taumelt.

Da liegt er und windet sich und das Blut fließt auf die Steine.

Josef starrt finster auf sein Opfer. „Hast jetzt genug, Hans!"

Keine Antwort.

— Ist er denn so schuldig, daß man ihn zu Grunde richten darf? — so frägt es in ihm. — — Vielleicht hat den Mann die Noth getrieben, er hat Kinder zu versorgen. — „Steh' auf, Hans, es wird so arg nicht sein!" sagt der Jäger. Er bedauert seinen Gegner: er kennt die Leidenschaft des Wilderns auch! War er doch selbst einer der berüchtigtesten Wilddiebe, bis ihn der Gutsverwalter nach aller fruchtlosen Strafe zum Forstgehilfen gemacht.

„Mach' keine blöden Possen, Hans, und geh' — sieh', da hast meine Hand, ich helfe Dir auf die Beine."

„Nein, Josef, das wird wohl genug sein, Du hast mir viel gethan!" preßte der Wilderer heraus

und tappt wie ein Halbblinder nach der dargereich=
ten Hand: „Das geht Alles so herum jetzt — ach,
das ist arg — Du hast mir den Kopf eingeschlagen.“

Der Jäger richtet ihn auf und läßt ihn wieder
niedersitzen, daß er das Haupt an einen Rasen
lehnen kann.

„Der Hahn ist schon fort, gelt?“ frägt der Hans,
aber seine Stimme bebt.

Josef antwortet nicht, er trocknet das an der
Hand hervorströmende Blut und legt Feuerschwamm
in die Wunde.

„Ja, daß Du so gut bist, Josef, und einen
Schluck Branntwein, gelt, den giebst Du mir auch?“

Der Jäger reicht dem Wilderer seine Flasche,
dann verbindet er ihm die Wunde und fragt: „Ist
Dir nun besser, Hans?“

„Viel besser,“ murmelt dieser. Seine Brust wogt
hoch — seine Mundwinkel zucken.

Josef netzt die Schläfe des Verwundeten mit
Branntwein. Hierauf richtet sich dieser langsam auf.
„Aber gar so schlagen, Josef!“ sagt er traurig und
erfaßt des Jägers Hand: „Das ist wohl beinahe
zu viel gewesen, und Du kannst mir glauben, wir
kommen auf der Hahnenpfalz nicht mehr zusammen.“

„Lass’ das gut sein und geh’ jetzt heim; wir
haben nicht anders gekonnt und wollen das Heutige
vergessen. Nur die Büchse, die mußt Du mir lassen,
Hans, es ist meine Pflicht.“

„Nein, Jäger, das mußt Du mir nicht anthun, schau, und wenn ich Dirs abkaufen muß, ohne den Stutzen da —"

Er greift langsam nach dem Gewehr, sein Arm ist auch matt — „Du weißt ja, wie das ist, Josef — ich könnte nicht leben; es ist ein Erbstück und immer meine Freude gewesen — so habe ich Dir — mit diesem Gewehre auch — den Jäger Simon niedergeschossen ...." In diesem Moment kracht es und mit einem matten Schrei sinkt Josef zur Erde.

„Ihr Hunde!" krächzt der Hans, der nach dem Jäger geschossen, in wilder Lache auf. — Da knallt ein zweiter Schuß, aber oben im Dickicht — diesmal thut Hans den Aufschrei und macht einen hohen Sprung — stürzt dann zu Boden. — Jetzt braucht er die Ohnmacht nicht zu heucheln — ein dichter Blutstrom quillt aus seinem Schenkel.

Aus dem Dickicht eilt nun ein Mann in Holzhauerkleidung auf den Jäger zu und reißt sein Halstuch zum Verband entzwei. Dem armen Josef ist nicht mehr zu helfen — mitten aus dem Herzen springt der Strahl. —

Das ein Bildchen aus dem Jäger- und Schützenleben.

Die Wilderer von Profession, gleichwohl alle ein und dasselbe Ziel verfolgend, lebten nie zusammen, sie sonderten sich, und häufig traute Einer dem Andern nicht. Wo aber Einer von ihnen in Gefahr

war, wo es galt, dem Jäger Eins zu versetzen, da
waren sie einig. Häufig gingen sie mit geschwärzten
Gesichtern um; ein andermal wieder trugen sie
Zirmbüsche vor sich her, um den Jäger zu täuschen,
der wohl für huschende Menschengestalten ein Auge
hatte, aber nicht für wandelnde Sträucher. Sie
wußten den spähenden Wildhüter durch Schüsse
irre zu führen, die, im Gestein durch einen Zünd=
faden gerichtet, gerade auf einer entgegengesetzten
Seite losgingen, als die war, wo die Diebe auf
ihre Beute harrten. Die Zeichen, womit sie sich
einander bei nahender Gefahr verständigten, waren
höchst mannigfaltig und geheimnißvoll; ein Elster=
ruf, ein Steinchen im Brunnentrog, ein Strohhalm
an einem bestimmten Baum, das waren Zeichen
und eine den Eingeweihten deutbare Schrift.

Wildschützengeschichten zu Hunderten werden im
Gebirgsvolke erzählt, von den unterhaltsamsten
Schlauheiten des Jägerprellens an bis zu grau=
samen Bluttaten. Und immer hat der Wilderer
die Lacher auf seiner Seite, oder sein Verbrechen wird
im Munde des Volkes gar zur Heldentat gemacht.
Dem ehrsamsten Bauer kam es noch vor Kurzem
nicht bei, daß der Wilddieb auch ein Dieb sei; der
Schuß ging nur gegen die reichen Leute und nicht
gegen Gott. Als aber das Jagdrecht freigegeben
wurde, so daß jeder größere Grundbesitzer Herr des
Reviers war, da stand die Sache plötzlich anders

und der Wilderer hatte nun nicht allein mehr den Herrschaftsjäger, sondern auch einen großen Theil der Bevölkerung gegen sich. Da wurde mancher Strolch aus seinem Verstecke getrieben; und manch' Anderer mußte noch höher in die Alpenwildniß hinauf; dort, wo kein grüner Halm mehr wächst, im Eise konnte er — der die Satzungen der Gesell= schaft nicht zu achten verstand — seine Heimstatt aufrichten.

Da war ein wilder Bursche bekannt, der hatte das Unglück, bei einem Sturze das Gewehr zu zer= trümmern. Wie nun schießen, wie sich nähren? An verendeten Gemsen, die angeschossen, aber nicht zur Stelle erlegt worden waren, mußte er, den Raben gleich, sein Mahl suchen. An stillen sicheren Tagen stieg er nieder zu den Almweiden und sog den Kühen die Milch aus den Eutern.

Da war in Kärnten ein alter Mann, der hatte dreißig Jahre lang einsam im Hochgebirge gelebt, gehungert und gefroren. Als man ihn ins Thal brachte, war er noch gesund, konnte aber auf dem ebenen Boden kaum gehen; die Luft, sagte er, sei so schwer, daß sie ihn zu Boden drücke. Auch mit dem Wasser war er nicht zufrieden, und im Winter stillte er seinen Durst mit Schnee. Bald darauf starb er — in seinem 75. Lebensjahre —, klagend, daß ihn die Leute, die ihn vom Hochgebirge gezerrt, in ein frühes Grab gebracht hätten.

Des Sonderbaren aus dem Wildschützenleben wäre viel zu berichten. Der Aberglaube spielt bei diesen Leuten — wie bei Allen, deren Feld für geistige Nahrung so eng gezogen ist — eine große Rolle. Da spinnen sich in dem öden, düsteren Hirn- kasten des Aelplers, und besonders des Wildschützen, Ideen von einem „venetianischen Pulver“, das ohne zu knallen losgeht und daher für Wildbiebe eine so gute Sache ist. Da giebt es „schwarze Kugeln“, die nur vom Teufel selber zu bekommen sind. Sechs solcher Kugeln treffen allemal das, was der Schütz anzielt, die siebente aber trägt der Teufel hin, wohin es ihm beliebt. Da giebt es „Suchkugeln“, die mit unendlicher Mühe und Sorgfalt gezaubert werden müssen. Wer Suchkugeln machen will, der muß fürs Erste — ’s ist eine seltsame Bedingung — unschuldig sein. Eine dreistämmige Speikwurzel muß da sein, die in der Osternacht, wenn aber Neumond, gegraben worden ist. Ein Goldstück muß da sein, das noch in keines Juden Hand gewesen. Auf diese Dinge darf kein Sonnen-, Mond- und Sternenlicht fallen — das Licht schadet jed- weder Hexerei —, sie müssen in eine hohle Nuß gethan und die Nuß muß mit Ziegenbockhaar ver- bunden werden, das verbindet die Kräfte inein- ander. Die Nuß wirft man ins kochende Blei, aus welchem nun unter Anwendung der Zauberformel, die als Hauptsache nicht verrathen werden darf,

die Kugeln gegossen werden können. Diese Such=
kugeln suchen jedes Ziel, und sei es wo immer, das
sich der Schütze beim Losdrücken des Schusses denkt.
Und daß ich's dann nur gestehe — diese Such=
kugeln sind auch die Ursache, weshalb ich keinen der
mir bekannten persönlichen Wildschützen verrathe,
ausgenommen, ich schlösse mich sorgfältig in meine
Studierstube ein; wer aber bürgt mir dafür, daß
zum Schornstein herab und zum Ofenloch heraus
nicht plötzlich eine Kugel gesaust kommt gegen meine
Westentasche? In derselben Lage ist der Bergbauer,
der einen Wilddieb wohl anzugeben wüßte, sich
aber aus Furcht vor dessen Rache nicht getraut, es
zu thun. So haben derlei Dinge für den Wilderer
praktischen Werth.

Als das Salzburgerland noch unter bischöflichem
Regimente lag, wurden ertappte Wildschützen un=
säglich grausam bestraft. Da sargte man z. B. den
Unglücklichen in ein Faß und übergab ihn so der
reißenden Salzach. Oder man schmiedete ihn auf
den Rücken eines Hirsches, und das freigelassene
Thier schoß mit solcher Last dem Walddickichte zu,
schnaubte durch das Gestämme hin, rieb sich an
Bäumen und Steinen, wälzte sich auf dem Boden,
konnte nicht ruhen, bis es den Mann stückweise von
seinem Körper geschüttelt hatte. — Es half Alles
nichts, die so dem Tode Geweihten verfluchten unter
gräßlichen Klagen alles Gewilde und alle Bischöfe

der Erde; und die Nochnichterwischten gossen in
ihren Höhlen stets frische Kugeln.

Heute sehen wir zwar die unheimlichen Gesellen
— vor wenigen Jahrzehnten noch die Romantik
und der Schrecken mancher Gegenden — mehr und
mehr aussterben. Ein Grund dafür ist eben die
Verallgemeinerung des Jagdrechtes. Ein weiterer
Grund ist die Humanität im neuen Militärwesen,
die wohl Niemanden veranlassen kann, sich dem
Soldatenleben durch die Flucht zu entziehen und
danach in den Wildnissen der Alpen ein Raubthier
zu werden. Endlich hat das Gebirge heute viel
bessere Wege als damals, die Touristenströme verbinden die Wildniß mit der Welt und das Gerichts-
wesen verfügt über längere Arme als einst und
weiß, wie der gewitzigte Hirt ein verlorenes Schaf,
den fehlenden Staatsbürger leicht zu finden.

So kann heute die Wilderei kaum mehr als
Profession betrieben werden. Wohl aber wildert
man aus Noth, wenn der Erwerb zu gering und
Weib und Kind hungern müssen, oder aus Liebhaberei, aus Leidenschaft. Schützen giebt es genug.
Wer sieht es dem reputirlichen Bauersmann an,
der, weil Besitzer von Haus und Hof, tagsüber ein
großes Gesinde beherrscht und in strenger Sittsam-
keit hält, der als Ehrenmann gilt bei der Nachbarschaft und weiter hinaus, weil er wohlvermögend
ist — wer sieht es ihm im Sonnenlicht an, daß er

zur Nachtzeit, wenn sein Haus schläft, mit dem
Kugelstutzen in den Wald schleicht, bei Monden-
schein nach Hasen und Rehen spähend? Und der
fleißige Holzhauer, und der gute gemüthliche Kohlenbrenner, der Halter und der Bergknappe, die im
Schweiße des Angesichtes ihr Brot verdienen, wer
ahnt es, daß sie heimlich wildern? Freilich, ein guter
Nebenerwerb ist so ein geschossener Vierzehn= oder
Sechzehnender, wenn es gelingt, ihn zu verschwärzen;
noch mehr werth aber ist Manchem das Vergnügen.
— Dort — lug', dort zwischen den Büschen —!
Mit dem Gewehrkolben langsam zur Wange —
Finger an den gespannten Hahn — den Rehbock,
der sich harmlos leckt oder im Grafe schnuppert,
fest auf die Mücke gefaßt — jetzt — jetzt — Blitz
und Knall und Rauchwirbel ist eins   das Thier
macht einen Sprung zur Höhe und stürzt. — Das
ist die Lust, wie sie der Kaiser nicht größer haben
kann. (Der Kaiser geht ja auch mit der Büchs', will
er sich einen guten Tag anthun!) Und morgen,
wenn der heimliche Schütze wieder in seinen gesel=
ligen Kreisen ist, wird toll über die verdammte Wilderei
geschimpft.

Für Jene, welche sonst durch die Noth zur
Wilderei gedrängt worden, hat besonders der un=
vergeßliche Erzherzog Johann in seinen Revieren eine
nachahmenswerthe Einrichtung getroffen. In der
Hochschwabgruppe wird nach den abgehaltenen Jagden

das erlegte Wild stückweise zu einem unglaublich
b'lligen Preise an die arme Bevölkerung abgetreten.

Die Jagdlust ist sowohl in wirthschaftlicher, als
auch in moralischer Beziehung ein arger Schaden im
Volke, aber auszurotten ist diese Leidenschaft bei
den Aelplern nie und nimmer; sie fällt erst mit
dem letzten Stück Wild. Mit dem Einsperren oder
einem anderen Abstrafen ist nichts bezweckt; ist die
Sühne vorbei, wird wieder gewildert, nur etwas
vorsichtiger als früher. Jagdbesitzer behelfen sich
auf eine andere Weise. Sie vergessen vielleicht nicht,
den bekannten leidenschaftlichsten Wilderer mehrmals
des Jahres zu ihren Jagden einzuladen, da haben
sie, wenn es ihnen darum zu thun, einen guten
Schützen mehr und einen gefährlichen Dieb weniger.
Noch besser aber ist es, der Wilderer wird zum
Jäger gemacht; denn so Einer ist dann — wenn
er sich selbst auch zuweilen einen unzeitigen Schuß
gönnt — anderen Dieben gegenüber der verläß=
lichste Hüter des Wildes; denn er kennt all' die
Schliche und Schlauheiten der wilden Schützen und
weiß diese abzupassen und zu fassen.

All' die Diebe in Bauernhöfen und Waldhütten,
in Wildklausen, und selbst in Bürgershäusern, Alle
können aber nicht zu Jäger gemacht werden, und
so wird fröhlich fortgewildert und das Erlegte bei
heimlichem Mahle verzehrt oder davon geschmuggelt.
Wenn sie reden könnten, die Hirsche, Rehe und

Hasen auf unseren Wildpretmärkten, sie müßten die
lustigsten Stücklein zu erzählen wissen von den
verwegenen Burschen und schlauen, alten Kumpanen,
denen sie wohl so und so oftmals entkommen
waren, aber auch erzählen, wie endlich die böse
„Suchkugel" richtig das Ziel gefunden, das sich
der Schütze beim Losdrücken gedacht.

Der Schaufelbub.

In den stillen Hochthälern der Alpen giebt es Gemeinden, die so klein und gesund sind, daß ein Todtengräber dort nicht leben könnte. Darum ist oft gar keiner im Orte. Die Leute behelfen sich schon selbst. Das Sterben können sie allerdings nicht ganz lassen, aber wenn ein Fall eintritt, so werden ein paar Bauernbursche aufgeboten, daß sie im Kirchhofe ein Grab ausschaufeln.

Eigen ist's freilich, wenn so ein Junge von zwanzig Jahren voll Lebenslust und Uebermuth plötzlich vor einem vermoderten Sarge steht. Nur ein wenig berührt sein Spaten die Bretter, und sie fallen auseinander. Lange starrt er hin; — was ist das hier vor seinem Auge?

> — Und hört ma wo zithernschlog'n,
> So loßt's oan ka Rost, ka Rua;
> 's Geblüat hebt zan tonz'n on,
> — — Und gach kimmt da Schaufelbua!

Er wendet sich wohl weg, ein kaltes Schauern geht durch sein blühendes Leben; — aber die Gebeine müssen heraus: sechs Schuh tief muß die Grube sein, so verlangt's der neue Gast — und Einer verdrängt den Andern — unten wie oben.

Wo aber eine Gemeinde so groß ist, daß zum Beispiel ein Arzt in ihr fortkommt, da kann wohl auch ein ordentlicher „Schaufelbub" leben.

Und wahrhaftig, er führt ein gutes Gewerbe.

Er hat Haus und Hof und zahlt keine Steuern; er bekommt Brot, wenn Andere verhungern, und das, woran er arbeitet, wird desto größer, je mehr er davon wegnimmt.

Nun? — Für das Beinhaus und den Friedhof verlangt der Staat keine Steuern; wenn Jemand verhungert, so bekommt der Todtengräber ein Geschäft, und das Grab wird desto größer, je mehr Erde er davon wegnimmt.

Der Todtengräber ist heute unser Mann. Es ist selten, daß man ihm bei Lebzeiten einen Besuch macht.

Es ist Spätherbst; vielleicht zu Allerseelen.

Der kleine Kirchhof liegt abseits vom Dorfe an einem schattigen Waldabhang. Er ist mit einem moosigen Bretterzaun umgeben wie die Kohlgärten, und da drin stehen einige braune und rothe Holz- und Blechkreuze. Viele sind schon halb umgesunken und sind moderig und rostig, wie die unten, über

denen das welke Gras steht. Ein gelbes Ahorn=
blatt, längst schon seinem Zweig entführt, raschelt
über den Boden dahin und hüpft und tanzt, als
wär's in den Tagen der Maien — und es ist doch
todt . . .

Mitten auf dem Gottesacker steht ein hohes
Kreuzbild mit einem Blechdache; über die Brust des
Gekreuzigten hat die Sonne des Hochsommers einen
klaffenden Riß gezogen, und das ist wohl, meint
die alte Lori, jetzt dringen die Gebete für die armen
Seelen im Fegefeuer um so sicherer in sein Herz!

Unweit von diesem Kreuze ist ein offenes Grab.
Der Schaufelbub hat es schon lange bereitet, und
es sieht auch recht einladend aus, aber die Leute
im Dorfe hängen so leidenschaftlich an diesen
frostigen Nachsommerstrahlen und an den Herbst=
nebeln, daß unten in der traulich dunklen Grube
schier die Schwämme wachsen. Für das Kind ist
das Grab zu groß, der Greis meint, für ihn sei
es zu tief, und der junge Bursche läuft in allen
Weiten herum und weiß es gar nicht, daß ein
Grab offen steht.

Am Rande des Gartens gegen das Dorf zu ist
das gemauerte Todtengräberhäuschen — an den
Fenstern stehen Blumentöpfe — da drinnen blüht
der Frühling!

Ei freilich hat der Alte ein Töchterlein, aber
das ist ganz aus der Art gerathen, es will nichts

wissen von den Todten, immer nur von den Leben=
digen. Darum hatte ihm der Vater schon einmal
gesagt: „Kind, Du machst mir viel Kummer, Du
wirst es noch so weit bringen, daß einmal so ein
Lebendiger kommt und Dich holt!"

Der Alte ist ganz für die Todten. „Von diesen
muß Unsereins ja leben!" meint er. Aber er hat
doch noch andere Einkunftsquellen; er handelt freilich
dann und wann mit Knochen, die ganz wunderbare
Eigenschaften besitzen; er macht in Sargnägeln, die
für die Eingeweihten unschätzbaren Werth haben;
außerdem sammelt er im Sommer Kräuter und
bereitet Getränke für kranke Pferde.

Die Kleidung unterscheidet ihn nicht von den
anderen Dorfbewohnern; an Sonntagen, wenn die
Gemeinde vor der Kirche versammelt ist, würde
man ihn gar nicht herausfinden, wenn er nicht vereinzelt
in irgend einem Winkel stünde und etwa Muth=
maßungen anstellte, wer sich nun wohl zuerst in
seine Grube legen könnte.

Der Mann wird verkannt; er hat nur einen
einzigen Freund in der Gemeinde, und zwar den
„Kirchenwaschel".

Außerdem steht der Schaufelbub auch in Ver=
kehr mit Geistern; abgesehen von denen beim
Kirchenwirth, die ihm nicht selten gefährlich werden,
hat er in gewissen Nächten Erscheinungen. In seiner
Schlafstube hängen die Stricke, mit denen die Särge

ins Grab gelassen werden. Wenn nun Jemand in
der Gemeinde stirbt, so fangen die Stricke an der
Wand an zu rasseln und sich zu schlingeln: wenn
das geschieht, so braucht der Schaufelbub nicht erst
die Todesanzeige abzuwarten, sondern beginnt gleich
an dem Grabe zu arbeiten.

Besonders früher soll es sehr oft zugetroffen
haben; seitdem aber so viele Mittel gegen die
Ratten aufgetaucht sind — der Zusammenhang ist
noch nicht klar — aber die Stricke bleiben seitdem
ruhig.

Ist nun ein Todesfall eingetreten, so hat der
Schaufelbub außer der Bereitung des Grabes noch
gar Manches zu thun. Zuerst geht er von Haus
zu Haus und sagt: „Nein, ich bin nur da von
wegen dem, weil wir morgen den N. hinein-
schieben, und er läßt bitten um die christliche Lieb',
daß Ihr wolltet mit in die Kirche und auf den
Freithof gehen, und da thät' ich Euch eine Kerze
geben und die zündet an zum ewigen Licht, und
dem Verstorbenen sei die ewige Ruh'!"

Am Begräbnißtag selbst hat er das Hinab-
gleitenlassen des Sarges zu besorgen. Nach der
kirchlichen Ceremonie kniet er hin vor das große
Kreuz und betet laut und sehr kräftig um Ruhe für
die arme Seele. Während des Gebetes flüstert er
wohl gar einem Nebenstehenden zu: „Ist der Verstorbene reich gewesen?" Und wird dieses bejaht,

so beginnt er mit noch größerem Eifer zu beten und es bricht ihm schier die Stimme.

Hierauf kommen die Angehörigen des Todten und bedanken sich des kräftigen Gebetes wegen und laden den Schaufelbuben ein, mit ins Wirthshaus zu kommen.

Dieser scharrt noch nothdürftig das Grab zu und eilt dann ins Wirthshaus. Dort wird ihm viel zugetrunken und auch er selbst trinkt sich viel zu. Bei dem Todtenmahl ist er der Erste und der Wichtigste! Eine Zeit während desselben bleibt er auch noch Todtengräber, aber endlich legt er den Nimbus ab, er sinkt vielleicht hernieder zum gewöhnlichen Menschen und zuletzt an demselben vorüber und unter den Tisch. —

Trotzdem das Geschäft des Schaufelbuben ein sehr ruhiges ist, so giebt es in demselben doch viele Unannehmlichkeiten; den Menschen ist einmal nichts recht zu machen, nicht einmal das Grab.

Dieser will in der Nähe des großen Kreuzes liegen, damit er die Gebete, welche am großen Kreuze für die Verstorbenen gesprochen werden, möglichst aus erster Hand erhält; ein Anderer will neben dem oder dem Verwandten oder Bekannten ruhen, damit er ihn am Auferstehungstage nicht erst zu suchen brauche. Ein Dritter möchte einen ganz ungestörten Platz, wo später nicht mehr gegraben würde.

„Da legen sie Einen heut' hinein," sagte einmal der alte Krautwascher, „und wünschen ihm die ewige Ruh', und in ein paar Jahren drauf' thut's ihnen schon wieder leid um den Platz, sie graben auf, reißen Einen heraus mit Haut und Haar und zerstreuen die Knochen, einen da=, einen dorthin, und zuletzt kriegt sie der Beindrechsler oder der Phosphorbrenner — ja, das ist dann eine Kunst am jüngsten Tag, wenn auf einmal die Posaune bläst: Allo marsch, auf! und meine Arme sind Spitzen an Pfeifenröhren und meine Beine sind lauter Zündhölzelköpfe und meine Hirnschale hat so ein Studiosus in der Stadt zum Cigarrenaschen= tiegel! Wo nun schnell Alles nehmen und nicht stehlen? — Eine Kunst, sag' ich, ein solches Auferstehen!"

Der Pfarrer hörte das vom Krautwascher und wollte ihn dieser Rede wegen mit vollem Recht von der Kirche ausschließen, aber da sagten die Anderen: „Du sackerische G'schicht, das wird eh völlig so sein, wie der Krautwascher sagt, wenn man so gäh wach wird in der Gruben und man findet sich gar nicht an, das muß eine verdangelte Schererei sein, nicht einmal suchen kann man, weil man keine Füße und keine Augen hat!"

Der Pfarrer sann. Sie Alle aus der Kirche schließen? — dann wäre er allein drin gewesen.

Und auch der Todtengräber will etwas Apartes, denn auch er, der Anderen eine Grube gräbt, fällt

endlich selbst hinein. Seine eigene Ruhestatt hat er
am liebsten mitten im Kirchhof. Er muß einst am
jüngsten Tage ja zuerst auferstehen — sagt man —
und den Schutzengeln die Plätze zeigen, wo die
Schutzbefohlenen liegen. Dann gehen sie Alle zu=
sammen über Ungarn und Serbien und die Türkei
— in das Thal Josaphat.

Da wir nun die Bekanntschaft einmal gemacht
haben, so gestattet uns der Schaufelbub wohl den
Eintritt in den Gottesacker, um einige Blätter
jenes Buches zu lesen, welches das dichtende Volk
geschrieben hat. Das Volk schreibt seine Gedichte
auf Hausthüren und Balken, auf Votivbilder und
Martertafeln, auf Lebzelten und Schußscheiben, auf
Tanzböden und Grabkreuze.

Wir wollen hier nur ein tiefernstes und lustiges
Capitel aufschlagen: „Das Grabkreuz." — Das
Volk, das naive, gesunde da oben im Gebirge, hat
es noch nicht zu jener Ueberfeinerung des Gemüthes
gebracht, die auf Grabhügeln nur in lauter, wilder
Klage weint; auch noch nicht zu jener moderblassen
Philosophie des Materialismus, die Alles für ver=
loren wähnt, was den Sinnen entrückt ist. Das
Volk glaubt und hofft und wird bisweilen fast
übermüthig dabei und setzt dem Todtenkopfe so gern
einmal die Narrenkappe auf.

> „Das Sterben ist bitter,
> Das Gestorbensein süß!"

steht zu lesen auf einer Grabtafel zu Steyr; und ein Anderes:

> „Das hart' Sterben,
> Das ich so lang hab' gefürcht,
> Is vorbei.
> Ich bin von allem Uebel frei
> Und leb' bei der heiligen Dreifaltigkeit
> Von nun an bis in Ewigkeit!"

zeigt, daß es wohl gerechtfertigt ist, wenn manche Leute noch heute ihre Todtenfeste mit Essen, Trinken und verschiedenem Schabernack feiern wie ein freudiges Ereigniß.

Beliebt ist folgender Vers:

> „Ich lieg' hier im Rosengarten
> Und thu' auf meine Eltern (Kinder) warten."

Oder:

> „Liebe Kinder, thut nicht weinen,
> Daß wir schon gestorben sein.
> Wir sind nur vorausgegangen,
> Um bei Gott euch zu empfangen."

Ernster ist Folgendes:

> „Was ihr seid, bin ich gewesen,
> Was ich bin, das müßt ihr werden,
> Alle Blümlein wohl verwesen,
> Und du wirst zu Staub und Erden."

Grabschriften, ähnlich dieser letzteren, haben zumeist Priester zu Verfassern; sie sind stets düsteren Inhaltes, sprechen von der Eitelkeit des irdischen Lebens und haben eine moralisirende Pointe. Von

solchen sind die naiven Dichtungen des Volkes leicht
zu unterscheiden.

Wenn wir auf einem Grabmal in Gröbming
(Ennsthal) die Worte lesen:

„Hier ruhet Kaydan Strobl, gewesen der
Hammelschmiedin ihrer Schwester ein Kind.“

oder:

„Willst mich mit Füßen tretten
So must auch ein Vaterunser bethen
für die Apatha Weissenbeckin,
gebohren im 24ger Jar,
Und 1857 lag sie auf der Bahr.“

so werden wir hierin an der echten Volksthümlich-
keit keinen Augenblick zweifeln können.

Im Wagrein ruft ein gutes Kind seiner Mutter
folgendermaßen nach:

„Du Theire hast nun ausgeliten,
Und gangst so früh in’s Grab.
Der Schöpfer lies sich nicht erbiten
Der dir ein beseres Leben gab.
Nun ligst du in der külen Erde.
Lieb gute Mutter du.
Bis wir dir einst folgen werden
Hinüber in die Himmelsruh.“

Auf demselben Kirchhofe ist auch Folgendes
zu lesen:

„Gatten, Kinder, Lebet wohl,
Lebet, wie man leben soll,
Mit Schmerzen bin ich aus Euern Augen verschwunden,
Und kehret öfter bei meinem Grabe zu.
O! wünschet mir die ewige Ruh!

Auf einem Gottesacker im Raabthale an einem
Wandkreuze heißt es:

> „Hier ruht mein Oheim Peter Paule,
> Sterben müssen wir ale.
> Thue fromb leben
> So Wirth dir Gott geben
> Antonie Pirstlingerin.

In St. Veit bei Schwarzbach findet sich auf
dem Gottesacker folgende Inschrift:

> „Hier in diesen Rosse Garten
> Wo der Leib des Menschen Ruth
> Mus an die Auferstehung warten
> Bis der Possaunen schall sie Ruft.“

Auf dem Grabkreuze eines Tiroler Friedhofes
steht zu lesen:

> „Hier liegt Rothburga Stöger,
> sie starb versehen mit den
> K. K. Sterbesakramenten.“

Ein anderes:

> ruhet Hanna Brandnerin, geborene Zuntnerin. Was
> Gott will, ist mein Ziel.“

Ein Martertaferl in derselben Gegend lautet:

> „Hier ist am 10. März 1861 eine Lawine niedergangen und
> hat 5 Personen und 3 Böhm' derschlagen.“

In einem Friedhofe bei Oedenburg findet man
folgende Inschrift:

> „Hinter dises Kirchhofs Gittern
> Liegt Hans Klaus
> Er trank manchen Bittern“

— und weiter unten die Schlußzeile:

> „Kelch des Leidens aus.“

Ein sinniger Spruch findet sich auf dem Kirch=
hofe zu Neuberg:

> „Als Gattin blüht' sie mir,
> Als Mutter sank sie nieder,
> Als Mensch ging sie von hier,
> Als Engel kommt sie wieder.
> Sie ist vorausgegangen
> Den Gatten zu empfangen.

Eine andere Stimmung drückt die Grabschrift
bei Lienz aus, die ein Trioler seinem Weibe
gewidmet hat:

> „Hier liegt mein Weib begraben,
> Wünsch' ihr die ewige Ruh' zum Lohn,
> Ich hab' sie schon.

Eine pessimistisch angehauchte Inschrift steht
auf einem Grabkreuze in Spital am Semmering:

> „O Mensch, du mußt leben,
> Und weißt nicht wie lang;
> O Mensch, du darfst sterben,
> Doch weißt du nicht wann.“

Und ein anderes, das viel zu formglatt und
viel zu weltschmerzlich ist, um volksthümlich zu sein:

> „Gott, Du bist ungerecht,
> Hast uns den Tod erdacht;
> Erde ist so schlecht,
> Hat ihn uns leicht gemacht.“

Gar seltsam naiv und alterthümlich klingt eine
in Marmor gehauene Inschrift in der Kirche zu
Fladnitz, welche einst die Gemeinde einem ihrer
Seelsorger geweiht hat:

„Wold ihr wissen in der Erb
Wer alda begraben ligt
Weil er gelebt hat habt ihr ihm geehrt
Jetzt ihr ihm mit Fiessen tritt
W: Jacobus Schaffer sein Name wahr
Mit Achtundfünfzig Jahren
28 Jahr war ehr Pfarherr allhie
Und hat mit grossen Sorgen
Zu Abends auch und morgens fruhe
Seine Schefflein wollen ausborgen
Den 28 May anno 1708 muess er von hier
Gedenkh der ihm mit Fiessen tritt
Bleibt Keinen aus bald ists an Tir
Fir sein Seel all Gott bitt
Wan ehr werd sein in Himmels Sall
Bitt ehr fir euch auch allzumall."

Ganz wunderlich wird Einem zu Muthe, wenn man die wilde Grabschrift auf dem Gottesacker in Bischofshofen (an der Gisela=Bahn) liest:

„O theurer Vater, wie sanft er im Grabe ruht,
Während freche D-e-es Hände
Haschen nach Deines Erben Gut.
O liebster Vater, erhalte mir das väterliche Gut,
Bitte Gott, daß er vernichte
Die verfluchte Brut."

Wie doch ganz anders ergreift Einen der Vers auf dem evangelischen Friedhofe in der Ramsau bei Schladming:

„Wie selig die Ruhe bei Jesu im Licht!
Tod, Sünde und Schmerzen, die kennt man dort nicht,
Das Rauschen der Garten, der lieblichste Klang

Bewillkommt die Seele mit süßem Gesang.
Ruh', himmlische Ruh' im Schoße des Mittlers,
Ich eile Dir zu."

An einer Kirchhofsmauer in Kärnten steht Folgendes:

"Daß ich gestorben bin.
Das weißt Du;
Ob ich im Himmel bin,
Das fragst Du;
Nicht sterben, aber im Himmel sein,
Das willst Du."

Ein Anderes in demselben Lande:

"Ich muß von Euch, ihr Freunde, gehen,
Lebwohl, auf Wiedersehen!
Wenn mir Gott seine Gnad' wird geben,
Und ich am jüngsten Tag
Meine Knochen wieder finden mag,
So steh' ich auf zum ewigen Leben."

Eine Todtentafel bei Ischl — das Denkmal eines vom Baume gefallenen Bauers — sagt Folgendes:

"Aufig'stiegen,
Abig'fallen,
Hin gewest,
Die Ehre sei der heiligen Dreifaltigkeit."

Grabschrift eines Kindes in Wartberg (Steiermark):

Schlaf, Kindlein, schlaf,
Du weißt nicht, was uns traf,
Wenn wir's gewußt, wie bald der Tod dich streckt,
Wir hätten dich für diese Welt nicht aufgeweckt."

Auf einem Kirchhofe im Lavantthale:

„Hier ruht der ehrsame Johann Misegger, er ist auf der Hirsch=
jagd durch einen unvorsichtigen Schuß erschoßen worden aus
aufrichtiger Freundschaft von seinem Schwager Anton Steger.“

Eine Bäuerin in der Gemeinde Veitsch (Steier=
mark) ließ ihrem verstorbenen Gatten zum Zeichen
ewiger Treue einen schönen Grabstein setzen, auf
welchem sie dem Todten folgende Worte in den
Mund legt:

<blockquote>
„Der Tod riß mich von dir,
Du Weib so brav und bieder,
O Wein’ und bet’ bei mir,
Dann geh’ und heirat’ wieder.“
</blockquote>

Zu Klagenfurt hat man einem Prediger die
folgenden Worte auf den Grabstein geschrieben:

<blockquote>
„Was in der andern Welt ist?
Wie oft hab ich’s gesagt,
Und konnt’s nicht wissen.
Jetzt weiß ich’s
Und kann’s nicht sagen.“
</blockquote>

Zu einem Dorfkirchhofe an der Traun gesteht
ein Todter treuherzig:

<blockquote>
„1840, in den Hundstagen
Hat mich der Blitz erschlagen,
Und seitdem bin ich todt.“
</blockquote>

Auf einem Friedhofe des Pusterthales:

<blockquote>
„Im Leben roth, wie Zinnober,
Im Tode wie Kreide bleich,
Gestorben am 17. October
Am 19. war die Leich.“ (Maria Schober † 1885.)
</blockquote>

Bei Graz auf einem Gottesacker finden wir die Worte:

„Frag nicht, wer ich war,
Ich will vergessen sein.“

Diese wenigen Beispiele zeigen, was hier zu zeigen ist. Von einem weiteren Dichtungszweige des Volkes der Alpen anderswo. — Schaufelbub, wir danken Dir.

Martertafeln.

Der Gebirgsreisende wird es kennen, dieses wunderlichste Archiv der Welt, dieses endlose Sterberegister von Verunglückten, durch das ihn seine Wanderungen führen und das ihm wohl zuweilen seine Lust an den Schönheiten der Natur vergällen mag.

Diese unscheinbaren Zeichen an Bäumen und Pfählen rufen dem harmlosen Wanderer, der gekommen, um sich an der Herrlichkeit des Gebirges zu ergötzen, ein ernstes „Habt Acht"! zu. Ein gewisses banges Gefühl der Ehrfurcht oder der Verlassenheit, das so Viele beschleicht, die zum erstenmale in einer Alpenwildniß wandeln — es ist gerechtfertigt.

Die Täfelchen und Crucifixe, die an Wegen und Stegen, in Wäldern und auf Auen, in Thalschluchten und auf hohen Bergen stehen, prangen auf roth

oder braun angestrichenen Pfählen; unbeschützt vor
bösem Wetter erzählt das bunte Farbenbild des
Dorfkünstlers nur wenige Jahre von dem Ereignisse,
das zur Stelle geschehen war. Bald auch ist die
Inschrift verblaßt und verwaschen, nur das kahle,
moosiggraue Brettchen starrt uns an wie ein Ster=
bender, der noch gern sprechen möchte, aber es nicht
mehr kann. Wohl sagt uns die Tafel, daß hier an
der Stelle ein Unglück geschehen, ein Mensch vielleicht
verging unter der Elemente Gewalt — aber wir
wissen nicht, welcher Art das Ereigniß war — um
so unheimlicher dünkt uns die Stelle.

Dem Aelpler wird dort, wo er begraben liegt,
zumeist kein Denkmal gesetzt; klein ist die Zahl der
niedrigen Kreuzlein, die den Gottesacker zieren;
hingegen an der Stätte, wo ihn mitten in seiner
Lebens= und Schaffenskraft plötzlich der Tod ereilt,
richten ihm seine Mitmenschen ein Merkmal auf,
durch welches sie dem Vorübergehenden mit Bild
und Wort in rührender Naivetät die Todesart des
Verunglückten erzählen und ihn schließlich um ein
Vaterunser bitten für die arme Seele.

„Der Johann Georg Moßbichler's Sohn in der
Ramsau ist in seinem 21. Lebensjahr allhie von
einem fallenden Baum erschlagen worden. Gott geb'
ihm die ewige Ruh!"

„Hier ist Michel Holzreuter, vulgo Knappenhans,
durch einen Sturz über die sieben Klafter hohe

Steinwand gestürzt, so daß kein Beinbl an seinem Leib ist ganz geblieben. Kaum 30 Jahre lang hat er die Welt angeschaut, dann hat ihn der Herr zu sich genommen. Er bittet um ein andächtiges Vater= unser."

„An dieser Stelle ist der Halter Thomas Grabner von einem Donnerkeil getroffen worden. — Der Menschen Los ist hier beschieden, dem Tod entgeht doch nichts hienieden; denn Ort und Zeit hat Gott bereit! in Wasserfluthen und auf der Gassen, im hohen Birg und auf der Straßen geht Mancher in die Ewigkeit!"

„Hier ist der Handwerksburſch Christian Perger todt aufgefunden worden; was ihm überfahren, ist Gott bekannt, der seine Seele gnädiglich in den Himmel wolle führen."

„Dahier ist Franz Steiter beim Holzriesen von einem Block in die Brust gestoßen worden, daß er augenblicklich todt gewesen."

„Frommer Christ, schau in diesen Fluß hinein, da mußte das Leben der Maria Reg, vulgo Adlerwirthin in Kreuth, zu Ende sein. Sie ist über den Steg geglitten und thut um ein Vaterunser bitten."

„Da, bei der Köhlerei ist der Josef Pfleger, 47 Jahre alt, in den glühenden Kohlenmeiler ge= stürzt. Der barmherzige Gott bewahre ihn und uns vor dem höllischen Feuer, Amen."

„Hier hat die göttliche Fürsehung den siebzig=
jährigen Johann Filzmoser durch einen jähen Tod
von dieser Welt abgerufen. — Vollbracht ist das
Leiden, der Tod, das Gericht, nun ruhet er selig
bei Jesu im Licht."

„Wanderer, hier halt an, und denk', was auch
Dir geschehen kann, hier hat ein wildes Rind die
ehrsame Magd Johanna Moser umgebracht. Jetzt
ist sie in der Todesnacht; seid ihrer mit einem
Vaterunser bedacht."

Das sind einige Martertafelproben aus Steier=
mark. In ähnlichem Stile erzählen die meisten
dieser schlichten Denkmale ihr Ereigniß. Der Todes=
arten jedoch giebt es unzählige. Da ist Einer erfroren,
oder vom Gießbach mit fortgerissen, oder von einer
Lawine begraben worden. Ein Anderer hat sich im
Nebel verirrt, ist über die Wand gefallen oder im
Schnee umgekommen. Ein Dritter ist vom Baum
gefallen, oder unter die Wagenräder gerathen, oder
durch ein scheues Pferd geschleift worden. Durch
rollende Steine werden Viele erschlagen; im grund=
losen Alpensee findet Mancher sein Grab, der, aus=
gefahren auf spiegelglatter Fläche, von dem plötzlich
hereinbrechenden Sturm überrascht worden ist. Auf
Gletscherfeldern gehen Einheimische selten zu Grunde,
hingegen fordern, wie schon erzählt, in manchen
Gegenden die Wildschützen ihre Opfer unter den
Förstern und Jägern. Seitdem das Edelweiß ein

beliebter Handelsartikel geworden ist, weist an wil=
den Felswänden manches Täfelchen die Stelle, wo
ein gestürzter Edelweißsucher zerschmettert aufgefun=
den wurde. Die Mehrzahl der unnatürlichen Todes=
fälle in den Alpen aber kommt bei den Bergknappen,
Holz= und Fuhrleuten vor. Ich möchte behaupten,
daß von diesen Leuten wenigstens fünf Procent
eines gewaltsamen Todes sterben.

Daher leicht erklärlich die zahllosen Martertafeln
in den Alpen, die den Wanderer zuerst erschrecken,
dann beklemmen, bis er sie gewohnt wird und über
die Ursprüngl chkeit der Volkskunst und Volkspoesie
erheiternde Studien treibt.

Manches Dorf hat seinen Martertafelkünstler.
Es ist entweder ein Handwerker, der in freien
Stunden die Kunst aus Liebhaberei betreibt, oder
um sich damit ein kleines Taschengeld zu erwerben.
In Tirol thut's der Herrgottschnitzer, der vermag
der Sache schon größere Vollendung zu geben.
Diese Menschen betrachten ihren Gegenstand meist
von so idealem Standpunkte, daß sie darob die
ungeheuerlichsten Fehler ihrer Gestalten ganz und
gar übersehen.

Ohne Malerei geht es nicht ab. Stets im Vorder=
grunde ist die Scene des Unglückes dargestellt. Da
sitzt der Verunglückte etwa regelrecht auf den Wellen
eines Flusses und breitet die Hände aus, an welchen
ein sechster oder siebenter Finger nicht selten zu

entdecken ist. Oder er steht kerzengerade und hölzern
wie ein Soldat auf der Wacht, des Baumes gewärtig,
der auf ihn niederstürzt. Oder er schwebt, von einem
Felsen springend, in schönstem Wagrecht in der Luft
und hat vielleicht sogar noch die Arme über die Brust
gelegt, wie ich das auf einer Martertafel des
Pusterthales sah. Wo aber das Arge bereits ge=
schehen ist, da giebt es viel rothe Farbe um den
Leichnam; je mehr Blut, desto bedauernswürdiger
der Verunglückte. Ferner wird man über dem Haupte
der Figur stets ein rothes Kreuzlein gemalt finden:
dieses Kreuzlein zeigt an, daß der Arme bereits
todt oder dem Tode sicher geweiht ist. Die Wasser=
wellen, die Bäume, die Felsen, die Wolken sind in
architektonischer Regelmäßigkeit ausgeführt, und die
stundenweit entfernt sein sollenden Berge sind gerade
so scharf und grün gezeichnet wie der vom Künstler
gedachte vorderste Punkt. Daß es aber durchaus
keine gewöhnlichen Bilder sind, wie sie anderswo
vorkommen, will ich beweisen. Es giebt kaum eine
Martertafel in den Alpen, auf deren Wolken nicht
die Dreifaltigkeit oder die Muttergottes, oder eine
andere Macht des Himmels säße. Oft ist es der
Schutz= oder Namenspatron des Verunglückten, der
ein Strahlenbündel niedergießt auf den Sterbenden.
Das soll, wenn schon diesseits keine Rettung mehr
sein kann, die Hoffnung auf das Heil in jener Welt
bedeuten. — Ach, es ist ja so praktisch und gut für

uns Menschen, selbst in unseren schönsten Tagen
praktisch und gut, die Hoffnung und das Ideal
außerhalb dieser Welt zu verlegen; während wir
hier Stück für Stück des Schönsten und Besten zu
Grunde gehen sehen, leuchtet, gepanzert gegen alles
Irdische, in unsere Seele bis ans Ende das trost=
reiche Bild jener Welt. So ist der letzte Gedanke
des in den Abgrund Stürzenden, oder des in den
Wellen Ertrinkenden, oder des unter der Staub=
lawine endenden Bauers — das Himmelreich. Wollte
das Geschick, wir hätten es Alle so gut!

Der Name „Martertafel" selbst schon soll die
den Leib gewaltsam zermarternde, unnatürliche
Todesart andeuten. Von der Votivtafel unterscheidet
sich die Martertafel dadurch, daß sie immer das
Denkmal eines Zugrundegegangenen ist, während
die Votivtafel ein in Noth und Gefahr gelobtes
bildliches Andenken sein muß, welches aus Dank=
barkeit für die glückliche Rettung zumeist in Wall=
fahrtskirchen und Capellen, zuweilen auch an der
Stätte der überstandenen Gefahr aufgerichtet wird.
Die Votivtafeln sind noch viel mannigfaltiger als
die ersteren, behandeln ihren Gegenstand oft mit
vielem Humor, geben aber stets für die glückliche
Rettung in hochgeschwungenen Redensarten Gott
und seiner jungfräulichen Mutter und den Heiligen
die Ehre. Die Wallfahrtskirche zu Mariazell in
Steiermark ist wohl einer der größten Sammelkästen

von Votivtafeln und giebt in dieser wie auch in
manch' anderer Beziehung unerschöpflichen Stoff für
das Studium des Volkscharakters und insbesondere
der Volksreligion.

Wir aber wollen wieder in die freie, wilde
Natur hinaustreten zu den armen, aber so rührenden
Denkmalen des Todes.

An Wegen und Straßen, die sich Flüssen entlang
durch bewaldete Bergschluchten ziehen, können wir
den meisten Martertafeln begegnen. Diese sind zu=
weilen auch zu Füßen eines Crucifixes an den
Kreuzstamm geheftet. Oft hängt an einem Kettchen
auch ein riesiger, stets mit Rost überzogener Eisen=
nagel, der von den Andächtigen als einer der drei
Nägel, mit welchen Christus ans Kreuz genagelt
worden, geküßt wird. Ein andermal ist vor dem
Pfahle eine Kniebank angebracht, auf daß zum
erbetenen Vaterunser sogleich einige Bequemlichkeit
geboten werde.

Sehr häufig prangt die Tafel am Stamme
eines buschigen Fichtenbaumes, und die Einsamkeit
ringsum mit ihrem ewigen Rauschen des Wassers,
oder mit ihrem schwermüthigen Flüstern des Waldes,
oder mit ihrer tiefen Stille, die nur zuweilen durch
das Rieseln der Steinchen in einer nahen Schutt=
halde unterbrochen wird, ergreift uns seltsam an
der Stelle, wo ein Weilchen vor uns ein Mitmensch
den Todeskampf gerungen hat.

Im wildherrlichen Ennsthale sah ich in der
Nähe des brausendes Flusses ein Marterbildchen,
welches einen hochgeschichteten Haufen von entschälten
Baumblöcken darstellte. Auf dem Haufen obenan saß
ein Mann, seine Tabakspfeife stopfend; über dessen
Haupte aber war das rothe Kreuzchen, und aus den
Wolken nieder von der Figur des heiligen Sebastian
strömte das Strahlenbündel auf den Mann. Der
untere Theil der Tafel mit der Inschrift war ab=
gebrochen. Um so genauer betrachtete ich das Bild,
konnte aber nicht verstehen, was nur bei diesem
Tabakspfeifenstopfen Lebensgefährliches obwalten
konnte. Ein Bewohner der Gegend kam des Weges,
den fragte ich nach der Bedeutung der Tafel.

„Ha, halt ja,“ antwortete der Gefragte, „da hat's
halt den Bastl umbracht. Der Herr sieht die Holz=
riesen, die dort vom Wald herabgeht. Da haben sie
die Holzblöcke herabgelassen in die Enns; die Enns
schwemmt sie fort zu den Hieflauer Köhlereien hin=
aus, da brauchen wir sie nicht zu transportiren. Ist
aber die Riese zu trocken gewesen, die Blöcke haben
nicht den rechten Schwung gehabt, sind vor dem
Wasser niedergefallen und liegen geblieben. Und
wie zu Zeiten schon was sein will, hat der Holzer
Bastl die Blöcke wollen nach und nach in den Fluß
arbeiten. Wie er auf dem Haufen oben sitzt und ein
Bissel rastet, hebt euch die ganze Kramm an zu rutschen
und zu rollen — der Bastl mitten drin. — Herr

Jesus, mit mir ist's gar! schreit er noch, die umstehenden Leut' wissen ihm nicht beizustehen, und der ganze Holzblockhaufen kollert in die Enns. Einer hat's gesehen, wie der Bastl zwischen den Holzstücken noch seine Hand aus dem Wasser gereckt hat — weiter haben sie nichts mehr von ihm gesehen. In der Hieflau unten beim Scheiterrechen haben sie ihn stückelweis' herausgezogen."

Eine Martertafel im oberen Murthal stellt einen Waldanger vor, auf den mitten im Grünen ein kohlschwarzer Fleck gemalt ist. Dieser Fleck soll eine tiefe Grube versinnlichen, wie man sie gern grub, um Wölfe darin zu fangen. Man verdeckte das Loch mit Reisig und Stroh, legte ein Aas darüber, und wenn der Wolf dazu kam, so brach er durch und war gefangen. Ueber der Wolfsgrube nun auf dem Bilde steht das rothe Kreuzlein und geht der Heiligenstrahl nieder von der Dreifaltigkeit Die Inschrift darunter heißt: „150 Schritt hier seitlings vom Weg ist auf einem nächtlichen Heimgang Peter Wieser, Knecht beim Bauer in der Leuten, den 13. Juli 1839 in die Wolfsgruben gefallen. Ein Thier ist darin schon gefangen gewesen, und von Weitem ist es gehört worden, wie der Peter Wieser mit der Bestie gerauft hat. Arg zerfleischt fanden sie ihn des Morgens — gestorben in seinem 56. Lebensjahr. Wanderer, stehe still und bete ein Vaterunser."

Mitunter können Martertafeln auch zu was Anderem gut sein. In der Nähe eines Städtchens in Kärnten hart an der Straße fand ich eine Tafel, auf welcher sieben aufgebahrte Leichen gemalt waren und drüber der heilige „arme Lazarus", der seine Strahlen auf die Todten warf. Die Inschrift lautete: „Ich und mein Weib und meine fünf Kinder, das Sterben thut weh, das Verhungern nicht minder. Bin der Schneider Zecke, Haus numero siebzehn; ich arbeite billig und nimm auch zum Flicken."

Während wir vor anderen Martertafeln rath= los stehen und nichts zu thun vermögen, als höch= stens das erbetene „Vaterunser" zu sagen und die naiven Darstellungen zu betrachten — kann diesem Manne noch geholfen werden.

Verschiedene Charakterzüge.

I. Von der bäuerlichen Höflichkeit.

Die Bauern, besonders die Gebirgsbauern, sind höflicher als wir anderen Leute. Ich gehe an die Beweisführung.

Der bäuerlichen Höflichkeiten giebt es drei Arten. Erstens Höflichkeit des Bauern gegen Seinesgleichen, zweitens Höflichkeit gegen seine Untergebenen, und drittens solche gegen seine Vorgesetzten. Er selbst giebt nur der letzteren Art den Namen; daß er auch gegen Seinesgleichen höflich ist, ahnt er kaum; er ist es unwillkürlich, er hat's im Blute, es ist altes Herkommen und ihm angeerbt. Nur macht er's auf eigene Art.

Der Egoismus wuchert unter den ungebildeten Menschen, sagt man, am unverhülltesten; nun ist es aber merkwürdig, wie der Bauer seine Eigensucht zu verdecken weiß. Immer und überall in seinem Handel und Wandel giebt er sich den Anschein, als suche er die Interessen Anderer zu fördern, als stelle er sich selbst dabei in zweite Linie; fragt darüber bei Handelsleuten und Advocaten an. Freilich fällt er zuweilen jämmerlich aus der Rolle, und dann ist er das Thier, das mit bebenden Pfoten und fletschen=den Zähnen rücksichtslos ums liebe Dasein ringt.

Indeß, so ernst wollen wir's diesmal nicht nehmen; es handelt sich hier um Höflichkeit und Leutseligkeit — leichte Spielwaaren, die eben schon unter der Etiquette „Tugend" in den Handel kommen.

Höflichkeiten sind die kleinsten Verkehrsmünzen, die wir haben; sie sind allenthalben gangbar, sie sind unentbehrlich, doch im Allgemeinen deren ein Dutzend nicht einen Kupferbatzen werth.

Aber wenn diese Spielmarken fehlten! — Da möchte kein Hund noch länger leben. — Hunde selbst — sie wären denn besonders bösartig — be=schnuppern, bewedeln, begrüßen sich, wenn sie zu=sammenkommen. Ochsen auf der Weide lecken sich die Haare, und ihre gegenseitige Gemüthlichkeit hört erst auf, wo es sich um einen Grasschopf handelt, den jeder für sein hält.

Beobachten wir nun den Bauer unter Seines=gleichen. Sei es in Haus und Feld, auf Wegen und Stegen, in der Schänke oder in der Kirche — er hat stets einen Gruß für den Nachbar. Ist's nun

das „Grüßgott" oder das „Kummah" (Willkommen),
oder das „Gelobt sei", oder das „Gesegne Gott",
oder das „Gut' Nacht", oder ist's ein anderer Aus=
druck, den wir für keinen Gruß halten, der aber
doch einer ist, weil er als Ansprache das freund=
schaftliche, brüderliche Verhältniß zwischen dem An=
sprecher und dem Angesprochenen ausdrückt. Wenn
ein Landmann dem anderen ins Haus tritt, so sagt
er häufig: „Geht's aussi in b'Sun!" (Geht hinaus
in die Sonne!) Der Gegengruß ist: „Sie scheint
halt nit gar viel," oder: „Rast' ab!" Oder es er=
reicht Einer auf der Straße den Anderen, so ruft
er ihm zu: „Geh' stad!" oder „Nimm Dir Zeit!"
Ein Anderer schreit auf dem Felde über den Zaun:
„Na, bist auch schon auf, Nachbar? Du Saggra
Du, hast heuer ein schöneres Korn als wie ich. Na,
Grüßgott!"

Uebermüthiger sind die Ansprachen der Burschen,
besonders im Wirthshause. „Du Haderlump!" etwa
schreit Einer dem Anderen zu, „bist schon wieder
beim Saufen, und hast Dir die Wochen nit einmal
a Wassersuppen verdient!" „Recht hast," erwidert
der Andere, „bin schier so stinkfaul wie Du! Wenn
sie Dir den Most in die Gurgel gießen thäten, Du
stundst Dein Lebtag nit auf vom Nest. Na, trink'
einmal, setz' Dich a bissel zu mir her."

Sonderbare Begrüßungen sind's, aber sie deuten
auf gute Kameradschaft. Wenn hingegen Einer zum

Anderen sagt: „Guten Morgen!" so mag man schließen, daß sie sich völlig fremd sind oder einander nicht gut leiden können.

Wenn ein Fremder in einem Hause gerade zur Mahlzeit recht kommt, so wird er stets eingeladen, mitzuessen; ansonsten legt ihm der Hausvater den Brotlaib vor: „Kost' von unserem Brot, 's ist halt nit gut!" Für den Eingeladenen ist es Sitte, daß er sich eine Weile weigert, bevor er die Sache annimmt. „Ah, ih!" ist sein ständiges Wort, was so viel heißen soll als: „Ach, ich bin's nicht werth!" Oder er meint, bevor er ein Gebotenes annimmt: „Behalt's nur selber!" Und während er schon die Hände danach ausstreckt: „'s wär' eine rechte Grobheit!" Endlich greift er zu und sagt: „Ihr habt's rechtschaffen ein gutes Brot, vergelt's Gott fleißig!" Der Anstand erfordert es, daß er nur ein kleines Schnittchen nimmt.

Selbst eine Bitte bringt der Bauer gewöhnlich in negativer Weise vor, z. B.: „Gelt, Michel, Du wirst mir bis morgen nicht gern fünf Gulden leihen?" Er stellt sich einverstandener mit der abschlägigen Antwort als mit der Gewährung und wird erst grob, wenn diese abschlägige Antwort erfolgt ist.

Der Bauer ziert sich gern dadurch, daß er Alles, was ihn und das Seine betrifft, dem Fremden gegenüber tief herabwürdigt, hingegen die Dinge

des Fremden über Gebühr lobt und preist. — Deine
Kinder sind stets größer und braver wie meine;
Deine Ochsen auch; — doch halt! sind Deine Ochsen
größer und schöner wie die meinigen, so will ich
damit nur sagen, daß es mir nicht danach gelüstet,
denn wollte ich sie kaufen oder eintauschen, so würde
ich sie Dir früher ordentlich verschimpfiren. — Dies
ein Grundsatz bäuerlicher Lebensphilosophie.

In Gegenwart eines Nachbars wird nur selten
ein ungebührliches Wort im Hause gesprochen; Alles
ist im besten Einvernehmen; selbst die Kinder sind
sittig und beweisen dem Fremden ihren Respect.

Eine beliebte Form der Höflichkeit ist, um die
Beschäftigung zu fragen: „Was arbeitest denn heut'?"
Oder: „Nit gar zu fleißig sein!" Besuche und Gegen-
besuche im Allgemeinen sind im Bauernhause nicht
üblich, doch am Sonntag zur Nachmittagszeit gehen
Männer und Burschen gern in die Nachbars-
häuser. Dabei ist freilich von Höflichkeit oft nicht
viel zu spüren. Da poltert so Einer ins Haus, in
die Stube, setzt sich sonder Gruß stumm auf die
nächste Bank und das erste Wort, das er spricht,
ist der Befehl an ein Kind im Hause: „Geh' Bub
(oder Menschl), bring' mir ein Tabaksfeuer!" Aber
das verschlägt nichts; der Gast wird artig behandelt,
zur Jause oder zum Rosenkranzgebete eingeladen;
daß er gekommen, zeigt ja eben, er habe Neigung
für das Haus.

Die Theilnahme bei Unglücksfällen ist in der Bauernschaft nicht seltener auf bloße Höflichkeit zurückzuführen als anderswo. Was den Bauer ins Herz trifft, das macht ihn gewöhnlich stumpf und stumm, moralisch wie physisch genommen; wenn er beim Unglücke Anderer die salbungsvolle Zunge braucht, weiß davon sein Herz nicht viel.

Der Bauer ist, so lange eben sein persönlicher Vortheil nicht gefährdet erscheint, in der Regel rücksichtsvoll und artig gegen seine Nebenmenschen. Ausnahmen selbstverständlich giebt es auch hier.

Seine Untergebenen behandelt der Bauer nicht in jener herrischen, trotzigen Weise, wie man das bei anderen Ständen findet. Der Bauer ist mit seinen Dienstboten auf „Du und Du", speist mit ihnen an demselben Tische und bespricht mit ihnen die Fragen des Hauses. Ich kannte einen Grund=besitzer, der bei jeder Bürgermeisterwahl sich mit seinem Gesinde besprach, welcher zu wählen wäre, obwohl er dann ganz nach seinem eigenen Kopfe handelte.

Durchaus zuvorkommend ist der Bauer den Handwerkern gegenüber, die er ins Haus nimmt. Gleichwohl heimlich oft über dieses nothwendige Uebel fluchend, zeichnet er den Schuster, den Schnei=der, den Wagner u. s. w. durch alles Mögliche aus, und ergeht sich in Feinheiten nach seiner Art. Er spricht den Handwerker selten mit „Du" an, sondern

sagt „Ihr", oder „der Meister", oder auch z. B. so:
„Thu' der Schneider essen! Der Schneider wird
hungrig werden, wenn er nit ißt. Wir haben dem
Schneider sonst nichts zu geben."

Eine Regel ist, daß jüngere Leute einen Aelteren,
wenn dieser verheiratet ist, mit „Ihr" ansprechen;
unerhört wäre es bei den Kindern, zu ihren Eltern,
Pathen u. s. w. „Du" oder „Sie" zu sagen. Es
giebt Verhältnisse, in denen der junge Hausvater
seinen alten Knecht mit „Ihr" anspricht, während
dieser Jenem gegenüber das „Du" gebraucht. Das
„Er" gegen ganz fremde Leute gilt für höflicher
als das „Du". Zuweilen gebraucht der Bauer gegen
Fremde auch das „Wir". „Von wo sind wir her,
wenn ich fragen darf? Schaffen wir was?" Fremde
Leute, als Hausirer, Bettler u. s. w. werden mit
„Ees" (Ihr) angesprochen.

Als Dankeswort für ein Geschenk hat der ober-
steirische Bauer zwei Formen; ist das Geschenk eine
Speise, etwa ein Stück Brot, ein Krug Most, oder gilt
es nach einer Mahlzeit, zu welcher er geladen war,
so sagt er: „Vergelt's Gott!" Ist das Geschenk ein
anderer Gegenstand, ein Kleidungsstück, eine Dienst-
leistung u. s. w, so gebraucht er das „Dank Dir
Gott"!

Selbst dem Bettelmann bringt der Bergbauer
eine gewisse Höflichkeit entgegen. Fürs Erste beant-
wortet er auf jeden Fall dessen Gruß; dann fragt

er, was Jener begehre und entschuldigt sich vielleicht
schließlich, wenn er dem Verlangen nicht nachzu=
kommen vermag.

Meine Mutter, von Herzen eine Gönnerin der
Armen, fragte den Bettler stets: „Was wöll's
denn?" Wollte sonach der Mann die freigestellte
Wahl stets benützen, so begehrte er zumeist das Köst=
lichste: „Ein Stückel Rindschmalz!" „Wir haben halt
jetzt kein Rindschmalz", sagte hierauf die Mutter
gewöhnlich. Der Bettler: „Oder einen Speck!" Die
Mutter: „Der Speck ist wohl auch gar geworden."
Bettler: „So gebt mir ein Fleisch!" Die Mutter:
„Mein lieber Gott, wir haben schier selber das ganz'
Jahr kein Fleisch." Daraufhin rief einmal ein alter
„Abschieder" (vom Militär Verabschiedeter) aus: „Ja,
zweg fragt's denn, Bäuerin, was Einer will, wenn's
nachher nichts habt's!" Meine Mutter hatte keine
große Auswahl an Gaben, entweder sie konnte eine
Handvoll Mehl reichen, oder ein Stück Brot, oder
einen Löffel Sterz, der von der Mahlzeit übrig
geblieben war.

Wenn Bettelleute raisonniren, so bedeutet das,
meint der Bauer, immer gute Zeiten, und nur
selten gebraucht er sein Hausrecht, sondern trachtet
die grollenden, drohenden Leutchen auf gute Art
los zu werden. Hieran mag Aberglaube und Furcht
freilich auch so viel Antheil haben, als ange=
borene Gutherzigkeit und herkömmliche Höflichkeit.

Nun der Bauer gegen seine Vorgesetzten.

Im Allgemeinen hat der Landmann seine Norm bezüglich des Hutabnehmens. In seinem Dorfe zieht er den Hut vor der Priesterschaft, vor dem Arzte und bisweilen auch vor dem Gemeindevorstande, wenn dieser kein Bauer ist. Vor Seinesgleichen lüftet der Bauer die Kopfbedeckung niemals. Hat er es jedoch mit dem Steuerbeamten, mit dem Bezirkshauptmanne, mit dem herrschaftlichen Arbeitgeber zu thun, so wird seine Höflichkeit nicht selten zur Kriecherei. Man weiß ja, wie oft ein Bauer nach dem „Herein" noch an die Thür klopft, ehe er sie furchtsam öffnet. Man weiß auch, um wie viel Schritte vor der Thür er schon den Hut abgezogen und mit der flachen Hand die struppigen Haare geglättet hat, um nur recht höflich zu sein. Dann steht er gebeugt wie ein armer Sünder da; er heuchelt und schmeichelt, läßt sich abkanzeln und muckst nicht, wenn ihm auch dreifach Unrecht geschieht. Er kann sich die „Herren", wie er diese seine Vorgesetzten nennt, kaum anders als grob denken, und wenn ihm doch einmal Einer freundlich vorkommt, so ist er innerlich beglückt und erzählt es aller Welt, was das „für ein handsamer Herr ist, recht kamod mit ihm zu bischgariren". Für einen solchen blüht seine Dankbarkeit auf, und jedes freundliche Wort von seinem Vorgesetzten betrachtet er als besondere Gunst und Wohlthat, die er nicht so leicht vergißt.

Die echte, uneigennützige Höflichkeit des Bauers
jedoch kommt erst zum Ausdrucke, wenn der Mann
mit Menschen aus höheren Gesellschaftsclassen ver=
kehrt, von denen er unabhängig ist. Hier wird seine
Umgangsweise freier. Selten wird dem Touristen
ein grober Bauer begegnen; der Landmann mag
dem Städter gegenüber verschmitzt, tückisch, schalk=
haft, auf Vortheil lauernd sein, aber stets höflich.
Der Bauer weiß es recht gut, wie oft und vielfach
er das Stichblatt städtischer Witze und Hänseleien
ist; aber er beherrscht sich wie Einer und thut, als
ob er nichts merkte. Mancher allerdings versucht,
vor den „G'studirten" seine Naturweisheit leuchten
zu lassen, ihnen zu verstehen zu geben, daß der
Gescheite den Vielwisser zuweilen doch in den Sack
steckt. Andere wieder stellen sich vor dem Städter
viel einfältiger als sie sind und entschädigen sich
dafür mit dem stillen Bewußtsein, die gelehrten
Herren hinter's Licht geführt zu haben.

Die Städter, denen man sonst doch viel Schliff
und Lebensart zuzuschreiben gewohnt ist, verkehren
in der Regel (ich bitte stets auch zu bedenken, daß
es Ausnahmen giebt!) nichts weniger als höflich
mit den Bauersleuten. In herrischer Weise werden
diese oft herumcommandirt auf ihrem eigenen Grund
und Boden, und nicht einen Augenblick vergißt der
Städter, seine Ueberlegenheit dem Landmann gegen=
über zur Geltung zu bringen. Nicht selten auch

wird die Tactlosigkeit begangen, über die uralten
Sitten, die dem Bauer ans Herz gewachsen sind,
über die schlichten Verhältnisse des bäuerlichen
Lebens sich lustig zu machen und auf politischem
oder religiösem Felde mit dem Landmanne Pro=
selyterei zu treiben. Und das Alles läßt sich der
Bauer gefallen, verzieht nicht einmal den Mund=
winkel, ist artig in Frage und Antwort und dienst=
fertig, wo immer er glaubt, damit den Stadtherr=
schaften zu schmeicheln. Wenigstens hält er den Hut
in der Hand, bis ihm das Aufsetzen zwei=, dreimal
befohlen wird.

Wenn ein Bauer und ein Städter nebeneinander
auf der Straße wandeln, so wird Ersterer gewiß
seinen Gang immer so einrichten, daß der Städter
auf dem besseren, glatteren Theil des Weges zu
gehen kommt. Bei jedem Brunnen, bei jedem Zaun=
schranken, bei jedem Stege wird der Städter Ge=
legenheit haben, die zarten Aufmerksamkeiten seines
bäuerlichen Begleiters wahrzunehmen, selbst wenn
dieser auch kein umsichtiger Fremdenführer ist. Und
kommen sie zum Bauernhause, so wird es der Bauer
kaum unterlassen, seinen Weggenossen zum Eintritte
unter sein Dach zu laden, wird vielleicht noch die
Bäuerin aufrufen, daß sie frische Milch und Butter
bringe oder ein anderes Labsal und wird echte
Gastfreundschaft üben an dem, der ihn vorhin auf=
dringlich bevormundet oder gar gehänselt hat und

32 *

zu dem er thatsächlich keine allzugroße Zuneigung ver=
spürt. Es ist ja sicher, Stadt und Land werden sich
nimmer gut miteinander vertragen. Auch der Bauer
macht, wenn er gegen die gebildeten Classen nicht
etwa gar verbittert ist, sich wenigstens lustig über
die „Herren“, aber er thut es hinter ihrem Rücken,
während er sich andererseits etwas einbildet, mit
denselben zu verkehren. Er ahnt vielleicht doch, daß
er in solchem Umgange Manches lernen könnte,
jedenfalls ist es ihm auch der Abwechslung wegen
zu thun, und schließlich wirft das unter seinen
Genossen ein vortheilhaftes Licht auf ihn, wenn es
heißt: „Der weiß mit den Herren umzugehen;
der ist auch mit den Stadtleuten gut an; der ist
nicht dumm!“

Der Bauer weiß, daß der Städter für Höflich=
keiten empfänglich ist, und weiß endlich auch, daß
ein artiges Benehmen gerade hier bisweilen irgend
eine erfreuliche Vergeltung findet. Ursachen genug,
das Auge zuzumachen, wenn der Städter etwa
mitten über sein grünendes Kornfeld springt und
die Wegschranken angelweit offen läßt, während
der Handwerksbursche, der so etwas triebe, mit
Hund und Stock zurechtgewiesen würde.

So übt der Bauer nach seiner Art Höflichkeit
gegen Jeden, der darauf Anspruch macht. Ueber
seine Grobheit wäre freilich auch ein Capitel zu
schreiben, ein viel größeres als dieses ist — würde

aber nicht anmuthig ausfallen. Hier habe ich nur
zeigen wollen, daß auch unter dem Landvolke gang=
bar jene Spielmünze, die, nur in etwas anderer
Prägung, den Salon beherrscht, und daß, wenn
Stadtherr und Bauer zusammenkommen — von
beiden Letzterer gemeiniglich der Höflichere ist.

————

II. Von Eitelkeit und Uebermuth.

1.

In keinem Stande findet man Althergebrachtes
so fest erhalten und gestützt, als im Bauernthum.
Dieses ist in der Zeiten Lauf und Taumel scheinbar
das einzig Beständige, so beständig wie der Boden,
auf dem es steht, wie die Scholle, die seit Urzeiten
die Kornähre in gleicher Form hervorbringt. Jede
Neuerung, die von Staatswegen etwa oder nach
anderen Bedürfnissen der Zeit im Bauernthum ein=
geführt werden soll, bedarf mehrerer Generationen;
die eine Generation entsetzt sich vor der anstauchen=
den Neuerung, die zweite versucht sie, die dritte erst
erkennt sie an. So ist's mit der Bauart der Häuser,
mit den landwirthschaftlichen Maschinen, mit dem
Versicherungswesen, so war es mit politischen
Errungenschaften, so wird es mit der Schule sein.
Nur wenige Dinge finden rasch Eingang, wie das
Petroleum; andere, wie etwa neue Düngerwirthschaft
oder Ausbreitung der Viehzucht auf Kosten des

Ackerbaues, werden in unseren Ländern entschieden
abgelehnt. Trotz aller neuen Verkehrseinrichtung,
trotz allem Umschwunges der gesellschaftlichen Bestre=
bungen und Bedürfnisse treibt unser Bauer seine
Acker= und Wiesenwirthschaft noch so, wie sie sein
Großvater getrieben hat. Dies trotzige Festhalten
an abgelebten Dingen kann dem Bauer verhängniß=
voll werden, dann wird man sagen: Der Bauer ist
zu Grunde gegangen an seiner Beständigkeit.

Es ist nun aber possirlich zu sehen, wie trotz
dieser elementaren Beständigkeit auch im Bauern=
stande die Mode ihren Veitstanz reigt. Ich meine
die Kleidermode. Bei den Männern tritt sie beschei=
dener auf; daß man heute statt kurzen Lederhosen
die französischen „Pantalons" trägt, daß man seine
Schafwollstoffe durch fremde Baumwollzeuge ver=
drängen läßt, geschieht mehr aus Gründen der
Zweckmäßigkeit und der Kostenfrage, gehört also
nicht ins Bereich der Mode; wohl aber die Ver=
zierung, Verbrämung der Gewandung, besonders
die Schnitte der Taschen, die Knöpfe, das Schlingen
und die Farbe des Halstuches, der Hut mit Allem
was darauf ist. Selbst auf die Hemden erstreckt sich
die Bauernmode und weiß ich Gegenden, wo
Bauernburschen an hohen Festtagen in „Krausen
und Kresen" gehen. Den Haarschnitt, die Bartform
bringen sie vom Soldatenleben heim. Auch auf die
Genußmittel erstreckt sich die Mode; der Kaffee fand

allerdings Eingang vor Allem, weil er schmeckte, das Tabakrauchen aber kommt entschieden vom Nachahmungstrieb, der das Uebelbefinden nach den ersten Versuchen wacker überwinden hilft. Im Ganzen wechselt bei den Männern die Mode langsam und selten. Der Gemsbart auf dem Hut, das silberne Gehänge der Taschenuhren mit seinen alten Thalern, eingefaßten „Wolfszähnen", die Benagelung der Stiefel mit den Eisenbeschlägen u. s. w. vererbt sich fort vom Großvater auf Kinder und Kindeskinder

Anders ist's bei den Weibern; diese stehen in näherer Beziehung mit dem wechselnden Mond und haben dem wechselnden Monde die wechselnde Mode abgelernt.

Bemerkenswerth jedoch ist es, daß sich die Bauernmode nicht an jene städtische, die „Herren= mode", lehnt, die in Paris gemacht werden soll. Wohl steht eine gewisse lose Beziehung zu ihr, doch im Ganzen ist die Bauernmode selbstständig, sie wird nicht eingeführt wie der Pfeffer, sie entsteht im Lande selbst und man weiß nicht recht wie. Die Grenze zwischen der Herren= und Bauernmode geht durch das Kleinbürgerthum der Dorf= und Marktbewohner. Unter diesen giebt es Leute, welche lieber die Geringsten der „Herren" als die Für= nehmsten der Bauern sind. Sie gehaben und tragen sich städtisch, werden als die „Herrischen" zur Ziel= scheibe des Bauernwitzes. Jener Theil des Klein=

bürgerthums aber, welcher wohlhabend und wohl=
geachtet sich in seinen Sitten, Tragen und Betragen
mehr auf die bäuerliche Seite schlägt, der biedere
Dorf= und Marktphilister „nach altem Schrot und
Korn" ist der Tonangeber der Bauernmode. Dem
Kleinbürger erscheint es wünschenswerther, ein
Großbauer zu scheinen, als ein Schneider oder
Drechsler oder sonst ein Handwerker. Der Bauer
wiederum dünkt sich feiner und gebildeter, wenn er
sich in seinem Gehaben auf den Handwerker, den
Krämer, den Wirth hinausspielen kann, und so
treffen sich die beiden Theile. In manchen Gegen
den in Steiermark, vor Allem im verkehrsentlegenen
„Jackelland", auch auf dem Hienzenboden, sind
wohlhabende Bauerntöchter an Sonntagen von den
„Bürgerstöchtern" ihrer Dörfer nicht zu unterscheiden.

Das erste Hauptstück der Bauernmode ist, eine
stattliche Figur zu machen. Möglichst weite, umfang=
reiche, aufgebauschte Kittel, welche die Trägerin
wie eine wandelnde Pyramide erscheinen lassen, sind
bei den Bauernweibern immer schön. Zu den enge
um die Beine sich schmiegenden Röcken der Städte=
rinnen, welche nicht einmal dem gewöhnlichen Schritt
freien Spielraum ließen, hat sich die Bäuerin nie=
mals verstanden, außer es geschah aus Sparsam=
keitsgründen. Wer sich viel Stoff nicht kaufen kann,
muß sich freilich mit engen Kleidern begnügen.
Hingegen hat die Bäuerin die Crinoline rasch auf=

gegriffen, eine Mode, welche ihr wie ihrem etwaigen
Anbeter ebenso rasch wieder zu windig geworden
ist. Derselbe Effect des Breiten, Aufgedonnerten
läßt sich viel solider durch eine entsprechende Anzahl
Unterkittel erreichen, und heißt es, daß jede Dorf=
schöne neun Kittel am Leibe haben muß, um ganz
schön zu sein. Wird der umfangreiche Kleiderbauch,
mit dem sie kokettirt, später naturgemäß durch etwas
Anderes ersetzt, dann allerdings fällt ein Unterrock
und der andere weg und wird als Windelzeug
verwendet.

Auch insoferne stimmt des Bauers ästhetische
Anschauung mit jener des Städters überein, als
er das Weib erst dann für vollendet hält, wenn
es einen Kameelrücken hat. Diesen Kameelrücken
erzeugt die schöne Bäuerin, indem sie hinter den
Hüften über dem Sitzleder einen Polster bindet, der
dann die darüber angezogenen Röcke weit ausbaucht
und so hinterrücks einen Verrath an dem Vorrechte
der Schürze begeht. Schon vor dreißig Jahren hat
dieser Kameelrücken, allerdings in etwas bescheide=
nerer Weise als heute bei den Städterinnen, bei
den Bäuerinnen eine Rolle gespielt. Ich erinnere
mich an eine Faschingsunterhaltung daheim bei
unserem Dorfwirth, bei welcher die Faukel=Rathel,
eine überaus muntere herlebige Dirn, das Unglück
hatte, während des Tanzes mit ihrem Liebsten den
Hinterpolster zu verlieren. Er fiel unter die Füße

der Tanzenden und wurde unter schallendem Ge=
lächter und wildem Gejohle mit den Stiefelspitzen
hin= und hergeschleudert: „Da hat Eine den Hintern
verloren! Welcher gehört er? Sie soll sich melden!"
Obwohl die Fankel=Kathel rückwärts erschreckend
schlaff abhing und ihren Kittelsaum wie eine
Schleppe nachschliff, sie meldete sich nicht. Da be=
mächtigten sich mehrere tollwitzige Burschen des
Polsters und wollten ihn versteigern.

Versteigerer war der stotternde Hansjörgl, der
hielt den Polster hoch über die Köpfe, warf ihn
von einer Hand in die andere, schleuderte ihn in
die Luft, fing ihn wieder auf und rief: „Da=da=das
ist der F=F=Fankeldirn ihr Po=Po=Polster!
W=W=Wer giebt?" — Keiner gab, Jeder lachte, die
Fankel=Kathel zog mit Schand und Spott ab.

Etwas Unechtes an den Weibern, das kann der
Naturmensch, der Bauer, am wenigsten leiden. Ein
gurwattirter Busen, wenn er aufkommt, bringt der
Trägerin keinen Gewinn! Auch die Farbe muß echt
sein, sonst könnte es Einer wohl passiren wie der
Haberer=Lena. Diese ging eines Tages ins Heidel=
beerpflücken aus. Und als sie im Walde war, fiel
es ihr ein, ihre etwas verblaßten Wangen ein
wenig mit dem blutrothen Safte der Heidelbeeren
zu färben, damit sie dann bei der Nachmittagsvesper
auf den Wangen ihre züchtigen Rosen habe wie
des Nachbars Mariann'. Schon das Handspiegelchen

betrog sie, so daß sie auf Rath desselben um ein gutes Drittel zu viel auftrug; als sie aber hernach in die Kirche kam, brachen die Einen, die sie sahen, in stilles Entsetzen, die Anderen in helles Gelächter aus: die rosenfarbigen Wängelchen hatten sich verfärbt zu einem tiefen Zwetschkenblau. Von dieser Zeit an wurde die Lena das „Blauwangerl" geheißen und mußte diesen Namen tragen, bis sie als Blaßwangerl ausgestreckt lag auf dem Brett. Ja, in solchen Dingen versteht der Bauer keinen Spaß und mancher moralischen Verirrung in der Mode und Eitelkeit hat der Volkswitz ein Denkmal gesetzt, das länger vorhält, als das Kreuzlein auf dem Kirchhof.

Hingegen hat es der Bauernbursche ganz gern, daß sein Dirndl „fein und g'stazt" dahergeht, heißt das, wenn deswegen sein Geldbeutel nicht zu stark angegangen wird. Bei den Bauerndirndln selber wird jeder Luxus in der Kleidung, jede Ausartung der Mode entschuldigt mit einem: „Jetz tragen sie's so." Da giebt's alsdann seidene Kopftücher mit langen Flügeln, Maschen und Bändern, Spitzentücher mit Kölnerwasser besprengt! Das „Bondschurl", die Joppe, muß lange Schösseln haben, je länger, desto vornehmer, auch mit artigen Knöpflein und Schnürlein geziert sein. Hinter derselben das Mieder ist freilich eine Fischbeintortur, durch welche das Mägdlein Sünden abbüßt, die es vielleicht noch gar nicht

begangen hat. Aber — „jetz tragen sie's so"! Keine
Satzung, sie mag des Leibes oder der Seele Heil
bezwecken, befolgen die thörichten Menschlein so
willig, ja so lüstern, als die tyrannische Willkür
der Mode

Freilich schmeichelt sie oft nicht allein der Eitelkeit, sondern auch der Sinnlichkeit, dem Hange nach
Verweichlichung. Die Kalbleberschuhe sind der Dorfschönen lange nicht mehr lind genug; dieselbe, welche
an Werktagen ihre oft ganz niedlichen Füßlein in
Stierhaut zwängen muß, oder gar in plumpe Holzschuhe, watschelt an Sonntagen in feinen Tuch-
oder gar Sammtschühlein daher. Und Manche, die
an Werktagen mit Steinkrampen und Mistgabel
hantiren muß, steckt am Sonntag auf ihre Pfoten
feingestrickte Handstützeln (fingerlose Handschuhe),
damit ja die Haut von der Sonne nicht gebräunt
wird, oder eigentlich damit man die sonnengebräunte
und krustige Haut nicht soll sehen können. — Keine
krustige Haut? Na, so zeig' sie einmal, Schatzerl,
und wirf weg das dumme Zeug, das weder vor
Kälte noch vor Hitze schützt. Ueberlasse derlei Kindereien den Stadtdamen, welche bei feinen Festlich-
keiten ihre Händchen mit Handschuhen bedecken, ihre
Arme u. s. w. aber nackt herumtragen.

Von den reichen und wirklich schmucken Goldhauben der Großmütter sind unseren Dirndln nur
noch die goldenen Ohrringlein hängen geblieben.

Auch die Männer tragen solche, sie sollen „gut sein für die Augen". — Wenn schon nicht für die des Trägers, so doch für die des Beschauers, heißt das, wenn sie hübsch geformt sind und nicht etwa ganze Klumpen von Talmigold daran baumeln, was wohl das Ansehen eines Indianerschmuckes giebt.

Ein weitläufiger Vetter von mir hat oft behauptet, ich würde es noch erleben, daß man güldene Nasenringlein trüge, am rechten Flügel eins und am linken Flügel eins. Nun, wir wollen ja sehen, wenn's einer vornehmen Dame einfällt, ihr Riechhörnlein so zu schmücken. Nachahmerinnen findet sie in Hülle und Fülle. Von der Mode bei der Nase herumziehen läßt sich ja Jede.

In der Mitte gescheiteltes und glattgekämmtes Haupthaar gilt bei den Weibern von jeher als ein Zeichen der Tugendhaftigkeit. Daher ist es auffallend, daß die jungen flügge werdenden Dirndl mit Vorliebe ihre Haare auflockern, anstraußen oder gar zu Ringlein drehen und sie so über die Stirne herabhängen lassen. Ausgeworfene Netze, in die sich mancher Knab' schon arg verfangen hat. Ist das ein Wunder? Da sogar jener Dorfcaplan im Beichtstuhl, als ihm durch das Sprechgitter das krause Haar eines Dirnleins die Stirne kitzelte, ausrief: „Laß' ab, mein Kind, laß' ab! Heute wirbt der Teufel um meine Seele!"

Und wenn man so ein für den Sonntag herge=
richtetes Dirndl dann beobachtet, da ist's eine helle
Freude zu sehen, wie Eitelkeit und Koketterie ihre
Automatenkünste abspielen! Das wendet, biegt sich
und dreht sich, thut schämig und züchtig, beängelt
sich unter der Maske des Augenniederschlagens;
hebt ein wenig den Rocksaum, aber nicht des thau=
nassen Grases wegen, sondern damit man den
schneeweißen, gesteiften Unterkittel sehen kann. Denn
gesteift müssen die Kittel sein, rauschen und knistern
müssen sie, das ist die Hauptsache.

Die Mode der Kittelfarbe und Zeichnung
wechselt auch fast jedes Jahr. „Jetzt trägt man sie
roth“ — jetzt geblümt, jetzt gesternt, jetzt gestreift
u. s. w. Mancher Dorfkrämer ist klug genug, von
irgend einem Stoff, der ihm auf dem Lager bereits
zu verderben droht, seiner Frau oder Tochter einen
Rock machen zu lassen. „Die Kaufmännin trägt's!“
Da will es die Wirthin auch so haben, die Schnei=
derin ebenfalls, darauf kommen auch schon die
jungen Bäuerinnen und Bauerntöchter und — die
Mode ist gemacht.

Unweit von meiner Heimat war ein Kleinbauer,
der ein stattliches, resches Weib und drei ebenso
stattliche Töchter hatte. Diese vier Weiber machten
für die ganze Gegend Mode. Der Stoff, den diese
sich aussuchten, die Form, welche diese sich bei der
Nähterin bestellten, war sofort mustergiltig weitum.

Wenn sie sich auf ein Kleid einen safranrothen Wollstoff mit weißen Sterndeln kauften, so hatte der Kaufmann nichts Eiligeres zu thun, als sofort recht viel safran= rothen Wollstoff mit weißen Sterndeln zu bestellen, und nicht lange, so ging alles jüngere Weibervolk der Gegend in safranrothen, weißbesternten Wollkitteln um.

Das Kleinbäuerlein wimmerte Anfangs über das viele Geld, welches ihm sein Weibervolk kostete, aber da ihm das nichts nützte, weil seine bessere Hälfte unter dem Safranrothen die Hosen trug, so begann er schließlich stolz zu werden darauf, daß seine „Leuteln ein so schönes Vorbild" seien. Doch waren es nur die Weiber, die auf seine Töchter ihr Augenmerk hatten, an Mann gebracht hat er keine.

Es ist kein Spaß für den Mann, wenn er durch den beständigen Wechsel der äußeren Erscheinung seines Weibes immerwährend an ihre innere Unbe= ständigkeit erinnert wird, wenn sein Weib ihre Gefallseite stets lieber aller Welt zuwendet, als ihrem Freunde, Beschützer und Ernährer. Es giebt freilich Männer — auch bei den Bauern — die sich auf ihre Modepuppe was einbilden, aber im Ganzen ist es da wie dort eine herzlich schlechte Politik eines Dirndls, durch Flitter und Flatter das Auge des Freiers von dem freundlichen Gesichtchen auf die Kleider zu lenken. Wir Männer sind sonder= bare Käuze, wir wollen ein Weib, wie es Gott, und nicht wie es der Schneider erschaffen hat.

Ich denk', die Weiber lassen wir diesmal bei=
seite. Uebermuth ist nicht gerade ihre Sache, und
Eitelkeit — ? Die ist bei den Frauen keine Schwäche,
sondern vielmehr Vorzug und Tugend. Der Hang
zu gefallen, schön zu sein, ist löblich.

Aber die Männer laden wir uns ein, die ge=
wunderten, geschniegelten, parfümirten, aufgeprotzten
— das giebt einen Spaß. Hier aber weichen wir
wieder den feinlebigen Pflasterschleifern und Gecken
von Profession aus, deren Porträts die Salons der
Kleiderkünstler und Friseurs schmücken; wir suchen
den ernsten, oft sorgenbelasteten Mann der Arbeit
auf. Wir lassen uns nicht imponiren von der Würde
seines Standes, auch nicht etwa von der Weihe der
Armuth; uns gelüstet heute nach den Schwächen
und Sünden des ehrsamen Landmannes.

Die Kindheit und Knabenschaft schenken wir ihm,
schenken sie ihm mitsammt der eitlen Freude über
das erste Höslein, das ach so bald bös durchfeuchtet
und durchlöchert ist; — schenken sie ihm mitsammt
dem ersten Rauchversuch in der Wagenschupfe, der
ebenfalls übel ausgeht. Meinetwegen in seinem
sechszehnten Jahre packen wir ihn an, wo er ins
Fenster lugt, wie's mit dem Schnurrbart ausschaut.
In die Nase schnupft er hinauf, was hinaufgehört,
und nun sieht er's: mutternackt ist die Oberlippe.
Er schleicht zum Herd. — „Was willst denn mit

der Kohle?" fragt ihn die Mutter. „Die heiligen
drei Könige male ich auf die Kammerthür, weil's
geistern thut," sagt der Junge. In der Kammer
dreht er den Reiber vor die Thür und mit Beirath
des Fensterglases streicht er sich den Schnurrbart
an. Zu scharf — versteht sich — darf der Flaum
fürs erstemal nicht sein, er muß erst allmählich
wachsen. Aber heut' will der Bursch' noch in die
Nachbarschaft gehen, es mögen dort die Kameraden
und die Dirndln sehen, „daß er schon herfürsticht".
Ein nächster Wassertropfen schwemmt die ganze
Anlage wieder weg. Da räth ihm ein Kamerad:
„Balbiren, balbiren muß man sich, wenn man will
einen Bart haben!" Wohl kratzt der Junge insgeheim mit dem Scheermesser. Gar vergebens.
Manches Paar Schuh' muß er noch zertreten, bis
allmählich die Härchen kommen — etwas falb zuerst,
bald aber brauner und dunkler, wie ein „Bocks-
hörndl" (Johannisbrot) in der Farb'.

Nun geht er in den Wald hinaus und wichst
mit Harz und dreht über den Mundwinkeln zwei
Hörnchen.

Das, Gott sei Dank, wär' jetzt in Ordnung
Nun gehört ein rothseidenes Halstuch dazu, und
eine silberbeschlagene Pfeife, und ein Federbusch,
und ein Gemsbart. Die Haar' werden ein wenig
mit Schweinefett eingelassen — sonst hat er sie nur
mit Wasser befeuchtet; sie werden mit einem Kamm

hübsch an der linken Seite gescheitelt und glatt
gestrichen — sonst hat er sie nur mit den fünf
Fingern ausgekämmt. Wie steht's denn mit der
Sackuhr? Ist eine da, die schlägt und repetirt, wenn
man beim Knopf drückt, die ein Doppelgehäus' und
vier Stein' (Rubinen) hat? Und an der gewichtigen
Silberkette, ist ein Hirschbeindl d'ran, oder ein
Frauenbildelthaler, oder sonst ein Anhängsel, das
über dem rothen Brustfleck oder grünen Leibel bis
gegen den Magen hinabbaumelt? Und im Sack der
Gemsledernen, hoff' ich, ist ein Hirschschalenmesser,
daran eine ähnliche Gabel, ein Pfeifenstocher mit
der Gemsklane, ein Schlagring und ein „hunds-
häutener" Geldbeutel.

Voreh' ist im Geldbeutel auch etwelches Silbergeld gewesen, und nur mit Silbergeld ist im Wirthshaus und am Spielleuttisch ausgezahlt worden.
Heute ist höchstens noch ein Papierfetzlein in der
Brieftasche, welches auf Treu' und Glauben ver-
sichert, das Silber ruhe in den Kellern der National-
bank zu Wien.

Die bäuerliche Brieftasche sieht das nicht an,
sie ist deswegen doch breit und bauschig; und der
Besitzer zieht sie gern' hervor und weiß sie in
der Hand anmuthig zu wenden. Freilich ist es nicht
immer rathsam, ihr Inneres genau zu erforschen;
ich hab's, als ich so eine gewichtige Brieftasche
seinerzeit auf der Straße liegen fand, einmal gethan,

ich thu's nimmer. In derselbigen Geldbörse habe ich fürs Erste einen Versatzschein über eine Sackuhr gefunden, dann ein Amulet mit sieben kräftigen „Gebettern zu Schutz gegen Feuer und Wasser", dann eine Vorladung zu einer Tagsatzung beim Gericht, weiter ein Recept mit dem Stempel der Bärenapotheke, und endlich ein vielfach zusammengeknittertes Schreiben mit den Worten: „Du treiloser Man, wan du mi jez in stich last, so gehe ich dich klagen, und das will ich segn, das ich nur eh gut gewest bin und jetz nichts von mir wissen wilst. Johanna Braungartnerin." — Das ist der Inhalt einer Geldtasche gewesen, deren Aeußeres manchen Strolch verleitet haben könnte, den Inhaber im Walde zu überfallen.

Erst halbvergangen ist die Zeit, in welcher der Großbauer und der Holzmeisterknecht mit Banknoten ihre Pfeife anzündeten; heute, sobald sich die Weissagung unserer Schwarzseher erfüllt, thun sie es wieder.

Der alte Sterlacher im Feistritzthal hat eine Joppe gehabt, deren Knöpfe aus „Frauenthalern" bestanden haben. Die Joppe ist zerrissen, die Knöpfe sind vertrunken.

Wie der Oberberger im Rabenwald seine Hochzeit gefeiert hat, ist vor seinem Hause den ganzen Tag ein Brünnlein in den Wassertrog geronnen, bei welchem sich die Leute in meilenweiter Runde

33 *

die Räusche geholt haben. Heute muß das alte
Weibel, das dazumal die Braut gewesen, bei dem=
selben Brunnen viel keuchen und pumpen, bis es
einen Trunk Wasser hervorlockt.

Im Oberlande ist seiner Tage ein ordentlicher
Großbauer nur mit Roß und Wagen in die Kirche ge=
kommen. Das war ein gnädiges Nicken oder Ganz=
übersehen, wenn im Kirchdorf die Wirthe höflich
grüßten. Der Wagen ging nicht selten auf Federn,
die Pferdegeschirre waren mit Silber beschlagen
den Pferden wurde Arsenik gefüttert, damit sie recht
flink und feurig waren. In der Kirche hatte der
Bauer seinen gesperrten Sitz mit dem Messing=
plättchen, auf dem der Name stand. In der Sacristei
strich er etliche Banknoten aus, damit der Pfarrer
auf der Kanzel verkünde, der N. N. lasse ein mu=
sikalisches Amt lesen und stifte ferner ein ewiges
Licht am Seitenaltar. Im Wirthshaus kam auf den
Tisch, was gut und theuer; und saß ein Beamter
dort oder gar einmal ein Stadtherr, so wurde
klingend gezeigt, wer sich höher geben kann, der
Großbauer oder der Stadtherr.

Heute ist der Wald aus und das Geld auch.
Der junge, kräftige Mann ist gefahren, der alte
gebeugte humpelt zu Fuß.

Heute ist der Bauer noch stolz auf seine Rinder,
auf sein gutes Heu, auf seine Bekanntschaft mit
dem Herrn Pfarrer, auf die Rath= oder Richterschaft,

die er im Orte zufällig bekleidet, auf seinen Kirchen=
stuhl und auf die gute alte Zeit, in der er über=
müthig gewesen.

Die körperliche Kraft des Bauers ist heute im
Allgemeinen nicht mehr die, welche sie noch vor
fünfzig Jahren gewesen. Ich habe als Kind ihn
noch gesehen, den alten Stiegerbauern, von dem
man erzählt, wie er mit Roß und Wagen einmal
den Berg hinangefahren war. Der Mann saß behag=
lich im Wagen, das Pferd aber war altersschwach
und vermochte das Gefährte nicht weiterzubringen.
Da stieg der Bauer aus, nestelte das Pferd ab,
legte es in den Wagen, spannte sich selbst an die
Deichsel und zog Roß und Wagen den Berg hinan.
Derselbe Stiegerbauer war es noch gewesen, der
einst über Nacht seinen schlafenden Nachbar mit=
sammt dem Bett in den Wald hinausgetragen hatte.

Jetzt ist kein solcher mehr darunter. Die Burschen
treiben bisweilen wohl noch Schabernak mit ihrer
Kraft und mit ihrem Witz, der heute auch nicht
mehr so urwüchsig ist, wie vorher', da die Menschen
weniger naseweis aber klüger gewesen. Bei den
Recrutirungen hat man noch Gelegenheit, den
Uebermuth der Bauern zu beobachten, doch ist der=
selbe hierbei mehr Galgenhumor, als lustige Toll=
heit. Bei Kirchweihen wird nur selten mehr eine
Schlägerei veranstaltet zu dem Zwecke, um seine
Kraft zu zeigen.

Stets stolz ist der echte Bauer auf seine Bauern=
schaft. Die „Herren" scheinen ihm vom Uebel, er
giebt aber tolerant zu, „daß sie halt auch sein
müssen". Der Bauer ist wißbegierig und würde sich
gern zum Lesen von Büchern und Zeitungen herbei=
lassen, aber er ist zu stolz dazu: „Die Bücherguckerei
schickt sich nicht für einen braven, handfesten Bauern;
das ist nur etwas für solch' Leut', die nichts zu
thun haben." Uebrigens ist er überzeugt, daß er
aus seiner Sach' die „Herren" füttert und sagt's
nicht ungern, daß der Bauer wohl den Herrn
g'rathen (entbehren) könne, der Herr aber ohne die
Bauern verderben müsse.

Bemerkenswerth ist, daß, je mehr durch das volks=
thümliche Elend der Bauernübermuth herabgestimmt
wird und allmählich verschwindet, die Eitelkeit der=
selben überhandnimmt. Wer auch mag's leugnen,
daß sich das Volk verweichlicht! Der ungebildete
Mann verliert in dem Gleichmachungsbestreben des
Zeitgeistes seine kernige Rauhheit und wird weibisch
gemacht. Es ist nichts Seltenes, daß der Bauern=
bursche Stiefelwichse, Bartsalbe, Haarpomade, Köl=
nerwasser vom Kaufmann holt, während sein Groß=
vater wohl leider nicht einmal die Seife gekannt hat.
Unsere Bauern heben sogar an, sich die Zähne zu pflegen,
die Fingernägel zu regeln. Sie haben sich der Landes=
art entschlagen und tragen glatte Tuchkleider und
befleißigen sich eines feinen Benehmens. Und trotz=

dem, wenn man sie genau beguckt, ist's der alte
Adam; nur daß ihr Blut etwas träger und dünner
ist, als das der Vorfahren gewesen.

Wenn der Apfel einmal etliche Klafter vom
Stamme fällt und der Bauernsohn etwa ein Fuhrmann wird, oder im nächsten Eisenwerk ein Schmied,
ein Schlosser, dann ist der Vornehmheit kein Ende.
Man muß so Leute des Sonntags sehen! Wortkarg
spazieren, stehen, lehnen sie herum, gespreizt und
kerzengerad' — als hätten sie, wie das Volkswort
sagt, „einen Tremmel geschluckt" — und beständig
lassen sie ihr Auge über ihren schönen Wuchs, über
ihre Beine schweifen, von deren Strammheit sie
entzückt sind. Ihr ganzes Vermögen haben sie am
Leibe hängen; hinten am Rockschößel heben schon
die Schulden an.

Wenn man über derlei ins Erwägen kommt, so
möchte man fragen: Welch' besonderen Grund
hat der Mann zur Putz- und Prunksucht? Das Weib
will und muß gefallen, des Weibes Sinn steht von
Natur aus nach Anmuth, Tändelei und Glanz.
Hier ist die Eitelkeit verzeihlich. Der Mann will
auch dem Weibe gefallen Einverstanden! Aber wenn
er glaubt, daß er durch die Kunst des Schneiders
und durch Wohlgerüche ein Herz erobert, so denkt
er weibisch und wirft jenes Netz aus, mit dem die
Weiber zuweilen uns Männer zu fangen suchen, in
das sie sich selber aber nicht vergarnen.

Das gilt von Allen. Uns speciell über die
bäuerliche Eitelkeit lustig zu machen, haben wir nicht
einmal das Recht, so lange wir noch selbst — nicht
zugeben wollen, daß gerade das, worauf wir uns
am meisten einbilden — unsere Schwächen sind!

III. Von Gemüthlichkeit und Humor.

Gemüthlichkeit ist eine dehnbare Haut, die sich
über alles Mögliche spannen läßt. Gemüthlichkeit
soll von Gemüth abstammen, ist aber diesem seinem
edelherzigen Vorfahren sehr entrathen. Gemüth=
lichkeit ist eine Vagabundin, die sich heutzutage mit
den ungesittetsten Gesellen herumtreibt. Im Ge=
wöhnlichen verstehen wir unter Gemüthlichkeit den
Gegensatz von Ernst, Zurückhaltung, Gemessenheit
von strenger Umgangssitte und Höflichkeit. Und
was ist da nicht Alles gemüthlich! Gemüthlichkeit
besitzt nicht einmal einen Rock, sie läuft in Hemd=
ärmeln um; sie ist bald mit Jedem gut Freund,
schäkert und hüpft mit dem nächstbesten Fremden
und schmiegt ihm den Arm um den Nacken, und
trinkt aus eines Jeden Glas und ißt mit eines
Jeden Löffel und hat allweg gutmüthig zwinkernde
Aeuglein. Sie nennt sich gern treuherzig, ist aber
kein wahrer Freund, denn im Unglücke und selbst
in Geldsachen schon hört die Gemüthlichkeit auf.

Das wäre gar nicht schmeichelhaft, besonders
für den Steirer, der sich des Rufes großer Ge=

müthlichkeit erfreut. Indeß aber ist die Gemüth=
lichkeit des Landmannes wieder etwas Anderes als
die des Städters. Die des Städters ist so oft eine
verunglückte Nachahmung der ländlichen Natür=
lichkeit und des urwüchsigen Humors. Die Natür=
lichkeit und der Humor des Landmannes jedoch ist
so häufig wieder was Anderes als das, was wir
unter Gemüthlichkeit verstehen. Die Gemüthlichkeit
des Naturkindes auf Weltmenschen übertragen heißt —
Frivolität.

Eigen steht es, wo sich die „Gemüthlichkeit"
mit der Rohheit paart.

„Heut' ist's lustig," schreit der Bauer bei der
Kirchweih, „heut' muß gerauft werden!" Sie sind
ja unter sich und aus lauter Gemüthlichkeit heben
sie Händel an, und wenn Einer halbtodt geschlagen
ist, so sagt der Thäter zu ihm: „Mußt nit harb
(böse) sein desweg; schau, so hab' ich's nit gemeint."

„Bin auch nit harb," entgegnet etwa der Ge=
schlagene; „aber wenn ich wieder auf kann, bring'
ich Dich um."

Ein anderer „gemüthlicher" Fall. Der schwarz'
Toni war ein Lumpenkerl; er trieb sich in den
Schänken und mit allerhand Weibsbildern um. Das
war sein Weib nicht zufrieden und oftmals weinte
sie in ihre Schürze hinein: „Ach Gott, ach Gott,
wäre ich ledig (unverheiratet) geblieben!" Da kam
eines Tages der schwarz' Toni halb besoffen und

ärgerlich über ein verlorenes Spiel vom Wirths=
hause heim. Sein Weib schluchzte wieder, da packte
ihn der Zorn, er faßte das Tischmesser, stieß es ihr
in die Brust und sagte dabei mit weichmüthiger
Stimme die Worte: „So, meine Luiserl, itzt bist
wieder ledig.“

Einen gemüthlicheren Mord kann man sich doch
nicht denken.

Ganz anders gemüthlich ist freilich der Lacken=
sepp. Das ist ein Großbauer in der Ratten, sonst
ein sehr ernsthafter Mann.

Sein Gesinde hat großen Respect vor ihm. Wenn
er aber im Wirthshaus ist, wird er lustig. Fürs
Erste thut er den Rock aus, er hat allfort ein
frisches Hemd auf dem Leibe; dann thut er seine
porzellanene Tabakspfeife hervor, auf welcher ein
tirolisches Liebespaar gemalt ist, das miteinander
Zither spielt, und auf der anderen Seite ein tiro=
lisches Ehepaar, das sich prügelt. Dann bringt der
Wirth des Lackensepp Stammglas, darauf ist ein
taumelnder Mann zu sehen, der den Hut schief in
den Kopf gedrückt hat und das Weinglas schwingt.
Darunter steht zu lesen: „Heunt geh ih 's nit
hoam!“ Oder es liegt ein Betrunkener unter dem
Tisch und neben heißt's:

> „Däs is a Lump, däs is a Lump,
> Der mit an Rausch kimmt z' Haus!
> Drum schlaf ih mein Rausch, ih mein Rausch
> Im Wirthshaus aus.“

Oh, der Lackensepp schläft noch lange nicht. Wein her! Den besten und viel! er bewirthet den ganzen Tisch.

„Und wan da ganz Rattnbach Wein wa,
Und wan da ganz Rattnbach mein wa,
Däs war a Welt!
Und alle Mühlen blieben da stehn in Birkfeld!"

Der Rattenbach oder die Feistritz fließt nämlich nach Birkfeld, und der Sepp meint, wenn der Rattenbach Wein und sein wäre, so würde derselbe gleich an Ort und Stelle ausgetrunken und so allen untenstehenden Mühlen die Treibkraft genommen.

Hernach wird im Chor gesungen; die Lieder sind alle gemüthlich, sind alle in Hembärmeln — ja, noch wunders wenn das Hemd da ist!

Spät in der Nacht muß sich der Lackensepp trennen von den lustigen Genossen. Er geht nach Hause, er hat keinen Rausch, aber der Wein ist doch ein feines Trankl! Unterwegs sieht er ein glimmendes Johanniswürmchen. „Herrgotts Vater!" ruft er, da kommt mir das Käferl entgegen mit der Latern' — zum Heimleuchten. Brav bist. Kriegst ein Trinkgeld auf Neujahr!" Hernach hebt er mit dem Mondkipfel, das am Himmel steht, einen Discurs an. „Du Mond!" lallt er, „ein Musterkerl bin ich, vergleichs Deiner. Du — Du bist alle Monat einmal voll, und ich — ich alle Tag. Tralala! Sau — saufen muß der Kerl!"

Glücklich kommt er nach Hause. Still im ganzen Hofe. Alles schläft. Ist das ein langweilig Nest, so ein Bauernhaus! Der Sepp sagt es selbst; er möchte am liebsten die Knechte aufwecken, daß sie ihm helfen etzlichen Schabernak zu treiben, 's ist allzu tausendlustig heut! Aber vor dem Gesinde muß der Großbauer stets ernsthaft sein. So will er mit dem Kettenhund anbinden: „Türkl, schau, Türkl, geh' her da! Ich laß' dich los, Türkl, wir springen noch Eins um." — Aber der Hund knurrt, er erkennt seinen Herrn nicht wieder.

So sucht der Sepp seine Kammer auf. Sein Weib schläft wie ein Maulwurf, und er weiß sich vor Lustigkeit gar nicht zu helfen. In allen Gliedern zuckt's ihm, was soll er nun anfangen? Die Ober-decke zerrt er dem Weibe aus dem Bett und hängt sie an den Wandnagel. Das ist ein feiner Spaß, er reibt sich kichernd die Hände. Da kommt ihm noch ein besserer Einfall, er hüllt die Decke dem Kachelofen über. Er jubelt vor Entzücken. Da erwacht sein Weib: „Was treibst denn, Seppel? Bist närrisch worden?"

„Na, du mei liab' Weibel," sagt er, „'s ist so viel gemüthlich heut', so viel gemüthlich."

Derlei ist ein unechter Humor, und nicht jener natürliche, schalkhafte, der den Landmann charak-terisirt, der uns in alten Sprichwörtern und Volks-liedern so oft antritt. —

Verschiedene Charakterzüge.

Der wahrhafte, goldene Humor, der ist nicht so
leicht bei der Hand. Da hilft kein Witz und keine
Gescheitheit. Ich möchte sagen: der Humor ist eine
Spätfrucht. Bei den Jungen ist er seltener zu
finden wie bei den Alten; bei den Reichen seltener
wie bei den Armen; bei schöngewachsenen Leuten
seltener wie bei Krüppeln — kurz, im Glück seltener
als im Elend und in der Verlassenheit. Ist auch
kein Wunder. Wo und wann sich die Leute zurück=
ziehen von der äußeren rauhen, boshaften Welt,
dort und dann hebt sich der innere Mensch an zu
regen, zu sprechen, zu trösten und zu schalten. Oft,
wenn das blutige Herz aufschreit im Weh, zittert
und zuckt gern ein wenig Humor mit d'runter.
Mancher, der in kleinem Mißgeschick schauderlich
schilt und flucht, wird in großem Unglück ganz
lustig und witzig — und hier ist der Witz Humor.

Als dem Reiter=Michel die Kornfuhr das erste=
mal umgefallen war, schrie er wüthend: „Höllsaggra,
vermaledeiter!" Als die Kornfuhr das zweitemal
umpurzelt, sagt er schier gelassen: „Aha, geht richtig
auch der Teufel paarweis'." Und als sie das dritte=
mal fällt, stößt er ein Lachen aus: „Ist schon
recht, alte Kraren, jetzt kannst selber aufstehen
ich leg' mich auch ins Gras."

Gar markig ist der Ausspruch des alten Häusler=
Natz. Ihr kennt die Geschichte. Der Natz baut Korn
an und macht eine Wallfahrt auf die Meinung,

daß sein Korn gut wachsen sollt'. Aber wie der Hochsommer kommt, steht's schlecht mit dem Korn. „Ho," gröhlt der Natz zum Pfarrer, „'s Beten hilft eh nichts mehr. Ist das ein Korn für einen Christen?"

„Aber, lieber Freund," sagt der Pfarrer, „Ihr werdet halt nicht gut gedüngt haben?"

„Hoi jo!" macht der Natz, „wann ich Mist han, brauch' ich kein Herrgott nit!"

Ob der Bauer so viel Herz und Gemüth habe, als der gebildete Städter? Darüber ließe sich reden, und sogar klug reden. Ich mache es aber noch klüger und schweige davon. Gott hält seit Jahrtausenden die Wage in der Hand, in welcher er die Herzen der Menschen wiegt! er hat sich noch nie gegen den Bauer ausgesprochen.

Das Herzens- und Geistesleben des Bauers, das ideale Sein fängt ihm so recht erst in religiösen Dingen an. Vor unserem Herrgott hat er Respect, das läßt sich nicht leugnen. Und doch treibt er mit ihm gerne manch' ein lustig Stückel. Anstatt daß der Trotzkopf zu Gott hinaufsteigt, muß Gott zu ihm herab, muß in seine Bauernjoppe, muß an seinen Tisch. „Komm Herr Jesus, sei unser Gast und gesegne, was Du uns bescheret hast. Weil Du schlechte Jahr' schickst ins Land herein, mußt mit der schlechten Kost zufrieden sein." So lautet ein Tischgebet.

Da der Bauer mit der Bibel, wie sie ist, nicht viel anzufangen weiß, so übersetzt er sie gern in seine Dorfwelt. Bei der Geburt Christi, zum Beispiel, denkt sich der Bauer die Hirten in der steierischen Gebirgstracht, mit Hirschlederhosen und Federhut, also beten sie vor der Krippe des göttlichen Kindes: „Gelobt sei Jesu Christ, der am Kreuz für uns gestorben ist!" Und die Englein fliegen wie die Spatzen über die Bethlehemstadt hin und her und singen: „Gloria in excelsis Deo — duliö, duliö, duliö!" —

Einen besonderen Humor hat der Aelpler in Liebessachen.

Zu unserem Herrgott haben die verliebten Leut' nicht viel Vertrauen, der ist allzustreng in solchen Sachen. Da stecken sie sich schon lieber hinter die Heiligen, die wissen, wie es Einem gehen kann, die haben selber was probirt auf der Welt.

Das meiste Zutrauen aber haben sie zur Muttergottes — das ist ein Weib, bei dem greift das Bitten an. Sie muß die Helferin sein immer und immer. Sind die Leute in Krankheit oder einer anderen Gefahr — sie rufen die Muttergottes. In Feuer und Wasser, in Blitz und Sturm, brechen Räuber ins Haus oder packt der Geier eine Henne — sie rufen die Muttergottes. Im Sterben und im Sündigen, in Herzensnoth und heißer Lieb' — sie rufen die Muttergottes.

Aber nicht allemal so, wie jener Pferdedieb. Der hatte der Muttergottes von Zell eine pfund= schwere Opferkerze versprochen, wenn der Diebstahl gelinge. Als er dabei unselig erwischt wird, sagt er: „Die Zeller Muttergottes ist auch lutherisch worden, weil sie auf eine geweihte Opferkerzen nichts mehr will halten!" —

Eine frische Lieb' und einen scharfen Humor haben die Sennerinnen auf der Alm. Die jüngsten stellt der Bauer nicht auf die einsame Höh, aber der frische Wind und der guldene Sonnenschein kann noch im Spätsommer einen blühenden Mai bringen.

Daß allerhand Mannesleute hinaufsteigen zu den hohen Weiden und mit hochgehobenem Herzen oben dahinschlänkern über die grüne Alm, das ist so und ist gut so. Weil aber doch nicht jedes Paar zusammensteht, das zusammengeht, weil sich die Sennerin manchmal hüten will und der Bursch' sich rächen, so giebt's allerhand Stand= und Spott= liedeln, die hin= und herfliegen wie aus Sonnen= strahlen geschmiedete Pfeile.

Das Dirndl ist trotzig, da schießt ihm der Bursch' ein Liedel zu:

„Gelt Dirndl, liabst mih!
Wan'st mih liabst, kriagst mih,
Wan'st mih treu liabst
Kannst mih hab'n — wan'st mih kriagst!"

Oder der Bursch ist blöde, da singt ihm das Dirndl zu:

> „A Büabel han ih kent,
> Der ka Dirndl hat gliabt.
> In Himmel is er kema,
> Aber — Schläg hat er kriagt!"

Ein ausgelassener Jägerbursche verkündet es laut:

> „Dreizehn Dirndln thua ih liab'n,
> Alli sein 's in ein' Kranz,
> Wann der Teuxel Ani hult,
> Bleibt's Dutzend noh ganz."

Anders klingt es, wenn die wahre, unglückliche Liebe ihre leidmüthig süßen Erinnerungen, ihr Herzweh ausfingt:

> „I woaß noh, wia heint,
> Hat da Mond so schön gscheint.
> Sie hat 's Köpfel auf mih g'lrgt
> Und hat bitterlih g'weint."

> „Da drauß'n im Wald
> Is a Wasserle trüab.
> Hast ein andern Buabn g'half'n,
> Bist nix mehr so liab.

> Hast ein andern Buab'n g'half'n,
> Bist nix mehr so liab,
> Kannst Dih hundertmal wasch'n,
> Rinnt's Wasserl doh trüab!"

Allzulang hält derlei aber nicht vor. Ehe sich der Almbursche eines treulosen Dirndls wegen ein Leid anthäte, springt ihm sein Freund, der Humor, bei. Der betrogene Knab' weiß sich zu trösten, er wird ganz altgescheit und singt:

Rosegger, Die Alpler. 34

Verschiedene Charakterzüge.

„Dirndl, Dein' Schönheit
Geht ah wul zu End,
Wia 's Bleamel auf dem Feld,
Wan 's der Reif vabrent.

Der Herrgott moants guat,
Hat die schön' Dirndln aufbracht,
Und da Teufel, der Teufel!
Hat die alten Weiber draus g'macht."

In Liebessachen kann der dümmste Bauerntölpel
witzig werden. Auf nichts weiß er so viel treffende
Bilder zu finden und anzuwenden, als auf das
Geschlechtsleben und seine Mysterien. —

Im schönen Aussee lebt heute noch ein alter
Steinbrecher, der hat einen gepfefferten Humor.
Der Mann hat just nicht viele Freunde, doch
unterhält er sich recht gut, er spielt mit der Welt
die von Anderen oft gar so schauderlich ernst genommen wird. Der Steinbrecher hat unter Anderm
die Gewohnheit, auf Alles, was eine Standesperson
sagt, seinen Senf d'rauf zu geben und nützt dazu
gern alte Spichwörter. Sagt   B. der Pfarrer
bei der Christenlehre: „Gott ist gegenwärtig überall!" so murmelt der Steinbrecher sicherlich vor sich
hin: „Nur nit in Rom, dort hat er seinen Statt-
halter." Wenn etwa der Dorfrichter einmal mahnt:
Alles mit Maß!" so sagt der Steinbrecher gewiß
d'rauf: „Das hat auch der Schneider gesagt, wie
er sein Weib mit der Ellen hat todtgeschlagen." —

Am besten gefiel mir der humoristische Funke immer in solchen Augenblicken, die geeignet sind, das Menschengemüth zu erschrecken, zu erschüttern. Als (1885) in Steiermark das große Erdbeben war — es war in der Nacht zum ersten Mai —, beschäftigten sich an einem Bauernhof gerade mehrere Bursche, der Dorfschönen einen Maibaum zu setzen. In dem Augenblicke, als sie den Stamm hoben und mit einem kräftigen Stoß in die Grube fallen ließen, bebte die Erde! „Oho!" rief Einer dem Anderen zu, „nur nit so hitzig, sonst sprengen wir die Weltkugel auseinander." — Oder hatten die guten Jungen wirklich gemeint, ihr Stoß in die Erde habe den Boden so stark erschüttert, daß in den benachbarten Orten die Häuser einstürzten? —

Eigen muthet es an, wenn zwei Bauersleute miteinander in heftigem Wortstreit sind. Die Ausdrücke und Gleichnisse, deren sie sich bedienen, sind nicht immer blos derb, sondern oft auch witzig und beißend

„Wie Du, sind mir nenn Tag' Regenwetter lieber, das sag' ich!"

„Das glaub' ich schon, die Kröten sind dem Regen gar nicht feind."

Oder anders.

„Wenn Eins von Dir was erlangen will, muß man eine gute Gnad' Gottes haben."

„Wie kann denn ein Höllbratel, wie Du bist eine Gnad' Gottes haben?"

„Du, ein Höllbratel geb' ich Dir nit ab, das sag' ich trocken!"

„Wärst mir auch viel zu mager, Du."

In diesem Tone geht's oft eine Weile fort, die gegenseitigen Vorwürfe sind mitunter gar drollig, und nicht zu selten geschieht es, daß der wüthend angefangene Streit mit einem Gelächter endet.

Ein Anderes.

Dem alten Marhofer war sein Weib gestorben. Langsam aber stetig schritt er in dem öden Hause umher. „Ei, ei," seufzte er, „nur noch einmal, wenn sie mich nur noch einmal ausgreinen (auszanken) thät', meine Zilla!" —

Echte Gemüthstiefe mit Gemüthlichkeit gepaart offenbarte sich mir in einem Zwiegespräche, welches ich einst zufällig zu hören bekam.

Vor einer Mühle auf dem Kornsacke saßen ein junger und ein betagter Bauer. Der junge wischte fortweg Staub von seinen Knien und sagte dabei ein= fürs anderemal: „'s ist wohl hart." Ihm war das Weib gestorben.

„Ja freilich, ist so was hart," entgegnete der Aeltere endlich.

„Das Weib entrathet man verfluchtet schwer im Haus."

„Das ist gewiß," gab der Andere bei, „wirst Dich wohl wieder um Eine umschauen müssen, Hans."

Der Jüngere bürstete mit der flachen Hand beharrlich an seinem Knie. Dann sagte er: „Was es etwa nachher ist, wenn man einmal gestorben ist? Was meinst, Jak, kommen Eheleut' im Himmel oben wieder zusammen?"

„Dasselb' denk' ich mir wohl."

„Nachher kann ich nimmer heiraten. Was fangst denn im Himmel mit zwei Weibern an?"

Der Jak stutzte. „Ist auch wahr," sagte er dann, „auf das hätt' ich mein Lebtag nicht denkt."

„Ja, wie bin ich denn nachher dran? Die Erst' will ich nit versetzen."

„Leicht ist's so, Franzel: Bleibst der Ersten getreu und heiratst nimmer, so kommst wieder zu ihr. Heiratst aber wieder, so wirst getreit der Ersten ungetreu und wirst im Himmel wohl mit der Letzten beieinander sein. So denk' halt ich mir's."

„Wird auch nicht viel anders sein. Und itzt weiß ich's, ich verbleib' ledig."

Der Franzel hat dazumal thatsächlich nicht geheiratet. Aber weil es wahr ist, daß man „das Weib verfluchtet schwer im Haus entrather", so hat er sich eine Wirthschafterin genommen. Die war noch um etliche Jahre jünger als er. Und nach einer Zeit sind der Franzel und der Jak wieder zusammengesessen auf den Mühlsäcken oder anderswo.

„Franzel," schmunzelte der Alte, „wenn Du's so treibst, so wirst 'leicht nit mit Deiner Ersten im

Himmel zusammenkommen, viel eher mit Deiner
Zweiten in der Höll'."

„Meinst?" versetzte der Andere, „Du in der
Höll' wär's mir zu heiß."

Darauf hat der Franzel seine Haushälterin Form
Rechtens geheiratet. —

Somit möchte ich meine Betrachtung und Dar=
stellung schließen. Wollte ich weiter erzählen — an
Stoff wäre kein Raub und kein Ende. Im Ganzen,
glaube ich, dürfte angedeutet sein, wie der Humor
unserer Gebirgsbewohner beschaffen ist. Freilich ist
diese kleine Umschau nur ein Tropfen vom Meer
des Volksherzens, ein Thautropfen, vielleicht — ein
Blutstropfen.

Aber dieses Meer, auf dem die Leute zwischen
Zeit und Ewigkeit hin und her so gern „schiff=
gefahren" sind, hebt in unseren Tagen stark an zu
sinken.

Ueber Berg und Felsen hat man die neumodi=
schen Zithersaiten gezogen — den Telegraphen.
Und auf diesen Zithersaiten klingt ein neues Lied,
das lockt den Häusler aus dem Wald und den
Halter von der Alm — lockt sie hinaus in die
weite Fremde, in die großen Städte und Fabriken,
wo ihr armes, einfältiges und in der Einfalt weises
und glückliches Seelenleben zu Grunde geht.

Und zu Jenen, die daheimbleiben im Gebirge,
kommen die Fremden mit ihrer neuen Art und mit

ihrem neuen Glauben. Und wie vor Zeiten die Aelpler den Kampf ums Dasein vor Allem führen haben müssen gegen die Elemente, so müssen sie ihn jetzt führen gegen die Welt. Da ist mit der Geduld und Ergebung, mit der Innigkeit und der Herzens= heiterkeit freilich nichts mehr auszurichten, da müssen andere Waffen sein. Und so nimmt es diesen Lauf: das Gefühl wird Empfindelei, die Weisheit wird Schlauheit, der Humor wird Witz, der Kopf wird voller — das Herz wird leerer.

Der Zeitgeist hat unseren Bauern viel gegeben, aber mehr noch genommen.

Da fällt mir allemal der Almhiasel ein und sein Bruder, der Wastel. Sind zwei brave, lustige Leute gewest, ehemals; die harten Zeiten haben sie frisch über die Achseln geschupft, von einer auf die andere, und unser Herrgott ist ihr bester Kamerad gewest. Und wie jetzt so allmählich die neue Zeit und die neuen Leute kommen mit der neuen Weltweisheit, da haben der Hiasel und der Wastel auch einen neuen Humor bekommen — Arg verzagt steht der Hiasel auf seinem steinigen Feld und schaut in den Abgrund nieder, wo der Wildbach braust, und legt seine kalte Hand auf die heiße Stirn und simulirt: „Jetzt möcht' ich doch wissen für was! Da kommt der Mensch auf die Welt und muß so viel leiden. Und wartet von Tag zu Tag auf was Besseres — und es kommt nichts. Sonst, wenn Einem weh ist gewest, angst und bang worden auf der Welt — da hat man mit feuchten Augen zum Himmel aufgeschaut, und ist Einem leichter worden. Und jetzt heißt's, daß dort oben Niemand daheim wär' Oh, wann ich denk', daß dieses Leben, Hoffen und Leiden all' umsonst sollt' sein!"

„Umsonst?" sagt sein Bruder, der Wastel. „Ah nein, umsonst nicht. Mußt ja dafür Steuer zahlen" Und das — das ist der neue Humor.

IV. Von der Liebestreue.

Die Liebe Anderer kann käuflich oder durch Tausch erworben werden; die Treue der Herzen hingegen gehört zu jenen Dingen, die man nicht erwirbt, die Einem zugeweht werden wie der Blumenduft auf dem Felde. Die Liebe steht zwischen zweien Menschen stets in einer That, sie jauchzt oder klagt, sie gewährt oder versagt. Die Treue schwebt zwischen beiden wie ein stiller, unsichtbarer Engel; in glücklichen Stunden merkt man gar nicht, daß sie zugegen ist, in Nacht und Frost aber fühlt man den warmen Hauch ihres Kusses. Die Liebe ist allen fühlenden Wesen gemeinsam, die Treue kommt nur bei edelgearteten vor, sei es im Menschengeschlechte, sei es im Thierreich. Die Treue wächst nicht in dem Verhältnisse mit den geistigen Anlagen, man kann im Gegentheile oft die Erfahrung machen,

daß das Licht der Vernunft kein günstiges Klima
erzeugt für die ebenso seltene als unvergängliche Blume.

Die Treue im Allgemeinen war zu aller Zeit
geschätzt, die Liebestreue jedoch hat ihre Feinde.
So geht durch unsere Roman= und Dramenliteratur
ein ganz merkwürdiger Zug, der wohl noch die
Treue der unverehelicht Liebenden lobt, jene
der verheirateten aber lächerlich zu machen und auf
das Eis zu führen liebt. Dem französischen Drama=
tiker ist der Ehebruch schon lange kein tragischer
Gegenstand mehr, er behandelt ihn viel lieber im
Lustspiele, und der Deutsche meint, das wäre so
übel nicht. Man merkt wohl, die Tendenz hat es
auf die Löslichkeit der Ehe abgesehen, und als
solche hat sie ihre Berechtigung. Ich kenne aber
eine Menschenclasse, welche Kraft, oder nennen
wir es Ergebung, genug besitzt, sich in ein Be=
stehendes zu fügen und im (vielleicht unmoralischen)
Zwange einen moralischen Halt zu finden.

In der Bauernschaft kommt der Ehebruch viel
seltener vor als in städtischen Kreisen, vielleicht weil
in derselben — ich möchte sagen: die Intelligenz
der Liebe nicht jene große Rolle spielt wie in der
gebildeten Gesellschaft. Es ist hier, wie in vielen
anderen Dingen, das Verhältniß zwischen Stadt=
und Landbevölkerung ein umgekehrtes. In der Stadt
kommt bei Liebesleuten die Treue vor der Trauung
zur Geltung, auf dem Lande nach derselben.

Die Liebe auf dem Lande ist ein loses Ding.
Da ihr die Wege und Thore allezeit offen stehen,
so kann sie sich nur selten zu jener seelenverzehrenden
Leidenschaft verdichten, wie sie der Dorfgeschichten=
erzähler gern schreibt und das Stadtfräulein gern
liest. In der That schäkert und flattert das herum:

> „Ih hab' Dih schon gern,
> Aber lang' wird's nit währ'n,
> A Stund', a zwei, drei,
> Aft ist's wieder vorbei.“

Es kann aber auch wochenlang dauern, was
mitunter schon einen Vorwurf nach sich zieht:

> „Hast mih vierzehn Tag' gliabt,
> Hast Dih drei Woch'n g'schamt,
> Ih hätt's ja die kurze Zeit
> Ah nit verlangt.“

„Hast mich gern? hast mich gern?“ Weiter denkt
und fragt der Liebende nicht, er liebt in der
Gegenwart, nicht in der Zukunft. Nur in der
Stunde des Scheidens, zum Beispiel wenn der
Bursche zu den Soldaten muß, regt sich schüchtern
die Frage: „Willst mir treu bleiben?“

„Ja, ich bleib' Dir treu!“ sagt er, sagt sie, und
sie glauben auch d'ran, aber schon liegt ihnen das
Liedchen auf der Zunge:

> „Ih bleib' Dir ja treu,
> Wie 's Röserl im Mai,
> Wie 's Wölkerl im Wind,
> Bis ih ein Andere (ein Anderen) find'.“

Wie es die Herren Soldaten treiben, das weiß man ja; aber bisweilen wandelt den Hans doch das Heimweh an und er kauft sich ein mit buntem Rande schön bemaltes Briefpapier und schreibt der Grethe einen Brief:

„Innigstgeliebte Margarethe!

So viel Stern am Himmel, so viel Sandkörnlein im Meer, so viel Blümlein auf dem Felde sind, so viel tausend- mal grüße und küsse ich Dich!"

Die schwungvolle Epistel schließt mit dem „Dich bis in's kühle Grab liebenden

Hans N."

So eine Zuschrift muß die Grethe freuen, und sie kann den Samstagabend schon nicht mehr er- warten, wo sie diesen Brief dem Michel zeigen wird. D'rauf muß sie auch antworten; sie selber kann das Schreiben nicht gut genug, als daß sie sich damit an einen Kaiserjäger wagen möchte. Der Michel ist so gut und schreibt für sie nach einem alten Concept, und Grethe's Brief wird nicht weniger schwungvoll, als es der vom Hans war, schließt aber mit dem guten Rath, nur schön gesund zu bleiben und sich recht zu unterhalten. Vom Michel kommt an den alten Schulkameraden ein schöner Gruß dazu.

Etliche Tage später vielleicht fühlt die Grethe Anlaß, zu singen:

Verschiedene Charakterzüge.

„Mein Herz is verwickelt,
Verwebt und vernaht,
Vernaht mit der Seiden,
Kann die Falschheit nit leiden.“

Und der Michel antwortet dem Mädchen mit heller Stimme:

„Dirndl, Du schmierst Dih an,
Du bist betrog'n,
Ih hab' mein Lebtag
Viel Dirndln ang'log'n.

Hiazt hat sih schon wieder
Der Hollerbam bog'n,
Und hiazt han ih schon wieder
A schön's Dirndl ang'log'n.

Ferin und heuer
Und 's frühere Jahr,
Han ih mei Dirndl g'foppt,
Und jetzt nimmt sie's erst wahr.“

Der Schmerz des betrogenen Mädchens ist groß, denn sie weiß für den Augenblick keinen Ersatz. Beseelt ist sie nur von dem Wunsche, seiner „Neuen“, dieser „rothhaarigen Hex'“ oder dieser „schwarz= schopfigen Schlangen“, die Augen auskratzen zu können.

Der Bursche ist seiner „Neuen“ gewiß sehr zu= gethan, macht ihr aber kein Hehl daraus, wie er's zu halten gedenkt:

„Schön is die Hollerstaud'n,
Weiß is die Blüah,
Das sag' ih Dir voraus:
Allein hast mih nia."

Sie geht ja d'rauf ein und schließt den Bund
vielleicht unter folgender Bedingung:

„Bitt' Dih gar schön, mein Bua,
Wann Du schon mein bist,
Kumm nur g'rad' selm nit,
Wann der Andere bei mir ist."

Die Burschen treiben es lustig fort in einer
solchen Welt, die Gott so schön erschaffen hat; die
Mädchen werden bisweilen in ihrem Wandel unangenehm unterbrochen. Ist ein junges Wesen da, so
wird kaum der Versuch gemacht, ihm einen Vater
zu beschaffen; mitunter freilich macht sich die Praktische ihre große Auswahl zunutze und sie giebt die
Ehre dem Wohlhabendsten, vielleicht dem einzigen
Sohne eines reichen Bauers, der möglicherweise,
um anderseitigen Wahlacten zu entgehen, rasch mit
ihr in den heiligen Ehestand schlüpft.

Kurz, in den unehelichen Verhältnissen bei den
Bauern wird Treue selten verlangt und noch seltener
geleistet.

Ausnahmen giebt es freilich auch hier, bitteres
Leid und gebrochene Herzen.

Voll Wehe ist die Klage eines betrogenen Mädchens:

„Hast mich an's Herz druckt,
Hast mir in d' Augen guckt,
Hast mir viel Busserln geb'n,
Treu versprochen für's ganze Leb'n.

Hab' kennt ka Herzenleid,
Hab' g'lebt in Seligkeit;
Hiazt hast an And're gern,
Und ich muaß sterb'n.“

Selbstmord aus Liebe kommt in der Bauern=
schaft kaum vor; „Romeo und Julie auf dem Dorfe“
von Gottfried Keller ist eine herrliche Dichtung,
aber der benutzte „Doppelselbstmord“ von Anzen=
gruber — es sei hier nicht weiter angedeutet, worin
er besteht — beruht auf tausendfältiger Wahrheit.
Wohl giebt es Fälle, daß das Bauernmädchen aus
unglücklicher Liebe an gebrochenem Herzen, der
Bursche aus demselben Grunde an mißverstandenem
Ersatze und gebrochenem Leibe stirbt — die Norm
aber ist, nach dem gelösten Verhältniß rasch eine
lustige, neue Liebschaft, so lange sie zu kriegen.
Häufig kommt es vor, daß das Mädchen den alten
Liebhaber, mit welchem sie etwa noch vor wenigen
Wochen den Tanzboden besucht hat, zu ihrer Hochzeit
mit dem neuen einladet, und der Verschmähte er=
scheint wirklich und bringt eine gute Gesundheit auf
das Brautpaar aus und unterhält sich prächtig. Es
möchte ihn wundernehmen, wenn er unter den

Hochzeitsgästen nicht eine gewesene Freundin des Bräutigams fände!

So steht's einmal mit der lieben Prosa der Liebe da draußen, während der junge Städter in seinem süßen Gegirre nicht genug Reime auf „Treue" finden kann, sie zuerst mit „Scheue" paart, dann mit „leihe", endlich mit „Reue"; damit ist sie auch zu Ende.

Ich habe hier darum so ungescheut von der Flatterhaftigkeit ländlicher Liebe gesprochen, weil ich des Gegengewichtes sicher bin. Es gibt auch im Dorfe „wilde" Ehen, welche, in stiller Stunde geschlossen, bis in den Tod währen. Paare, die sich in freudiger Jugend fanden, oft Dienstboten ohne Möglichkeit zu heiraten, halten zusammen in Arbeitsplage, in Armuth, in Anfechtungen, in allerlei Bedrängnissen; sie halten zusammen frei und treu, theilen ihre Lust, theilen ihre Leiden, theilen ihre Pflichten und ihre Kreuzer, gehen still vorbei an den Lästerungen der Prüden, an den Flüchen und Verhöhnungen, tragen ergeben an dem Joche, das ihnen ein starres Gesetz, eine herzlose Gemeinde aufbürdet, halten zusammen bis in ihr kummervolles Alter und sterben endlich, ohne die Worte „Liebe" und „Treue" in ihrem Leben jemals ausgesprochen zu haben. Das sind die keuschen, glückseligen Herzen, deren jeder Athemzug ein Aufjauchzen ist:

„Mein einziger Schatz,
Du bist mein Leben,
Du bist mein' Freud'
In aller Ewigkeit!"

Wohl auch an solche Gemüther schlägt bisweilen
das Wehen des Mißtrauens, der Eifersucht, die
Ahnung eines grenzenlosen Unglücks. Ausdruck leiht
ihrem beklommenen Gefühle folgendes Lied:

„Nachts bin ich hin zu ihr,
's hat g'rad' der Mond schön g'schint,
's war Alles mäuserlstill,
Es rührt sich nix.
Und gach, da fallt's mir ein:
Wann s' epper untreu war!?
— — — — — — —

Na, na, mein Dirndl,
Das kann's nit geb'n,
Da wär's ja aus
In aller Ewigkeit!" —

Alle diese Zweifel schwinden vollständig, wenn der
Priester erst seine Stola über die Hände eines
Paares gelegt hat. Ob sie sich selbst gefunden und
gewählt haben, oder ob sie zusammengekuppelt worden,
aus was immer für Gründen sie miteinander die
Ehe schlossen — ernst, gewaltig ernst nehmen sie
des Priesters Wort von der „Treue, bis sie der
Tod trennt". Vielleicht trägt es sich zu, daß Eins

oder das Andere, oder daß Beide für ſich in finſteren
Stunden beten, der Tod möge ſie doch bald trennen,
vielleicht daß im glückloſen Herzen einmal Pläne
wach werden, wie man dem großen Erlöſer erfolg=
reich in die Hand arbeiten könne .   .

Wir erſchrecken vor dem Statiſtiker, der es uns
in Zahlen ſagt: Je weniger Ehebrüche, deſto mehr
Gattenmorde.

Doch das iſt eben wieder nur die Schattenſeite.
Selten werden bäuerliche Ehen aus Liebe geſchloſſen;
bisweilen iſt zwiſchen den Brautleuten ſogar eine
perſönliche Abneigung vorhanden; doch ſie haben
ausgeliebelt, Keines hat andererſeits mehr viel zu
erwarten — ſo fügen ſie ſich nun praktiſchen Gründen,
heiraten zuſammen, gewöhnen ſich zuſammen, ſind
gegen einander vielleicht kalt, rauh, brutal, aber
leben ſich einander an, und die gleichen Schickſale
theilend, verwachſen ſie im Laufe der Zeit ſo ſehr
ineinander, daß oft, wenn endlich Eines von Beiden
ſtirbt, das Andere raſch folgt.

Ueber Manches, worüber wir gebildete Sophiſten
ſo leicht ſtolpern, hilft ſich der Bauer durch ſeine
verſteinerten Grundſätze, zumal wenn ſolche mit
ſeiner Religion gemeinſam gehen. Er kennt kaum
eine ſchwerere Sünde als den Ehebruch; in der
Liebe entſchuldigt er mehr als der Städter, in
der Ehe weniger. „Das iſt der von Gott eingeſetzte,
der heilige Stand. Eine rechte Ehe trennt nicht

Noth und Tod, sie wird auch im Himmel noch sein."

Ich habe einen Bauersmann gekannt, dem im zweiten Jahr seiner Ehe das Weib erkrankte, in Schwermuth und Irrsinn versank und in eine Irren=anstalt gebracht werden mußte. Der Mann lebte eine Weile still und einsam fort, endlich wurde es laut=bar, daß er mit seiner Dienstmagd, einem hübschen frischen Mädchen, ein Verhältniß habe. Auf der Stelle zogen sich die Nachbarn von ihm zurück, mieden ihn auf dem Kirchweg, Keiner setzte sich im Wirthshaus an seinen Tisch, er war verachtet wie ein Ketzer. Weit verbreitete sich die Kunde von dem Ehebrecher; wir Kinder wußten nicht, was das heißt, bekreuzten uns aber, so oft wir den Mann sahen, und fühlten halb Genugthuung, halb Erbarmen bei dem Gedanken, wie der einmal in der Hölle braten werde. Unter solchem Leumund ist kein Leben; der Mann verkaufte endlich seine Wirthschaft und wan=derte aus. Sein armes Weib soll ihn überlebt haben.

Wer möchte den „Wittwer bei lebendigem Weibe" nicht entschuldigen! Und doch, wie ganz anders handelt die Treue in ihrer oft fast übermenschlichen Kraft! In meiner Heimat lebte ein Weib, dem noch in jungen Jahren der Ehemann in ein unheilbares Siechthum verfiel. Man rieth ihr, man bot ihr die Mittel, den Kranken in ein Spital nach Graz zu

bringen, wo er die zweckmäßigste Pflege finden
würde. Aber sie ließ ihn nicht, sie arbeitete und
darbte und sie pflegte ihren Mann bei Tag und bei
Nacht. Wenn sie allein war, weinte sie, wenn sie
um ihn war, machte sie ein fröhliches Gesicht und
tröstete ihn, ermunterte ihn; nicht ein einziges
Wort der Klage kam über ihre Lippen, sie war die
liebe Geduld selber. Sie verblühte, sie verkümmerte,
sie wurde kränklich, sie wurde alt an seinem Siechen=
lager, aber sie hielt aus und erquickte das alte,
mürrische, armselige Wesen, das ihr — ach, vor
langen, langen Jahren — am Altare angetraut
worden, täglich mit ihrer Liebe und Güte. Endlich
starb er. Am Tage seines Begräbnisses, nachdem sie
das Holzkreuzlein auf sein Grab gesteckt, legte sie
sich zu Bette und nach kaum zwei Wochen ruhte sie
im kühlen Grunde bei Dem, der ihres Lebens
Inhalt — Glück und Schmerz gewesen.

— · —

V. Wandlung des Volkscharakters.

In den letzten zwanzig Jahren hat sich das
Leben der Aelpler stark gewendet, trotz der Ur=
beständigkeit, welche sonst die Grundfeste des Volkes
bildet. Wie die Burgmauern und Stadtwälle fielen,
so wird heute auch das Hochgebirge durchbrochen
und die alte und die neue Zeit streiten um die

Aelpler. Es geht so rasch, daß man fast befürchtet, es wäre etwas Anderes denn eine naturgemäße Entwickelung.

Wie war es noch vor wenigen Jahren?

Ins Wirthshaus — so heißt eine der geräumigeren Hütten im Weiler — ist die Sage vom Kaffee gedrungen. Die Wegmacherin hat graue Bohnen mit von draußen hereingebracht, nur wußte die Wirthin nicht recht, müßten dieselben gesotten werden oder gebraten. Heute trinkt man in der entlegensten Waldhütte besseren Kaffee, als in den prunkhaften Kaffeesälen der Großstadt.

Woher das Wildpret kommt, das im Hause verzehrt wird? frägt der Jäger. Ja, Freund, das ist eben eines der zahlreichen Wunder Gottes.

Steierischtanzen, Singen, Kugelscheiben, Scheibenschießen, dramatische Gesellschaftsspiele waren die Ergötzungen im Weiler; und selbst vor diesen warnte der Pfarrer Vormittags auf der Kanzel, um Nachmittags um so fröhlicher mitzuthun. Was wird heute nicht Alles gethan? Und Manches, was der Pfarrer sonst als Weltlust verboten hatte, möchte er heute erwecken und fördern — daß der ursprüngliche Volkscharakter nicht ganz zu Grunde gehe.

An den Werktagen war das Thal sozusagen voll Negern; die rußgeschwärzten Kohlenbrenner und Kohlenführer — mehrfarbig nur mit ihren hellrothen Lippen und dem Weißen im Auge — sie

machten in manchen Gegenden einen großen Theil
der Bevölkerung aus.

Diese schwarzen „Führer" haben endlich die
Wälder hinausgeführt zu den hundert Essen. Die
Engthäler haben sich gelichtet, aber in des Wortes
übler Bedeutung. Und wenn heute der Holzschläger
einen Baum fällt, so ist er selbst gewöhnlich älter,
als der fallende Stamm.

Gern phantasirt der Hirte oder der Wäldler von
Drachen und anderen Ungeheuern, die in den Höhlen
und Felsklüften verborgen lauern, ungezählte Schätze
hüten und, wenn sie nicht früher erlöst werden
könnten, seiner Tage zu der Menschen Verderben
hervorbrechen werden.

Und hättet Ihr vor wenigen Jahren noch dem
Aelpler gegenüber in dieser Sache es einmal mit
einem kopfschüttelnden Lächeln versucht, so würde er
geantwortet haben: „Gar nichts zu lachen, lieber
Herr. Ist schon geschehen, daß so ein Ungethüm
losgekommen."

Mitten in der Stadt Klagenfurt steht, aus Stein
gehauen, heute noch ein wüstes Ungethüm, halb
Vogel, halb Wurm, als Wahrzeichen und Denkmal
der verbreiteten Volkssage.

Und so machten sich die Aelpler diese Welt, die
ihnen ohnehin die herbsten Seiten zukehrt, noch auf
eigene Faust unheimlich. Indeß derlei Sagen, die
sie im Munde führen und mit denen sie sich in

langen Abenden die Zeit vertreiben — heute glauben
sie selber nicht mehr daran; oder aber sie sehen mit
ihrem geistigen Auge über den Bergen, in den Wolken
oder in der blauen Luft die Mutter Gottes schweben,
die Beschützerin.

Die beste Vermittlung zwischen dieser Welt und
jener, der verheißenen glorreichen, ist für die Aelpler
die Dorfkirche oder das Gnadenbild im Walde.

Die Kirche steht mitten unter den Häusern und
ihr schlankes Thürmchen strebt — wie der Pfarrer
zur Kirchweihpredigt gern sagt — ein ernster Finger-
zeig — gen Himmel empor. Eine Glocke ist im
Thurme, die im schlichten Gotteshause des Hochgebirges dieselbe weihevolle Aufgabe hat, wie die
stolze Metallkrone im Dome der Hauptstadt.

> Dem Schicksal leihet sie die Zunge,
> Begleitet stets mit ihrem Schwunge
> Des Lebens wechselvolles Spiel.

Nicht immer findet man auf dem Bergkirchthurme
die Uhr. Die Leute haben sich als Uhr die Spitzen
der Berge eingerichtet, über denen zu verschiedenen
Tageszeiten die Sonne steht und die nach gewissen
Richtungen hin den Schatten werfen; so giebt es
z. B. einen Achti-Stein, einen Mittagskogel, eine
Vesperspitze. In der Nacht wissen die Leute durch
den Stand der Sterne die Zeit zu bestimmen.
Freilich bei Nebel und trübem Himmel müssen sie
sich verlassen auf den Magen, bis er knurrt, und

auf das Untrüglichste in der Tageszeit, auf das
Licht= und Finsterwerden. Wohl, heute herrscht auch
im Hochgebirge schon die Sackuhr und der Alm=
bursche, der kein Schriftzeichen sonst kennt auf der
weiten Welt, weiß die Bedeutung der zwölf römi=
schen Figuren auf dem Zifferblatte.

Die Bergkirche hat wohl stets einen Chorraum,
aber nicht immer eine Orgel d'rin. An den Werk=
tagen hält eben der Pfarrer eine stille Messe, und
nichts als etwa einmal das Schellen des Altarglöck=
leins weckt den alten Mann dort im Kirchenstuhle, der
in seiner heißen Tageslast den stillen, kühlen Ort
zur kurzen Rast erkoren hat. An Sonntagen finden
sich ein paar Leute im Chorraum zusammen und
singen dem lieben Gott laut und hell sein Lob vor.
Ich kannte einen Ort in Steiermark, wo der katho=
lische Pfarrer auch Meßner, Dorfrichter und Schul=
meister war und von den zwanzig Häusern eins
sein Eigen nannte. Eine Köchin besaß er nicht.
Nachbarsweiber besorgten ihm noch vor wenigen
Jahren seine Küche, dann kochte er sich durch eine
Weile selbst seinen Bedarf. Als aber die Ratten
ins Haus kamen und ihm den kleinen Vorrath an
Mehl, Wildpret und Speck aufzuzehren drohten,
ging er zum Essen ins Wirthshaus.

Der Pfarrer, der Schullehrer, der Arzt sind im
entlegenen Dorfe die hohen Herren; der Gemeinde=
vorstand ist es nicht — man hat ihn noch als

simplen Bauer oder Handwerker gesehen; man ist
wie Jener, der vor dem Cruzifir keinen Respect
hatte, weil er es als Birnbaum noch gekannt.
Nichtsdestoweniger haben sie zu ihrem Gemeinde=
vorstande mehr Vertrauen, als zu den studirten Herren.

Vor noch nicht vielen Jahren versorgten Hausirer
die Gegend mit fremden Kleinwaaren; dann siedelte
sich im Orte ein „Handelskrämer" an, heute steht
mitten im Dorfe ein stattliches Kaufmannsgewölbe
und bietet feil, was gut und theuer ist.

Und der Bauer beißt an . . .

Nun ja, unsere weltumwendenden Tage lassen
auch das Hochgebirge und die Aelpler d'rin nicht so
stehen, wie sie Gott hingestellt hat. Es ist eigent=
lich die Sage und Prophezeiung vom Lindwurm
wieder in Erfüllung gegangen. Der Drache ist los=
gebrochen und wälzt sich durch die Hochthäler auf
und ab, fährt in die Schluchten, kriecht in die Höhlen,
braust und faucht und schnaubt glutheißen Athem.

Der Dampfwagen geht durch das Thal.

Weit wunderbarer ist den Aelplern diese Er=
scheinung, als es jene des sagenhaften Drachen sein
könnte, wenn solcher zu Tage träte. Aus den
hintersten Engthälern und Höhen kommen die
Leute hervor, um das Wunder zu schauen, sich vor
diesem „Fuhrwerk des höllischen Feindes" zu ent=
setzen und es endlich — auch selbst zu versuchen, wie
sich's damit fährt.

An den hellen milden Tagen des Juli und August strömen die Fremden aus allen Weiten herein ins grüne Hochthal mit seinen leuchtenden Felsen. Seltsame Leute! Was die Einheimischen sonst für unangenehm und grob und schädlich gehalten hatten, die wilden Wände, den Schnee, das Eis, das Hochwasser mit seinem Schutte, die Lawinenstürze und all' die Wildniß — das finden die Fremden entzückend schön. Und zuweilen kommt irgend so ein Vollbart mit kurzen Lederhosen und Bundschuhen, will's in Allem machen wie die Bauern, kann sich aber nicht schicken. Der sagt dem Dörfler Allerlei, was dieser anfangs nicht versteht, später mißversteht. Er neuert und neuert und wird zudringlich und anmaßend dabei. Der Bauer stimmt ihm scheinbar zu und denkt sich: Rede Du lange, ich thue, wie ich selber will. Bleibt aber doch Manches an ihm hängen. So fällt's ihm ein, er wäre ein Narr, wenn er sich sein Wildpret und seine Milch und Butter und seine Betten von dem Fremden nicht besser bezahlen ließe als bisher von den Eingesessenen.

Der Fremde stimmt ihm anfangs zu: Er habe Recht, es sei nun die Zeit da, in welcher er sich die großartige, für ihn bislang unfruchtbare Gegend zu Nutze machen müsse. Er solle sich nur frisch auch die Schönheit der Berge und der Gletscher und des Hochsees bezahlen lassen. Vielleicht würde es nicht

lange mehr währen, daß auch der Kaiser die Natur-
schönheiten des Landes besteuere.

Entgegnet darauf der biedere Alpenwirth: „Wer
ist denn eigentlich der Narr, ich oder Ihr? Sich
die Berge zahlen lassen! Die haben uns ja gar
nichts gekostet; die haben wir nicht gemacht."

„Ja, Vater," meint hierauf der Sohn des
Wirthes, ein Kind seiner Zeit, „der Herr hat recht.
Das Thal haben wir auch nicht gemacht und benutzen
es doch. Und draußen auf dem flachen Lande, wo
Alles dreimal besser wächst als hier, muß man
Alles dreimal theurer zahlen als bei uns. Die
Eisenbahn führt uns Geld ins Land, so müssen
wir auch die Hand aufhalten und nicht allerweil
Faust machen, in die Einer nichts hineinlegen kann."

Letzlich kommt's bei dem jungen Wirthssohn
so weit mit seinem Weltblick, daß er, die Grenze
durchbrechend, die sonst den Aelpler streng vom
Vorlande getrennt hatte, von draußen herein Eine
freit — ein flinkes Mädchen mit fröhlichem Herzen
und offenem Kopf. Und wie der Eine, macht's der
Andere auch; neue Bedürfnisse kommen, neue Einrichtungen, neue Sitten und der Tourist klagt —
anstatt sich über die Gelehrigkeit der Leutchen zu
freuen — über die Theuerung.

So kommen die Städter, reiche Leute aus fernen
Landen, Engländer, die wissen ihres Geldes kein
Ende und tragen es in die Berge herein und füllen

damit alle Schluchten. — Ei freilich, da muß Einer wohl auf sein, daß er auch sein gutes Theil erwischt. Ist Einer nicht Wirth, so kennt er wenigstens jeden Steg und jedes „Steigl" und er schwindelt nicht und er strauchelt nicht — er will Führer sein. Oder er hat gar eine Rückentrage oder eine Sänfte, und da mögen sie sich nur hinaufsetzen die Städter, sind ja gar nicht schwer, er trägt sie wohin sie wollen.

Das Edelweiß, die Alpenrosen und Wachholder= stöcke lieben die Fremden auch, sie tragen solche Dinge gern mit hinaus in die weite Welt. So steigen die Weiber und die Mädchen empor zu den Höhen, auf denen sie sonst von der Tiefe aus nur das Alpenleuchten gesehen hatten. Nun pflücken sie das Edelweiß und das Kohlröschen, und weiter herunter pflücken sie die Erdbeere, die Himbeere und was sonst auf frischen Gesträuchen wächst, und lösen ein gut Stück Geld dafür. Butter und Käse finden auch ihren Mann, die frische Milch findet auch ihren Mann, der Sterz findet ebenfalls seinen Mann — du lieber Himmel, was findet da nicht Alles seinen Mann!

Aber nicht altklug werden wollen in Sachen der Welt! Dann und wann eine einfältige Frage thun, wenn man auch eine „mehrfältige" wüßte, dann und wann mit möglichst albernem Gesichte eine spitzige Antwort geben; hernach allweg die kurzen Lederhosen mit den Bundschuhen und die

grünen Hüte mit dem Gamsbart tragen, hin und
wieder ein klein Geschichtchen erzählen, eine Sage
oder ein Märchen so, und dabei stets bei der land=
läufigen Redensart bleiben; dann zu Zeiten ein
wenig „juchhezen" und ein Almliedchen singen —
das sind die Hauptsachen. So haben es die Fremden
gern und von solchen Leuten erzählen sie am liebsten,
wenn sie heimkommen.

Die guten Aelpler wissen es wohl, daß von
ihnen erzählt wird, nur haben sie oft keine Ahnung,
was, und daß sie in fernen Landen nicht selten zu
Riesen und Helden gemacht werden; denn Jeder will
auf seinen Wanderungen die merkwürdigsten Leute
aufgefunden, mit den wundervollsten Sennerinnen
verkehrt und die tüchtigsten, urwüchsigsten Führer
gehabt haben.

Und die Waldleute bleiben über den Winter
wieder verborgen und erzählen ihrerseits von den
Fremden, und Jeder will mit dem Vornehmsten
umgegangen sein, und Jeder hat einen Grafen oder
Geldbaron, zu dem er in Freundschaft steht.

Viele bleiben also in dem Verkehre mit den
Fremden dem Charakter ihres Volkes aus Klugheit
treu; Andere wieder wollen vornehme Sitten nach=
machen, eignen sich ein geschliffenes Betragen an,
blicken mit Hochmuth auf ihre Genossen, verkehren
nur mit den Fremden, ziehen gar mit in die
Städte und werden Bedientenseelen.

Das Touristenwesen hat zweierlei Folgen. Un=
günstige für die Bewohner der Berge, trotz des
reichen Erwerbes. Sie lernen das Wohlleben
und den Müßiggang der Reichen kennen, streben
selbst danach und werden dadurch ihrem eigentlichen
Berufe entfremdet. Günstige Folgen hingegen
für die Reisenden, sie saugen an der Urkraft der
Natur.

Es ist so und muß so sein, damit das durch
das Wachsen der Städte gefährdete Gleichgewicht
wieder hergestellt werde. Sollen Alle bestehen, so
muß die Lebenskraft Einzelner wieder vertheilt
werden unter Alle.

Mehr und mehr verschwindet die malerische und
alpine Tracht. Der Aelpler ergiebt sich der
Verweichlichung. Ob ihm das fürder im Kampfe
mit der Natur nützen wird? Ob das zu seiner Zu=
friedenheit beitragen und das Ergebniß seiner
Kräfte und seines Bodens mit den wachsenden Be=
dürfnissen stets gleichen Schritt halten wird?

Eine Hauptursache, daß sich die Eigenarten der
Hochgebirgsbewohner brechen, ist selbstverständlich
die Volksschule und ferner die allgemeine Wehr=
pflicht. So wie der Bursche in die Welt zieht, kommt
er nicht mehr heim. Er läßt etwas draußen und
bringt etwas Anderes mit. Ein Stück Welt — ist's
groß nicht, so ist's klein — trägt er heim in's
stille Dorf.

Touristen! Seht Euch die Reste des ursprünglichen Hintergebirglers gut an — in wenigen Jahren werden sie dahin sein. Ihr werdet dann Cultur und hohe Wirthshausrechnungen finden. Der Bauer wird nicht mehr sein, wie er war, aber auch nicht, wie Ihr ihn haben wollt. Er wird für das Gute, was er von Euch hat, nicht dankbar sein und in seinen üblen Eigenschaften Euch lästiger fallen als bisher. Höflich wird er mit dem Städter sein, aber sein Mißtrauen gegen denselben wird nicht schwinden, wird niemals schwinden. Weiß er es nicht, so ahnt er es, daß seine Interessen ganz verschieden sind von denen des Städters. Je mehr Eigenschaften des Städters der Bauer annimmt, desto uninteressanter und vielleicht abstoßender wird er Jenem erscheinen. Möget Ihr Euch nicht einfallen lassen, das Bauervolk für Euch zu erziehen — das geht nicht, und für beide Theile ist es gut, daß es nicht geht.

Inhalt.

www.ingramcontent.com/pod-product-compliance
Lightning Source LLC
Chambersburg PA
CBHW022127020426
42334CB00015B/789